NAMASTE

नमस्ते

NAMASTE

Einführung in die Grammatik und den praktischen Gebrauch des Hindi

KAVITA KUMAR

Rupa & Co

© Kavita Kumar, 1998

Ein Original – Taschenbuch aus dem Verlag Rupa.

Erschienen bei

Rupa & Co.

15 Bankim Chatterjee Street, Calcutta 700 073
135 South Malaka, Allahabad 211 001
P.G. Solanki Path, Lamington Road, Bombay 400 007
7/16 Ansari Road, Daryaganj, New Delhi 110 002

Printed in India by
Gopsons Papers Ltd
A-14, Sector 60
Noida 201 301

Rs. 395

ISBN 81-7167-383-X

Inhaltsverzeichnis

Seite

Vorwort
Abkürzungsverzeichnis

Einführung ... 1

1 Das Hindi Alphabet

- Vokale ... 4
- Konsonanten ... 5
- Nasalierte Vokale ... 6
- Nasalierte Konsonanten
- Visarga 'विसर्ग' ... 8
- Verbindung von Buchstaben ... 8
- Einige Richtlinien zur Aussprache ... 11
- Die Ligaturen ... 12

2 Das Pronomen

- – im Casus rectus ... 14
- – im Casus obliquus ... 15
- Einfache Postpositionen in Hindi

3 Das Verb 'sein' – होना

- Präsens, Imperfekt, Futur von 'होना' ... 16

4 Das Präsens

- Das generelle Präsens ... 18
- Das frequentative Präsens ... 19
- Der Gebrauch des generellen Präsens ... 20

5 Das gewohnheitsmäßige Imperfekt ... 22

- Das frequentative Imperfekt ... 23

6 Der Imperativ

- Der direkte Imperativ ... 25
- Der Konjunktiv als Imperativ ... 26

- Der auf die Zukunft gerichtete Imperativ
- Unregelmäßige Imperativformen — 27
- Der verneinte Imperativ
- Einfache Antworten auf Bitten und Befehle — 28
- frequentative Imperativ
- Der Gebrauch des Imperativs — 29

7 Zusammengesetzte Postpositionen

- – mit 'के' — 30
- – mit 'की' — 32
- Der Gebrauch von 'ओर' (f.), 'तरफ़' (f.) — 34

8 Das Verb 'haben' – के पास होना

- – für unbelebte Gegenstände — 35
- – für Verwandte, Körperteile — 36

9 Das durative Präsens und das durative Imperfekt

- Das durative Präsens — 37
- Das durative Imperfekt — 39

10 Das Präteritum, Perfekt und Plusquamperfekt

- Bildung des Partizip Perfekt — 42
- Das Präteritum — 43
- Das Perfekt — 46
- Das Plusquamperfekt — 49

11 Das Futur

- Das generelle Futur — 53
- Das frequentative Futur — 55
- Das durative Futur — 56
- Das perfektive Futur — 57

12 **Vermutung**

- Die gegenwärtige Vermutung 58
- Die durative Vermutung 59
- Die perfektive Vermutung 60

13 **Der Gebrauch der Verben 'चुकना', 'लेना', 'देना', 'जाना'**

- Der Gebrauch von 'चुकना' 63
- Der Gebrauch von 'लेना', 'देना', 'जाना' 65

14 **'Mögen, gerne tun'**

- पसन्द करना 67
- पसन्द होना, अच्छा लगना 68
- पसन्द आना 69

15 **'Sobald, Kaum'**

- (Vs. + ते) + ही 70
- जैसे ही/ ज्यों ही 72
- (Vs. + आ/ए/ई) + ही + था/थे कि... 73

16 **Fähigkeit – 'सकना', 'पाना'**

- Der Gebrauch von 'सकना' 74
- Der Gebrauch von 'पाना' 78

17 **Der Konjunktiv** 79

18 **Wahrscheinlichkeit 'शायद', 'संभव है', 'हो सकता है'**

- – in der Gegenwart 82
- – in der Vergangenheit 83
- – in der Zukunft 85
- Vergleiche und verstehe Futur und Wahrscheinlichkeit 86

19 **Geplante Zukunft**

- 'X' करने की सोचना, 'X' करने का इरादा करना/होना   87

20 **Befürchtung**

- ऐसा न हो कि.../कहीं... न – Damit nicht.../Sonst   88

21 **'Wollen' – चाहना**

- 'X' möchte 'Y' haben   89
- 'X' möchte 'Y' tun   91
- 'X' möchte, daß 'Y' etwas bekommt oder tut   93

22 **Perfektive und Imperfektive Partizipialkonstruktionen**

- Adjektivischer Gebrauch   95
- Adverbialer Gebrauch   96
- Die Verdoppelung des IPK und des PPK   99
- Substantivischer Gebrauch   99

23 **Das Suffix 'वाला'**

- (Vs. + ने) + वाला   100
- Substantiv + वाला
- Demonstrativ und Frage Pronomen + वाला   101
- Adjektiv + वाला, वाले, वाली   102
- Adverb oder Ortsname + वाला
- Prädkativer Gebrauch von वाला

24 **Das absolute Partizip – 'कर – Konjunktion'**   104

- Der Gebrauch der 'कर' – Konjunktion   105
- Idiomatischer Gebrauch mit 'कर'   106
- Der Gebrauch von 'कर' als Adverb   107

25 Kontinuativ

- Kontinuativ mit रहना — 108
- Kontinuativ mit Zwang verbunden — 109
- Kontinuativ mit जाना — 110
- Kontinuativ mit Verben बैठना, लेटना, सोना, पड़ा होना, रखा होना — 111
- Kontinuativ im Passiv — 112

26 Der Genitiv

- Der Gebrauch von का, के, की — 113
- Possessivpronomen — 114

27 Zwang oder Verpflichtung

- Innerer, äußerer Zwang, moralische Verpflichtung — 116
- wahrscheinlich eintretender Zwang – पड़ना + सकना + होना — 120
- Gebrauch von 'चाहिए' – Notwendigkeit, Wunsch — 122
- Der Gebrauch von 'X' की जरूरत/आवश्यकता होना — 123

28 'Anfangen, etwas zu tun' – (Vs. + ने) + लगना; शुरू करना — 124

29 Erlaubnis — 127

30 Der Konditional (Bedingungssätze)

- 'अगर/ यदि/ अगरचे ... तो...' wenn/falls...dann — 135

31 Wunsch

- Gebrauch von 'काश' — 139

32 Gewohnheit 'का आदी होना/की आदत होना'

- 'X' का आदी होना — 141
- 'X' की आदत होना — 142

33 Das Verb

- Subjektiver, objektiver und neutraler Gebrauch — 146
- Intransitive und transitive Verben — 147
- Kausative Verben — 147
- Die Bildung der kausativen Verben — 150
- Zusammengesetzte Verben — 159
- Hauptverb + जाना, उठना/बैठना, पड़ना, निकलना, धमकना, देना, लेना, डालना — 159
- Sinnesverben - Gebrauch von 'लगना' — 162
- Die denominativen Verben — 163
- Klangverben (ध्वन्यात्मक क्रियाएँ) — 167
- Verbalisierung (नाम धातु/नामिक क्रियाएँ) — 168

34 Das Passiv

- Objekt mit को/ohne को — 170
- Gebrauch des Passivs — 171

35 Das Substantiv

- Das Genus — 176
- Der Casus — 182
- Der Numerus — 183
- Deklination des Substantivs — 183
- Der Gebrauch des substantivierten Infinitiv — 189

36 Das Pronomen

- Die Personalpronomen – मैं, तू, तुम, आप — 191
- Die Demonstrativpronomen – यह, वह, ये, वे — 193
- Die Indefinitpronomen – कोई, कुछ — 194
- Die Interrogativpronomen – कौन, क्या, काहे — 198
- Die Relativpronomen – जो, सो — 202
- Die Reflexivpronomen – आप — 203

37 Das Adjektiv

- Das Pronominaladjektiv — 206
- Pronomen als Demonstrativadjektiv — 206
- Das Pronominaladjektiv der Qualität — 206
- Das Pronominaladjektiv der Quantität — 208
- Das Adjektiv der Qualität — 211
- Steigerung der Adjektive — 221
- Veränderliche, Unveränderliche Adjektive — 217
- Das Zahladjektive — 220

38 Das Adverb

- Klassifikation der Adverbien — 229
- Idiomatischer Gebrauch der Adverbien — 233

39 Postpositionen

- Die Postposition 'ने' — 236
- Die Postposition 'को' — 236
- Die Postposition 'से' — 241
- Die Postpositionen 'का', 'के', 'की' — 245
- Die Postposition 'में' — 247
- Die Postposition 'पर' — 249

40 Die Zeit — 253

41 Redewendungen

- Was sonst, Wann sonst usw — 259
- Wer weiß — 259
- Echo Wörter — 260
- Der Gebrauch von 'न' — 261
- Suffix सा, से, सी — 262
- Gebrauch von नहीं तो, वरना – sonst — 263

- भी नहीं/तक भी नहीं, भी - nicht einmal, sogar 264
- 'भी' - auch 264
- 'भर' - nur / ganz / voll 265
- ताकि - damit, um zu 266
- इसलिये/क्योंकि - deshalb / weil 266
- न .... न - weder.... noch 267
- या .... या - entweder.... oder 267
- यद्यपि, हालाँकि - obwohl 268
- ठहरा, ठहरे, ठहरी 268
- हो-न-हो - sicher, zweifellos 268
- बिना/बिना + Vs + ए 269
- 'भले ही' - trotzdem, auch wenn 269
- ' X ' के मारे / मारे 'X' के - wegen 270
- 'के बजाय', 'की जगह' 'न + Vs. + कर' - statt, anstatt 270
- 'भला' - denn 271
- 'कहीं + Adj.' - viel mehr als 271
- बल्कि - im Gegenteil 271
- तो am Anfang einer Rede- Also gut, also 272
- ज्यों त्यों करके / जैसे तैसे - irgendwie 272
- ज्यों ही .... त्यों ही - sobald, kaum 272
- ज्यों ज्यों.... त्यों त्यों – in dem Maße wie 273
- 'X' तो 'X' – ganz zu Schweigen von 274
- कब का / के / की – seit langem / vor langer Zeit 274
- यों ही – einfach so / ohne Grund 275
- 'X' ही 'X' - nichts außer / als 'X' 275
- क्या 'X' क्या 'Y' - ob 'X' , ob 'Y' 276
- शायद ही - wohl kaum 276
- चाहे कुछ भी हो - Komme was da wolle 276
- 'जो चाहो' - was man mag 277
- 'के बावजूद' - trotz 277

- (Vs. + ते) + (Vs. + ते) + बचा, बचे, बची — 278
- देखते ही देखते — 278
- (Vs. + ते) + ही + बनना — 278
- (Vs. + ते) + बनना — 278
- Ausdrücke der Verdoppelung: — 279
- कई - einige — 279
- Relativadverbien - जब, जब तक, जहाँ — 280
- Relativpronomen जो, जिस, जिन — 281
- Einige Substantive und ihre adjektivischen Formen — 282
- नज़र आना, दिखाई देना, दिखाई पड़ना - zu sehen sein — 283

42 Vergleiche und verstehe

- होना, जाना, रहना (sein, werden) — 284
- है, होता है, रहता है - (sein, werden, bleiben) — 284
- आना, जानना (können) — 285
- यद्यपि ... तथापि / तो भी / फिर भी / के बावजूद / होते हुए भी – Obwohl...(dennoch) / trotz / zwar ... aber — 286
- Mehr über das kontinuative Perfekt — 287
- न केवल...बल्कि/...भी...भी – nicht nur...sondern /...auch — 289
- अगरचे / अगर / यदि ...तो – 'wenn ... dann...' — 290
- Wünschen अगर तो; काश — 292
- emphatischen Partikel भी, तो, ही, — 293
- PPK und IPK in Bezug auf Zeitspanne — 294
- Gebrauch des emphatischen 'तो' — 295

43 Interjektion — 296

44 Satzzeichen — 297

45 Antonyme — 298

46 Synonyme — 301

47	**Klangwörter**		304
48	**Sprichwörter**		306
	Lesetexte	**Schwerpunkt**	
L-1	दूरदर्शन पर साक्षात्कार	generelles Präsens	309
L-2	दुकान पर	Imperativ	312
L-3	सिनेमा घर	duratives Präsens	313
L-4	सड़क पर मुलाकात	duratives Präsens	314
L-5	मेरा नाम रवि है	Wiederholung	316
L-6	नदी किनारे शाम	duratives Imperfekt	317
L-7	मेरा परिवार	Genitiv	318
L-8	क्या आप अकेले रहते थे?	gewohn. Imperfekt	321
L-9	तुम कहाँ थीं?	Präteritum; Plusquamperfekt	323
L-10	खेलने का समय हो गया है	Perfekt; duratives Perfekt	325
L-11	अब मैं ऊब रही हूँ	Verschiedenes	326
L-12	विवाह कब होगा?	Futur	327
L-13	मैं ज्योतिषी बनने की सोच रहा हूँ	geplante Zukunft	329
L-14	धीरे धीरे बोलिए	können	331
L-15	मैं आप की क्या सेवा कर सकता हूँ	können, wollen	333
L-16	मैं नहीं आ सकी	Verschieden	334
L-17	बस स्टाप पर	Zeit	336
L-18	टोपी वाला और नकलची बन्दर	Partizipialkonstruktionen	337
L-19	चतुर कौआ	Kontinuativ	341

L-20	ख़ुशहाली	Kontinuativ	344
L-21	सर्फ़ बहुत अच्छा	Adjektive	346
L-22	पुरुषों की तुलना में औरतों का जीवन	Adjektive	349
L-23	अख़बार से	Adjektive, das Verb लगना	352
L-24	Briefe		354
	• Bewerbung		354
	• Brief an der Vater		356
	• Brief an die jüngere Schwester		358
	• पकौड़े		362
	• सूजी का हलवा		364
	• Fette und Öle		365
	• Getreide und Hülsenfrüchte		365
	• Gewürze		366
	• Vokabular: Kochen		367

Gespräche

G-1	आपका नाम क्या है?	Wie heißen Sie?	368
G-2	तुम कैसी हो?	Wie geht es dir?	370
G-3	रिक्शेवाले से	Rickshaw	371
G-4	मुझे प्रधानाचार्य से मिलना है	Ich möchte den Rektor treffen	372
G-5	मेहमान नवाजी	Gastfreundschaft	373
G-6	मैं रास्ता भूल गया हूँ	Nach dem Weg fragen	374
G-7	यात्री - बनारस में	Ein Pilger in Varanasi	375
G-8	बैंक में	In der Bank	378
G-9	डाक्टर और मंरीज़ में बातचीत	Beim Arzt	381
G-10	डाकख़ाने में	Auf dem Postamt	385

G-11	सब्ज़ी की दुकान पर	Am Gemüsemarkt	389
G-12	फल की दुकान पर	Am Obstmarkt	391
G-13	शादी का निमन्त्रण	Einladung zu einer Hochzeit	393
G-14	बनारस रेलवे स्टेशन पर	Am Bahnhof	396
G-15	मौसम के बारे में	Das Wetter	400

Anhang 1   402

Anhang 2   404

Glossar - Grammatik Terminologie   412

Sachregister

- Deutsch   415
- Hindi   419

VORWORT

Nach mehr als fünfzehnjähriger Unterrichtserfahrung mit Schülern und Schülerinnen aus verschiedenen Ländern habe ich den Mangel an guten Hindi Unterrichtsmaterial erkannt, das auf die praktischen Bedürfnisse der Lernenden zugeschnitten ist, ohne auf eine systematische Darlegung von Schrift und Grammatik zu verzichten. Durch die immer wieder auftauchenden Fragen der Schüler bezüglich unterschiedlicher Syntax und Ausdrucksweisen im Hindi im Gegensatz zu den europäischen Sprachen, entstand in mir die Motivation und der Ansporn, eigenes Lehr- und Übungsmaterial zusammenzustellen. Es entstand die erste Version dieses Buches in englischer Sprache.

Die jetzt vorliegende deutsche Fassung ist jedoch mehr als eine bloße Übersetzung. Neben zahlreichen Korrekturen und Verbesserungen, die sich im Unterricht ergaben, habe ich versucht auf die Besonderheiten der deutschen Sprache Rücksicht zu nehmen. Manche Strukturen des Hindi sind der deutschen Grammatik ähnlicher als der englischen.

Mein Ziel war, Unterrichtslektionen zu entwerfen, die dem Leser Schrift, grammatikalische Grundlagen, Satzstrukturen und praktische Beispiele in einer leicht verständlichen Weise nahebringen.

Die ersten 32 Kapitel vermitteln eine kompakte Grundlage des Hindi. Die folgenden Kapitel 33-39 zu Verben (und dem Gebrauch des Passiv), Substantiven, Pronomen, Adjektiven, Adverben und dem Gebrauch der Postpositionen vertiefen bereits angesprochenes. Sie bieten vollständige Übersichten und Zusammenfassungen und können auch als Referenzkapitel verwendet werden. Der dritte Teil (Kapitel 40-49) besteht aus einer Fülle von Redewendungen und Spezialbeispielen sowie einem Kapitel, in dem ähnliche Strukturen verglichen werden, um feine Unterschiede besser verständlich zu machen.

Darauf folgen 24 Lesetexte (mit Vokabular), die Schwerpunkte der Grammatik in angewandter Form zum Inhalt haben. Die abschließenden Gespräche können besonders denjenigen helfen, die sich zur Zeit ihrer Studien gerade im Norden Indiens, dem Hauptverbreitungsgebiet des Hindi, aufhalten.

Um größtmöglichen Nutzen aus diesem Buch zu ziehen, ist es ratsam in Verbindung mit diesem Buch das dazugehörige Arbeitsbuch zu benutzen. Im Arbeitsbuch haben die Lernenden die Möglichkeit durch eine Fülle von weiteren

Beispielen und Übersetzungsübungen ihre erworbenen Kenntnisse zu erweitern und diese mit Hilfe eines Auflösungsteiles auch selbst zu kontrollieren.

Ich hatte immer wieder das Glück, mit kritischen und begeisterten Schülern zusammenarbeiten zu können. Dadurch wurde das Lehrkonzept, das diesem Werk zu Grunde liegt, eingehend und erfolgreich erprobt und kontinuierlich verbessert. All diesen Schülern, die manchmal selbst ihre Muttersprache unterrichten, sei hier dafür gedankt, daß sie es mir ermöglichten, meinen selbstgewählten Aufgaben, der Beschäftigung mit Grammatik und dem Sprachunterricht, mit Abwechslung und Freude nachzukommen. Im Zusammenhang mit diesem Buch möchte ich mich bei meinen deutschen Studenten für ihre Unterstützung bedanken, besonders bei Björn Rahm und Michaela Dimmers.

Besonders danken möchte ich Barbara von Stietencron, die alle Hindi-Beispiele und den englischen Text ins Deutsche übersetzte, diese Übersetzungen lange mit mir diskutierte und so die Grundlage für dieses Buch schuf. Meine eigenen Deutschkenntnisse, die ich mir während eines einjährigen Aufenthaltes in Deutschland im Jahr 1984 aneignete, wären für diese Aufgabe unzureichend gewesen, ermöglichten mir aber über die treffendste deutsche Wiedergabe einer Hindikonstruktion mit meinen deutschsprachigen Freunden zu diskutieren. Auch in diesem Sinne gilt mein aufrichtiger Dank Reinhold Schein, dessen Ratschläge und dessen Arbeit am Manuskript von äußerster Hilfe waren. Ebenso danken möchte ich Armin Brugger, der mir in der sehr intensiven Endphase dieses Projektes vielfältige und wertvolle Hilfe leistete. Besondere Erwähnung verdient Mangala Prasad Dubey für das zweisprachige, professionelle Layout und für seine geduldige und immer sehr angenehme Zusammenarbeit. Dank gebührt auch Frau Lila Hüttemann für ihr großes andauerndes Interesse an meiner Arbeit. All diese Bemühungen des ebenerwähnten Teams wären allerdings nicht möglich ohne den unterstützenden Rückhalt meiner Familie, der ich uneingeschränkt dankbar bin.

Dieses Buch soll helfen, sprachliche, kulturelle und nationalstaatliche Grenzen zu überwinden und ich freue mich über jeden Dialog zwischen Menschen aus den deutschsprachigen Ländern und den hindisprechenden Regionen Indiens, der dadurch ermöglicht wird.

25 Februar 1998　　　　　　　　　　　　　　　　　　　　　　　　**Kavita Kumar**

Abkürzungen

Adj.	Adjektiv
Adv.	Adverb
EN	Eigen Name
f/fem.	feminine
Fut.	Futur
G	Genus
G-	Gespräche
gen.	Generelles
Hilfsv.	Hilfs Verb
Hptv.	Haupt Verb
Imp.	Imperativ
Impf.	Imperfekt
inf.	infinitiv
Kont.	Kontinuativ
L-	Lesetexte
m./mas.	maskulinum
männl.	männlich
N	Nummer
Nom.	nominativ
Obj.	Objekt
pp_n	Postposition
pl.	plural
Präs.	Präsens
Prät.	Präteritum
s.S.	siehe Seite
Subj.	Subjekt
Subst.	Substantiv
vgl.	vergleiche
v.i.	Verb intransitiv
v.t.	Verb transitive
Vorh.	Vorhanden
Vs.	Verbstamm
Wahrsch.	Wahrscheinlichkeit
weibl.	weiblich
z.B.	zum Beispiel

EINFÜHRUNG

Im Hindi wird so wie im Sanskrit die Devanāgarī Schrift benutzt, von der gesagt wird, daß sie göttlichen Ursprungs sei. Dieses Alphabet ist in hochwissenschaftlicher und faszinierender Weise geordnet. Die Lautbildung beginnt hinten im Rachenraum mit den Velaren und geht über die Präpalatale, die Zerebrale, die Dentale nach vor, bis zu den Labialen. Jede Reihe von fünf Konsonanten wird an verschieden Stellen im Rachenraum gebildet. Die Abfolge von unaspirierten und aspirierten Lauten mit einem Nasal am Ende jeder Gruppe wirkt für den Lernenden wie eine Atemübung des Yoga (Prāṇāyāma).

Da die Schrift eine phonetische ist, gibt es keine Unklarheiten bei der Ausprache. Jeder Buchstabe wird gesprochen, es gibt keine stummen Buchstaben. Die Sprache wird fast ebenso gesprochen, wie sie geschrieben wird. Die Devanāgarī - Schrift wird von links nach rechts geschrieben und hat keine Großbuchstaben.

In meiner Unterrichtserfahrung mit hauptsächlich europäischen und amerikanischen Studenten, bin ich oft auf Schwierigkeiten gestoßen, die Ausländer mit verschiedenen Hindi-Konstruktionen haben, z.B. mit den Genera, bei Subjekt + 'को', bei 'statischen', zusammengesetzten und kausativen Verben oder beim Gebrauch von mehrdeutigen Zeitbegriffen ('कल' = morgen und gestern).

Die indische Vorstellung, daß alle Dinge lebendig sind, kommt in der Sprache zum Ausdruck. So werden nur zwei Genera benutzt: das maskuline und das feminine. Fixe Regeln zur Bestimmung des Genus eines Substantives fehlen jedoch. Derjenige, der mit der Sprache aufwächst, lernt die Genera auf natürliche Weise. Ausländische Studenten sollten jedoch jedes Substantiv mit seinem dazu gehörigen Genus lernen. Der Schlüssel zur genauen, und intuitiv meist übereinstimmend vorgenommenen, Geschlechts-bestimmung eines Wortes (auch eines Lehnwortes aus dem Englischen) scheint der Klang desselben zu sein.

Die Sprache ist ganz klar der Spiegel von Religion, Philosophie, Geschichte und Sozialstruktur des nordindischen Kulturraumes. So bringt das Hindi in einigen grammatikalischen Konstruktionen den grundlegenden Glauben der Hindus an einen allmächtigen Schöpfer des Universums zum Ausdruck. Dieser steht über allem Tun und Handeln und versetzt die Menschen in eine passive, eher bescheidene Rolle als Empfänger seiner Gnade oder seiner Strafe. So erklärt sich, daß im Hindi häufig anstelle des Subjekts im Nominativ eine Dativ-Konstruktion (Subjekt + 'को') verwendet wird, da angenommen wird, daß das Subjekt nicht aktiv handelt, sondern ihm etwas geschieht.

Beispiele:

1.	मुझको भूख लगी है।	Ich habe Hunger.
	(mujh ko bhūkh lagī hai)	(Mir haftet Hunger an).
2.	मुझको पसन्द है।	Ich habe das gern.
	(mujhko pasand hai)	(Mir ist das angenehm).
3.	मुझको जाना चाहिए।	Ich muß gehen.
	(mujhko jānā cāhie)	

An manchen Stellen dieses Buches wurde zusätzlich zu einer flüssigen deutschen Übersetzung eine dem Hindi angepaßte Übersetzung in Klammern hinzugefügt. Dies ist nicht immer das beste Hochdeutsch, soll aber einem besseren Verständnis dienen.

Viele Verben, die im Deutschen einen länger andauernden Zustand bezeichnen (z.B. schlafen, stehen, liegen, sitzen,...), werden im Hindi als vollendete Handlungen betrachtet (vgl S. 49).

Beispiele:

1.	वह कुर्सी पर बैठा है।	Er sitzt gerade auf dem Stuhl.
	(Vah kursī par baithā hai).	(He is sitting on the chair.)
2.	पुस्तक अलमारी में पड़ी है।	Das Buch steht im Schrank.
	(Pustak almārī men: paṛī hai).	(The book is lying in the cupboard).

Hier wird im Hindi das Partizip Perfekt verwendet.

Im Hindi werden oft zusammengesetzte Verben benutzt, bei denen der erste Teil nur als Verbstamm steht und das zweite Verb konjungiert wird. Der Inhalt einer Aussage wird dann immer nur durch das erste Verb ausgedrückt. Dies kann zu

Mißverständnissen führen, wenn der Anfänger versucht das zweite (bedeutungslose) Verb zu übersetzen, welches – wenn fälschlicherweise auch übersetzt– unter Umständen im Widerspruch zur eigentlichen Aussage stehen kann.

Beispiele:

1. अन्दर आ जाओ।   Komm herein!
   (andar ā jāo)

   आ – Verbstamm von आना (kommen); जाओ – Imperativ von जाना (gehen)

2. काम हो गया।   Die Arbeit ist schon fertig.
   (kām ho gayā)

   हो – Verbstamm von होना (sein); गया – Partizip Perfekt von जाना (gehen)

Der weitverbreitete Gebrauch der kausativen Verben ist in einer Gesellschaft mit jahrhundertealtem, tief verwurzeltem Kastenwesen nicht verwunderlich, wenn der Grund des Daseins einer Kaste nur darin bestand, diejenigen zu bedienen, die in einer höheren Kaste geboren waren. Vielleicht sogar ohne Schuldgefühl und schlechtes Gewissen von Seiten der Höheren! Auf ganz natürliche, morphologische Weise wurde 'आ' oder 'वा' zwischen Verbstamm und Verbendung geschoben, wenn es galt jemanden zur Ausführung einer Tätigkeit zu veranlassen. Man sah keine Notwendigkeit eine lange Fremdstruktur (z.B. 'X' läßt' etwas von 'Y' tun/machen) einzusetzen.

Unser Verständnis von Zeit als ein sich ewig drehendes Rad ohne Anfang und Ende verlangt keine klar unterschiedenen Begriffe für die, der Gegenwart vorausgehende oder nachfolgende Zeit. Für die richtige Zeitzuordnung genügt das Verb in einer bestimmten Zeit am Satzende.

Diese kurzen Vorbemerkungen sollen dem Studierenden helfen, wenn er auf solche Konstruktionen und Verwendungen stößt. Genauso wie die Kenntnis des Hindi viel zum Verständnis indischer Kultur beitragen kann, so können Aspekte von Religion, Soziologie und Philosophie den Lernprozeß erheblich erleichtern.

1 Hindi Alphabet (वर्णमाला)

Vokale (स्वर)

Devanāgarī	Laut-schrift	Vokalzeichen	Position	Aussprache (wie in)
अ /	a		im Konsonant inbegriffen	an, man,
आ /	ā	ा	folgt auf den Konsonant	Saal, Mal
इ	i	ि	steht vor dem Konsonant	in, Linde
ई	ī	ी	folgt auf den Konsonant	ihm, Schiene
उ	u	ु	unter dem Konsonant	unter, muß
ऊ	ū	ू	" " "	Gruß, Stuhl
ऋ	ṛ	ृ	" " "	Ritter
ए	e	े	über dem Konsonant	leben, weg
ऐ	ai	ै	" " "	Ärmel, ähnlich
ओ	o	ो	folgt auf den Konsonant	so, holen
औ	au	ौ	" " " "	Donner Sommer.

★ ★ ★

Konsonanten (व्यंजन)

unaspirierte	aspirierte	unaspirierte	aspirierte	Nasal	
क ka	ख kha	ग ga	घ gha	ङ ṅa	Velare
च ca	छ cha	ज ja	झ (भ) jha	ञ ña	Palatale
ट ṭa	ठ ṭha	ड da	ढ dha	ण ṇ	Zerebrale
		ड़ ṛ	ढ़ ṛha		Zerebral–Variante
त ta	थ tha	द da	ध dha	न na	Dentale
प pa	फ pha	ब ba	भ bha	म ma	Labiale
य ya	र ra	ल (ल) la	व va		Sonanten
श śa hinten	ष ṣa Palatal	स sa	ह ha		Sibilanten
क्ष kṣa	त्र tra	ज्ञ (ज्ञ) jña (gya)			Ligaturen

☞ Der erste Vokal 'अ' ist in allen Konsonanten inbegriffen und wird somit immer mit ausgesprochen. Falls nur der Konsonant (ohne inhärentes kurzes 'अ') gesprochen werden soll, wird das jeweilige Zeichen mit einem हलन्त (*halanta*) einem von links nach rechts abwärtsführenden Strich, unterhalb des Konsonanten versehen. z.B. क्, ख्, ग्.

Nasalierte Vokale:

Der Gebrauch des '*candrabindu*' (चन्द्रबिन्दु) (ँ)

Alle Hindi-Vokale haben auch eine nasalierte Form. Bei der Aussprache strömt die Luft frei durch die Nasenhöhle. Nasalierte Vokale benutzen das Zeichen (ँ), ein Halbmond mit einem Punkt darüber, was *anunasik* (अनुनासिक) oder *candrabindu* (चन्द्रबिन्दु) genannt wird.

Es wird über dem Vokalzeichen geschrieben, z.B. माँ (māṁ) वहाँ (vahāṁ) oder über dem Konsonanten dem das Vokalzeichen anhängt. z.B. हूँ (hūṁ) चूँ (cūṁ). Wenn das Vokalzeichen jedoch über dem Konsonanten geschrieben wird, so wird an Stelle des Candrabindu nur ein Punkt geschrieben z.B. चीं (cīṁ) नहीं (nahīṁ). Das ist die Regel. In der Praxis wird in Büchern und Zeitungen oft nur ein Punkt gedruckt, um den nasalierten Vokal zu bezeichnen. z.B. वहाँ (vahām), यहाँ (yahāṁ).

☞ **Die Lautschrift für *candrabindu* ist ṁ**

Nasalierte Konsonanten

Der Gebrauch des '*anuswar*' (अनुस्वार) (ं)

☞ **Das Hindi-Alphabet verfügt jeweils am Ende der ersten 5 Konsonantengruppen über einen nasalierten Konsonanten. Von diesen sind die ersten beiden 'ङ' und 'ञ' nicht mehr in unabhängigem Gebrauch und werden nur als Ligaturen benutzt, vor denen entweder ein Vokal oder ein Konsonant steht, auf die aber immer ein Konsonant folgt.**

☞ **Die restlichen drei nasalierten Konsonanten (ण, न, म) können auch unabhängig gebraucht werden.**

Beispiele:

अणु (aṇu); कण (kaṇ);
धन (dhan); नम (nam);
आम (ām); मन (man)

☞ **Wenn diese fünf nasalierten Konsonanten vor den Konsonanten ihrer eigenen Gruppe stehen, können sie und werden häufig durch einen Punkt über dem vorhergehenden Buchstaben ersetzt. Das nennt man '*anusvar*'. (अनुस्वार).**

Beispiele:

रङ्ग/रङ्ग	रंग	(raṅg)
चञ्चल/चञ्चल	चंचल	(cañcal)
अण्डा/ अण्डा	अंडा	(aṇḍā)
मन्दा/ मन्दा	मंदा	(mandā)
चम्पा/ चम्पा	चंपा	(campā)

☞ **Wenn ein *anusvar* als nasalierter Konsonant vor** य, र, ल, व, श, स, ह **gebraucht wird, so ist die Aussprache unterschiedlich.**

Die Lautschrift für alle; ist 'ṃ'.

1 **Vor** 'य', 'व', **wird er als nasalierte Vokal gesprochen.**

z. B. संयत samṃyat   संवाद samṃvād

2 **Vor** 'र', 'ल', 'स' **wird er als** 'न' **gesprochen.**

z. B. संरक्षा samṃraksā   संलेख samṃlekh
संसार samṃsār   हंस hamṃs

3 **Vor** 'ह' **als** 'ङ'

z. B. सिंह simṃh

4 **Vor** 'श' **als** 'ण'

z. B. अंश amṃs

■ **Veränderte Konsonanten aus der persischen Sprache:**

क़	qa	क़दम (qadam)	Qual
ख़	kha	ख़राब (kharāb)	Aachen
ग़	ga	ग़ज़ब (gazab)	*
ज़	za	ज़ेवर (zevar)	singen
फ़	fa	फ़सल (fasal)	fallen, Versuch

* **ein sanftes ausgesprochenes 'क' anstatt des Explosivlauts 'ग'. 'ग़' ist wirklich ein Frikativ an derselben Artikulationsstelle.**

■ **Visarga 'विसर्ग'**

Der *visarga* wird mit zwei übereinanderliegende Punkten geschrieben (Doppelpunkt = :). Seine Umschrift ist 'h' und seine Aussprache \`ah' 'अह' Der Visarga taucht meistens in Lohnwörtern aus dem Sanskrit auf, z.B. 'प्रायः' prāyah, 'दुःख' duhkh, 'छः' chah, 'क्रमशः' kramashah usw.

■ **Verbindung von Buchstaben**

☞ **Vokale können entweder den Wert einer ganzen Silbe haben oder in ihrer Kurzform als Vokalzeichen mit Konsonanten verbunden werden:**

[1] Vokale als ganze Silben am Wortanfang.

अब, आज, इस, ईख, उस, ऊन, एक, ऐनक, ओस, औरत
आओ, आइए, आऊँ

[2] Vokale als ganze Silben nach einem Konsonanten

कई, गऊ, मई

[3] Vokale in Verbindung mit Konsonanten werden auf folgende Weise als Vokalzeichen geschrieben:

क् + अ = क

क् + आ = का

क्	+	इ	=	कि
क्	+	ई	=	की
क्	+	उ	=	कु
क्	+	ऊ	=	कू
क्	+	ऋ	=	कृ
क्	+	ए	=	के
क्	+	ऐ	=	कै
क्	+	ओ	=	को
क्	+	औ	=	कौ
क्	+	अं	=	कं
क्	+	अ:	=	क:
☞ र	+	उ	=	रु
र	+	ऊ	=	रू

Tabelle: Verbindung von Konsonanten und Vokalen

क	का	कि	की	कु	कू	के	कै	को	कौ	कं	क:
ख	खा	खि	खी	खु	खू	खे	खै	खो	खौ	खं	ख:
ग	गा	गि	गी	गु	गू	गे	गै	गो	गौ	गं	ग:
घ	घा	घि	घी	घु	घू	घे	घै	घो	घौ	घं	घ:
च	चा	चि	ची	चु	चू	चे	चै	चो	चौ	चं	च:
छ	छा	छि	छी	छु	छू	छे	छै	छो	छौ	छं	छ:
ज	जा	जि	जी	जु	जू	जे	जै	जो	जौ	जं	ज:

झ	झा	झि	झी	झु	झू	झे	झै	झो	झौ	झं	झः
ट	टा	टि	टी	टु	टू	टे	टै	टो	टौ	टं	टः
ठ	ठा	ठि	ठी	ठु	ठू	ठे	ठै	ठो	ठौ	ठं	ठः
ड	डा	डि	डी	डु	डू	डे	डै	डो	डौ	डं	डः
ढ	ढा	ढि	ढी	ढु	ढू	ढे	ढै	ढो	ढौ	ढं	ढः
त	ता	ति	ती	तु	तू	ते	तै	तो	तौ	तं	तः
थ	था	थि	थी	थु	थू	थे	थै	थो	थौ	थं	थः
द	दा	दि	दी	दु	दू	दे	दै	दो	दौ	दं	दः
ध	धा	धि	धी	धु	धू	धे	धै	धो	धौ	धं	धः
न	ना	नि	नी	नु	नू	ने	नै	नो	नौ	नं	नः
प	पा	पि	पी	पु	पू	पे	पै	पो	पौ	पं	पः
फ	फा	फि	फी	फु	फू	फे	फै	फो	फौ	फं	फः
ब	बा	बि	बी	बु	बू	बे	बै	बो	बौ	बं	बः
भ	भा	भि	भी	भु	भू	भे	भै	भो	भौ	भं	भः
म	मा	मि	मी	मु	मू	मे	मै	मो	मौ	मं	मः
य	या	यि	यी	यु	यू	ये	यै	यो	यौ	यं	यः
र	रा	रि	री	रु	रू	रे	रै	रो	रौ	रं	रः
ल	ला	लि	ली	लु	लू	ले	लै	लो	लौ	लं	लः
व	वा	वि	वी	वु	वू	वे	वै	वो	वौ	वं	वः
श	शा	शि	शी	शु	शू	शे	शै	शो	शौ	शं	शः
ष	षा	षि	षी	षु	षू	षे	षै	षो	षौ	षं	षः
स	सा	सि	सी	सु	सू	से	सै	सो	सौ	सं	सः
ह	हा	हि	ही	हु	हू	हे	है	हो	हौ	हं	हः

Einige Richtlinien für die Aussprache:

☞ Hindi ist eine phonetische Sprache. So wie sie geschrieben wird, so wird sie auch gesprochen.

☞ In der Devanagri Schrift gibt es keine stummen Buchstaben und keine Großbuchstaben.

Die Aussprache des im Konsonanten enthaltenen, inhärenten 'अ'

1 Das im Endkonsonanten eines Wortes enthaltene 'अ' wird nicht gesprochen. z. B. 'कल' (kal), 'कमल' (kamal), 'चमचम' (camcam).

Ausnahmen:

☞ Das im Konsonanten enthaltene 'अ' wird ausgesprochen:

- In einsilbigen Wörtern z.B. 'न' (na) 'व' (va).
- In Wörtern, die in einer Ligatur enden
  z.B. 'नेत्र' (netra), 'चन्द्र' (candra), 'अयोग्य' (ayogya).
- In Wörtern die auf 'इ + य', 'ई + य', 'ऊ + य' enden
  z.B. 'प्रिय' (prya), 'निंदनीय' (nindniya), 'राजसूय' (Rajsuya).

2 Das in der zweiten Silbe eines Wortes inhärente 'अ' wird nicht gesprochen:

- In 3-silbigen Wörtern, die mit langem Vokal enden
  z. B. 'लड़की' (larki), 'चमचा' (camcā).
- In 4- silbigen Wörtern
  z.B. 'हलचल' (halcal) 'चमचम' (camcam).

Ausnahmen:

☞ Das in der 2. Silbe inhärente 'अ' wird gesprochen:

- Wenn die zweite Silbe eines 4- silbigen Wortes auf einer Ligatur endet.
  z.B. 'नेत्रहीन' (netrahin), 'सत्यकाम' (satyakām).

- **Wenn ein 4- silbiges Wort mit einem Präfix beginnt.**
  z.B. 'आरक्षण' (āraksan) 'प्रचलन' (pracalan).

3 **Bei 4- silbigen Wörtern mit langem Endvokal wird das in der 3. Silbe inhärente 'अ' nicht gesprochen.**
z.B. 'समझना' (samajhnā) 'अगरचे' (agarce) 'मचलती' (macalti).

Die Ligaturen (संयुक्त अक्षर)

d.h. Verbindung von zwei oder mehreren Konsonanten.

Regeln zur Bildung der Ligaturen

1 **Wenn der vorausgehende Konsonant mit einem senkrechten Strich endet, wird dieser weggelassen. z.B.** व, प, च, ल, ग, ख, न, ञ, ज

व् + य = व्य	च् + छ = च्छ	ध् + य = ध्य
प् + य = प्य	घ् + न = घ्न	ज् + ञ = ज्ञ
ग् + य = ग्य	न् + द = न्द	ल् + ल = ल्ल

2 **Wenn der vorausgehende Konsonant nicht mit einem senkrechten Strich endet, wird unter diesen ein Halant (d.h. ein kleiner von links nach rechts abfallender Schrägstrich eingesetzt. Der zweite Konsonant wird eng daneben gesetzt. z.B.** द, ट, ड, ढ, ड़

ड्ढ , ट्ट , ट्ठ , द्य/द्य, द्ध / द्ध

3 **Wenn der vorausgehende Konsonant auf beiden Seiten des senkrechten Striches steht, wird entweder seine rechte Hälfte verkürzt geschrieben oder ein *halant* gesetzt. z.B.** क, फ, भ.

क्क/क्क; फ्फ/फ्फ; फ्त/फ्त

4 **Wenn 'र्' vor einem Konsonanten steht, dann wird es als (र्‍) über dem folgenden Konsonanten geschrieben, aber zwischen den beiden Buchstaben gelesen.**

अ + र् + क = अर्क (ark) श + र् + म = शर्म (sharm)

5 Wenn 'र' nach einem Konsonanten steht, so erhält dieser einen mit ihm verbundenen Schrägstrich von rechts oben nach links unten.

क् + र = क्र व् + र + त = व्रत

Leseübung: Ligaturen (kombinierte Konsonanten)

क् + क	=	क्क	मक्की	makkī
क् + ष	=	क्ष	रक्षा	rakshā
क् + त	=	क्त	वक्त	vakt
ख् + य	=	ख्य	ख़्याल	kh̲yāl
ग् + य	=	ग्य	योग्य	yogya
च् + छ	=	च्छ	अच्छा	acchā
त् + त	=	त्त	पत्ता	pattā
न् + ह	=	न्ह	नन्हा	nanhā
प् + प	=	प्प	पप्पु	Pappu
ट् + ट	=	ट्ट	पट्टी	paṭṭī
ड् + ढ	=	ड्ढ	गड्ढा	gaḍḍhā
द् + य	=	द्य	विद्या	vidyā
द् + ध	=	द्ध	सिद्धा	siddhā
द् + व	=	द्व	द्वार	dwār
ट् + ठ	=	ट्ठ	चिट्ठी	chiṭṭhī
ह् + र	=	ह्र	ह्रस्व	hrasva
ह् + म	=	ह्म	ब्रह्मा	Brahmā
ह् + य	=	ह्य	बाह्य	bāhya
श् + र	=	श्र	श्रवण	shravan
स् +त्+र	=	स्त्र	शास्त्र	shāstra
ह् + ऋ	=	हृ	हृदय	hṛday
क् + ऋ	=	कृ	कृषि	kṛsi

★ ★ ★

2 Das Pronomen (सर्वनाम)

■ Pronomen im Casus rectus

मैं (mā̃)*	ich	हम ham	wir
तू (tū)	du (vertraulich sg.)	तुम / तुम लोग (tum / tum log)	ihr (Informell pl.)
तुम (tum)	du (Informell sg.)	आप / आप लोग (āp log)	Sie (formell pl.)
आप (āp)	Sie (formell sg.)		
वह (vah)	er, sie, es	वे (ve)	sie (fern) (दूरवर्ती)
यह (yah)	er, sie, es	ये (ye)	sie (nah) (निकटवर्ती)
क्या kyā	was (sg.)	क्या क्या kyā-kyā	was alles (pl.)
कौन kaun	wer (sg.)	कौन kaun	wer (pl.)
		कौन कौन (kaun-kaun)	wer alles (pl.)

* Nasilierung des Vokals wie in französisch *chemin / jardin*.

■ Pronomen im Casus obliquus
d.h. auf das Pronomen folgt eine Postposition.

मुझ (mujh) + pp_n mich, mir   हम (ham) + pp_n uns
तुझ (tujh) + pp_n dich, dir   आप (āp) + pp_n Sie, Ihnen
तुम लोगों (tum logoṁ) + pp_n euch आप लोगों (āp logoṁ) + pp_n
उस (us) + pp_n ihn, sie, ihm, ihr उन (un) + pp_n ihnen, sie
इस (is) + pp_n ihn, sie, ihm, ihr इन (in) + pp_n
किस (kis) + pp_n wen, wem (sg.)   किन (kin) + pp_n wen, wem (pl.)

☞ 'को' steht nach dem Pronomen im Akkusativ und Dativ.
Einige dieser Zusammensetzungen haben noch eine Kurzform:

मुझको, मुझे (mujh ko, mujhe)   हमको, हमें (ham ko, hameṁ)
तुझको, तुझे (tujh ko, tujhe)
तुमको, तुम्हें (tum ko, tumheṁ)   आपको (āp ko)
तुमलोगों को (tum logoṁ ko)   आप लोगों को (āp logoṁ ko)
उसको, उसे (us ko, use)   उनको उन्हें (un ko, unheṁ)
इसको, इसे (is ko, ise)   इनको इन्हें (in ko, inheṁ)
किसको, किसे (kis ko, kise)   किनको, किन्हें (kin ko, kinheṁ)
किसीको (kisi ko)   किन्हींको (kinhiṁ ko)

■ Einfache Postpositionen in Hindi

का, के, की   Genitiv
को   Akkusativ, Dativ
से   Instrumentalis
में }
पर }   Lokativ

☞ Postpositionen im Hindi funktionieren genauso wie Präpositionen in der englischen oder deutschen Sprache. Postpositionen werden so genannt, weil sie nach dem Substantiv oder Pronomen stehen. siehe S. 236-252.

3 Das Verb 'sein' (होना)

Das Verb 'होना' kann sowohl Hauptverb, als auch Hilfsverb sein.

1 In seiner Funktion als Hauptverb folgt es dem Subjekt und informiert über Lage und Eigenschaft. Vor der, dem Subjekt angepassten Form von 'होना' steht entweder ein Substantiv oder ein Adjektiv als Komplement zum Subjekt.

2 In seiner Funktion als Hilfsverb steht es hinter dem Hauptverb. Es richtet sich entweder nach dem Subjekt oder dem Objekt. (hierfür siehe die diesbezüglichen Kapitel).

Modell 1 Das Gegenwartsform (Präsens) von 'होना'

Subjekt	Verb
मैं	हूँ
तू, वह, यह, कौन, (sg.) क्या	है
तुम, तुम लोग	हो
हम, आप, वे, ये, क्या, (was alles) कौन (wer), कौन कौन (wer alles)	हैं

Das Präsens richtet sich nur nach dem Numerus

Modell 2 Das Vergangenheitsform (Imperfekt) von 'होना'

Subjekt	Verb
मैं, तू, वह, यह, कौन, क्या	था m./थी f.
हम, तुम, आप, वे, ये, कौन, कौन कौन	थे m./थीं f.

Modell 3 Das Zukunftsform (Futur) von 'होना'

Subjekt	Verb	
	m.	f.
मैं	हूँगा, होऊँगा	हूँगी, होऊँगी
तू, वह, यह, कौन, क्या	होगा	होगी
तुम, तुमलोग	होगे	होगी
हम, आप, वे, ये, कौन कौन	होंगे	होंगी

Diese beide Zeiten richten sich nach Genus und Numerus

☞ In der Höflichkeistsform steht das Verb im Plural, auch wenn des Subjekt im Singular steht.

    z.B. माताजी वहाँ है।   Die Mutter ist dort drüben.

☞ Im Fragesatz steht 'क्या' am Satzanfang, vor dem Subjekt.

☞ Im verneinten Satz steht 'नहीं' vor der jeweiligen Verbform von 'होना'।

    Beispiele:

1. क्या तुम बीमार हो?   Bist du krank?
2. मैं बीमार नहीं हूँ।   Ich bin nicht krank.
3. क्या वह मेहनती है?   Ist er fleißig?
4. नहीं, वह मेहनती नहीं है।   Nein, er ist nicht fleißig.

☞ Zuweilen gilt die Präsensform von 'होना' auch für die Zukunft.

    Beispiele:

1. दिवाली कब है?   Wann ist Diwali?
2. क्या दिवाली परसों है?   Ist Diwali übermorgen?
3. दिवाली परसों नहीं है।   Diwali ist nicht übermorgen.
4. दिवाली अगले हफ़्ते है।   Diwali ist nächste Woche.

☞ Die Präsensform von 'होना' kann für Handlungen oder Zustände benutzt werden, welche in der Vergangenheit angefangen haben und bis in die Gegenwart oder sogar bis in die Zukunft reichen.

    Beispiele:

1. वह कई महीनों से बीमार है।   Er ist seit einigen Monaten krank.
2. डाकिया बहुत देर से द्वार पर खड़ा है।   Der Postbote steht schon seit langem an der Tür.

★★★

4 Das Präsens (वर्तमान)

Satzstruktur **1** Das generelle Präsens

Subj. + Obj. + { Vs. + ता, ते, } + हूँ, हो,
Nom.   (falls vorh.)   ती   है, हैं

richten sich in N and G
nach dem Subjekt

☞ Das generelle Präsens wird sowohl für transitive, als auch für intransitive Verben gleich gebildet.

Modell 1 v.t. खाना (essen); v.i. जाना (gehen)

Subjekt	Objekt	Hptv.		Hilfsv.
		m.	f.	होना
मैं	फल	खाता		हूँ
तू, वह, यह, कौन	–	जाता	खाती	है
तुम, तुमलोग	फल	खाते	जाती	हो
हम, आप, वे, ये कौन, कौन-कौन	–	जाते		हैं

☞ Im verneinten Satz steht 'नहीं' vor dem Hauptverb.

Das Hilfsverb 'होना' am Satzende wird meistens weggelassen.

☞ Für pl. fem. wird Verbstamm + 'तीं' benutzt.

Beispiele:

1. मैं चावल नहीं खाता/खाती।   Ich esse keinen Reis.
2. वे स्कूल नहीं जाते/जातीं   Sie gehen nicht zur Schule.

☞ Im Fragesatz steht 'क्या' am Satzanfang vor dem Subjekt.

Beispiele:

1. क्या तुम चावल खाते हो/खाती हो?   Ißt du Reis?
2. क्या वह स्कूल जाता है/जाती है?   Geht er/sie zur Schule?

Satzstruktur 2 **Das frequentative Präsens**

Subj. + Obj. + (Vs. + आ/या) + करता + हूँ, हो,
Nom.   (falls vorh.)   करते, करती   है, हैं

                                  { richten sich in N und G
                                    nach dem Subjekt }

Modell 2 v.t. खाना (essen); v.i. जाना (gehen)

Subjekt	Objekt	Vs. + आ/या	करना + होना	
मैं			करता हूँ	m.sg.
			करती हूँ	f.sg.
तू, वह, यह, कौन, (sg.) क्या	चावल	खाया जाया	करता है	m.sg.
			करती है	f.sg.
तुम, तुमलोग			करते हो	m.sg./pl.
			करती हो	f.sg./pl.
हम, आप, वे, ये, कौन कौन कौन (wer alles)			करते हैं	m.pl.
			करती हैं	f.pl.

☞ Frequentative Zeitformen (im Präsens, im gewohnheitsmäßigen Imperfekt, im Futur und im Imperativ) sind ein besonderes Merkmal des Hindi. Frequentative Zeitformen werden dann verwendet, wenn eine Handlung wiederholt, nicht unbedingt regelmäßig, in einer bestimmten Zeitperiode stattfindet, stattfand oder stattfinden soll.

☞ 'जाना' verändert hier seine Präteritumsform 'गया' zu 'जाया'.

☞ **Im verneinten Satz steht 'नहीं' vor dem Hauptverb (Vs. + 'आ'/'या') und das Hilfsverb 'होना' wird weggelassen.**

Beispiele:

1.	हम नहीं खाया करते।	Wir essen nicht.
2.	वह नहीं जाया करता।	Er geht nicht.

☞ **Im Fragesatz steht 'क्या' am Satzanfang, vor dem Subjekt.**

Beispiele:

1.	क्या आप रेस्टोरेन्ट में खाया करते हैं?	Essen Sie im Restaurant?
2.	क्या वह मंदिर जाया करता है?	Geht er zum Tempel?

Der Gebrauch des generellen Präsens

1 Für Handlungen, die in der Gegenwart regelmäßig, täglich oder in bestimmten Zeitabständen vollzogen werden.

1.	मैं सप्ताह में तीन बार हिन्दी सीखता/सीखती हूँ।	Ich lerne dreimal in der Woche Hindi.
2.	पिताजी रोज़ सुबह घूमने जाते हैं।	Vater geht jeden Tag spazieren.

2 Zum Ausdruck ewiger Wahrheiten oder Allgemeingültigkeiten.

1.	अन्ततः सत्य की विजय होती है।	Am Ende siegt die Wahrheit.
2.	साँप का काटा सोता है; बिच्छू का काटा रोता है।	Derjenige schläft, der von einer Schlange gebissen wird und derjenige schreit, der von einem Skorpion gestochen wird.

3 Zum Ausdruck naturwissenschaftlicher Erkenntnisse.

1.	पानी १००° सेल्सियस पर ख़ौलता है।	Wasser kocht bei 100° Celsius.

2. धर्ती सूर्य के गिर्द घूमती है।   Die Erde kreist um die Sonne.

4 Für Handlungen und Zustände, die sich häufig wiederholen.

1. वह जब जब हमारे यहाँ आता है, कोई   Jedesmal, wenn er zu uns kommt,
   कोई परेशानी लेकर आता है।   kommt er mit irgendwelchen
                                          Problemen.
2. जब जब बाढ़ आती है, लाखों गाँववासी   Immer wenn es in diesem Gebiet zu
   बेघर होते हैं।   einer Überschwemmung kommt,
                                          werden Tausende von Dorfbewohnern
                                          obdachlos.

5 Für direkte Kommentare

1. प्रधानमंत्री मंच पर आते हैं।   Der Premierminister betritt die Bühne.
2. दर्शक तालियाँ बजाते हैं।   Das Publikum klatscht.

6 Für die unmittelbare Zukunft.

1. अब मैं चलता हूँ।   Ich gehe jetzt.
2. चलो, मैं तुमको अपना उद्यान दिखाती हूँ।   Komm, ich zeige dir meinen Garten.

siehe L-1

★ ★ ★

5 Das gewohnheitsmäßige Imperfekt
(अपूर्ण भूतकाल)

☞ Die Sprachstruktur des gewohnheitsmäßigen Imperfekts ist genau die gleiche wie die des generellen Präsens. Es verändern sich nur die Formen von 'होना' zu 'था', 'थे', 'थी', 'थीं' Diese, richten sich in N und G nach dem Subjekt.

Satzstruktur **1** Das gewohnheitsmäßige Imperfekt

Subj. + Obj. + (Vs. + ता, ते, ती) + था, थे, थी, थीं
Nom.   falls vorh.

richten sich in N und G nach dem Subjekt

Modell 1   v.i. जाना (gehen);   v.t. खाना (essen)

Subjekt	Verb				
	m.sg.	**f.sg.**			
मैं, तू, वह यह, कौन(wer sg.), क्या	खाता था जाता था	खाती थी जाती थी	Ich, er, sie, es,	pflegte	zu essen/ gehen
			du	pflegtest	
	m.pl.	**f.pl.**			
हम, तुम, आप, वे, ये कौन (pl.) कौन कौन (wer alles)	खाते थे जाते थे	खाती थीं जाती थीं	ihr (informell)	pflegtet	
			sie (formell) wir, sie, wer (pl.)	plegten	

☞ Diese Struktur wird verwendet, wenn eine Handlung in der Vergangenheit regelmäßig durchgeführt wurde, heute allerdings nicht mehr durchgeführt wird.

☞ Im Fragesatz steht 'क्या' am Satzanfang, vor dem Subjekt.
☞ Im verneinten Satz steht 'नहीं' vor dem Hauptverb.

Beispiele:

1. क्या वह सुबह जल्दी उठता था?   Pflegte er früh morgens aufzustehen?
2. वह पहले सुबह जल्दी नहीं उठता था।   Früher stand er nicht so früh am Morgen auf.

☞ था, थे, थी, थीं, wird meistens weggelassen wenn es sich um Folgehand–lungen (in Vergangenheit) von kurzer Dauer handelt.

z.B.

1. हम गाँव में रहा करते थे।   Wir wohnten in einem Dorf.
2. वहाँ हम रोज़ पेड़ों पर चढ़ते, कच्चे आम तोड़ते और खाते।   Dort, stiegen wir jeden Tag auf die Bäume, pflückten unreife Mangos und aßen sie.

Satzstruktur 2 Das frequentative Imperfekt

| Subj. Nom. | + | Obj. (falls vorh.) | + | [Vs. + आ/या] | + | करता, करते, करती | + | था, थे, थी, थीं |

करता, करते, करती / था, थे, थी, थीं: richten sich in N und G nach dem Subjekt

Modell 2 v.t. 'खाना' (essen); v.i. 'जाना' (gehen)

Subj.	Obj.	Vs. + आ/या	करना + होना
मैं, तू, वह, यह, कौन (sg.)	चावल	खाया	करता था m.sg.
			करती थी f.sg.
हम, तुम, आप वे, ये, कौन (pl.) कौन कौन (wer alles)	-	जाया	करते थे m.pl.
			करती थीं f. pl.

☞ Das frequentative Imperfekt bezeichnet eine Handlung, die— wiederholt und öfter (frequentativ)— innerhalb einer bestimmten und begrenzten Zeitperiode durchgeführt wurde.

☞ Im frequentative Imperfekt wird 'जाना' zu 'जाया'।

☞ Im Fragesatz steht 'क्या' zu Beginn des Satzes, vor dem Subjekt.

☞ Im verneinten Satz steht 'नहीं' vor (Vs. + 'आ/या')

Beispiele:

1. क्या अण्डे तुम खाया करते थे? — Hast du früher Eier gegessen?
2. हम अंडे नहीं खाया करते थे। — Wir pflegten keine Eier zu essen.
3. क्या वह मंदिर जाया करता था? — Ging er früher zum Tempel?
4. वह मंदिर नहीं जाया करता था। — Er ging früher nicht zum Tempel.

Vergleichen und verstehen Sie!

1. यह होटल (m.sg.) यहाँ नहीं होता था।
   यह होटल यहाँ नहीं हुआ करता था। — Früher war dieses Hotel nicht hier.

2. बच्चे (m.pl.) इस स्कूल में पढ़ते थे।
   बच्चे इस स्कूल में पढ़ा करते थे। — Die Kinder gingen in diese Schule.
   (Die Kinder pflegten in dieser Schule zu studieren).

3. क्या वह (f.sg.) सुबह घूमने जाती थी?
   क्या वह सुबह घूमने जाया करती थी? — Ging sie früher morgens spazieren?

4. पिताजी (m.sg. höf.) हमेशा हमारे लिये उपहार लाते थे/ लाया करते थे। — Vater brachte immer Geschenke für uns mit.

5. माताजी (f.sg. höf.) हमेशा हमारे लिये स्वादिष्ट भोजन बनाती थीं/ बनाया करती थीं। — Mutter kochte früher immer köstliches Essen für uns.

siehe L-8

★★★

6 Der Imperativ
(विधिकाल)

☞ Im Hindi werden drei Verschiedene Imperativformen unterschieden. Die Wahl der korrekten Befehlsform richtet sich erstens nach dem Zeitpunkt, zu dem eine Anweisung ausgeführt werden soll, und zweitens nach der Form des Pronomens (तू, तुम, oder आप), durch welches die Beziehung zur angesprochenen Person deutlich wird (vertraut, informell oder formell–höflich).

☞ Die Satzstrukturen **1** und **2** werden benutzt, wenn der Befehl direkt und in der Gegenwart ausgeführt werden soll. In Satzstruktur **3** ist die Befehlsausführung für einen zukünftigen Zeitpunkt (indirekt) vorgesehen.

Satzstruktur **1** Der direkte Imperativ (प्रत्यक्ष विधिकाल)

1. तू + Vs.
2. तुम/तुम लोग + (Vs. + ओ)
3. आप/आप लोग + (Vs. + इये/इए)

☞ Wenn der Verbstamm auf einen Konsonanten endet (d.h. wenn der Verbstamm keine Vokalzeichen hat, siehe Modell 1,4) werden die Vokalzeichen für 'ओ' und 'इ' benutzt, um die Formen für तुम und आप zu bilden.

Modell **1**

Infinitiv		तू	तुम (लोग)	आप (लोग)
1.	जाना (gehen)	जा	जाओ	जाइए
2.	सोना (schlafen)	सो	सोओ	सोइए
3.	सुनाना (erzählen)	सुना	सुनाओ	सुनाइए
4.	बैठना (sitzen)	बैठ	बैठो	बैठिए

Beispiele:

1. तू पढ़।   Lies! (vertraut)

2. तुम खाओ। IB! (informell)

3. आप पढ़ाइए। Unterrichten Sie! (formell)

Satzstruktur 2 Der Konjunktiv (nur 'एँ' Form) als Imperativ

☞ **Eine andere sehr höfliche Befehlsform ist 'आप' + (Vs. + 'एँ')**

☞ **Diese wird mit 'तू' oder 'तुम' nicht benutzt.**

Modell 2

Infinitive	तू	तुम	आप
जाना (gehen)	–	–	जाएँ
सोना (schlafen)	–	–	सोएँ
बैठना (sitzen)	–	–	बैठें

Satzstruktur 3 Der auf die Zukunft gerichtete Imperativ.
(परोक्ष विधिकाल)

1. तू oder तुम (लोग) + Infinitiv
2. आप + (Vs. + इयेगा/इएगा)

☞ **Diese beiden Imperativformen sind unveränderlich! Ungeachtet des Geschlechts der mit 'आप' angesprochenen Person, wird immer die Endung 'गा' verwendet.**

Modell 3

Infinitiv	**m./f.** तू/तुम (लोग)	**m./f.** आप (लोग)
जाना (gehen)	जाना	जाइएगा
आना (kommen)	आना	आइएगा
पढ़ना (lesen)	पढ़ना	पढ़िएगा

Beispiele:

1. (तू/तुम) सावधानी से सड़क पार करना। Überquere die Straße vorsichtig!
2. (आप) अपनी सेहत का ध्यान रखिएगा। Passen Sie auf Ihre Gesundheit auf!
3. भारत में पानी उबाल कर पीजिएगा। Bitte, trinken Sie abgekochtes Wasser in Indien.
4. परीक्षा में दूसरों की नकल न करना। Schreibe in der Prüfung nicht von anderen ab.

Tabelle der Verben mit unregelmäßigen Imperativformen.

Verb Inf. सामान्य क्रिया	तू Präs.Imp.	तुम	तू/तुम Fut.Imp.	आप Präs.Imp.	आप Konj. Imp.	आप Fut.Imp.
देना	दे	दो	देना	दीजिए	दें	दीजिएगा
लेना	ले	लो	लेना	लीजिए	लें	लीजिएगा
करना	कर	करो	करना	कीजिए	करें	कीजिएगा
पीना	पी	पियो	पीना	पीजिए	पियें	पीजिएगा
जीना	जी	जियो	जीना	जीइए	जीवें, जिएँ	जीइएगा
सीना	सी	सियो	सीना	सीजिए सीइए	सिएँ	सीजिएगा सीइएगा
छूना	छू	छुओ	छूना	छुइए	छुएँ	छुइएगा

☞ Verbstämme, die auf einem langen 'ई' oder 'ऊ' enden, werden kurz geschrieben, bevor 'ओ' oder 'इये' angehängt wird. In einigen Fällen wird der Konsonant 'ज' dazwischen geschoben.

z. B. जीना ⇒ जियो; छूना ⇒ छुओ;
पीना ⇒ पीजिए

☞ Der verneinte Imperativ wird gebildet, indem 'मत' oder 'न' vor das Verb gesetzt werden. Für 'तू' und 'तुम', wird im allgemeinen die Verneinung 'मत' benutzt, für 'आप' die Negation 'न'. In der gesprochenen Sprache besteht keine solche feste Regel. Es kann für 'आप' auch 'मत' und für 'तू' und 'तुम' auch 'न' benutzt werden.

1. नल मत खोल। — Dreh den Wasserhahn nicht auf!
2. बत्ती मत बुझाओ। — Schalte das Licht nicht aus!
3. आप चाय न पीजिए। — Bitte trinken Sie keinen Tee!
4. आप यहाँ न बैठें। — Bitte setzen Sie sich nicht hierher!

Einfache Antworten auf Bitten und Befehle

Imperativ: कॉफ़ी बनाओ। — Mach Kaffee!
Antwort: अभी बनाता हूँ/बनाती हूँ। — Ich mache es gleich.
Imperativ: बाज़ार जाओ। — Gehe zum Markt!
Antwort: अभी जाता हूँ/जाती हूँ। — Ich gehe gleich.

Satzstruktur 4 Der frequentive Imperativ

Subj. + Obj. + (Vs. + आ/या) + करो/कीजिए,
तुम/आप falls vorh.   oder
                                           करना/कीजिएगा

☞ Mit dem frequentativen Imperativ wird die angesprochene Person angewiesen, eine Handlung regelmäßig auszuführen (sich eine Handlungsweise zur Gewohnheit zu machen).

Vergleichen und verstehen Sie folgende Beispiele:

1a. तुम सैर करने जाओ। — Mach einen Spaziergang!
1b. तुम रोज़ सैर करने जाया करो। — Mach einen täglichen Spaziergang!
2a. आप कॉफ़ी न पीजिए। — Trinken Sie keinen Kaffee!
2b. आप कॉफ़ी न पिया कीजिए। — Trinken Sie keinen Kaffee! (Gewöhnen Sie sich an, keinen Kaffee zu trinken)!
3a. तुम छात्रावास में ध्यास से पढ़ना। — Lerne konzentriert im Studentenheim!
3b. तुम छात्रावास में ध्यान से पढ़ा करना।
4a. आप भारत में पानी उबालकर पीजिएगा। — Trinken Sie abgekochtes Wasser in Indien!
4b. आप भारत में पानी उबालकर पिया कीजिएगा।

Der Gebrauch des Imperativs

1 **Einladungen:**

1. कृपया आगामी रविवार को हमारे साथ भोजन कीजिए। — Bitte kommen Sie nächsten Sonntag zu uns zum Abendessen.
2. चाय पीजिएगा? — Hätten Sie gerne eine Tasse Tee?

2 **Befehle:**

1. शोर मचाना बन्द करो। — Mach keine Lärm!
2. बैठने से पहले दरवाज़ा बन्द करो। — Mach die Tür zu, bevor du Platz nimmst!

3 **höfliches Ersuchen:**

1. कृपया नमक मेरी ओर खिसकाइए। — Könnten Sie mir bitte das Salz reichen?
2. कृपया कुर्सी बाहर बाग़ीचे में लाइए। — Könnten Sie den Stuhl in den Garten hinausbringen?

siehe L-2

★ ★ ★

7 Zusammengesetzte Postpositionen

- **zusammengesetzte Postpositionen (के + ...)**

के ऊपर	auf, über
के नीचे	unter
के बाहर	außerhalb von
के अन्दर	in, innerhalb
के पास, के नज़दीक	nahe, bei, zu
के आगे	vor (örtlich)
के पीछे	hinten, nach
के सामने	vor, gegenüber
के साथ	mit, zusammen mit
के बाद/के पश्चात्	nach (zeitlich)
के पहले	vor (zeitlich)
के बिना	ohne
के अतिरिक्त/के अलावा	außer
के बारे में	über
के यहाँ	bei
के लिए	für
के कारण	wegen, auf Grund von
के मारे	wegen, zufolge
के बजाय	anstelle von

☞ **Substantive und Pronomen in Verbindung mit (के + ...) z.B. 'के पास' werden auf folgende Weise geschrieben:**

1 Substantiv + 'के पास'

राम के पास	neben Ram
मेज़ के पास	neben dem Tisch

* * *

2 Pronomen + 'के पास'

तुम लोगों के पास	neben euch (pl.; informell)
आपके पास	neben Ihnen (sg.; formell)
आप लोगों के पास	neben Ihnen (pl.; formell)
इसके पास	neben ihm/ihr
उसके पास	neben ihm/ihr
इनके पास	neben diesen, ihnen, hier.
उनके पास	neben diesen/ihnen/dort
किसीके पास	neben irgendjemand
किसके पास	neben wem (sg.)
किनके पास	neben wem (pl.)

3 aber:

मैं + के पास	⇒	मेरे पास	neben mir
तू + के पास	⇒	हमारे पास	neben uns
हम + के पास	⇒	तेरे पास	neben dir (sg.) vertraut
तुम + के पास	⇒	तुम्हारे पास	neben dir (sg.) (informell)

(Arrows show तू ↔ तेरे and हम ↔ हमारे crossed)

Beispiele:

1. पेड़ **के ऊपर** चढ़ । — Steig auf den Baum!
2. मेज़ **के नीचे** रख । — Leg es unter den Tisch!
3. घर **के बाहर** जाओ । — Geh (aus dem Haus) raus!
4. कमरे **के अन्दर** आइए । — Kommen Sie ins Zimmer herein!
5. उसके **पास** बैठिए । — Setzen Sie sich neben ihn/sie!
6. स्कूल **के नज़दीक** रहना । — Bleibe in der Nähe der Schule! *(annotation: "was ich mir vornehme – kein a ohne Pronomen"; "keine Höflichkeit")*
7. तेल **के बिना** पकाइए । — Kochen Sie ohne Öl!
8. मैं पाँच बजे **के पहले** उठती हूँ । — Ich stehe vor fünf Uhr auf.
9. वह दस बजे **के बाद** सोता है । — Er geht später als zehn Uhr schlafen.
10. राम के घर **के सामने** आम के पेड़ हैं । — Vor Rams Haus stehen Mangobäume.
11. वह रोज़ **मेरे साथ** स्कूल जाती है । — Sie geht jeden Tag mit mir zur Schule.
12. मैं उसके **बारे में** सब कुछ जानती हूँ । — Ich weiß alles über ihn/sie. *(annotation: darüber)*
13. राम अनिल **के यहाँ** अक्सर जाता है । — Ram geht oft zu Anil.
14. गर्मी **के मारे** वे परेशान हैं । — Wegen der Hitze haben sie Probleme. *(annotation: garmi)*

15.	खराब मौसम **के कारण** आज बच्चे घर पर हैं।	Wegen des schlechten Wetters, sind die Kinder heute zu Hause.
16.	**हमारे लिए** खाना बनाओ।	Koch das Essen für uns.
17.	कमरे में **तुम्हारे अतिरिक्त** कौन है?	Wer ist im Zimmer außer dir?

■ **zusammengesetzte Postpositionen (की + ...)**

की तरफ, की ओर	In Richtung auf/zu
की तरह, की भाँति	ähnlich wie
की बजाय	anstelle von

☞ **Substantiv und Pronomen in Verbindung mit (की + ...) z.B. 'की तरफ' werden auf folgende Weise geschrieben:**

1 **Substantiv + 'की तरफ़'**

घर की तरफ़	In Richtung Hause (heimwärts)
राजा की तरफ़	auf den König zu

2 **Pronomen + 'की तरफ़'**

तुम लोगों की तरफ़	in eurer Richtung
आपकी/आप लोगों की तरफ़	in Ihrer Richtung
उसकी/इसकी तरफ	in seiner/ihrer Richtung
उनकी/इनकी तरफ़	in ihrer Richtung
किसकी/किनकी तरफ़	in wessen Richtung
किसीकी/किन्हींकी तरफ	in irgendjemandes Richtung

3 **aber:**

मैं + की तरफ़	⇛	मेरी तरफ़	in meiner Richtung
हम + की तरफ़	⇛	हमारी तरफ़	in unserer Richtung
तू + की तरफ़	⇛	तेरी तरफ़	in deiner Richtung
तुम + की तरफ़	⇛	तुम्हारी तरफ़	in deiner Richtung

Beispiele:

1.	वह लता मंगेश्कर **की तरह** गाती है।	Sie singt wie Lata Mangeshkar.
2.	शहर **की तरफ़** न जाइए।	Gehen Sie nicht in Richtung Stadt.
3.	हम मंदिर **की ओर** जा रहे हैं।	Wir gehen in Richtung Tempel.

Der Gebrauch von 'ओर' (f.), 'तरफ़' (f.) — Richtung, Seite

1 **In der Regel steht 'की' vor 'तरफ़' und 'ओर' (als Richtungsangabe). In Verbindung mit 'दाहिने' (rechts) und 'बाएँ' (links) steht jedoch 'के' anstelle von 'की'.**

मंदिर **के दाहिने तरफ़**	an der rechten Seite des Tempels.
डाकघर **के बाएँ ओर**	an der linken Seite des Postamts.

2 **Wenn die Bewegung in eine bestimmte Richtung geht, steht 'की' vor 'ओर' oder 'तरफ'.**

Beispiele:

1.	तुम स्कूल **की तरफ़** जाओ।	Geh in Richtung Schule!
2.	वह दुकान **की ओर** जाता है।	Er geht in Richtung Laden.

3 **Wenn es sich um mehr als eine Richtung (Bewegung oder Ortsangabe) handelt, steht 'के' vor 'ओर' oder 'तरफ़'**

Beispiele:

1.	मेज़ के **दोनों तरफ़** लोग खड़े थे।	Die Leute standen auf beiden Seiten des Tisches.
2.	पेड़ **के चारों ओर** मेज़-कुर्सियाँ लगी थीं।	Um den Baum herum standen Tische und Stühle.
3.	सड़क **के दोनों ओर** आदमी दौड़ रहे थे।	Die Leute rannten auf beiden Seiten der Straße.
4.	कुएँ **के चारों ओर** लड़कियाँ नाच रही थीं।	Die Mädchen tanzten um den Brunnen herum.

4 Wenn es sich um eine Ortsangabe handelt, kann sowohl 'के' als auch 'की' vor 'ओर' oder 'तरफ़' stehen.

Beispiele:

1. केन्टीन मंदिर के दायीं ओर है।   Die Kantine ist auf der rechten Seite des Tempels.

   केन्टीन मंदिर की दायीं ओर है।

2. मंत्री जी के/की बायीं ओर कौन बैठा है?   Wer sitzt auf der linken Seite des Ministers?

3. उनके/की बायीं ओर उनकी पत्नी बैठी है।   Seine Frau sitzt links von ihm / auf seiner linken Seite.

★★★

8

Das Verb Haben
(के पास होना)

Dem deutschen Verb 'haben' entsprechen im Hindi zwei Satzstrukturen. Die mit 'के पास' bezieht sich auf den – nicht unbedingt dauerhaften – Besitz von unbelebten Gegenständen. Die zweite verweist auf Verwandtschaftsverhältnisse, Körperteile sowie auf dauerhaften Besitz (z.B. Land, Haus).

Satzstruktur 1 für unbelebte Gegenstände

Subj.	+	के पास	+	Obj. (unbelebt)	+	होना in dem passenden Tempus richtet sich im N nach dem Obj.

Modell

Subjekt + के	पास	Objekt	होना
मेरे, हमारे तेरे, तुम्हारे आपके, उसके इसके, उनके इनके, किसके किनके, किसी के	पास	चाबी (f.sg.) ein Schlüssel	है
		चाबियाँ (f.pl.) viele Schlüssel	हैं

☞ **Zur Bildung des Fragesatzes steht 'क्या' vor dem Subjekt.**

क्या आपके पास चाबी है? — Haben Sie den Schlüssel?

☞ **'नहीं' vor 'है/हैं' macht dem Satz negativ.**

मेरे पास चाबी नहीं है। — Ich habe den Schlüssel nicht.

Beispiele:

1. मेरे बच्चे के पास बहुत से खिलौने हैं। — Mein Kind hat viele Spielsachen.

2. आज मेरे पास एक फूटी कौड़ी नहीं है।   Ich habe heute keine müden Pfennig.
3. अनिल के पास कौन सी गाड़ी थी?   Was für ein Auto hatte Anil?
4. उसके पास लाल रंग की मारूति थी।   Er hatte einen roten Maruti.
5. श्रीमती शर्मा के पास चाँदी के बर्तन थे।   Frau Sharma hatte Silbergeschirr.
6. क्या आप के पास कैमरा है?   Haben Sie einen Photoapparat?
7. नहीं, इस समय मेरे पास कैमरा नहीं है, परन्तु अगले हफ़्ते मेरे पास दो 'कैमरे' होंगे।   Nein, im Moment habe ich keinen Photoapparat, aber nächste Woche werde ich zwei Photoapparate haben.

Satzstruktur 2 für Verwandte, Körperteile, dauerhaften Besitz

Subjekt + का/के/की + Verwandte, Körperteile, dauerhafter Besitz + होना in dem passenden Tempus; richtet sich in N nach dem Objekt.

Beispiele:

1. उनके कई मित्र हैं।   Sie haben viele Freunde.
2. मेरे दो भाई और तीन बहनें हैं।   Ich habe zwei Brüder und drei Schwestern.
3. उसके मुम्बई में दो मकान है।   Er hat zwei Häuser in Mumbai.
4. मेरे दो मज़बूत हाथ हैं।   Ich habe zwei starke Hände.
5. रावण के दस सिर थे।   Ravana hatte zehn Köpfe.
6. दशरथ की तीन रानियाँ थीं।   Dashratha hatte drei Königinnen.
7. राम की बहुत ज़मीन-जायदाद होगी।   Ram wird eine Menge Landbesitz haben.

★ ★ ★

9 Das durative Präsens und das durative Imperfekt

(सातत्य वर्तमान एवं भूतकाल)

☞ **Sätze, die im Hindi die durativen Formen von Präsens und Imperfekt verwenden, können in der deutschen Sprache oft nur mit der einfachen, generellen Gegenwarts- oder Vergangenheitsform wiedergegeben werden. Das Hauptmerkmal der durativen Formen liegt auf dem gegenwärtigen oder vergangenen Andauern einer Handlung über einen gewissen Zeitraum (z.B. das Halten einer Rede, das Spielen eines Spiels, ...)**

Satzstruktur 1 Das durative Präsens

Subj. Nom.	+	Obj. + (falls vorh.)	Vs. +	रहा, रहे, रही	+	हूँ, है, हो, हैं

(रहा, रहे, रही + हूँ, है, हो, हैं:) richten sich in N und G nach dem Subjekt.

Modell: v.i. 'जाना' (gehen); v.t. 'खाना' (essen)

Subjekt	Vs.	m.	f.	होना
मैं	जा खा	रहा रहे	रही	हूँ
तू, वह, यह कौन (wer sg.), क्या				है
तुम, तुम लोग				हो
हम, आप, वे, ये, कौन (wer pl.) कौन कौन (wer alles)				हैं

Beispiele:

1. शर्माजी (m.höf.) दूरदर्शन पर समाचार देख रहे हैं। — Herr Sharma schaut gerade die Nachrichten im Fernsehen.
(Herr Sharma ist beim Schauen der Nachrichten im Fernsehen).
2. धोबिनें (f.pl.) कपड़े धो रही हैं। — Die Wäscherinnen waschen die Kleider.
(Die Wäscherinnen sind beim Waschen der Kleider).
3. सूर्य (m.sg.) चमक रहा है। — Die Sonne scheint.
4. कुत्ते (m.pl.) भौंक रहे हैं। — Die Hunde bellen.
5. बर्फ़ (f.sg.) पड़ रही है। — Es schneit.
6. माताजी (f.höf.) बच्चे को सुला रही हैं। — Mutter bringt das Kind zu Bett.

☞ '**क्या**' vor dem Subjekt bildet einen Fragesatz.

Beispiele:

क्या वह रो रहा है? — Weint er gerade?
क्या तुम पढ़ रहे हो? — Studierst du (gerade)?

☞ **Im verneinten Satz steht 'नहीं' hinter dem Verbstamm.**
Das Hilfsverb 'होना' wird im negativen Satz weggelassen.

Beispiele:

वह रो नहीं रहा। — Er weint nicht.
मैं पढ़ नहीं रहा। — Ich studiere nicht.

Der Gebrauch des durativen Präsens

1 Um eine andauernde Handlung auszudrücken, die gerade im Augenblick vor sich geht. (siehe continuous Form im Englischen).

Beispiele:

1. बारिश (f. sg.) हो रही है। — Es regnet (gerade).
2. देखो, लड़कियाँ (f.pl.) पेड़ पर चढ़ रही हैं। — Schau, die Mädchen steigen auf den Baum.

3. खिलाड़ी (m.pl.) क्रिकेट खेल रहे हैं।   Die Spieler spielen Kricket.
4. दर्शक (m.pl.) खेल का आनन्द ले रहे हैं। Die Zuschauer genießen das Spiel.

2 Die Handlung kann auch in der Vergangenheit angefangen haben, in der Gegenwart andauern und möglicherweise bis in Zukunft reichen. In diesem Fall steht das durative Präsens mit einer Zeitangabe + 'से' und entspricht der deutschen Präposition 'seit'.

Beispiele:

1. मैं (m.) दस वर्ष से हिन्दी सीख रहा हूँ।   Ich lerne seit 10 Jahren Hindi.
2. कमला (f.) जनवरी से एक बैंक में नौकरी कर रही है।   Kamla arbeitet seit Januar in einer Bank.
3. एक हफ़्ते से बारिश (f.sg.) हो रही है।   Es regnet seit einer Woche.
4. मैं (f.) सुबह सात बजे से आपका इन्तज़ार कर रही हूँ।   Ich warte schon seit sieben Uhr auf Sie.

3 Um eine Handlung in der näheren Zukunft auszudrücken z. B.

1. मैं अगले हफ़्ते जर्मनी जा रही हूँ।   Ich fahre nächste Woche nach Deutschland.
2. कल हमारे यहाँ मेहमान आ रहे हैं।   Morgen kommen Gäste zu uns.

Satzstruktur 2 Das durative Imperfekt

Subj. + Obj. + Vs. + रहा, रहे, + था, थे,
Nom.   (falls vorh.)   रही   थी, थीं

richten sich in N und G nach dem Subjekt.

Der Gebrauch des durativen Imperfekt

1 Eine Handlung, die zu einer bestimmten Zeit in der Vergangenheit gerade ablief, wird mit dem durativen Imperfekt ausgedrückt.

Beispiele:

1. डाकिया (m.sg.) डाक बाँट रहा था।   Der Postbote trug gerade die Post aus. (Der Postbote war beim Austragen der Post).

2. कल शाम को दादीजी (f.sg.höf.) कहानी सुना रही थीं। — Die Großmutter erzählte gestern Abend eine Geschichte.
(Die Grosmutter war gestern Abend beim Erzählen einer Geschichte).

3. श्रोतागण (m.pl.) ध्यान से सुन नहीं रहे थे। — Das Publikum hörte nicht aufmerksam zu.

4. मंत्रीजी (m.sg. höf.) भाषण दे रहे थे। — Der Minister hielt eine Rede.

5. मेरी बेटी आज दिनभर पढ़ रही थी। — Meine Tochter studierte heute den ganzen Tag.

6. तुम (f.) कल दिनभर क्या कर रही थीं। — Was hast du gestern den ganzen Tag über gemacht?

2 Ebense kann auch das durative Imperfekt mit einer Zeitangabe + 'से' kombiniert werden.

1. जब मैं भारत पहुँचा एक महीने से बारिश हो रही थी। — Als ich in Indien ankam, regnete es bereits einen Monat.

2. जब मैंने दूरदर्शन चलाया प्रधानमंत्री एक भाषण दे रहे थे। — Als ich den Fernseher anschlatete, hielt der Premierminister gerade eine Rede.

3. छात्राएँ (f.pl.) दो घंटे से पर्यावरण प्रदूषण पर बहस कर रही थीं। — Die Studentinnen diskutierten seit zwei Stunden über Umweltverschmutzung.

4. जब मैं राबर्ट से मिली वह (m.sg.) कई वर्षों से भारत-भ्रमण कर रहा था। — Als ich Robert traf, reiste er seit einigen Jahren durch Indien.

siehe L-3,4,6

★★★

10 Präteritum, Perfekt, Plusquamperfekt
(सामान्य भूतकाल, पूर्ण वर्तमानकाल, पूर्ण भूतकाल)

☞ **In Hindi sind sich diese drei Zeiten in ihre Struktur sehr ähnlich.**

☞ **Es muß jedoch deutlich zwischen transitiven und intransitiven Verben unterschieden werden.**

☞ **Bei transitiven Verben wird an das Subjekt 'ने' angehängt und die Endungen des jeweiligen Verbs richten sich in N und G nach dem Objekt. Folgt dem Objekt auch eine Postposition, ist das Verb von diesem Objekt unabhängig, und steht immer in der 3. Person m.sg.**

☞ **Bei intransitiven Verben steht das Subjekt im Nominativ und die Endungen richten sich nach diesem.**

Subjekt (Substantiv / Pronomen + ने

Singular	Plural
मैंने	हमने
तूने	तुमने, तुम लोगों ने
तुमने	
आपने	आपने, आप लोगों ने
इसने	इन्होंने
उसने	उन्होंने
किसने	किन्होंने
जिसने	जिन्होंने
किसीने	किन्हीं ने
'X' ने- wo 'X' ein Substantiv ist. z.B. राम ने; औरतों ने usw.	

Ausnahmen:

☞ **'बोलना' sprechen, 'भूलना' vergessen, 'लाना' bringen, 'बकना' schwätzen sind transitive Verben, werden jedoch wie intransitive Verben gebraucht.**

☞ 'खाँसना' husten, 'छींकना' niesen und 'थूकना' spucken sind intransitive Verben, werden aber wie transitive gebraucht.

■ Bildung des Partizip Perfekt

Zur Bildung des Partizip Perfekt werden 'आ, ए, ई' an den Verbstamm angehängt. Dieses Partizip Perfekt dient zur Bildung des Präteritums und — kombiniert mit der geeigneten Form von 'होना' — auch zur Bildung des Perfekts und des Plusquamperfekts.

☞ Zur Bildung des Partizip Perfekts gelten folgende Regeln:

1 Endet der Verbstamm auf einen Konsonanten, so werden 'आ, ए, ईं' als Vokalzeichen angehängt. Das angehängte nasalierte lange 'ईं' wird nur in der weiblichen Pluralform des Präteritums verwendet.

Infinitiv		m.sg.	m.pl.	f.sg.	f.pl.
चखना	schmecken	चखा	चखे	चखी	चखीं
खोलना	öffnen	खोला	खोले	खोली	खोलीं
उठना	aufstehen	उठा	उठे	उठी	उठीं

2 Endet der Verbstamm auf 'आ, ओ, ई'* so werden 'या, ए, ई, ईं' angehängt und das lange 'ई' wird kurz geschrieben.

Infinitiv		m.sg.	m.pl.	f.sg.	f.pl.
खाना	essen	खाया	खाए	खाई	खाईं
सोना	schlafen	सोया	सोए	सोई	सोईं
पीना	trinken	पिया	पिये	पी	पीं

3 Endet der Verbstamm auf 'ऊ' so werden 'आ, ए, इ, ईं' angehängt, und das lange 'ऊ' wird kurz geschrieben.

Infinitiv		m.sg.	m.pl.	f.sg.	f.pl.
छूना	berühren	छुआ	छुए	छुई	छुईं
चूना	tropfen	चुआ	चुए	चुई	चुईं

* Bei आ und ओ - Endungen wird auch statt 'ए, ई, ईं', 'ये, यी, यीं', benutzt. Endet der Verbstamm auf 'ई', wird m.pl. mit 'ये' und nicht mit 'ए' gebildet.

4 Unregelmäßige Verben:

Infinitiv		m.sg.	m.pl.	f.sg.	f.pl.
करना	machen	किया	किये	की	कीं
होना	sein	हुआ	हुए	हुई	हुईं
जाना	gehen	गया	गए	गई	गईं
देना	geben	दिया	दिए	दी	दीं
लेना	nehmen	लिया	लिए	ली	लीं

☞ Zur Bildung des Perfekts folgt eine geeignete Präsens Form von 'होना' auf 'Vs. + आ, ए, ई.' (s.S. 46).

☞ Zur Bildung des Plusquamperfekts folgt die konjugierte Form von 'होना' im Imperfekt auf 'Vs. + आ, ए, ई.' (s.S. 49).

■ Satzstrukturen, Beispiele und Richtlinien zum Gebrauch von Präteritum, Perfekt und Plusquamperfekt.

Satzstruktur 1 Präteritum bei intransitiven Verben

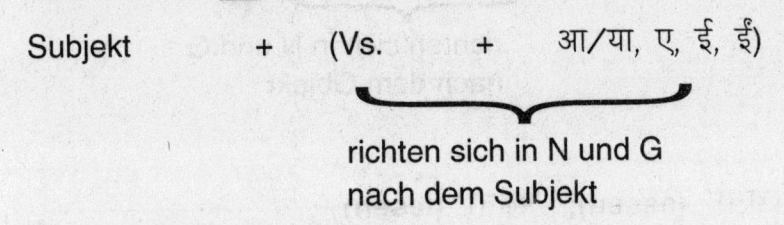

Subjekt + (Vs. + आ/या, ए, ई, ईं)

                    richten sich in N und G nach dem Subjekt

Modell 1 v.i. जाना (gehen)

Subjekt	Verb	
	m.	f.
मैं, तू, वह, यह कौन (sg.), क्या	गया	गई
हम, तुम (लोग), आप (लोग) वे, ये, क्या-क्या (was alles) कौन (pl.), कौन-कौन (wer alles)	गए	गईं

Beispiele:

1. वह (m.sg.) कल आया। — Er kam gestern.
2. मेरी बहन (f.sg.) कल आई। — Meine Schwester kam gestern.
3. तुम (f.) भारत कब पहुँचीं? — Wann kamst du in Indien an?
4. मैं (f.) भारत कल पहुँची। — Ich kam gestern in Indien an.
5. वे (m.pl.) कहाँ ठहरे? — Wo übernachteten sie?
6. वे (m.pl.) होटल में ठहरे। — Sie übernachteten in einem Hotel.
7. बच्चा (m.sg.) क्यों रोया? — Warum weinte das Kind?
8. क्या आप (m.höf.) अध्यापक से मिले? — Trafen Sie den Lehrer?
9. आप (m.höf.) उससे कब मिले? — Wann trafen Sie ihn?
10. आपलोग (f.pl.) इतनी ज़ोर से क्यों हँसीं। — Warum lachten Sie so laut?

Satzstruktur 2 Das Präteritum bei transitiven Verben

Subjekt + 'ने' + Objekt + (Vs. + आ, ए, ई, ईं)

(Vs. + आ, ए, ई, ईं): richten sich in N und G nach dem Objekt

Modell 2 v.t. 'खाना' (essen); 'पढ़ना' (lesen)

Subjekt	Objekt	Verb
मैने, हमने तूने, तुमने आपने, उसने इन्होंने, किन्होंने जिसने, जिन्होंने	सन्तरा (m.sg.)	खाया
	सन्तरे (m.pl.)	खाए
	पुस्तक (f.sg.)	पढ़ी
	पुस्तकें (f. pl.)	पढ़ीं

Beispiele:

1.	हमने केले (m.pl.) खाए।	Wir aßen Bananen.
2.	प्रधानाचार्य ने बच्चों को मिठाइयाँ (f.pl.) बाँटीं।	Der Direktor verteilte Süßigkeiten an die Kinder.
3.	अध्यापक ने विद्यार्थी को क्या कहा?	Was sagte der Lehrer dem Studenten?
4.	राम ने पन्द्रह साल बैंक में काम (m.sg.) किया?	Arbeitete Ram 15 Jahre lang für eine Bank?
5.	क्या आपने दो घण्टे हमारा इन्तज़ार (m.sg.) किया?	Warteten Sie zwei Stunden auf uns?
6.	क्या उसने परीक्षा के लिए बहुत पढ़ा?	Lernte er viel für die Prüfung?
7.	तुमने पर्याप्त परिश्रम (m.sg.) नहीं किया।	Du arbeitetest nicht hart genug.
8.	उन्होंने बच्चों को अच्छी शिक्षा (f.sg.) नहीं दी।	Sie erzogen die Kinder nicht gut.

Das Präteritum wird gebraucht: ('सामान्य भूतकाल के प्रयोग')

☞ **Wenn eine Handlung in der Vergangenheit abgeschlossen ist und keine Beziehung zur Gegenwart hat, und wenn zum Ausdruck gebracht wird, wann, wo und wie eine Handlung stattgefunden hat.**

Beispiele:

1.	हम पिछले हफ़्ते सारनाथ गए।	Letzte Woche fuhren wir nach Sārnath.
2.	रानी आज सुबह दिल्ली वापस गई।	Rāni fuhr heute früh nach Delhi zurück.

☞ **Wenn eine Handlung in sehr naher Zukunft geschieht.**

Beispiele:

1.	तुम चलो मैं आया।	Geh' du, ich komme gleich.
2.	यह काम हुआ समझो।	Die Arbeit wird gleich erledigt sein. (Betrachte die Arbeit als schon erledigt.)

Satzstruktur 3 Das Perfekt bei intransitiven Verben

Subjekt + (Vs. + आ/या, ए, ई + हूँ, है, हो, हैं)

richten sich in N und G nach dem Subjekt

Modell 3 v.i. 'जाना' (gehen)

Subjekt	Hauptverb m.	Hauptverb f.	Hilfsverb
मैं	गया	गई	हूँ
तू, वह, यह कौन, क्या			है
तुम (लोग)	गए		हो
हम, आप (लोग) वे, ये, कौन (wer pl.) कौन कौन (wer alles)			हैं

☞ **Im Hindi werden im Perfekt sehr gerne zusammengesetzte Verben benutzt. Die 'Konstruktionen mit zusammengesetzten Verben' bestehen aus drei Teilen : einem Hauptverb, einem Hilfsverb (dem zusammengesetzten Verb) und wenn nötig einer Form von 'होना'. Die Bedeutung des Hauptverbs (immer nur Verbstamm) ist ausschlaggebend für die Übersetzung. Konjugiert wird jedoch das Hilfsverb und 'होना'. Dadurch wird die Aussage des Hauptverbs verstärkt, bekräftigt oder genauer erklärt (siehe Seite 159 zum besseren Verständnis).**

Beispiele:

1. डाक (f.sg.) आ गई है। — Die Post ist angekommen.
2. गाड़ी (f.sg.) स्टेशन पर आ गई है। — Der Zug ist auf dem Bahnhof angekommen.
3. वे (f.sg.höf.) सो गई हैं। — Sie ist eingeschlafen.

4. मेरे चाचाजी (m.sg.höf.) बीमार हो गए हैं।   Mein Onkel ist krank geworden.
5. मौसम (m.sg.) बदल गया है।   Das Wetter hat sich geändert.
6. कुआँ (m.sg.) सूख गया है।   Der Brunnen ist ausgetrocknet.
7. कपड़े (m.pl.) फट गए हैं।   Die Kleider sind zerissen.
8. दूध (m.sg.) फट गया है।   Die Milch ist geronnen.
9. तुम (m.) पागल हो गए हो।   Du bist verrückt geworden.
10. मेरी सब घड़ियाँ (f.pl.) ख़राब हो गई है। Alle meine Uhren sind kaputt gegangen.

Satzstruktur 4 Das Perfekt bei transitiven Verben

Subjekt + 'ने' + Objekt + (Vs. + आ, ए, ई + है/हैं)

richten sich in N und G nach dem Objekt

Modell 4 Das Perfekt: v.t. 'खाना' (essen); 'पढ़ना' (lesen)

Subjekt	Objekt	Verb
मैंने, हमने	सन्तरा (m.sg.)	खाया है
तूने, तुमने	सन्तरे (m.pl.)	खाए हैं
आपने, उसने	पुस्तक (f.sg.)	पढ़ी है
इन्होंने, किन्होंने जिसने, जिन्होंने	पुस्तकें (f. pl.)	पढ़ी हैं

Beispiele:

1. उसने अपने जूते (m.pl.) साफ़ कर लिए हैं।   Er/Sie hat seine/ihre Schuhe geputzt.
2. मैंने खिड़कियाँ (f.pl.) बन्द कर ली हैं।   Ich habe die Fenster zugemacht.
3. क्या तुमने स्नान (m.sg.) कर लिया है?   Hast du schon gebadet?
4. मैंने कुछ नए कपड़े (m.pl.) ख़रीदे हैं।   Ich habe ein paar neue Kleider gekauft.
5. क्या तुमने मेरी बरसाती (f.sg.) ली है?   Hast du meinen Regenmantel genommen?

6. क्या आपने आज का अख़बार (m.sg.) पढ़ लिया है ? — Haben Sie die heutige Zeitung schon gelesen ?

7. मैंने तुम्हारे लिए एक चॉकलेट (m.sg.) ख़रीद लिया है। — Ich habe für dich Schokolade gekauft.

8. उसने हम सबके लिए चाय (f.sg.) बनाई है। — Sie hat für uns alle Tee gekocht.

9. मैंने अपनी छोटी बहन के लिए नया वस्त्र (m.sg.) बनाया है। — Ich habe für meine kleine Schwester ein neues Kleid genäht.

10. कमला ने अपनी सखियों को उपहार (m.pl.) भेज दिए हैं। — Kamla hat ihren Freundinnen Geschenke geschickt.

Das Perfekt wird gebraucht: ('पूर्ण वर्तमान काल के प्रयोग')

☞ **Wenn eine in der Vergangenheit abgeschlossene Handlung oder ein Zustand noch einen Bezug zur Gegenwart hat, oder eine Auswirkung auf die Gegenwart hat, und wenn es keinen Hinweis darauf gibt, wann, wo und wie diese Handlung stattgefunden hat.**

Beispiele :

1. तुमने खाना (m.sg.) खा लिया है? — Hast du schon gegessen?
2. क्या तुमने उपहार (m.pl.) भेज दिए हैं? — Hast du die Geschenke schon geschickt?
3. मैं (f.sg.) बहुत थक गयी हूँ। — Ich bin sehr müde geworden.
4. गोष्ठी (f.sg.) समाप्त हो गयी है। — Das Konzert ist beendet.

☞ **Wenn sich Handlungen oder Zustände in der Vergangenheit häufig wiederholen.**

Beispiele :

1. जब जब बाढ़ (f.sg.) आयी है, तब तब महामारी (f.sg.) फैली है। — Immer wenn die Flut anstieg, haben sich Epedemien ausgebreitet.
2. जब जब वह (m.sg.) मेरे यहाँ आया है, तब तब कोई समस्या (f.sg.) लाया है। — Immer wenn er zu mir nach Hause kam, brachte er Probleme mit sich.

☞ **Wenn ein Zustand beschrieben wird.**

Beispiele:

1. औरत (f.sg.) फ़र्श पर लेटी है। Die Frau liegt auf dem Boden.
2. बच्चे (m.pl.) छत पर सोए हैं। Die Kinder schlafen auf dem Dach.
3. मैं (f.sg.) बहुत थकी हूँ। Ich bin sehr müde.
4. पुस्तकें (f.pl.) मेज़ पर पड़ी हैं। Die Bücher liegen auf dem Tisch.

Satzstruktur 5 Das Plusquamperfekt bei intransitiven Verben

Subjekt + (Vs. + आ/या, ए, ई) + था, थे, थी, थीं

richten sich in N und G nach dem Subjekt

Modell 5 v.i. 'जाना' (gehen)

Subjekt	Hptv. + Hfsv. m.	Hptv. + Hfsv. f.
मैं, तू, वह, यह, कौन (wer sg.), क्या	गया था	गई थी
हम, तुम (लोग), आप (लोग) वे, ये, कौन (wer pl.), कौन कौन (wer alles)	गए थे	गई थीं

Beispiele:

1. बच्चा (m.sg.) गिर गया था। Das Kind war herrunter runter gefallen.
2. आम (m.pl.) पक गए थे। Die Mangos waren reif geworden.
3. वर्षा (f.sg.) बन्द हो गई थी। Es hatte aufgehört zu regnen.
4. तुम (f.) पिछले साल कहाँ गई थीं? Wohin warst du letztes Jahr gefahren?
5. वे (m.sg.höf.) आपके यहाँ कब आए थे? Wann waren sie zu Ihnen gekommen?
6. आसमान (m.sg.) पर बादल घिर आए थे। Die Wolken hatten sich am Himmel aus–gebreitet.

7. मैं (f.sg.) कल रात को दस बजे सो गई थी। — Ich war gestern Abend um 10 Uhr eingeschlafen.
8. गत सोमवार को यहाँ बहुत ओले (m.pl.) पड़े थे। — Am letzten Montag hatte es hier stark gehagelt.
9. क्या आज गाड़ी (f.sg.) समय से छुटी थी? — War der Zug heute rechtzeitig abgefahren?
10. चारों ओर पेड़ों पर नई पत्तियाँ (f.pl.) निकल आई थीं। — Überall hatten die Bäume neue Blätter bekommen.

Satzstruktur 6 Das Plusquamperfekt bei transitiven Verben

Subjekt + 'ने' + Objekt + (Vs. + आ/या, ए, ई) + था, थे, थी, थीं

(आ/या, ए, ई) + था, थे, थी, थीं: richten sich in N und G nach dem Objekt

Modell 6 v.t. 'खाना' (essen); 'पढ़ना' (lesen)

Subjekt	Objekt	Verb
मैने, हमने तूने, तुमने आपने, उसने इन्होंने, किन्होंने जिसने, जिन्होंने	सन्तरा (m.sg.)	खाया था।
	सन्तरे (m.pl.)	खाए थे।
	पुस्तक (f.sg.)	पढ़ी थी।
	पुस्तकें (f. pl.)	पढ़ी थीं।

Beispiele:

1. दादी जी ने हमें कहानी (f.sg.) सुनाई थी। — Großmutter hatte uns eine Geschichte erzählt.
2. रामने रावण को मारा था। — Rām hatte Rāvana getötet.
3. गुरु जी ने हमें अच्छी शिक्षा (f.sg.) दी थी। — Der Lehrer hatte uns gut erzogen.
4. महात्मा गाँधी ने देश की आज़ादी के लिए अपना सर्वस्व (m.sg.) त्याग दिया था। — Mahātmā Gāndhī hatte für die Freiheit des Landes seinen gesamten Besitz geopfert.
5. उसने भारत आने से पहले हिन्दी (f.) सीखी थी। — Bevor er nach Indien kam, hatte er Hindi gelernt.

6.	मंत्री जी ने मंच से बोलने से पूर्व अपना भाषण (m.sg.) मुझे पढ़कर सुनाया था।	Bevor der Minister auf dem Podium seine Rede hielt, hatte er sie mir vorgetragen.
7.	यह कार ख़रीदने से बहुत पहले उसने अपनी पुरानी कार (f.sg.) अपने भाई को बेच दी थी।	Lang bevor er diese Auto kaufte, hatte er sein altes Auto seinem Bruder verkauft.
8.	मंत्री जी ने कामगारों के सामने नए प्रस्ताव (m.pl.) रखे थे।	Der Minister hatte den Arbeitern neue Vorschläge vorgelegt.

Das Plusquamperfekt wird gebraucht: ('पूर्ण भूतकाल के प्रयोग')

☞ Wenn eine Handlung oder ein Zustand in ferner Vergangenheit abgeschlossen ist. (Im Deutschen wird vorzugsweise das Perfekt oder Präteritum benutzt).

Beispiele:

1.	सन् १९६६ में मैं (f.sg.) कनाडा गई थी।	Im Jahr 1966 war ich nach Kanada gegangen.
2.	मुसलमानों ने कब भारत पर आक्रमण (m.sg.) किया था?	Wann hatten die Muslime Indien angegriffen?

☞ Wenn in der Vergangenheit zwei Handlungen hintereinander (Beispiele 1–2) oder fast gleichzeitig (Beispiele 3–4) ablaufen so steht die vorausgehende Handlung im Plusquamperfekt, die darauffolgende Handlung im Präteritum. (Dieser Gebrauch entspricht dem Deutschen.)

Beispiele :

1.	जब मैं (m.sg.) उनके घर पहुँचा, वे (m.pl.) भोजन कर चुके थे।	Als ich bei ihnen ankam, hatten sie schon gegessen.
2.	जब हम (m.pl.) सुबह सो कर उठे, पिताजी (m.sg.höf.) दफ़्तर जा चुके थे।	Als wir morgens aufstanden, war Vater schon ins Büro gegangen.
3.	मैं (f.sg.) पढ़ने बैठी ही थी कि बिजली (f.sg.) चली गई।	Kaum hatte ich mich zum Arbeiten hingesetzt, ging das Licht aus.

4. बच्चे (m.pl.) खेलने के लिए निकले ही थे कि वर्षा (f.sg.) होने लगी। — Kaum waren die Kinder zum Spielen hinausgegangen, fing es zu regnen an.

☞ **In Hindi wird das Plusquamperfekt auch benutzt, um Handlungen oder Zustände auszudrücken, welche in naher oder unmittelbarer Vergangenheit geschehen/gewesen sind. (Im Deutschen wird dann Perfekt oder Präteritum benutzt).**

Beispiele:

1. राम (m.sg.) आज सुबह हमारे यहाँ आया था। — Ram kam heute Morgen zu uns nach Hause.
2. तुमने अभी अभी तो ऐसा कहा था। — Du hast es doch gerade gesagt.
3. अभी अभी वह (m.sg.) मुझे यह बताने आया था कि भारत (m.sg.) क्रिकेट मैच जीत गया है। — Er ist gerade gekommen, um mir zu sagen, daß Indien im Kricket Match gewonnen hat.
4. मैं (m.sg.) तो तुम्हें अपने साथ फ़िल्म देखने ले जाने आया था; तुम (m.sg.) तो पहले से ही कहीं जाने को तैयार बैठे हो। — Ich bin gekommen, um dich ins Kino mitzunehmen; aber ich sehe, du bist schon auf dem Weg, woanders hinzugehen.

Vergleichen und verstehen Sie:

1a. मैनें खाना (m.sg.) पका लिया है। — Ich habe schon gekocht. (Perfekt)
1b. तुमने खाना (m.sg.) कब बनाया? — Wann kochtest du? (Präteritum)
1c. मैंने तुम्हारे आने से पहले खाना (m.sg.) बना लिया था। — Ich hatte schon gekocht bevor du kamst. (Plusquamperfekt)
2a. विद्यार्थी ने कविता (f.sg.) याद कर ली है। — Der Student hat das Gedicht auswendig gelernt. (Perfekt)
2b. उसने कविता (f.sg.) कब याद की? — Wann lernte er das gedicht? (Präteritum)
2c. उसने स्कूल आने से पहले ही कविता (f.sg.) याद कर ली थी। — Bevor er in die Schule kam, hatte er das Gedicht auswendig gelernt. (Plusquamperfekt)

siehe L-9,10,11

★ ★ ★

11 Das Futur
(भविष्यतकाल)

Satzstruktur **1** Das generelle Futur

Subj. + Obj. + (Vs. + ऊँ, ए, ओ, एँ + गा, गे, गी)
Nom. (falls vorh.) richten sich in N und G nach dem Subjekt

Modell **1** Der Verbstamm endet auf 'आ', 'ओ'

Subjekt	जाना (gehen)		सोना (schlafen)	
	m.	f.	m.	f.
मैं	जाऊँगा	जाऊँगी	सोऊँगा	सोऊँगी
तू, वह, यह, क्या कौन (wer sg.)	जाएगा	जाएगी	सोएगा	सोएगी
तुम, तुमलोग	जाओगे	जाओगी	सोओगे	सोओगी
हम, आप, वे, ये, कौन (wer pl.) कौन कौन (wer alles)	जाएँगे	जाएँगी	सोएँगे	सोएँगी

Modell **2** Der Verbstamm endet auf 'ई', 'ऊ'

☞ Wenn der Verbstamm auf 'ई, ऊ' endet, werden langes 'ई' und 'ऊ' kurz.

Subjekt	Objekt	पीना (vt) trinken		छूना (vt) berühren	
		m.	f.	m.	f.
मैं	दूध	पिऊँगा	पिऊँगी	छुऊँगा	छुऊँगी
तू, वह, यह कौन, (wer sg.)	दूध	पिएगा	पिएगी	छुएगा	छुएगी
तुम, तुमलोग	दूध	पियोगे	पियोगी	छुओगे	छुओगी
हम, आप, वे ये, कौन (wer pl.)	दूध	पिएँगे	पिएँगी	छुएँगे	छुएँगी

Modell 3   Der Verbstamm endet auf einen Konsonanten
'पढ़ना' lesen v.t.; 'बैठना' sitzen v.i.

☞ Endet der Verbstamm auf einen Konsonanten mit inhärenten 'अ' wird zuerst das jeweilige passende Vokalzeichen für 'ऊँ', 'ए', 'ओ', 'एँ' und dann 'गा', 'गे', 'गी' an den Verbstamm angehängt.

Subjekt	intransitives Verb		transitives Verb	
	m.	f.	m.	f.
मैं	बैठूँगा	बैठूँगी	पढ़ूँगा	पढ़ूँगी
तू, वह, यह, क्या, कौन (wer sg)	बैठेगा	बैठेगी	पढ़ेगा	पढ़ेगी
तुम, तुमलोग	बैठोगे	बैठोगी	पढ़ोगे	पढ़ोगी
हम, आप, वे, ये, कौन (wer pl.)	बैठेंगे	बैठेंगी	पढ़ेंगे	पढ़ेंगी

Modell 4 Unregelmäßige Verben:
'लेना' (nehmen), 'देना' (geben), 'होना' (sein)

Subjekt	लेना		देना		होना	
	m.	f.	m.	f.	m.	f.
मैं	लूँगा	लूँगी	दूँगा	दूँगी	हूँगा / होऊँगा	हूँगी / होऊँगी
तू, वह, यह, क्या, कौन (wer sg.)	लेगा	लेगी	देगा	देगी	होगा	होगी
तुम, तुमलोग	लोगे	लोगी	दोगे	दोगी	होगे	होगी
हम, आप, वे, ये, कौन (wer pl.)	लेंगे	लेंगी	देंगे	देंगी	होंगे	होंगी

Beispiele:

1. मैं अगले महीने अमरीका जाऊँगा। — Ich werde nächsten Monat nach Amerika fahren.
2. गर्मी की छुट्टियों में हम ताजमहल देखेंगे। — In den Sommerferien werden wir den Taj Mahal besichtigen.
3. कल संगीत गोष्ठी होगी। — Morgen wird es ein Konzert geben.
4. लड़कियाँ फ़िल्म देखेंगी। — Die Mädchen werden sich einen Film anschauen.

☞ **Man benutzt das generelle Futur für Handlungen und Zustände, die in der Zukunft mit weitgehender Sicherheit eintreten werden.**

Satzstruktur 2 Das frequentative Futur

Subjekt + Objekt + (Vs. + आ/या) + करूँगा/करूँगी, करेगा/करेगी,
Nom.   (falls vorh.)   करोगे/करोगी, करेंगे/करेंगी

richten sich in N und G nach dem Subjekt

Beispiele:

1. इस साल मैं मन लगाकर पढ़ा करूँगा। — Dieses Jahr werde ich mich auf das Lernen konzentrieren.
2. भविष्य में उन्हें हमारी मदद की आवश्यकता नहीं हुआ करेगी। — In Zukunft werden sie unsere Hilfe nicht brauchen.
3. मैं हर इतवार को आप को टेलिफ़ोन किया करूँगा। — Ich werde Sie jeden Sonntag anrufen.
4. कल से दुकानें आठ बजे बन्द हुआ करेंगी। — Ab morgen werden die Geschäfte um acht Uhr schliessen.

☞ **Man benutzt das frequentative Futur, wenn in einem bestimmten Zeitraum in der Zukunft eine Tätigkeit häufiger ausgeführt wird.**

Satzstruktur 3 Das durative Futur

Subjekt + Objekt + Vs. + 'रहा, रहे, रही' + Futurform von 'होना'
Nom. (falls vorh.)

richten sich in N und G nach dem Subjekt

Beispiele:

1.	मैं कल इस समय यात्रा कर रही हूँगी।	Morgen um diese Zeit werde ich gerade auf der Reise sein.
2.	शाम को चार बजे बच्चे पढ़े रहे होंगे।	Nachmittags um vier Uhr werden die Kinder gerade Schularbeiten machen.
3.	अगले इतवार को हम दिल्ली में घूम रहे होंगे।	Nächsten Sonntag werden wir gerade Delhi besichtigen.
4.	सुबह सवा सात बजे माताजी पूजा कर रही होंगी।	Am Morgen um 7.15 Uhr wird meine Mutter (gerade) Puja machen.

☞ **Das durative Futur drückt aus, daß zu einer bestimmten Zeit in der Zukunft jemand gerade dabei sein wird, etwas zu tun.**

Satzstruktur 4 Das perfektive Futur - A

Subj. + Obj. + Vs. + 'चुका, चुके, चुकी' + Futurform von 'होना'
Nom. (falls vorh.)

richten sich in N und G nach dem Subjekt

☞ **Diese Struktur gilt für transitive und intransitive Verben.**

Beispiele:

1.	हम कल दस बजे तक दिल्ली पहुँच चुके होंगे।	Morgen früh um 10 Uhr werden wir in Delhi angekommen sein.
2.	वह सन् १९९८ तक डॉक्टर बन चुका होगा।	1998 wird er schon Arzt geworden sein.

3. जब तुम उनके घर पहुँचोगे, वे खाना खाकर सो चुके होंगे।   Wenn du bei ihnen ankommst, werden sie schon gegessen haben und schlafen gegangen sein.

4. १५ अप्रैल तक गेहूँ की फ़सल कट चुकी होगी।   Bis zum 15. April wird die Weizenernte schon abgeschlossen sein.

Satzstruktur 5 Das perfektive Futur - B

Subjekt + Objekt + Vs. + Präteritum + Futurform von
mit 'ने' (falls vorh.)   von 'लेना, देना' 'होना'

richten sich in N und G nach dem Objekt

☞ **Diese Satzstruktur gilt nur für transitive Verben.**

Beispiele:

1. जब तक वह भारत आएगा, हमने उसके रहने की उचित व्यवस्था कर दी होगी।   Bis er nach Indien kommt, werden wir für seinen Aufenthalt angemessene Vorkehrungen getroffen haben.

2. अगले वर्ष जून से पहले ही हमने नया घर ख़रीद लिया होगा।   Noch vor Juni nächsten Jahres werden wir ein neues Haus gekauft haben.

3. क्या कल चार बजे तक आपने सब काम कर लिया होगा?   Werden Sie bis morgen um 4 Uhr mit der ganzen Arbeit fertig sein?

4. कॉलेज में प्रवेश मिलने से पहले मैंने हिन्दी भाषा अच्छी तरह सीख ली होगी।   Bevor ich zur Universität zugelassen werde, werde ich Hindi gut gelernt haben.

☞ **Beide Formen des perfektiven Futurs drücken aus, daß zu einer bestimmten Zeit in der Zukunft eine Handlung abgeschlossen sein wird (siehe auch Kapitel 13).**

siehe L-12

★ ★ ★

12 Vermutung
(अनुमानबोधक)

Wir benutzen diese Satzstrukturen wenn wir vermuten, daß etwas mit großer Wahrscheinlichkeit eintreten wird, oder eingetreten ist.

Satzstruktur 1 Die gegenwärtige Vermutung

Subjekt + Objekt + (Vs. + ता, ते, ती) + Futurform
Nom.   (falls vorh.)   von 'होना'

richten sich in N und G nach dem Subjekt

Modell 1: v.t. 'खाना' (essen); v.i. 'जाना' (gehen)

Subjekt sg.	Hptv. m.	f.	Hilfsv. m.	f.	Subjekt pl.	Hptv. m.	f.	Hilfsv. m.	f.
मैं	खाता जाता	खाती जाती	हूँगा होऊँगा	हूँगी होऊँगी	हम, आप वे, ये, कौन	खाते जाते	खाती जाती	होंगे	होंगी
तू, वह, यह, कौन			होगा	होगी	तुम, तुम लोग			होगे	होगी

Beispiele:

1. वह (f.sg.) बंगाल की रहने वाली है। ज़रूर चावल, मछली **खाती होगी**। — Sie ist aus Bengalen. Sie wird sicher Reis und Fisch essen.

2. कमला और रानी की परीक्षा अगले महीने है। वे (f.pl.) आजकल दिनभर **पढ़ती होंगी**। — Kamlā und Rānis Prüfung ist nächsten Monat. Jetzt werden sie wohl den ganzen Tag studieren.

3. आप (f. höf.) घर का सब काम स्वयं **करती होंगी**। — Sie machen sicher alle Hausarbeit selbst.

4. अनिल के चाचा जी का घर उसके कॉलेज से दूर नहीं। वह (m. sg.) जरूर हर सप्ताहान्त पर उनसे मिलने **जाता होगा।**

Das Haus von Anils Onkel ist nicht weit von seinem College. Er wird ihn sicher jedes Wochenende besuchen.

5. गर्मी बहुत है। वे लोग (m. pl.) रोज़ तरण-ताल तैरने के लिए **जाते होंगे।**

Die Hitze ist groß. Sie gehen sicher jeden Tag zum Schwimmen ins Schwimmbad.

Satzstruktur 2 Die durative Vermutung

Subjekt Nom. + Objekt (falls vorh.) + Vs. + रहा, रहे, रही + Futurform von 'होना'

(रहा, रहे, रही und Futurform von 'होना' richten sich in N und G nach dem Subjekt)

Modell 2 v.t. 'खाना'; v.i. 'जाना'

Subjekt	Hptv.		Hilfsv.		Subjekt	Hptv.		Hilfsv.	
sg.	**m.**	**f.**	**m.**	**f.**	**pl.**	**m.**	**f.**	**m.**	**f.**
मैं	खा रहा जा रहा	खा रही जा रही	हूँगा होऊँगा	हूँगी होऊँगी	हम आप वे,ये,कौन	खा रहे जा रहे	खा रही जा रही	होंगे	होंगी
तू, वह, यह,कौन			होगा	होगी	तुम			होगे	होगी

Beispiele:

1. मेरा बेटा (m.sg.) बग़ीचे में खेल रहा होगा।

Mein Sohn wird wohl gerade im Park spielen.

2. आजकल वे (m.pl.) मदुरै में आनन्द मना रहे होंगे।

Zur Zeit vergnügen sie sich wohl gerade in Madurai.

3. सुनीता (f.) इस समय रसोई घर में खाना बना रही होगी।

Sunitā wird wohl gerade in der Küche Essen kochen.

4. छात्राएँ (f.pl.) इस समय अख़बार पढ़ रही होंगी और साथ-साथ चाय पी रही होंगी। Die Schülerinnen werden wohl gerade die Zeitung lesen und dabei Tee trinken.

5. प्रधानमंत्री (m. höf) बोट-क्लब में भाषण दे रहे होंगे। Der Premierminister wird wohl gerade im Bootclub eine Rede halten.

Satzstruktur 3 Die perfektive Vermutung bei intransitiven Verben

Subjekt Nom + (Vs. + आ/या, ए, ई) + Futurform von 'होना'

(आ/या, ए, ई) + Futurform von 'होना': richten sich in N und G nach dem Subjekt

Modell 3 v.i. 'जाना' (gehen)

<table>
<tr><th>Subj.</th><th colspan="2">Hptv.</th><th colspan="2">Hilfsv.</th><th>Subj.</th><th colspan="2">Hptv.</th><th colspan="2">Hilfsv.</th></tr>
<tr><th>sg.</th><th>m.</th><th>f.</th><th>m.</th><th>f.</th><th>Pl.</th><th>m.</th><th>f.</th><th>m.</th><th>f.</th></tr>
<tr><td>मैं</td><td rowspan="2">गया</td><td rowspan="2">गई</td><td>हूँगा
होऊँगा</td><td>हूँगी
होऊँगी</td><td>हम आप
वे,ये,कौन</td><td rowspan="2">गए</td><td rowspan="2">गई</td><td>होंगे</td><td>होंगी</td></tr>
<tr><td>तू, वह,
यह,कौन</td><td>होगा</td><td>होगी</td><td>तुम</td><td>होगे</td><td>होगी</td></tr>
</table>

Beispiele:

1. रानी ने सारा दिन काम किया था। वह (f.sg.) ज़रूर थकी हुई होगी। Rāni hat den ganzen Tag gearbeitet. Sie wird wohl müde geworden sein.

2. वे (m.sg.höf.) कलकत्ते गए होंगे। Sie werden wohl nach Kalkuttā gegangen sein.

3. अपनी प्रेमिका के वियोग से वह (m.sg.) अवश्य व्यथित हुआ होगा। Wegen der Trennung von seiner Geliebten wird er wohl unglücklich geworden sein.

Satzstruktur ▮4▮ **Die perfektive Vermutung bei transitiven Verben**

Subj. + Obj. + (Vs. + आ/या, ए, ई) + Futurform von
mit 'ने' ‎ होना'

richten sich in N und G
nach dem Objekt

Modell ▮4▮ v.t. 'खाना'

Subj.	Obj.	Hptv. + Hilfsv.
मैंने, हमने, तूने, तुमने, आपने, इसने, उसने, इन्होंने, उन्होंने, किसने, किन्होंने	केला m. sg.	खाया होगा
	केले m. pl.	खाए होंगे
	रोटी f. sg.	खाई होगी
	रोटियाँ f. pl.	खाई होंगी

Beispiele:

1. उसने आपकी किताब (f.sg.) नहीं चुराई होगी। ‎ Sie hat sicher Ihr Buch nicht gestohlen.

2. उसने अवश्य कार तेज़ चलाई होगी। ‎ Er wird sicher zu schnell gefahren sein.

3. जब हम घर के अन्दर गए तो हमने बहुत शोर मचाया। हमारे पड़ोसियों ने हमें ज़रूर सुना होगा। ‎ Wir haben viel Lärm gemacht als wir das Haus betraten. Unsere Nachbarn werden uns gehört haben.

Satzstruktur 5 Die perfektive Vermutung mit 'चुकना'

Subj. + Obj. + Vs. + चुका, चुके, + Futurform
Nom. (falls vorh.) चुकी von 'होना'

richten sich in N und G
nach dem Subjekt

☞ Hier wird nicht zwischen transitiven und intransitiven Verben underschieden.

Modell 5 v.t. 'खाना'; v.i. 'जाना'

Subj.	Hptv.		Hilfsv.		Subj.	Hptv.		Hilfsv.	
	m.	f.	m.	f.		m.	f.	m.	f.
मैं	खा चुका	खा चुकी	हूँगा / होऊँगा	हूँगी / होऊँगी	हम आप वे,ये,कौन	खा चुके	खा चुकी	होंगे	होंगी
तू, वह, यह,कौन	जा चुका	जा चुकी	होगा	होगी	तुम	जा चुके	जा चुकी	होगे	होगी

Beispiele:

1. वे (m.pl.) मंसूरी जा चुके होंगे।   Sie werden wohl schon nach Mussoorie gereist sein.

2. रानी (f.) स्कूल की पढ़ाई ख़त्म कर चुकी होगी।   Rani wird die Schule wohl schon abgeschlossen haben.

3. नौकर (m.sg.) खाना बना चुका होगा।   Der Diener hat das Essen sicher schon vorbereitet.

★ ★ ★

13 Der Gebrauch der Verben
चुकना, लेना, देना, जाना

Hier bezeichnen die Verben 'चुकना', 'लेना', 'देना' und 'जाना', daß eine Handlung– in der unmittelbaren oder länger zurückliegenden Vergangenheit — bereits geschehen ist oder zu einer bestimmten Zeit in der Zukunft geschehen sein wird.

Satzstruktur 1a Der Gebrauch von 'चुकना'

Subj. +	Obj. +	Vs. +	चुकता, चुकते,	+ होना
Nom.	(falls vorh.)		चुकती	Präs./Imperfekt

चुकता, चुकते, चुकती: richten sich in N und G nach dem Subjekt

Satzstruktur 1b Der Gebrauch von 'चुकना'

Subj. +	Obj. +	Vs. +	चुका, +	होता,	+ होना
Nom.	(falls vorh.)		चुके,	होते,	Präs./Imperfekt
			चुकी	होती	

चुका/चुके/चुकी, होता/होते/होती: richten sich in N und G nach dem Subjekt

☞ **Der Gebrauch dieser Satzstruktur verweist auf eine Gewohnheit, d.h. auf der Umstand, daß eine Handlung im allgemeinen (gewöhnlich) zu einem bestimmten Zeitpunkt schon abgeschlossen ist.**
Beispiele:

1. प्राय: घर में औरों के उठने से पहले ही मैं (m.) स्नान पूजा कर चुकता हूँ। — Im allgemeinen bin ich mit meinem Bad und meiner Puja, schon fertig, bevor die anderen im Haus aufstehen.

प्राय: घर में औरों के उठने से पहले ही मैं (m.) स्नान पूजा कर चुका होता हूँ।

2. अध्यापक के पढ़ाने से पहले रानी (f.) पाठ तैयार कर चुकती थी।	Rānī hatte meistens die Lektion schon vorbereitet, wenn der Lehrer mit dem Unterricht begann.
अध्यापक के पढ़ाने से पहले रानी (f.) पाठ तैयार कर चुकी होती थी।	

Satzstruktur 2 Der Gebrauch von 'चुकना'

Subj. + Obj. + Vs. + चुका, चुके, चुकी + होना

Nom. (falls vorh.)

होना: in dem passenden Tempus

चुका, चुके, चुकी: richten sich in N und G nach dem Subjekt

☞ **Diese Satzstrukturen gelten für transitive und für intransitive Verben.**

Beispiele:

1 Perfekt

1. मैं (m.sg.) खाना खा चुका हूँ।	Ich habe schon gegessen.
2. बच्चे (m.pl.) स्नान कर चुके हैं।	Die Kinder haben schon gebadet.
3. शिक्षिका (f.sg.) जा चुकी है।	Die Lehrerin ist schon weggegangen.
4. वे (f.pl.) पहुँच चुकी हैं।	Sie sind schon angekommen.

2 Plusquamperfekt

1. जब मैं हवाई अड्डे पर पहुँचा, जहाज़ (m.sg.) उड़ चुका था।	Als ich am Flugplatz ankam, war das Flugzeug schon gestartet.
2. जब पुलिस पहुँची, चोर (m.pl.) वहाँ से जा चुके थे।	Als die Polizei dort ankam, waren die Diebe schon weg.
3. जब मैं कमला से मिला, वह (f.sg.) अपने पिता की मृत्यु की ख़बर सुन चुकी थी।	Als ich Kamlā traf, hatte sie die Nachricht vom Tod ihres Vaters schon gehört.
4. जब वे हमारे घर आए, हम (f.pl.) रात का खाना खा चुकी थीं।	Als sie zu uns kamen, hatten wir schon zu Abend gegessen.

3 **Das perfektive Futur – A (s.S. 56)**

1. हम (m.pl.) यह काम कल शाम को चार बजे तक कर चुके होंगे। — Bis 4 Uhr morgen Abend werden wir diese Arbeit erledigt haben.
2. सोमवार तक हमारे घर की मरम्मत (f.sg.) हो चुकी होगी। — Bis Montag wird unser Haus repariert sein.

4 **Konjunktiv**

1. जब वे खा चुकें, उन्हें शहर घुमाने ले जाना। — Wenn sie mit dem Essen fertig sind, nimm sie auf eine Stadtbesichtigung mit.
2. जब तुम अपने कामों से निपट चुको, मेरे पास आ जाना। — Wenn du mit deiner Arbeit fertig bist, dann komm zu mir.

Satzstruktur **3** **Der Gebrauch von लेना, देना**
(siehe auch Seite 57 – das perfektive Futur - B)

Subj. + 'ने' + Obj. + Vs. + लिया/दिया, लिए/दिए, ली/दी (richten sich in N and G nach dem Objekt) + होना (in dem passenden Tempus)

☞ **Diese Struktur gilt nur für transitive Verben.**

☞ **Vs. + 'लेना' wird gebraucht, wenn die Handlung zu Gunsten des Subjekts vollzogen wurde.**

☞ **Vs. + 'देना' wird gebraucht, wenn die Handlung nicht zu Gunsten des Subjekts, sondern zu Gunsten eines Objekts vollzogen wurde.**

Beispiele:

1. मैंने खाना खा लिया है। — Ich habe schon gegessen.
2. माँ ने खाना पका दिया है। — Mutter hat das Essen schon gekocht.

Vergleichen und verstehen Sie:

1a. वह अपने जूते साफ़ कर चुका है। ⟶ Er hat seine Schuhe schon geputzt.
1b. उसने अपने जूते साफ़ कर लिए हैं।
2a. क्या तुम स्नान कर चुके हो? ⟶ Hast du schon gebadet?
2b. क्या तुमने स्नान कर लिया है?
3a. पिताजी आज का समाचार-पत्र ⟶ Vater hat die heutige Zeitung schon gelesen.
   पढ़ चुके हैं।
3b. पिताजी ने आज का समाचार पत्र
   पढ़ लिया है।

☞ **Für intransitive Handlungen ist die Alternativkonstruktion mit 'जाना' möglich.**

4. दुर्घटना स्थल पर पुलिस आ चुकी है/ आ गई है। Die Polizei ist schon am Unfallsort angekommen.
5. दुकानें बन्द हो चुकी हैं/ हो गई हैं। Die Läden haben schon geschlossen.

★★★

14 Mögen, gerne tun (पसन्द करना)
Jemandem gefällt etwas
(पसन्द होना, अच्छा लगना, पसन्द आना)

Satzstruktur **1** पसन्द करना

Subj. Nom.   + Obj. +   पसन्द + करना +   होना
oder   (Subst./   wenn nötig
Subj. + 'ने'   Infinitiv)

im passenden Tempus;
richten sich in N und G nach dem Subj.
oder nach dem Objekt falls Subj. + ने

Beispiele:

1. मैं (m.sg.) हिन्दुस्तानी खाना पसन्द करता हूँ। — Ich mag indisches Essen.
2. वह (f.sg.) कहानी सुनना पसन्द नहीं करती। — Sie hört nicht gerne Geschichten.
3. क्या आप (m.sg.höf.) भारत पसन्द करते हैं? — Mögen Sie Indien?
4. वे (m.pl.) हिन्दी पढ़ना पसन्द करते हैं। — Sie lernen gerne Hindi.
5. बचपन में हम (f.pl.) तैरना पसन्द नहीं करती थीं। — In unserer Kindheit schwammen wir nicht gerne.
6. पहले वह (m.sg.) मांस खाना पसन्द करता था। — Früher aß er gerne Fleisch.
7. उन्होंने हमारी पोशाकें (f.pl.) पसन्द कीं। — Sie mochten unsere Kleider.
8. उन्होंने हमारे रीति रिवाज बहुत पसन्द किये। — Sie mochten unsere Traditionen sehr. (Ihnen gefielen unsere Traditionen sehr.)
9. क्या आप (m.pl.) मेरे साथ सिनेमा देखना पसन्द करेंगे? — Würden Sie gerne einen Film mit mir anschauen?
10. नहीं, आज मैं घर पर रहना पसन्द करूँगा। — Nein, heute möchte ich gerne zu Hause bleiben.

Satzstruktur 2 पसन्द होना/अच्छा लगना

Subj. + Obj. + पसन्द/अच्छा लगना + होना
+ 'को'   (Subst./Inf.)

wenn nötig

im passenden Tempus;
richten sich in N und G
nach dem Objekt

Beispiele:

1. हमें फ़िल्में देखना पसन्द है/ अच्छा लगता है।
   Wir sehen gerne Filme.
   (Uns gefällt es, Filme anzuschauen.)

2. उन्हें हिन्दी पढ़ना पसन्द है/ अच्छा लगता है।
   Sie lernen gerne Hindi.
   (Ihnen gefällt es, Hindi zu lernen.)

3. उनको खाना बनाना पसन्द नहीं/ अच्छा नहीं लगता।
   Sie kocht nicht gerne.
   (Ihr gefällt es nicht, zu kochen.)

4. मुझे बनारस के त्योहार पसन्द हैं/ अच्छे लगते हैं।
   Ich mag Banāras Feste.
   (Mir gefallen Banāras Feste).

5. हमें पंजाबी औरतें पसंद है/ अच्छी लगती हैं।
   Wir mögen die Frauen aus dem Punjāb.
   (Uns gefallen die Frauen aus dem Punjāb).

6. बचपन में आपको क्या करना पसन्द था?/अच्छा लगता था।
   Was haben Sie in Ihrer Kindheit gerne gemacht?
   (Was gefiel Ihnen in Ihrer Kindheit zu tun).

7. मुझे दिनभर खेलना पसन्द था/ अच्छा लगता था।
   Ich liebte es, den ganzen Tag zu spielen.
   (Es gefiel mir, den ganzen Tag zu spielen).

8. माता जी को शास्त्रीय संगीत पसंद था/ अच्छा लगता था।
   Mutter hatte klassische Musik gern.
   (Mutter gefiel klassische Musik).

9. क्या आपको आज शाम को 'रेस्टोरेन्ट' में खाना पसन्द होगा?/अच्छा लगेगा।
   Würden Sie heute Abend gerne im Restaurant essen?
   (Würde es Ihnen gefallen, heute Abend im Restaurant zu essen)?

10. मुझे दूरदर्शन पर कत्थक नृत्य देखना पसन्द होगा/अच्छा लगेगा।
    Ich würde gerne Katthak-Tanz im Fernsehen sehen.
    (Mir würde es gefallen, Katthak-Tanz im Fernsehen zu sehen).

Satzstruktur 3 पसन्द आना

Subj + 'को'	+	Obj.	+	पसन्द	+	आना	+	होना wenn nötig

आना + होना (wenn nötig): im passenden Tempus richten sich in N und G nach dem Objekt

☞ **'पसन्द आना' wird speziell dann benutzt, wenn das Gefallen oder Mißfallen (Negation!) einer Sache auf persönlich gemachter Erfahrung beruht.**
Beispiele:

1.	मुझे पुरानी फ़िल्में अक्सर पसन्द आती हैं।	Mir gefallen alte Filme meistens. (Ich habe alte Filme oft gerne).
2.	पिताजी को हमारा रात को देर तक बाहर रहना पसन्द नहीं आता।	Vater gefällt es nicht, wenn wir abends spät draußen bleiben.
3.	मुझे उस भोजनालय का खाना बिल्कुल पसंद नहीं आता था।	Ich mochte das Essen in diesem Restau– rant nie. (Ich hatte das Essen in diesem Restaurant nie gerne).
4.	उसको (m.) फिल्म पसन्द आई।	Ihm gefiel der Film. (Er hatte den Film gerne).
5.	हमें भारत का ग्रामीण जीवन बहुत पसन्द आया।	Uns gefiel das indische Landleben sehr. (Wir hatten das indische Landleben sehr gern).
6.	आप सारनाथ अवश्य (sicherlich) जाइएगा। आपको यह स्थान बहुत पसन्द आएगा।	Besuchen Sie auf jeden Fall Sārnāth! Ihnen wird dieser Ort sehr gut gefallen.
7.	मेरी माता जी को भारतीय संस्कृति बहुत पसंद आएगी।	Meiner Mutter wird die indische Kultur sehr gut gefallen.

Sanskrit – Sprache der Kultivierten

Sanskriti – Kultur

★ ★ ★

15 Sobald..., Kaum... (तात्कालिक कृदन्त)

Diese Satzstrukturen werden verwendet, um zwei Aktivitäten auszudrücken, die unmittelbar aufeinander folgen oder beinahe gleichzeitig stattfinden.

■ Der Gebrauch von (Vs. + ते) + ही

Satzstruktur 1

Wenn das Subjekt im Haupt und Nebensatz verschieden ist, wird im Nebensatz Subjekt + के + (Vs. + ते) + ही...... benutzt.

Beispiele:

1.	अध्यापक आता है।	Der Lehrer kommt.
2.	विद्यार्थी पढ़ते हैं।	Die Schüler lernen.
⇛	**अध्यापक के आते ही** विद्यार्थी पढ़ते हैं।	Sobald der Lehrer kommt, lernen die Schüler.

☞ **Auch wenn das Subjekt im Haupt- und Nebensatz verschieden ist, so fällt doch in der Umgangsprache 'के' meistens weg, vor allem dann, wenn es sich um unbelebte Gegenstände handelt.**

1.	बारिश होने लगी।	Es fing an zu regnen.
2.	लोग इधर-उधर भागने लगे।	Die Leute begannen in alle Richtungen zu laufen.
⇛	**बारिश होते ही** लोग इधर-दधर भागने लगे।	Sobald es anfing zu regnen, flohen die Leute hier- und dorthin.
1.	मेरी आँख लगी।	Ich war gerade eingeschlafen.
2.	'टेलीफोन' की घण्टी बजने लगी।	Das Telefon klingelte.
⇛	**मेरी आँख लगते ही** 'टेलीफोन' की घण्टी बजने लगी।	Kaum war ich eingeschlafen, klingelte das Telefon.

Satzstruktur 2

Wenn das Subjekt im Haupt-und Nebensatz gleich ist, wird im Nebensatz Subj. + (Vs. + ते) + ही .... benutzt.

1. माँ घर आती है। Mutter kommt nach Hause.
2. माँ खाना पकाती है। Mutter kocht das Essen.
⇒ **माँ घर आते ही** खाना पकाती है। Sobald Mutter nach Hause kommt, kocht sie das Essen.

☞ **(Vs. + ते) + ही wird unabhängig von N und G des Subjekts im Nebensatz benutzt und hängt nicht von dem im Hauptsatz benutzten Tempus ab.**

Beispiele:

1. माँ जाती है। Die Mutter geht.
2. बच्चा रोता है। Das Kind weint.
⇒ **माँ के जाते ही** बच्चा रोता है। Sobald die Mutter geht, weint das Kind.

1. मैं पढ़ने बैठी। Ich setzte mich, um zu lernen.
2. मेहमान आ गए। Die Gäste kamen an.
⇒ **मेरे पढ़ने बैठते ही** मेहमान आ गए। Kaum hatte ich mich zum lernen hingesetzt,

■ **Der Gebrauch von जैसे ही/ ज्यों ही**

Satzstruktur 3 जैसे ही **oder** ज्यों ही **am Satzanfang**

Auch diese Sätze entsprechen dem deutschen 'Sobald...' oder 'Kaum...'. Die Zeitform des Nebensatzes entspricht der des Hauptsatzes.

Beispiel:

जैसे ही/ज्यों ही मुझे समय मिलता है, मैं हिन्दी सीखती हूँ। Sobald ich Zeit finde, lerne ich Hindi.

Vergleichen und verstehen Sie:

1. जैसे ही पिताजी घर से निकलते थे, बच्चे खेलने लगते थे।
   • पिताजी के घर से निकलते ही, बच्चे खेलने लगते थे।

   Sobald der Vater das Haus verließ, fingen die Kinder an zu spielen.

2. जैसे ही वह तैयार हुआ, हम चल पड़े।
   • उसके तैयार होते ही हम चल पड़े।

   Kaum war er fertig, fuhren wir los.

3. जैसे ही मकान मालिक ने कहा, हमने मकान ख़ाली कर दिया।
   • मकान मालिक के कहते ही, हमने मकान ख़ाली कर दिया।

   Kaum hatte der Hausbesitzer es uns gesagt, zogen wir aus.

4. जैसे ही हम नया घर ख़रीदेंगे, आप सबको दावत देंगे।
   नया घर ख़रीदते ही हम आप सबको दावत देंगे।

   Sobald wir ein neues Haus gekauft haben, werden wir eine Party für euch geben.

5. जैसे ही मुझे नौकरी मिलेगी, मैं शादी करूँगा।
   • नौकरी मिलते ही मैं शादी करूँगा।

   Sobald ich einen Job bekomme, werde ich heiraten.

■ **Es gibt noch eine weitere Satzstruktur, die dem deutschen 'Kaum...' oder 'Sobald...' entspricht. Sie wird nur für zwei aufeinander folgende Handlungen in der Vergangenheit benutzt.**

Satzstruktur 4 Nebensatz Plusquamperfekt, Hauptsatz Präteritum

Subj. + (Vs. + आ/ए/ई) + ही + था/थे थी/थीं कि .... Vs. + आ/ए/ई/ईं

Da der Nebensatz das Plusquamperfekt verwendet, kommen folgende Regeln zur Anwendung:

☞ **Bei transitiven Verben steht das Subjekt mit 'ने' und das Verb richtet sich nach dem Objekt (siehe Beispiele 1,2).**

☞ **Bei intransitiven Verben steht das Subjekt im Nominativ und das Verb richtet sich nach diesem (siehe Beispiele 3,4,5).**

Beispiele:

1.	मैंने पढ़ना शुरू किया ही था कि हमारे यहाँ मेहमान आ गए।	Kaum hatte ich angefangen zu lernen, kamen die Gäste.
2.	उसने (m.sg.) खाना ख़ाया ही था कि उसे चक्कर आने लगे और वह बेहोश हो गया।	Kaum hatte er gegessen, wurde ihm schwindlig und er fiel in Ohnmacht.
3.	वे (f. pl.) लेटी ही थीं कि किसी ने द्वार पर खटखटाया।	Kaum hatten sie sich hingelegt, klopfte jemand an die Tür.
4.	वे (m.pl.) घर से निकले ही थे कि मूसलाधार वर्षा होने लगी।	Kaum hatten sie das Haus verlassen, begann es in Strömen zu regnen.
5.	गाड़ी (f. sg.) चली ही थी कि किसी ने ज़ंज़ीर खींची और वह फिर रुक गई।	Kaum war der Zug losgefahren, zog jemand die Notbremse und er hielt wieder an.

★ ★ ★

16 Fähigkeit

(सामर्थ्यबोधक वाक्य रचना)

Satzstruktur 1 Der Gebrauch von 'सकना' — können

Subj. + Nom.	Obj + (falls vorh.)	Vs. +	सकना +	होना wenn nötig

सकना + होना: im passenden Tempus; richten sich in N and G nach dem Subjekt

Modell 1 'सकना' Das generelle Präsens

<table>
<tr><th>Subjekt</th><th>Vs.</th><th>m.</th><th>f.</th><th>होना</th></tr>
<tr><td>मैं</td><td rowspan="4">खा
पढ़
जा</td><td rowspan="2">सकता</td><td rowspan="4">सकती</td><td>हूँ</td></tr>
<tr><td>तू, वह, यह, कौन</td><td>है</td></tr>
<tr><td>तुम, तुमलोग</td><td rowspan="2">सकते</td><td>हो</td></tr>
<tr><td>हम, आप, वे, ये,
कौन (wer pl.),
कौन कौन (wer alles)</td><td>हैं</td></tr>
</table>

Beispiele:

1. कौन तैर सकता है/सकती है? — Wer kann schwimmen?
2. क्या तुम (f.sg.) अकेली विदेश जा सकती हो? — Kannst du alleine ins Ausland reisen?
3. मैं (m.sg.) 'कार' नहीं चला सकता। — Ich kann nicht Auto fahren.
4. क्या तुमलोग (m.pl.) घुड़सवारी कर सकते हो? — Könnt ihr reiten?
5. कमला अपने वस्त्र स्वयं सी सकती है। — Kamla kann ihre Kleider selbst nähen.
6. वे (m.sg.) ठण्डे देश में नहीं रह सकते। — Sie können nicht in kalten Ländern leben.

Modell 2 'सकना' – Das gewohnheitsmäßige Imperfekt

Subjekt	Vs.	m.	f.
मैं तू, वह, यह, कौन (wer sg.)	खा पढ़ जा	सकता था	सकती थी
तुम, तुमलोग, हम, आप, वे, ये, कौन (wer pl.), कौन कौन (Wer alles)		सकते थे	सकती थीं

Beispiele:

1. बचपन में मैं (m. sg.) बहुत अच्छा तैर सकता था। — In meiner Kindheit konnte ich gut schwimmen.
2. आपलोग (m. pl.) मेरा शब्दकोश प्रयोग कर सकते थे। — Sie konnten mein Wörterbuch benutzen.
3. पहले वह (f. sg.) कई विदेशी भाषाएँ बोल सकती थी। — Früher konnte sie mehrere Fremdsprachen sprechen.
4. क्या आप (f. pl.) भारत आने से पहले हिन्दी बोल सकती थीं? — Konnten Sie Hindi sprechen, bevor Sie nach Indien kamen?

Modell 3 'सकना' – Das Präteritum

Subjekt	Vs.	m.	f.
मैं तू, वह, यह, कौन (wer sg.)	खा पढ़ जा	सका	सकी
तुम, हम, आप, वे, ये, कौन (wer pl.), कौन कौन (wer alles)		सके	सकीं

Beispiele:

1.	मैं बहुत तेज़ दौड़ी; मुझे कोई (m.sg.) हरा न सका।	Ich lief sehr schnell. Niemand konnte mich besiegen.
2.	बच्चा कुएँ में गिर गया परन्तु भाग्य से हम (m.pl.) उसे बचा सके।	Das Kind fiel in den Brunnen, aber glücklicherweise konnten wir es retten.
3.	वह (f.sg.) हमारी मदद नहीं कर सकी।	Sie konnte uns nicht helfen.
4.	हम (f.pl.) पिछले रविवार को 'पिकनिक' पर न जा सकीं।	Wir konnten letzten Sonntag nicht picknicken gehen.

Modell 4 'सकना' - Das Futur

Subj.	Vs.	m.	f.
मैं	खा पढ़ जा	सकूँगा	सकूँगी
तू,वह,यह,क्या, कौन (wer sg.)		सकेगा	सकेगी
तुम, तुमलोग,		सकोगे	सकोगी
हम, आप वे,ये, कौन (wer pl.)		सकेंगे	सकेंगी

Beispiele:

1.	वह (m.sg.) मसालेदार भोजन खा सकेगा।	Er wird scharfes Essen essen können.
2.	कौन (m.pl.) नाटक में भाग ले सकेंगे?	Wer wird in diesem Theaterstück mitspielen können?
3.	मैं (f.sg.) इतना परिश्रम नहीं कर सकूँगी।	Ich werde nicht so schwer arbeiten können.
4.	क्या तुम (f.sg.) मेरी मदद कर सकोगी?	Wirst du mir helfen können?
5.	आपलोग (f.pl.) जल्दी हिन्दी बोल सकेंगी।	Sie werden bald Hindi sprechen können.

☞ **'सकना' hat keine durative Form.**

☞ **Im verneinten Satz steht 'नहीं' zwischen dem Hauptverb und 'सकना'; 'नहीं' kann unter Umständen auch vor dem Hauptverb stehen.**

Der Gebrauch von 'सकना'

1 **Um körperliche oder geistige Fähigkeit bzw. Unfähigkeit auszudrücken**

1. मैं खाना पका सकती हूँ।   Ich kann kochen.
2. राम तैर सकता है।   Ram kann schwimmen.
3. क्या तुम पेड़ पर चढ़ सकते हो?   Kannst du auf den Baum steigen?
4. हम अंग्रेजी बोल सकती हैं परन्तु पढ़ और लिख नहीं सकती।   Wir können Englisch sprechen, es aber nicht lesen und schreiben.

2 **Um eine Erlaubnis zu erbitten oder zu erteilen**

1. क्या मैं अन्दर आ सकता हूँ?   Darf ich hereinkommen?
2. आप अन्दर आ सकते हैं।   Sie dürfen hereinkommen.
3. अब आप घर जा सकते हैं।   Sie können jetzt nach Hause gehen.
4. तुम कल यह पुस्तक ले जा सकते हो।   Du kannst das Buch morgen mitnehmen.

3 **'सकना' drückt manchmal aus, daß man etwas hätte tun können, aber nicht getan hat.**

1. हम कल रात को सिनेमा देखने जा सकते थे।   Wir hätten gestern Abend ins Kino gehen können.
2. तुम दावत में आ सकते थे।   Du hättest zum Fest kommen können.

4 **Um die Wahrscheinlichkeit eines kommenden Ereignisses auszudrücken.**

1. आज बारिश आ सकती है।   Heute kann es regnen.
2. वे इस वर्ष भारत लौट सकते हैं।   Sie können dieses Jahr nach Indien zurückkommen.
3. हम गर्मी की छुट्टियों में शिमला जा सकते हैं।   In den Sommerferien können wir vielleicht nach Simla fahren.

5 **Um jemandem einen Dienst anzubieten**

1. मैं बाज़ार जा रही हूँ, क्या मैं आप के लिए कुछ ला सकती हूँ?   Ich gehe zum Markt. Kann ich etwas für Sie mitbringen?
2. आप कुछ थकी हुई लग रही हैं; क्या मैं आपके लिए कुछ कर सकती हूँ?   Sie sehen einwenig müde aus. Kann ich Ihnen irgendwie behilflich sein?

Satzstruktur 2   Der Gebrauch von 'पाना'

```
Subj. +   Obj.        +   Vs. +   पाना   +   होना
Nom.    (falls vorh.)                        wenn nötig
```
                            im passenden Tempus;
                            richten sich im N and G
                            nach dem Subjekt.

☞ 'पाना' wird anstelle von 'सकना' benutzt, wenn man etwas mit einer besonderen Bemühung erreichen, oder trotz besonderer Bemühung nicht erreichen kann.

Beispiele:

1. वह (m.sg.) अंग्रेजी नहीं बोल पाता। — Er ist nicht in der Lage, Englisch zu sprechen.
2. मैं (f.sg.) पैदल नहीं चल पाती। — Ich bin nicht in der Lage, zu Fuß zu gehen.
3. आज वे (f.pl.) बहुत कठिनाई से घर पहुँच पाईं। — Sie konnten heute nur unter großen Mühen nach Hause kommen.
4. मरीज़ की हालत बहुत खराब है, डाक्टर लोग (m.pl.) उसे बचा नहीं पाएँगे। — Der Zustand des Patienten ist bedenklich. Die Ärzte werden nicht in der Lage sein, ihn zu retten.

siehe L-14,15,16

★ ★ ★

17

Der Konjunktiv

Dieses Kapitel behandelt die grundsätzlichen Satzstrukturen und die Bildung der Formen des Konjunktivs.

☞ **Der Konjunktiv im Hindi kann gebraucht werden, um entweder eine Möglichkeit, eine Wahrscheinlichkeit (S. 82), eine Befürchtung (S. 88), einen Wunsch (S. 139), eine Erlaubnis (S. 127), das Passiv (S. 170), den Imperativ (S. 26) oder das Konditional (S. 135) auszudrücken.**

☞ **Der Konjunktiv hat drei Formen und kann sich dementsprechend entweder auf die Gegenwart, die Vergangenheit oder die Zukunft beziehen.**

Satzstruktur 1 Gegenwart

Subj. + Obj. + (Vs. + ता,ते,ती) + होऊँ, हो, होओ, हों

(falls vorh.) richten sich nach dem Subjekt

☞ **Diese Struktur gilt für transitive und intransitive Verben.**

Modell 1 das Verb 'खाना' (essen); das Verb 'जाना' (gehen)

Subjekt	Objekt	Hptverb m.	Hptverb f.	होना
मैं		खाता		होऊँ
तू, वह, यह	चावल	जाता	खाती	हो
तुम, तुमलोग		खाते	जाती	होओ
हम, आप, वे, ये		जाते		हों

Satzstruktur 2 Vergangenheit

a) : bei intransitiven Verben

Subjekt + (Vs. + आ, ए, ई) + होऊँ, हो, होओ, हों

$\underbrace{\qquad\qquad\qquad\qquad}_{\text{richten sich nach dem Subjekt}}$

Model 2a das Verb 'जाना' (gehen)

Subjekt	Hptv.		होना
	m.	f.	
मैं	गया		होऊँ
तू, वह, यह कौन, क्या		गई	हो
तुम, तुमलोग			होओ
हम, आप, वे, ये	गए		हों

b) : bei transitiven Verben

(Subj. + ने) + Obj. + (Vs. + आ/या, ए, ई) + हो, हों

              (falls vorh.)   richten sich nach dem Objekt

Model 2b das Verb 'खाना' (essen)

Subjekt + ने	Objekt		Hptverb		होना
	m.	f.	m.	f.	
मैंने, हमने, तूने, तुमने, आपने, उसने, इसमे उन्होंने, इन्होंने किसीने	केला /	रोटी	खाया /	खाई	हो
	केले /	रोटियाँ	खाए /	खाई	हों

Satzstruktur 3 Zukunft

Subj. + Obj. + (Vs. + ऊँ, ए, ओ, एँ)
       (falls vorh.)   ⎴
                              richten sich nach dem Subjekt

☞ **Diese Struktur gilt für intransitive und transitive Verben und entspricht dem generellen Futur ohne गा, गे, गी Endungen.**

Modell 3   v.t. खाना (essen); v.i. जाना (gehen)

Subjekt	Objekt m.	Objekt f.	Hptverb
मैं	केला	रोटी	खाऊँ / जाऊँ
तू, वह, यह कौन, क्या	—	—	खाए / जाए
तुम, तुमलोग	केले	रोटियाँ	खाओ / जाओ
हम, आप, वे, ये	—	—	खाएँ / जाएँ

★ ★ ★

18 Wahrscheinlichkeit
(शायद, संभव है, हो सकता है)

☞ **Folgende Ausdrücke bezeichnen Wahrscheinlichkeit:**
'शायद' (vielleicht), 'हो सकता है' (es kann sein) 'सम्भव है' (es ist möglich).

Satzstruktur 1 **Wahrscheinlichkeit in der Gegenwart**

Ausdruck der + Subj. + Obj. + { Vs. + ता, ते, } + होऊँ, हो,
Wahrscheinlichkeit Nom. (falls vorh.)   ती   होओ, हों

richten sich nach dem Subj.

Model 1 v.i. जाना (gehen) v.t. खाना (essen)

Ausdruck d. Wahrsch.	Subjekt	Hptverb.		होना
		m.	f.	
	मैं	आता	आती	होऊँ
शायद	तू, वह, यह	खाता	खाती	हो
हो सकता है	तुम, तुम लोग	आते	आती	होओ
संभव है	आप, वे, ये	खाते	खाती	हों

Beispiele:

1. शायद वह शाम को खेलता हो। — Vielleicht spielt er abends.
2. हो सकता है वे अंग्रेजी भाषा न जानते हों। — Es kann sein, daß sie kein Englisch können.
3. हो सकता है वहाँ गर्मा न पड़ती हो। — Es kann sein, daß es dort nicht heiß ist.
4. शायद वह दफ़्तर पैदल जाता हो। — Vielleicht geht er zu Fuß ins Büro.
5. हो सकता है वे अपराह्न में सोते हों। — Es kann sein, daß er am Nachmittag schläft.
6. हो सकता है कोई हमारी सब बातें सुन रहा हो। — Es kann sein, daß irgendjemand unsere ganze Unterhaltung mithört.
7. संभव है वह आजकल हिन्दी सीख रहा हो। — Es kann sein, daß er jetzt Hindi lernt.

Satzstrukturen 2 Wahrscheinlichkeit in der Vergangenheit

2a intransitive Verben

Ausdruck der Wahrscheinlichkeit + Subj. + Nom. + (Vs. + आ/या, ए, ई) + होऊँ, हो, होओ, हों

richten sich nach dem Subj.

Modell 2a v.i. 'आना' (kommen)

Ausdruck d. Wahrsch.	Subjekt	Hptverb		Hilfsverb
		m.	f.	
शायद	मैं			होऊँ।
	तू, वह, यह, कोई (Sg.)	आया	आई	हो।
हो सकता है	तुम, तुम लोग	आए		होओ।
संभवतः	हम, आप, वे, ये, कोई (Pl.)			हों।

Beispiele:

1. शायद वह कल जयपुर गया हो। — Vielleicht ist er gestern nach Jaipur gefahren.
2. हो सकता है गाड़ी समय से न छूटी हो। — Es kann sein, daß sein Zug nicht rechtzeitig abgefahren ist.
3. शायद उसकी गाड़ी समय पर न आई हो। — Vielleicht ist der Zug nicht rechtzeitig angekommen.
4. हो सकता है राम आज अपने अधिकारी से मिला हो। — Es kann sein, daß Ram heute seinen Vorgesetzten getroffen hat.
5. संभव है इस बार गेहूँ की फ़सल अच्छी हुई हो। — Es ist möglich, daß dieses Mal die Weizenernte gut war.

2b **transitive Verben**

Ausdruck der Wahrscheinlichkeit + Subj. + ने + Obj. + (Vs. + आ/या, ए, ई) + हो, हों

(Vs. + आ/या, ए, ई) + हो, हों: richten sich nach dem Obj.

Modell **2b** **v.t. खाना (essen)**

Ausdruck d. Wahrsch.	Subjekt	Obj.	Hptv.	Hilfsv.
शायद हो सकता है संभव है	मैने, तूने, तुमने, आपने, उसने, उन्होंने हमने, इन्होंने	केला	खाया	हो।
		केले	खाए	हों।
		रोटी	खाई	हो।
		रोटियाँ	खाई	हों।

Beispiele:

1. संभव है उसने लाल किला देखा हो। — Es ist möglich, daß er den rote Fort gesehen hat.
2. हो सकता है उन्होंने बनारसी साड़ियाँ ख़रीदी हों। — Es kann sein, daß sie Banaras-Saris gekauft haben.
3. हो सकता है उन्होंने पुरानी कार बेची हो। — Es kann sein, daß sie ihr altes Auto verkauft haben.
4. शायद उन्होंने रानी को दावत में न बुलाया हो। — Vielleicht haben sie Rani zum Fest nicht eingeladen.
5. शायद उसने समय पर डॉक्टर की सलाह न ली हो। — Vielleicht hat er/sie nicht rechtzeitig den Rat eines Arztes eingeholt.
6. संभव है मेरे मित्रों ने कोई दूसरा मकान किराये पर ले लिया हो। — Es ist möglih, daß meine Freunde ein anderes Haus gemietet haben.

Satzstruktur 3 Wahrscheinlichkeit in der Zukunft.

Ausdruck der Wahrscheinlichkeit	+	Subj. Nom.	+	Obj. (falls vorh.)	+	(Vs. + ऊँ, ए, ओ, एँ) richten sich nach dem Subj.

Modell 3 Wahrscheinlichkeit in der Zukunft

Ausdruck d. Wahrsch.	Subjekt	Verb
शायद हो सकता है सम्भवत: सम्भव है	मैं	आऊँ
	तू, वह, यह	आए
	तुम (लोग)	आओ
	हम, आप वे, ये	आएँ

Beispiele:

1. हो सकता है शाम को हम आप के घर आएँ। — Es kann sein, daß wir heute Abend zu euch kommen.
2. सम्भव है वह अगले हफ़्ते जयपुर जाए। — Es ist möglich, daß sie/er nächste Woche nach Jaipur fährt.
3. शायद मैं यह पुस्तक ख़रीदूँ। — Vielleicht kaufe ich das Buch.
4. क्या यह सम्भव है कि आज तुम बैंक जाओ? — Kann es sein, daß du heute zu Bank gehst?
5. शायद मैं कल दिल्ली जाऊँ। — Vielleich fahre ich morgen nach Delhi.
6. संभव है प्रधानमंत्री जल्दी ही अपने पद से इस्तीफ़ा दे दें। — Es ist möglich, daß der Premierminister bald von seinem Amt zurücktreten wird.
7. आज सुबह रितु को सिरदर्द था; हो सकता है वह शाम को दावत में न आ सके। — Heute früh hatte Ritu Kopfweh. Es kann sein, daß sie heute Abend nicht zum Fest kommen kann.
8. शायद आज अध्यापक देर से कक्षा में आएँ। — Vielleicht kommt der Lehrer heute zu spät zum Unterricht.
9. हो सकता है आज शाम तक बारिश हो। — Es kann sein, daß es heute Abend regnet.

Vergleichen und verstehen Sie : Futur und Wahrscheinlichkeit

1. अ: हो सकता है वह सुबह आठ बजे नाश्ता करे ।
   Es kann sein, daß er um 8 Uhr frühstückt.
   ब: वह सुबह आठ बजे नाश्ता करेगा ।
   Er wird um 8 Uhr frühstücken.

2. अ: शायद हम अगले इतवार को आप के घर आएँ ।
   Vielleicht kommen wir am nächsten Sonntag zu euch.
   ब: हम अगले इतवार को आप के घर आएँगे ।
   Wir kommen am nächsten Sonntag zu euch.

3. अ: हरी ने पर्याप्त परिश्रम नहीं किया । हो सकता है वह परीक्षा में पास न हो ।
   Hari hat sich nicht genug angestrengt. Es kann sein, daß er die Prüfung nicht besteht.
   ब: हरी ने पर्याप्त परिश्रम नहीं किया । वह परीक्षा में पास नहीं होगा ।
   Hari hat sich nicht genug angestrengt. Er wird die Prüfung nicht bestehen.

4. अ: शायद वे बस अड्डे पर हमारा इंतज़ार करें ।
   Vielleicht warten sie an der Bushaltestelle auf uns.
   ब: वे बस अड्डे पर हमारा इंतज़ार करेंगे ।
   Sie werden an der Bushaltestelle auf uns warten.

5. अ: शायद मैं आप से फिर मिलूँ ।
   Vielleicht sehe ich Sie wieder.
   ब: मैं आप से फिर मिलूँगा ।
   Ich werde Sie wieder sehen.

★★★

19 Geplante Zukunft
('X' करने की सोचना)

'X' करने की सोचना, 'X' करने का इरादा होना entsprechen den deutschen Ausdrücken 'daran denken/planen/vorhaben/erwägen etwas zu tun'.

1.	आगामी गर्मी की छुट्टियों में हम (m.pl.) नैनीताल जाने की सोच रहे हैं।	Für die kommenden Sommerferien planen wir, nach Nainital zu fahren.
2.	महँगाई बढ़ रही है। मैं (f.) कोई और काम करने की सोच रही हूँ।	Die Preise steigen. Ich denke daran, eine zusätzliche Arbeit aufzunehmen.
3.	आजकल हमारे शहर में बहुत चोरियाँ होती हैं। हम (m.pl.) घर का बीमा कराने की सोच रहे हैं।	Heutzutage gibt es viele Diebstähle in unserer Stadt. Wir denken daran, unser Haus zu versichern.
4.	मेरा भाई (m.sg.) विदेश जाने की सोच रहा है।	Mein Bruder plant einen Auslands–aufenthalt.
5.	लड़कियाँ (f.pl.) कार चलाना सीखने की सोच रही हैं।	Die Mädchen haben vor, Autofahren zu lernen.
6.	मैं (m.) अगले हफ़्ते मुम्बई जाने की सोच रहा हूँ।	Ich habe vor, nächste Woche nach Mumbai zu reisen.
7.	प्रधानमंत्री (m.sg.höf.) मंत्रीपरिषद में फेरबदल करने की सोच रहे हैं।	Der Premierminister plant eine Umbildung des Kabinetts.
8.	वित्तमंत्री (m.sg.höf.) नई-नई आर्थिक-नीतियों के द्वारा देश की अर्थव्यवस्था को सुधारने की सोच रहे हैं।	Der Finanzminister plant eine Sanierung der Wirtschaft des Landes durch eine neue Wirtschaftspolitik.
9.	तुम्हारा भारत जाकर क्या करने का इरादा है?	Was hast du in Indien vor? (Was hast du vor, in Indien zu tun?)
10.	आपका कौन-सी कार ख़रीदने का इरादा है?	Welches Auto haben Sie vor zu kaufen?

siehe L-13

★ ★ ★

20

Befürchtung
(आशंकाबोधक वाक्य रचना)

ऐसा न हो कि – कहीं ऐसा न हो कि – कहीं ... न	**Damit... nicht (damit es nicht so ist, daß)** **Sonst...**

Beispiele:

1.	ज़रा जल्दी चलिए। कहीं ऐसा न हो कि फ़िल्म शुरू हो जाए / कहीं फ़िल्म शुरू न हो जाए।	Beeile dich ein bißchen, damit der Film nicht schon angefangen hat.
2.	छाता लेकर जाओ, कहीं ऐसा न हो कि बारिश आ जाए और तुम भीग जाओ।	Nimm den Regenschirm mit, damit du nicht naß wirst, falls es regnet.
3.	जहरीली दवाइयाँ ऊपर ताक पर रखो। कहीं बच्चे छू या खा न लें। कहीं ऐसा न हो कि बच्छे छू या खा लें।	Leg die giftigen Arzeneien oben aufs Regal, damit es nicht geschieht, daß die Kinder sie anrühren oder essen.
4.	तुम इस फ़िल्म के दो टिकट पहले से ही खरीद लो। कहीं ऐसा न हो कि हम वहाँ जाएँ और टिकट न मिलें।	Kaufe für den Film zwei Karten im Voraus, sonst kann es sein, daß wir dort ankommen und keine Karten bekommen.
5.	अनिल के लिए उसके आने से पहले एक घर किराए पर ले लेना चाहिए। कहीं उसे आने पर परेशानी न हो।	Bevor Anil kommt, müssen wir für ihn ein Haus mieten, damit er keine Schwierigkeiten hat, wenn er kommt.
7.	तुम निश्चित ही सुबह आठ बजे तक मैनेजर साहब के घर पहुँच जाना। कहीं ऐसा न हो कि वे तुम्हारे पहुँचने से पहले घर से निकल जाएँ।	Du mußt auf jeden Fall bis acht Uhr im Haus des Organisators sein, sonst geht er weg, bevor du ankommst.

★ ★ ★

21 Der Gebrauch von 'चाहना'

'चाहना' drückt aus, 'etwas haben zu wollen' oder 'etwas tun zu wollen'.

Satzstruktur 1 'X' möchte 'Y' haben

1a gen. Präs., Imperfekt, Futur:

Subj. +	Obj. +	चाहना +	होना
Nom.	(Substantiv)		(wenn nötig)
	m. / f. sg./ pl.	in der passenden Zeitform; richten sich nach dem Subjekt	

Modell 1a

Subjekt	Objekt		चाहना			
			Präs.	Impf.	Fut.	
मैं	जूता, Schuh,	जूते Schuhe	चाहता हूँ चाहती हूँ	चाहता था चाहती थी	चाहूँगा चाहूँगी	m. f.
तू, वह, यह, कौन	साड़ी, Sari,	साड़ियाँ Saris	चाहता है चाहती है	चाहता था चाहती थी	चाहेगा चाहेगी	m. f.
तुम, तुमलोग	शान्ति, Frieden,	नौकरी Job	चाहते हो चाहती हो	चाहते थे चाहती थीं	चाहोगे चाहोगी	m. f.
हम, आप, वे, ये, कौन कौन	आराम, Ruhe ,	ईज़्ज़त Respekt	चाहते हैं चाहती हैं	चाहते थे चाहते थीं	चाहेंगे चाहेंगी	m. f.

Beispiele:

1.	मैं (f.) उसकी सूरत भी नहीं देखना चाहती।	Ich möchte noch nicht einmal sein Gesicht sehen.
2.	मैं (m.) फिर कभी इस शहर में नहीं आना चाहता।	Ich möchte nie wieder in diese Stadt kommen.
3.	क्या तुम (f.) कोई पत्रिका पढ़ना चाहती हो?	Möchtest du eine Zeitschrift lesen?
4.	इस समय हम (f.pl.) सब बहुत थकी हुई हैं और सोना चाहती हैं।	Im Moment sind wir alle sehr müde und wollen schlafen.
5.	आप (m.sg.höf.) गर्मी की छुट्टी में कहाँ जाना चाहते हैं?	Wo wollen Sie in den Sommerferien hinfahren?
6.	कमला ने राम को अपने जन्मदिन पर बुलाया है परन्तु वह (m.sg.) जाना नहीं चाहता।	Kamla hat Ram zu ihrem Geburtstag eingeladen, aber er will nicht hingehen.
7.	सरकार (f.sg.) कीमतें कम करना चाहती थी परन्तु कर न सकी।	Die Regierung wollte die Preise senken, aber sie konnte es nicht.
8.	हम (m.pl.) शाम को अंधेरा होने से पूर्व घर लौटना चाहते थे।	Wir wollten vor Einbruch der Dunkelheit nach Hause kommen.
9.	वह (m.sg.) आपसे क्या चाहता था?	Was wollte er von Ihnen?
10.	वे (m.pl.) बाहर घूमने जाना चाहते थे।	Sie wollten draußen spazieren-gehen.
11.	क्या तुम (m.) कोई नया व्यापार करना चाहोगे?	Willst du ein neues Geschäft aufmachen?
12.	कल शाम को आप (f.sg.höf.) क्या करना चाहेंगी?	Was möchten Sie morgen Abend machen?
13.	मैं (m.) आज शाम को कोई हिन्दी फ़िल्म देखना चाहूँगा।	Ich will heute Abend einen Hindi Film anschauen.

1b Präteritum:

(Subjekt + ने) + Objekt + चाहा, चाहे, चाही, चाहीं

richten sich nach dem Objekt

Beispiele:

1. शान्ति (f.sg.) तो तुमने कभी चाही ही नहीं । — Frieden hast du nie gewollt.
2. तुमने तो बस सदैव धन (m.sg.) चाहा है । — Du hast nur immer Reichtum gewollt.
3. मैंने हमेशा सिर्फ़ अच्छे दोस्त (m.pl.) चाहे हैं । — Ich habe immer gute Freunde gesucht.

☞ **Nur 'चाहा' wird gebraucht:**

- **Wenn das Objekt nicht genannt wird.**

3. तुमने अपने जीवन में प्रधानता क्या चाहा? — Was hast du dir haupsächlich für dein Leben erhofft?
4. ऐसा तो मैंने कभी नहीं चाहा । — Etwas derartiges habe ich nie gewollt.

- **Wenn das Objekt mit 'को' verbunden ist.**

5. मैंने तुमको जी-जान से चाहा है । — Ich liebe dich von ganzem Herzen.

Satzstruktur 2 **'X' möchte 'Y' tun**

2a gen. Präsens; Imperfekt; Futur:

Subj. + Obj. + Hauptverb + चाहना + होना
Nom. (falls vorh.) im
                  Infinitiv   richten sich nach dem Subekt

Modell 2a

Subjekt	Objekt sg.	pl.	Infinitiv	चाहना Präs.	Impf.	Fut.	
मैं				चाहता हूँ चाहती हूँ	चाहता था चाहती थी	चाहूँगा चाहूँगी	m. f.
तू, वह, यह, कौन	कुर्ता, साड़ी,	कुर्ते साड़ियाँ	ख़रीदना	चाहता है चाहती है	चाहता था चाहती थी	चाहेगा चाहेगी	m. f.
तुम, तुमलोग				चाहते हो चाहती हो	चाहते थे चाहती थीं	चाहोगे चाहोगी	m. f.
हम, आप, वे, ये, कौन कौन				चाहते हैं चाहती हैं	चाहते थे चाहती थीं	चाहेंगे चाहेंगी	m. f.

2b Präteritum

(Subj. + ने) + Obj. + Vs. + 'ना, ने, नी' + चाहा, चाहे, चाही, चाहीं

richten sich nach dem Objekt

Beispiele:

1. मैंने अंग्रेजी (f.) **सीखनी** बहुत **चाही** परन्तु सीख न सका। — Ich wollte sehr gerne Englisch lernen, aber ich konnte nicht.
2. उसने अपने जीवन काल में बहुत से काम (m.pl.) **करने चाहे**, पर वह असफल रहा। — Er wollte zu seinen Lebzeiten viel tun, aber er war nicht erfolgreich.

☞ **Um das Perfekt oder Plusquamperfekt zu bilden, wird 'है / हैं' bzw. 'था, थे, थी, थीं' angehängt.**

3. मैंने तो हृदय से सदैव तुम्हारा **भला** (m.sg.) ही **करना चाहा** है। — Ich habe von Herzen immer nur Gutes für dich tun wollen.
4. मैंने अपने बच्चों में **नैतिक मूल्य** (m.sg.) **डालने चाहे** हैं। — Ich wollte in meinen Kindern moralische Werte verankern.
5. ऐसा तो उसने कभी **करना** न चाहा था। — So hatte er es nie tun wollen.
6. श्री कपूर ने आजीवन औरों की **सेवा** (f.sg.) **करनी चाही** थी। — Herr Kapoor wollte sein ganzen Leben anderen zu Diensten sein.

☞ **Nur der 'Vs. + ना + चाहा' wird gebraucht:**

- **Wenn das Objekt mit 'को' verbunden ist.**

7. उसने मुझको अपनी सहेली **बनाना** चाहा। — Er wollte mich zu seiner Freundin machen.

- **Wenn das Objekt nicht genannt wird.**

8. राम ने अपने बच्चों के लिए **बहुत कुछ करना चाहा** परन्तु भाग्य ने उसका साथ नहीं दिया। — Ram wollte für seine Kinder viel tun aber das Schicksal hat nicht mitgespielt.

- **Wenn es eine intransitive Tätigkeit ist.**

9. भारत **जाना** मैंने सदैव ही **चाहा** था। — Ich hatte immer schon nach Indien fahren wollen.

Satzstruktur 3 X möchte, daß Y etwas hat oder tut:

Subj.1 + 'चाहना + होना + कि' + Subj. 2 + Obj. + Verb im Konjunktiv

('चाहना + होना': im geeigneten Tempus dem Subjekt angepaßt; Obj. (falls vorh.) + Verb im Konjunktiv: richtet sich nach Subj.2)

☞ **Diese Satzstruktur wird hauptsächlich benutzt, wenn 'X' möchte, daß 'Y' etwas tut oder bekommt, aber auch wenn 'X' selbst etwas tun möchte.**

☞ **Wenn das Subjekt des Hauptsatzes mit 'ने' steht, steht das Verb 'चाहना' immer in der 3. Person singular (d.h. 'चाहा').**

Beispiele:

1. मैं (m.sg.) चाहता हूँ कि जल्दी से धन जोड कर देश भ्रमण करूँ। — Ich möchte schnell Geld zusammen–bringen und durch das Land reisen.
2. तुम (m.) तो बस चाहते हो कि घर में सब लोग तुम्हारा ही हुक्म मानें। — Du möchtest nur das eine, daß alle Leute im Haus deinen Anordnungen gehorchen.
3. हम (m.pl.) चाहते हैं कि भारत इस बार मैच जरूर जीते। — Wir wollen, daß Indien dieses Mal auf jeden Fall gewinnt.

4. एनी (f.sg.) चाहती है कि वह भारत में कुछ साल रहे और यहाँ की भाषा व संस्कृति अच्छी तरह सीखे। — Annie möchte für ein paar Jahre in Indien bleiben und die Sprache und Kultur des Landes richtig lernen.

5. माताजी (f.höf.) चाहती हैं कि शीला नृत्य सीखे। — Die Mutter möchte, daß Sheila tanzen lernt.

6. राम (m.sg.) नहीं चाहता था कि उसकी पत्नी नृत्य सीखे। — Ram wollte nicht, daß seine Frau tanzen lernt.

7. पिताजी (m.sg.höf.) चाहते थे कि मैं अध्यापिका बनूँ। — Vater wollte, daß ich Lehrerin werde.

8. हम (f.pl.) नहीं चाहती थीं कि राम की शादी दिल्ली में हो। — Wir wollten nicht, daß Rams Hochzeit in Delhi stattfindet.

9. रमेश (m.sg.) ने सदैव यही चाहा कि उसके माता-पिता खुश रहें। — Ramesh wollte immer, daß seine Eltern glücklich sind.

10. अधिकारी (m.sg.) तो चाहेगा ही कि तुमलोग और परिश्रम करो। — Der Vorgesetzte wird sicher wollen, daß ihr noch härter arbeitet.

11. अध्यापक (m.pl.) तो सदैव यही चाहेंगे कि विद्यार्थी उन्हें ध्यान से सुनें। — Die Lehrer werden immer wollen, daß die Studenten ihnen aufmerksam zuhören.

12. सब माताएँ (f.pl.) अवश्य ही चाहेंगी कि उनके बच्चे सर्वगुण सम्पन्न हों। — Alle Mütter werden sicher wollen, daß ihre Kinder mit allen guten Eigenschaften versehen sind.

★ ★ ★

22 Perfektive und Imperfektive Partizipialkonstruktionen
(भूत एवं वर्तमान-कालिक कृदन्ती रचनाएँ)

☞ **Imperfektive Partizipialkonstruktionen (IPK) drücken noch ablaufende Handlungen aus.**

☞ **Perfektive Partizipialkonstruktionen (PPK) drücken abgeschlossene Handlungen aus.**

☞ **Beide werden im Hindi als Adjektive, als Adverbien und als Substantive gebraucht.**

Satzstruktur: PPK

Vs.	+	आ	+	हुआ
		ए		हुए
		ई		हुई

Satzstruktur: IPK

Vs.	+	ता	+	हुआ
		ते		हुए
		ती		हुई

☞ हुआ, हुए, हुई **können auch weggelassen werden.**

☞ **Als Adjektive passen sie sich dem jeweiligen Substantiv an.**

■ Adjektivischer Gebrauch

Beispiele:

1.	कमरे में **बैठा हुआ** आदमी मेरा भाई है। (PPK)	Der Mann, der im Zimmer sitzt, ist mein Bruder.
2.	रामचन्द्र की **लिखी हुई** कहानियाँ बहुत रोचक होती हैं। (PPK)	Die von Ramchandra geschrieben Geschichten sind sehr interessant.
3.	जाल में **फँसी हुई** सब मछलियाँ तड़प रही थीं। (PPK)	Alle, im Netz gefangenen Fische, wanden sich in Qualen.
4.	हम बरसात के मौसम में **उबला हुआ** पानी पीते हैं। (PPK)	In der Monsunzeit trinken wir abgekochtes Wasser.

5. चलती हुई गाड़ी में मत चढ़ो। (IPK) — Spring nicht auf den fahrenden Zug auf!
6. मैदान में खेलते हुए छात्रों को बुलाओ। (IPK) — Ruf die Schüler, die auf der Wiese spielen.
7. बहती गंगा में तुम भी नहा लो। (IPK) — Bade auch du im fließenden Ganges!
8. डूबते हुए आदमी चिल्ला रहे थे। (IPK) — Die ertrinkenden Männer schrieen um Hilfe.

■ Adverbialer Gebrauch

1 Im Gegensatz zu den europäischen Sprachen können sich die Partizipien auch im adverbialen Gebrauch verändern, d.h. sich nach dem Subjekt oder dem Objekt richten.

Beispiele:

1. लड़की रोती हुई आई। (IPK) — Das Mädchen kam weinend.
2. लड़का गाता हुआ चला गया। (IPK) — Der Junge ging singend weg.
3. कमला ने बच्चा सड़क पर पड़ा हुआ पाया। (PPK) — Kamla fand das Kind auf der Straße liegend.
4. लोग घास पर बैठे हुए ताश खेल रहे थे। (PPK) — Die Leute saßen auf dem Gras und spielten Karten.

☞ Diese Anpassung an Subjekt oder Objekt ist jedoch nicht unbedingt erforderlich. Beide Partizipien stehen oft auch in der neutralen Form mit 'ए'.

Beispiele:

1. लड़की रोते हुए आई। (IPK) — Das Mädchen kam weinend.
2. लड़का गाते हुए चला गया। (IPK) — Der Junge ging singend weg.
3. अध्यापक ने विद्यार्थी को नकल करते हुए पकड़ा। (IPK) — Der Lehrer hat den Schüler beim Abschreiben erwischt.
4. क्या तुमने कभी मोरों को नाचते हुए देखा है? (IPK) — Hast du je die Pfauen tanzen sehen?

5. मैंने ज़रूरी कागजों को फ़र्श पर **बिखरे हुए** देखा। (PPK) — Ich sah wichtige Papiere verstreut auf dem Boden herumliegen.
6. मुझे **बिना मिले** कहीं न जाना। (PPK) — Geh nirgendwohin, ohne mich vorher gesehen zu haben.
7. रानी को यह बटुआ सड़क पर **गिरे हुए** मिला। (PPK) — Rani fand die Handtasche, die auf die Straße gefallen war.
8. एक जवान आदमी **डण्डा उठाए हुए** बच्चे के पीछे दौड़ा। (PPK) — Der junge Mann, der einen Stock hochhielt, rannte hinter dem Kind her.

2 Wenn dem Subjekt oder dem Objekt eine Postposition folgt, wird nur die 'ए' – Form gebraucht:

Beispiele:

1. उसने **हँसते हुए** कहा। — Er sagte lachend.
2. मैं उसको रोज़ सुबह सात बजे घर से **निकलते हुए** देखता हूँ। — Ich sehe ihn jeden Morgen um 7 Uhr aus dem Haus kommen.
3. रानी को **रोते हुए** देखकर सबको दुःख हुआ। — Als sie Rani weinen sahen, waren alle traurig.

3 Wenn das Partizip adverbial benutzt wird, ist sein Subjekt und das des finiten Verbes nicht unbedingt identisch:

Beispiele:

1. माँ ने बच्चे को **बिना खाए** नहीं **सोने** दिया। (PPK) — Die Mutter ließ das Kind nicht schlafen gehen, ohne daß es gegessen hatte.
2. उसने बालक को मंदिर के सामने **पड़े हुए पाया**। (PPK) — Er fand das Baby vor dem Tempel liegend.
3. हमने एक बूढ़े आदमी को मदद के लिए **पुकारते हुए सुना**। (IPK) — Wir hörten einen alten Mann, der um Hilfe rief.
4. शिकारी ने पक्षियों को **उड़ते हुए** देखा। (IPK) — Der Jäger sah die Vögel fliegen.

4 **Der adverbiale Gebrauch der PPK, um die nach einer abgeschlossenen Handlung vergangene Zeit auszudrücken:**

Beispiele:

1.	मुझे हिन्दी **सीखे हुए** कई साल हो गए हैं।	Mehrere Jahre sind vergangen, seit ich Hindi gelernt habe.
2.	हमें इस घर में **आए हुए** चार साल हो गए हैं।	Vier Jahre sind vergangen, seit wir in dieses Haus gezogen sind.

5 **Der adverbiale Gebrauch der IPK für gleichzeitig ablaufende Handlungen, die mit einem Zeitausdruck (Vs. + ते) 'समय/वक्त' verbunden sind:**

Beispiele:

1.	मुझे खाना **खाते समय** बोलना पसन्द नहीं।	Während ich esse, spreche ich nicht gerne.
2.	मैं दफ़्तर से **लौटते वक्त** तुम्हारे घर आऊँगी।	Auf dem Rückweg von Büro komme ich bei dir vorbei.

6 **Der adverbiale Gebrauch der IPK kann ausdrücken, daß eine Handlung in der Vergangenheit begonnen hat und bis in die Gegenwart andauert:**

Beispiele:

1.	आपको हिन्दी **सीखते हुए** कितना समय हो गया है?	Wie lange lernen sie schon Hindi?
2.	मुझे शास्त्रीय संगीत **सीखते हुए** दस वर्ष हो गए हैं।	Ich lerne seit zehn Jahren klassische Musik.
3.	राबर्ट को तबला **बजाते हुए** कुछ साल हो गए हैं।	Robert lernt seit einigen Jahren Tabla spielen.
4.	मेरी बेटी को इस स्कूल में **पढ़ते हुए** १२ वर्ष हो गए है।	Meine Tochter ist seit 12 Jahren in dieser Schule.

■ **Die Verdoppelung der IPK oder der PPK drückt eine länger andauernde Handlung aus:**

Beispiele:

1. मैं सुबह से काम **करते करते** थक गई हूँ। (IPK) — Ich habe den ganzen Tag gearbeitet und bin jetzt müde geworden.
2. बच्चा **चलते चलते** थक गया है। (IPK) — Das Kind ist vom ständigen Laufen ermüdet.
3. मैं बेकार **बैठे बैठे** ऊब गया हूँ। (PPK) — Es langweilt mich, nutzlos herumzusitzen.
4. कमला **लेटे लेटे** दूरदर्शन देख रही है। (PPK) — Kamla sieht liegend Fernsehen.

■ **Der Gebrauch des PPK und des IPK als Substantiv:**

Beispiele:

1. मरों (obl. m.pl.) को मत मारो। — Schlag die Gestorbenen nicht!
2. सीखे (obl. m.sg.) को क्या सिखाना। — Was demjenigen beibringen, der schon gelernt hat?
3. जातों (obl. m.pl.) को मत रोको। — Halte die Fortgehenden nicht auf!
4. बोलती (obl. f.sg.) को मत टोको। — Unterbrich die Sprecherin nicht!

siehe L-18

★ ★ ★

23 Das Suffix 'वाला' (कर्तृवाचक कृदन्त)

Das Suffix 'वाला' wird im Hindi sehr häufig und auf verschiedene Weise benutzt. Es kann sich mit einem Verb, einem Substantiv, einem Pronomen, einem Adjektiv oder einem Adverb verbinden.

■ (Verbstamm + ने) + 'वाला' wird verwendet:

1 Es entspricht dem deutschen Suffix '-er', d.h. jemand der etwas tut.

मदद करनेवाला	Helfer	गानेवाला	Sänger
बोलनेवाला	Sprecher	नाचनेवाला	Tänzer
सुननेवाला	Zuhörer	लिखनेवाला	Schriftsteller
पढ़ानेवाला	Lehrer	ख़रीदनेवाला	Käufer

2 Es drückt aus, daß irgend etwas gleich geschieht oder irgendjemand die Absicht hat/hatte etwas zu tun.

आनेवाला	wird gleich kommen	जानेवाला	wird gleich gehen
बोलनेवाला	wird gleich sprechen	होनेवाला	wird gleich geschehen

■ Substantiv + वाला bezeichnet:

1 Besitz

मकानवाला	Hausbesitzer
पैसेवाला	Reicher (reicher Mann)

2 Wert / Preis

दस पैसेवाला टिकट	eine Karte, die 10 Paisa wert ist
पचास पैसेवाला लिफाफा	ein Briefumschlag im Wert von 50 Paisa

3 Substanz / Bestand einer Sache

संगमरमरवाला भवन	ein Marmorgebäude
ईटोंवाला घर	ein Backsteinhaus

4 **Verkäufer eines Artikels**

डबल रोटीवाला	Brotverkäufer
अण्डेवाला	Eierverkäufer
फलवाला	Obstverkäufer
किताबवाला	Buchverkäufer

5 **Fahrer eines Fahrzeugs**

रिक्शेवाला	Rickshawfahrer
कारवाला	Autofahrer
बसवाला	Busfahrer

6 **Träger eines Kleidungsstückes**

काले कोटवाला	jemand im schwarzen Mantel
पगड़ीवाला	jemand mit Turban
लाल साड़ीवाली	eine Frau im roten Sari

7 **Bewohner eines Ortes**

दिल्लीवाला	einer, der aus Delhi stammt.
गाँवावाला	der Dorfbewohner

■ **Demonstrativ- und Fragepronomen +** वाला **hebt eine bestimmte Person/ oder Sache hervor.**

यहवाला, वहवाला	dieser da, jener dort
येवाले, वेवाले	dieser hier, die da drüben
कौन-सा वाला /- से वाले /- से वाली	welcher, welches, welches
मैं आपको कौन-सा वाला पेन दूँ?	Welchen Stift soll ich Ihnen geben?
वहवाला!	Diesen da!
कौन-सी वाली साड़ियाँ ले जाऊँ?	Welche Saris soll ich mitnehmen?
येवाली!	Diese hier!
कौन-से वाले सेब ख़रीदूँ?	Welche Äpfel soll ich kaufen.
ये वाले!	Diese da!

- **Adjektiv +** वाला, वाले, वाली **hebt etwas aus einer Menge hervor.**

☞ 'वाला' – verändert sich, wie jedes gewöhnliche Adjektiv.

कालीवाली साड़ी	der schwarze Sari
ताजेवाले फल	die frischen Früchte
बड़ावाला भवन	das große Gebäude

- **Adverb +** वाला **bezeichnet eine Lage**

नीचेवाला कमरा	der untere Raum
ऊपरवाला परिवार	die Familie von oben

- **Prädikativer Gebrauch von** 'वाला'

Satzstruktur 1 'X' wird gleich/demnächst etwas tun (कुछ करनेवाला होना)

Subjekt + Objekt + (Vs. + ने) + वाला + होना
Nom.   (falls vorh.)   वाले   im geeigneten Tempus
                                वाली

richten sich in N und G nach dem Subjekt

Beispiele:

1. वह (f.sg.) खाना बनानेवाली है। — Sie wird gleich kochen.
2. वे (m.pl.) घर लौटनेवाले है। — Sie werden gleich nach Hause kommen.
3. मैं (f.) आज सुबह आपके यहाँ आनेवाली थी। — Ich wollte heute früh zu Ihnen kommen.
4. कल फुटबाल मैच होनेवाला था परन्तु बारिश के कारण खेला नहीं जा सका। — Gestern sollte ein Fußballspiel stattfinden, aber wegen des Regens konnte nicht gespielt werden.
5. माताजी (f.höf) बम्बई जानेवाली है। — Mutter fährt demnächst nach Bombay.
6. प्रोफ़ेसर थॉमस (m.höf) भारत जाने- वाले हैं। — Prof. Thomas wird demnächst nach Indien fahren.

Satzstruktur 2 'X' wollte gerade etwas tun, als 'Y' geschah

Subjekt +	Objekt	+ (Vs. + ने) +	ही +	वाला +	था, थे +	कि...
Nom.	(falls vorh.)			वाले	थी, थीं	
				वाली		

वाला/वाले/वाली … था, थे/थी, थीं: richten sich in N und G nach dem Subjekt

☞ **Diese Struktur wird benutzt, wenn in der Vergangenheit ein Ereignis unmittelbar auf ein anderes folgte.**

Beispiele:

1.	माँ (f.höf.) जाने ही वाली थीं कि डॉक्टर साहब आ गए।	Mutter wollte gerade gehen, als der Arzt kam.
2	हम (f.pl.) अस्पताल के अन्दर घुसने ही वाली थीं कि फाटक बन्द हो गया।	Wir wollten gerade ins Krankenhaus hineingehen, als die Tür zu ging.
3.	हमारी परीक्षा (f.sg.) शुरू होने ही वाली थी कि मुझे पीलिया हो गया और मैं परीक्षा न दे सकी।	Unsere Prüfung sollte gerade beginnen, als ich Hepatitis bekam, und sie nicht ablegen konnte.
5.	हमलोग (m.pl.) सोने ही वाले थे कि टेलीफ़ोन की घण्टी बजी।	Wir wollten gerade schlafen gehen, als das Telefon klingelte.
6.	जब वे (m.höf.) मेरे घर आए, हम सब घूमने जाने ही वाले थे।	Als sie zu mir nach Hause kamen, wollten wir gerade spazieren gehen.
8.	खूनी (m.sg.) भागने ही वाला था कि पुलिस की गाड़ी वहाँ आ पहुँची।	Der Mörder wollte gerade flüchten, als der Polizeiwagen dort ankam.

★★★

24 Das absolutive Partizip (पूर्वकालिक कृदन्त) कर - Konjunktion

Im Hindi wird die absolutive Partizipialkonstruktion (कर-Konjunktion) vor allem benutzt, um zwei oder mehrere Sätze, die dasselbe Subjekt haben, mit einander zu verbinden. Die verschiedenen Handlungen folgen aufeinander oder verlaufen gleichzeitig.

Satzstruktur:

Subj. + Obj. (falls vorh.) + {Vs. der 1. Handlung + कर/के} + Hauptverb der darauffolgenden Handlung + होना (im geeigneten Tempus)

☞ **'कर' wird zu 'के' wenn der Stamm eines Verbes auf 'कर' endet:**

Beispiel:

1. वह काम करती है।
   Sie arbeitet.

2. वह खेलती है।
   Sie spielt.

1+2. वह काम करके खेलती है।
   Sie arbeitet und spielt dann.
   (Nachdem sie gearbeitet hat, spielt sie).

☞ **In der Umgangssprache wird mehr 'के' als 'कर' benutzt.**

☞ **Das Subjekt wird nur einmal zu Beginn des Satzes erwähnt.**

☞ **Das Subjekt richtet sich nach dem Verb des letzen Satzteils. Das ist besonders bei der Bildung des Präteritums, des Perfekts und des Plusquamperfekts von Bedeutung.**

Der Gebrauch von 'कर' – Konjunktion

1 Aufeinanderfolgende Handlungen:

Imperativ

1. तुम बाज़ार जाओ।
Geh zum Markt.

2. तुम आम लाओ।
Bring Mangos.

1+2. तुम बाज़ार **जाकर** आम लाओ।
Geh zum Markt und bringe Mangos.

Generelles Präsens

1. मैं पाँच बजे उठती हूँ।
Ich stehe um 5 Uhr auf.

2. मैं पूजा करती हूँ।
Ich mache Puja.

1+2. मैं पाँच बजे **उठकर** पूजा करती हूँ।
Ich stehe um 5 Uhr auf und mache Puja.

Futur

1. वह खाना खाएगा।
Er wird essen.

2. वह दफ़्तर जाएगा।
Er wird ins Büro gehen.

1+2. वह खाना **खाकर** दफ़्तर जाएगा।
Nachdem er gegessen hat, wird er ins Büro gehen.

Präteritum

1. वह दफ़्तर से आया।
Er kam aus dem Büro.

2. उसने अख़बार पढ़ा।
Er las die Zeitung.

1+2. उसने दफ़्तर से **आकर** अख़बार पढ़ा।
Nachdem er aus dem Büro gekommen war, las er die Zeitung.

☞ **Das Subjekt des kombinierten Satzes ändert sich hier zu 'उसने', da das Verb des zweiten Satzes transitiv ist und im Präteritum steht.**

3. उसने अखबार पढ़ा।
Er las die Zeitung.

4. वह दफ़्तर गया।
Er ging zum Büro.

3+4. वह अखबार **पढ़कर** दफ़्तर गया।
Nachdem er die Zeitung gelesen hat, ging er zum Büro.

☞ **Hier ändert sich das Subjekt des kombinierten Satzes zu 'वह', da das Verb des zweiten Satzes intransitiv ist.**

2 **Gleichzeitige Handlungen:**

Beispiele:

1.	वह **हँसकर** बोला।	Er sprach lachend.
2.	ध्यान **लगाकर** पढ़ो।	Konzentriere dich und lies!

3 **Uhrzeit:**

1.	दो **बजकर** दस मिनट।	Zehn nach zwei.
2.	तीन **बजकर** बीस मिनट।	Zwanzig nach drei.

4 **'न' + Vs. + 'कर' = anstatt ('के बजाय')**

1.	उसने आगे न **पढ़कर** दुकान खोल ली।	Anstatt weiter zu studieren, machte er ein Geschäft auf.
2.	वह स्कूल न **जाकर** फ़िल्म देखने चला गया।	Anstatt zur Schule gehen, ging er ins Kino.

5 **Vs. + 'कर' + 'भी' = obwohl ('के बावजूद')**

1.	उसने भारत में **रहकर** भी हिन्दी नहीं सीखी।	Obwohl er in Indien gelebt hat, hat er kein Hindi gelernt.
2.	राम इतना धनी **होकर** भी घमण्डी नहीं।	Obwohl Ram so reich ist, ist er nicht arrogant.

6 **Idiomatischer Gebrauch mit 'कर'**

- **'लेकर'**

1.	१९८६ से **लेकर** १९९२ तक वह बहुत बीमार था।	Von 1986 bis 1992 war er sehr krank.
2.	यहाँ से **लेकर** उस कोने तक सब खेत हमारे हैं।	Von hier bis zu der Ecke da drüben gehören alle Felder uns.
3.	मैं अपने मित्र को **लेकर** अस्पताल जाऊँगा।	Ich gehe mit meinem Freund zum Krankenhaus.

- **'होकर'**

1. मैं लखनऊ से **होकर** दिल्ली जाऊँगी। | Ich fahre über Lucknow nach Delhi.
2. मैं उसके यहाँ **होकर** आपके यहाँ आऊँगा। | Ich gehe zuerst zu ihm, und dann komme ich zu euch.

- **'छोड़कर'**

1. राम को **छोड़कर** सब दावत में आए। | Alle mit Ausnahme von Ram kamen zur Party.
2. मुझको **छोड़कर** वहाँ सभी औरतों ने साड़ी पहनी थी। | Mit Ausnahme von mir hatten alle Frauen Sari getragen.

- **'आगे चलकर'**

कौन जाने **आगे चलकर** क्या होता है। | Wer weiß, was die Zukunft bringt.

7 Der adverbiale Gebrauch von 'कर'

1. हम **मिलकर** आगरा गये। | Wir fuhren zusammen nach Agra.
2. मैने **जानबूझकर** उसका मन नहीं दुखाया। | Ich habe ihn nie absichtlich verletzt.
3. वह **छिपकर** हमारी बातें सुन रहा था। | Er hörte heimlich unserer Unterhaltung zu.
4. हमारा घर मंदिर से **सटकर** है। | Unser Haus grenzt an den Tempel.
5. बच्चा **दौड़कर** माँ के पास आया। | Das Kind kam zur Mutter gerannt.
6. अपनी पुस्तकें **संभालकर** रखो। | Stelle deine Bücher sorgfältig auf.
7. सामने **देखकर** चलो। | Schau vor dich, wenn du gehst.

★ ★ ★

25 Kontinuative Sprachstrukturen

☞ Wenn im Hindi ein lang andauernder, ununterbrochener Prozess ausgedrückt werden soll, so werden folgende Satzstrukturen benutzt.

Satzstruktur 1 Der Gebrauch von Hauptverb + 'रहना'

Subjekt + Objekt + (Vs. + ता, ते, ती) + रहना + होना
Nom.   (falls vorh.)   im erforderlichen Tempus

richten sich im N und G
nach dem Subjekt

Beispiele:

1. बच्चे खेलते रहते हैं।
   Die Kinder spielen weiter. (Generelles Präsens)
2. रानी पढ़ती रहती थी।
   Damals lernte Rani ständig. (Gewohnheitsmäßiges Imperfekt)
3. हम हँसते रहे।
   Wir lachten weiter. (Präteritum)
4. वह कई साल हिन्दी सीखती रही है।
   Sie hat einige Jahre (regelmäßig) Hindi gelernt. (Perfekt)
5. मैं चार महीने लगातार दवाई खाता रहा था।
   Ich hatte 4 Monate lang ständig Medikamente genommen. (Plusquamperfekt)
6. हम लोग अपनी माँगें दोहराते रहेंगे।
   Wir werden unseren Forderungen ständig wiederholen. (Futur)
7. हो सकता है वे आपको बार बार बुलाते रहें।
   Es kann sein, daß sie Sie immer wieder einladen. (Wahrscheinlichkeit)
8. आप हमारे यहाँ आते रहिए।
   Kommen Sie doch weiterhin zu uns. (Imperativ)
9. जीते रहो।
   Lang magst du leben. (Imperativ)

Satzstruktur 2   Kontinuativ mit Zwang verbunden

A –   Rat, moralische Verpflichtung

Subjekt + Obj.   + (Vs. + ते) + रहना + चाहिए/ चाहिए था
+ को   (falls vorh.)   unveränderlich

Beispiele:

1. आपको पढ़ते रहना चाहिए।   Sie sollten weiter studieren. (Gegenwart)
2. आपको परिश्रम करते रहना चाहिए था।   Sie hätten weiter hart arbeiten sollen. (Vergangenheit)

B –   äußerer Zwang:

{Subjekt} + Objekt   + (Vs. + ते) + रहना + पड़ना + होना
{+ को }   (falls vorh.)   unveränderlich   immer in 3. Pers. m.sg. des jeweiligen Tempus

Beispiele:

1. मुझे पढ़ते रहना पड़ता है।   Ich muß weiter studieren. (generelles Präsens)
2. मुझे पढ़ते रहना पड़ता था।   Ich mußte weiter studieren. (gewohnheitsmäßiges Imperfekt)
3. मुझे हिन्दी पढ़ते रहना पड़ेगा।   Ich werde Hindi weiter studieren müssen. (Futur)
4. मुझे हिन्दी सीखते रहना पड़ सकता है।   Wahrscheinlich muß ich weiterhin Hindi lernen. (Wahrscheinlichkeit; vergleiche mit Satz 7 Seite 108)

■ **Der Gebrauch von 'जाना'**

☞ **Anstelle von 'रहना' kann auch 'जाना' treten, um eine kontinuative Handlung auszudrücken.**

☞ **Es drückt jedoch ein Mißfallen einer andauernde Situation/Handlung (Beispiele 1-5) oder eine fortschreitende und graduelle Veränderung eines Zustands aus (Beispiele 6-8).**

Beispiele:

1. वह **बोलता जाता है** । — Er spricht in einem fort (ohne Ende).
2. वह **खाती जाती है** । — Sie ißt in einem fort.
3. मेरे आवाज़ लगाते रहने पर भी वह **चलता जा रहा था** । — Obwohl ich ihn immer wieder rief, ging er einfach weiter.
4. विद्यार्थी अध्यापक के सामने बक-बक **करता गया** । — Der Student sprach im Beisein des Lehrers dummes Zeug.
5. तुम (f.) कुछ सुनोगी भी या **बोलती ही जाओगी**? — Wirst du auch einmal zuhören, oder sprichst du die ganze Zeit weiter?
6. २१ जून के बाद दिन धीरे-धीरे छोटे **होते जाते हैं** और रातें लम्बी **होती जाती हैं** । — Nach dem 21. Juni werden die Tage langsam kürzer und die Nächte länger.
7. ज्यों ज्यों व्यक्ति की उम्र बढ़ती जाती है, त्यों त्यों उसकी व्यावहारिक कुशलता भी **बढ़ती जाती है** । — Je älter der Mensch wird, desto größer wird seine praktische Lebenserfahrung.
8. ज्यों-ज्यों कौवा पानी के घड़े में एक के बाद एक कंकड़ **डालता गया**, त्यों त्यों घड़े का पानी ऊपर **आता गया** । — Je mehr kleine Kieselsteine der Rabe in den Wassertopf fallen ließ, desto höher stieg der Wasserspiegel.

☞ **Manchmal wird auch (Vs. + ए) + जाता,-ते,-ती + होना benutzt um eine kontinuative Handlung (oft in Verbindung mit Bedauern oder einer Aufforderung) auszudrücken.**

1. यह विचार मुझे खाए जाता है । — Diese Gedanken zehren an meine Nerven.
2. आप मुझे क्यों छोड़े जाते हैं? — Warum verlassen Sie mich bloß?
3. खाए जाओ, खाए जाओ । — Iß doch weiter!

Satzstruktur 3 mit 'statischen' Verben

Subj.   + ⎧ Vs. + आ ⎫ + रहना + होना
Nom.   ⎨   ए ⎬
            ⎩   ई ⎭
                              im erforderlichen Tempus

richten sich im N und G
nach dem Subjekt.

☞ Diese Satzstruktur wird mit folgenden Verben benutzt: बैठना, लेटना, सोना, पड़ा होना, रखा होना usw.

☞ Auch hier wird über einen länger andauernden, fortgesetzten Zustand gesprochen.

☞ Die durch diese Verben ausgedrückten Handlungen werden im Hindi immer als abgeschlossen betrachtet. 'Sitzen, liegen, schlafen' wird nicht wie im Deutschen als andauernde, momentan stattfindende Tätigkeit begriffen, sondern eben als abgeschlossene Handlung im Sinne von 'gesetzt, gelegt, schlafen gelegt'. Deshalb verwenden diese 'statischen' Verben hier das Partizip Perfekt statt dem Partizip Imperfekt.

Beispiele:

1. बैठे रहो/रहिए। — Bleib sitzen!/ Bleiben Sie sitzen!
2. बूढ़ी औरत दिन-भर सोई रहती है। — Die alte Frau schläft den ganzen Tag.
3. मेरे कपड़े अलमारी में रखे रहते हैं। — Meine Kleider bleiben immer im Schrank liegen.
4. हम (m.pl.) समुद्र तट पर पड़े रहते थे। — Wir lagen lange am Strand.
5. पुस्तकें हर समय इसी ताक पर पड़ी रहती थीं। — Die Bücher standen die ganze Zeit in diesem Regal.
6. लड़के दिन-भर उद्यान में बैठे रहे। — Die Jungen saßen den ganzen Tag im Garten.
7. बालक रात-भर पालने शान्त में लेटा रहा। — Das Kind lag die ganze Nacht ruhig in der Wiege.

Satzstruktur **4** **Kontinuativ im Passiv**

Subj. + से/के द्वारा + Obj. + √Vs. + {आ, / ए, / ई} + {जाता, / जाते, / जाती} + रहना✱ + होना

(रहना✱ + होना: in der erforderlichen Zeit)

(आ, ए, ई + जाता, जाते, जाती + रहना: richten sich in N und G nach dem Objekt)

✱ रहना wird in der Umgangssprache häufig weggelassen.

Beispiele:

1. नवरात्री में घरों में लोगों के द्वारा रामायण **पढ़ी जाती रहती** है। — Zu Navratri wird in den Häusern (von den Leuten) immer aus dem Ramayana vorgelesen.
2. वेद, उपनिषद आदि सदियों तक **लिखे जाते रहे** थे। — An den Veden, Upanishaden usw. war jahrhundertelang geschrieben worden.

siehe L-19,20

★ ★ ★

26 Der Genitiv (सम्बन्ध कारक)

☞ Der Genitiv, der in der Regel ein Besitzverhältnis ausdrückt, wird durch die Postpositionen का, के, की gekennzeichnet. Diese stehen nach dem Besitzer und vor dem Gegenstand des Besitzes.

☞ का, के, की richten sich in Numerus und Genus nach dem Besitz und nicht nach dem Besitzer (s. S. 245–247).

कमला का लड़का	Kamlas Sohn (m.sg.)
कमला के लड़के	Kamlas Söhne (m.pl.)
कमला की लड़की	Kamlas Tochter (f.sg.)
कमला की लड़कियाँ	Kamlas Töchter (f.pl.)

☞ Im Casus obliquus wird 'के' als Fallendung des Besitzers verwendet, auch wenn der Gegenstand des Besitzes im maskulinen Singular steht.

Casus	m.sg.	m.pl.
rectus	कमला का घर	कमला के घर
obliquus	कमला के घर + pp$_n$	कमला के घरों + pp$_n$

pp$_n$ = Postposition

Beispiele:

1a.	कमला का भाई	der Bruder von Kamla
1b.	कमला **के** भाई का कमरा	das Zimmer des Bruders von Kamla
1c.	कमला **के** भाई **के** कमरे की खिड़की	das Fenster des Zimmers des Bruders von Kamla

Im Beispiel (1a.) steht die pp$_n$ का hinter Kamla, da भाई m. sg. ist.

Im Beispiel (1b.) ändert sich die pp$_n$ का hinter Kamla zu के, da auch भाई eine pp$_n$ folgt. Analog im Beispiel (1c.).

2. चिड़िया का घोंसला   das Vogelnest
3. चिड़िया के घोंसले में   im Vogelnest
4. बच्चे की टोपी   die Mütze des Kindes
5. बच्चों की टोपियाँ   die Mützen der Kinder
6. बच्चों की टोपियों का रंग   die Farbe der Mützen der Kinder
7. उनका घर   ihr Haus
8. उनके घर का दरवाज़ा   die Tür ihres Hauses
9. उनके घर के दरवाज़े के ऊपर   über der Tür ihres Hauses
10. दो महीने की छुट्टियाँ   zwei Ferienmonate
11. दो महीने की छुट्टियों में   in den zwei Ferienmonaten

Possessiv pronomen

Gegenstand des Besitzes

	m.sg.	m.pl.	f.sg./f.pl.		
1. Pers. sg.	मेरा	मेरे	मेरी	mein, meine	
pl.	हमारा	हमारे	हमारी	unser, unsere	
2. Pers. sg.	तेरा	तेरे	तेरी	dein, deine	
sg.	तुम्हारा	तुम्हारे	तुम्हारी	dein, deine	
pl.	तुम लोगों का	तुम लोगों के	तुम लोगों की	euer, eure	
sg.	आपका	आपके	आपकी	Ihr, Ihre	höf. sg.
pl.	आप लोगों का	आप लोगों के	आप लोगों की	Ihr, Ihre	höf. pl.
3. pers. sg.	उसका	उसके	उसकी	sein/seine,	(entfernt)
	इसका	इसके	इसकी	ihr, ihre sg.	(nah)
pl.	उनका	उनके	उनकी	ihr, ihre pl.	(entfernt)
	इनका	इनके	इनकी		(nah)
कौन ⇒	किसका	किसके	किसकी	wessen sg.	
	किनका	किनके	किनकी	wessen pl.	

☞ Die 'आ', 'ए', 'इ' Endungen der Possessivpronomen richten sich in N und G auch nach dem Gegenstand des Besitzes, und nicht nach dem Besitzer!

Beispiele:

1. यह मेरी पुस्तक है।	Das ist mein Buch.
2. वह मेरा भाई है।	Er ist mein Bruder.
3. ये तुम्हारी बहने हैं?	Sind sie deine Schwestern?
4. ये किनके बच्चे हैं?	Wessen Kinder sind sie?
5. उसके पिताजी क्या करते हैं?	Was macht sein/ihr Vater?
6. आज मेरे स्कूटर के 'ब्रेक' ख़राब हो गए।	Die Bremsen meines Scooters versagten heute.
7. मेरे भाई का कमरा बहुत गन्दा है।	Das Zimmer meines Bruders ist sehr schmutzig.
8. तुम्हारी बेटी का जन्मदिन २८ अप्रैल को है।	Der Geburtstag deiner Tochter ist am 28. April.
9. कल हम तुम्हारे घर आएँगे।	Wir werden morgen zu deinem Haus / dir kommen.
10. हमारा कैमरा काफ़ी अच्छा है,. लेकिन उनका हमारेवाले से कहीं ज़्यादा अच्छा है।	Unser Photoapparat ist ziemlich gut, aber ihrer ist viel besser als unserer.

★★★

27 Zwang oder Verpflichtung
(अनिवार्यताबोधक)
होना, पड़ना, चाहिए

Innerer, äußerer zwang oder moralische Verpflichtung

Satzstrukturen 1 – 3

Subj. mit को	+ Obj. + (falls vorh.)	Hauptverb im Infinitiv transitiv oder intransitiv	+ 1. Form of 'होना' in allen Tempi 2. पड़ना + होना in allen Tempi 3. चाहिए, चाहिएँ	Art des Zwangs innerlich äußerlich moralisch

☞ Wenn das Hauptverb transitiv ist, richtet sich die Endung des Infinitivs ('ना, ने, नी') in Numerus und Genus nach dem Objekt.

innerer Zwang

1. मुझे अपनी माता जी को चिट्ठी* लिखनी है। — Ich muß meiner Mutter einen Brief schreiben.
   मुझे अपनी माता जी को चिट्ठियाँ लिखनी हैं।
2. मुझे अपनी माता जी को पत्र* लिखना है। — Ich muß meiner Mutter Briefe schreiben.
   मुझे अपनी माता जी को पत्र लिखने हैं।

äußerer Zwang

1. तुमको (तुम्हें) अपनी माता जी को चिट्ठी लिखनी पड़ती है। — Du mußt deiner Mutter einen Brief schreiben.
   तुमको (तुम्हें) अपनी माता जी को चिट्ठियाँ लिखनी पड़ती है।
2. तुमको (तुम्हें) अपनी माता जी को पत्र लिखना पड़ता है। — Du mußt deiner Mutter Briefe schreiben.
   तुमको (तुम्हें) अपनी माता जी को पत्र लिखने पड़ते हैं।

moralische Verpflichtung

1. मुझे अपनी माता जी को चिट्ठी लिखनी चाहिए। ⟶ Ich sollte meiner Mutter einen Brief schreiben.

   मुझे अपनी माता जी को चिट्ठियाँ लिखनी चाहिए।

2. मुझे अपनी माता जी को पत्र लिखना चाहिए। ⟶ Ich sollte meiner Mutter Briefe schreiben.

   मुझे अपनी माता जी को पत्र लिखने चाहिए।

☞ चिट्ठी* f.sg. ein Brief; पत्र* m.sg. ein Brief

☞ **Wenn das Objekt nicht klar bestimmt ist, wird m. sg. benutzt.**

Beispiele:

1. अब मुझे पढ़ना है।   Ich muß jetzt lernen.
2. मुझे रोज़ चार घण्टे पढ़ना पड़ता है।   Ich muß jeden Tag 4 Stunden lernen.
3. तुम्हें बहुत पढ़ना चाहिए !   Du solltest viel lernen.

'पढ़ना' **ist ein transitives Verb. Weil das Objekt des Lesens fehlt, wird die 3. Person maskulin singular benutzt.**

☞ **Der intransitive Infinitiv bleibt in allen Ausdrücken des Zwangs unverändert.**

Beispiele:

1. मुझे कलकत्ता जाना है।   Ich muß nach Kalkutta fahren.
2. मुझे कलकत्ता जाना था।   Ich mußte nach Kalkutta fahren.
3. मुझे कलकत्ता जाना होगा।   Ich werde nach Kalkutta fahren müssen.

In diesen Fällen handelt es sich um einen inneren Zwang, nach Kalkutta zu fahren.

4. मुझे कलकत्ता जाना पड़ता है।   Ich muß nach Kalkutta fahren. (generelles Präsens)
5. मुझे कलकत्ता जाना पड़ता था। Ich mußte gewöhnlich nach Kalkutta fahren. (gewohnheitsmäßiges Imperfekt)
6. मुझे कलकत्ता जाना पड़ा।   Ich mußte nach Kalkutta fahren. (Präteritum)

7. मुझे कलकत्ता जाना पड़ेगा। Ich werde nach Kalkutta fahren müssen. (Futur)

In diesen Fällen kommt der Zwang von außen.

8. मेरे पिता जी बीमार हैं। मुझे उन्हें देखने कलकत्ता जाना चाहिए। Mein Vater ist krank. Ich sollte ihn in Kalkutta besuchen gehen.

In diesem Fall handelt es sich um eine moralische Verpflichtung zu fahren.

☞ **Zur Negation steht 'नहीं' vor dem Infinitiv**

Beispiele:

Innerer Zwang: Gebrauch von 'होना'

1. राम को दिल्ली जाना है। Ram muß nach Delhi fahren.
2. मुझे मिठाई बनानी है। Ich muß Süßigkeiten zubereiten.
3. मुझे शादी में जाना है। Ich muß zu einer Hochzeit gehen.
4. क्या आप को साड़ियाँ ख़रीदनी हैं? Müssen Sie Saris kaufen?
5. उन्हें हिन्दी सीखनी थी। Sie mußten Hindi lernen.
6. हमें कुछ अख़बार ख़रीदने थे। Wir mußten ein paar Zeitungen kaufen.
7. क्या आपको भी कहीं जाना था? Mußten Sie auch irgendwohin gehen?
8. कल मुझे कमला को मिलने जाना होगा। Morgen werde ich mich mit Kamla treffen müssen.
9. मुझे कल दफ़्तर में पाँच बजे तक काम करना होगा। Ich werde morgen bis fünf Uhr im Büro arbeiten müssen.

☞ **Bei dem inneren Zwang kann es sich auch um einen 'habituellen Zwang' handeln. Das habituelle Element wird mit होता, होते, होती zwischen dem Infinitiv und der konjugierten Form von होना ausgedrückt.**

1. मुझे सप्ताह में तीन बार कपड़े धोने होते हैं। Ich muß drei Mal in der Woche Wäsche waschen.
2. नौकर को सुबह पिताजी की सेवा करनी होती थी। Der Diener mußte Vater morgens bedienen.

Äußerer Zwang: Gebrauch von 'पड़ना'

1. मुझे दिन में चार बार दवाई खानी पड़ती है। — Ich muß vier mal am Tag Arznei nehmen.
2. हमारे देश में हमें विश्वविद्यालय में पढ़ने के लिए अंग्रेज़ी नहीं पढ़नी पड़ती। — In unseren Land müssen wir kein Englisch lernen, um an der Universität zu studieren.
3. मेरे पिताजी को अपने परिवार के भरण-पोषण हेतु बहुत परिश्रम करना पड़ता था। — Um seine Familie zu unterstützen, mußte mein Vater hart arbeiten.
4. हमें स्कूल में 'यूनिफ़ॉर्म' (वर्दी) पहननी पड़ती थी। — In der Schule mußten wir eine Uniform tragen.
5. आपको अपनी बेटी की शादी पर कितना पैसा ख़र्चना पड़ा? — Wieviel Geld mußten Sie für die Hochzeit Ihrer Tochter ausgeben?
6. क्योंकि मुझे रिक्शा नहीं मिली, मुझे घर पैदल जाना पड़ा। — Ich mußte zu Fuß nach Hause gehen, weil ich keine Rikscha finden konnte.
7. मरीज़ की हालत बहुत ख़राब है; तुम्हें उसे अस्पताल ले जाना पड़ेगा। — Der Zustand des Patient ist sehr schlecht; Du wirst ihn ins Krankenhaus bringen müssen.
8. हो सकता है अगले सप्ताह उसे अपना 'ऑपरेशन' करवाना पड़े। — Es kann sein, daß er sich nächste Woche operieren lassen muß.

Moralische Verpflichtung: Gebrauch von 'चाहिए'

1. मुझे जाना चाहिए। — Ich sollte gehen.
2. आपको भारत में रहना चाहिए। — Sie sollten in Indien leben.
3. यह पुस्तक हमेशा मेज़ पर रहनी चाहिए। — Dies Buch muß immer auf dem Tisch bleiben.
4. विद्यार्थियों को अध्यापकों का आदर करना चाहिए। — Die Schüler sollten ihre Lehrer ehren.
5. मुझे सारनाथ देखने जाना चाहिए था। — Ich hätte Sarnath besuchen sollen.
6. आपको भारत में हिन्दी सीखनी चाहिए थी। — Sie hätten Hindi in Indien lernen sollen.

7. आपको अपना समय व्यर्थ नहीं गँवाना चाहिए था।
Sie hätten Ihre Zeit nicht vergeuden sollen.

8. आप को यह पुस्तकें अब तक पुस्तकालय में लौटा देनी चाहिए थीं।
Sie hätten diese Bücher jetzt schon in der Bibliothek zurückgegeben haben sollen.

9. आपको चाहिए कि रोज़ ठण्डे पानी से नहाएँ।
Sie sollten jeden Tag mit kaltem Wasser baden.

10. राम को चाहिए कि गाड़ी सावधानी से चलाए।
Ram sollte seinen Wagen vorsichtig fahren.

■ **Zwang verbunden mit Wahrscheinlichkeit** – पड़ना + सकना + होना

Satzstruktur 4

Subj. + Obj. + Inf. + पड़ + सकता + है/ हैं
mit 'को' (falls vorh.)   सकते
                                सकती

☞ **Falls das Hauptverb intransitiv ist, bleibt der Infinitiv unverändert und steht immer mit 'सकता है'.**

☞ **Falls das Hauptverb transitiv ist, passen sich die Endungen 'ना, ने, नी' in N und G dem Objekt an. Auch 'सकना' und 'होना' richten sich nach dem Objekt.**

Beispiele:

1. माँ, आज मुझे देर तक दफ़्तर में रुकना पड़ सकता है।
Mutter, ich muß heute wahrscheinlich ziemlich lange im Büro bleiben.

3. अपनी बेटी की शादी के समय शर्मा जी को अपना मकान बेचना पड़ सकता है।
Wenn seine Tochter heiratet, muß Herr Sharma wahrscheinlich sein Haus verkaufen.

Satzstruktur **5**

हो सकता है +	Subj.	+	Obj.	+	Inf.	+	पड़े/पड़ें
oder	mit		(falls vorh.)				• falls v.i. nur पड़े;
शायद	को						• falls v.t. पड़े oder पड़ें je nach Objekt

Beispiele:

1. माँ, हो सकता है आज मुझे देर तक दफ़्तर में रुकना पड़े। — Mutter, ich muß heute wahrscheinlich ziemlich lange ins Bürobleiben.
2. हो सकता है अपनी बेटी की शादी के समय शर्मा जी को अपना मकान बेचना पड़े। — Wenn seine Tochter heiratet, muß Herr Sharma wahrscheinlich sein Haus verkaufen.

Vergleichen und verstehen Sie:

1a. पिता जी को अगले हफ़्ते इंग्लैंड जाना पड़ सकता है। — Es kann sein, daß Vater nächste Woche nach England reisen muß.

1b. हो सकता है, पिता जी को अगले हफ़्ते इंग्लैंड जाना पड़े।

2a. देश में खुशहाली लाने के लिए हमें बहुत कुर्बानी देनी पड़ सकती है। — Es kann sein, daß wir viel opfern müssen, damit unser Land gedeiht.

2b. हो सकता है देश में खुशहाली लाने के लिए हमें बहुत कुर्बानी देनी पड़े।

3a. चिकित्सा विद्यालय में प्रवेश पाने के लिए तुम्हें दूसरी बार भी प्रयास करना पड़ सकता है। — Es kann sein, daß du ein zweites Mal versuchen mußt, in der Medizinischen Fakultät aufgenommen zu werden.

3b. हो सकता है तुम्हें चिकित्सा विद्यालय में प्रवेश पाने के लिए दूसरी बार भी प्रयास करना पड़े।

4a. हमारी बैठक बहुत छोटी है। मुझे नया दूरदर्शन यंत्र अपने शयन-कक्ष में रखना पड़ सकता है।   Unser Wohnzimmer ist sehr klein. Es kann sein, daß ich den neuen Fernseh‑apparat in meinem Schlafzimmer aufstellen muß.

4b. हमारी बैठक बहुत छोटी है। हो सकता है मुझे नया दूरदर्शन यंत्र अपने शयन-कक्ष में रखना पड़े।

■ Gebrauch von 'चाहिए', um Bedürfnis und Wunsch auszudrücken

Satzstruktur 6

(Subj. + को) + Obj. + 'चाहिए' + 'होना'∗

∗ **Eine passende Form von 'होना' wird nur in der Vergangenheit oder Zukunft benötigt. Sie richten sich in N und G nach dem Objekt.**

Beispiele:

Präsens

1. आप को क्या चाहिए? Was brauchen Sie?
2. मुझको पानी चाहिए। Ich brauche Wasser.
3. राम को क्या चाहिए? Was braucht Ram?
4. क्या आपको कुछ चाहिए? Brauchen Sie etwas?

☞ **Wenn das Objekt im Plural steht, wird in manchen Gegenden Indiens 'चाहिएँ' statt 'चाहिए' benutzt.**

Präsens

1. माता जी को **साड़ियाँ चाहिएँ**। Die Mutter braucht Saris.
2. मुझे कुछ **पुस्तकें चाहिएँ**। Ich brauche ein paar Bücher.

Imperfekt

1. मुझे एक **कुर्ता** चाहिए था। Ich brauchte einen Kurta. (Obj.m.sg.)
2. उसे **मदद** चाहिए थी। Er/Sie brauchte Hilfe. (Obj. f.sg.)

3. उन्हें कुछ **कांटे** चाहिए थे।	Sie brauchten ein paar Gabeln.(Obj.m.pl)
4. कमला को तुम्हारी **किताबें** चाहिए थीं।	Kamla brauchte deine Bücher. (Obj. f.pl.)

Futur

1. कल मुझे तुम्हारा कुर्ता चाहिए होगा।	Morgen werde ich deinen Kurta brauchen.
2. अगले हफ़्ते हमें आपके प्याले चाहिए होंगे।	Nächste Woche werde ich deine Tassen brauchen.
3. परसों मुझे कुछ कुर्सियाँ चाहिए होंगी।	Übermorgen werde ich ein paar Stühle brauchen.

■ **Bedürfnisse können auch durch 'X' की जरूरत होना, 'X' की आवश्यकता होना ausgedrückt werden.**

Satzstruktur 7

Subj. +	Obj.	+	'की जरूरत'	+ 'होना'
+ को	Subst. /(Vs.+ने)		oder की आवश्यकता	im geeigneten Tempus

Beispiele:

1. मुझे हिन्दुस्तानी दोस्त की ज़रूरत है।	Ich brauche einen indischen Freund.
2. हमें हिन्दी सीखने की आवश्कता है।	Wir müssen Hindi lernen.
3. तुम्हें किस चीज़ की ज़रूरत है?	Was brauchst du?
4. उनको किसी चीज़ की आवश्यकता नहीं?	Brauchen sie nicht irgend etwas?

★ ★ ★

28 Anfangen, etwas zu tun
(Vs. + ने) + लगना; Infinitiv + शुरू करना

Satzstruktur **1** (Verbstamm + 'ने') + 'लगना'

Subj. + Obj. + (Vs. + ने) + लगना + होना
Nom. (falls vorh.)   im passenden Tempus;
                                    richten sich nach dem Subjekt

Beispiele:

1. बच्ची (f.sg.) माँ को देखकर हँसने लगती है। — Wenn es die Mutter sieht, fängt das Kind an zu lachen.
2. कुत्ता (m.sg.) भौंकने लगा। — Der Hund fing an zu bellen.
3. छात्र (m.pl.) अध्यापक के जाते ही शोर मचाने लगेंगे। — Sobald der Lehrer geht, fangen die Schüler an, Lärm zu machen.

Satzstruktur **2** शुरू करना

Subj. + Obj. + Inf. + शुरू + करना + होना
mit oder (falls vorh.)
ohne ने   *

* Wenn das Subjekt ohne Postposition 'ने' steht, richten sich 'करना + होना' nach dem Subjekt.

* Wenn dem Subjekt 'ने' folgt, (im Präteritum Perfekt und Plusquamperfekt) richten sich 'करना + होना' nach dem Objekt.

Beispiele:

1. क्या आप घर आते ही खाना पकाना शुरू करती हैं? — Fangen Sie an zu kochen, sobald Sie das Haus betreten?
2. मेहमानों ने खाना शुरू किया। — Die Gäste fingen an zu essen.

3. छात्र अध्यापक के आते ही पढ़ना शुरू करेंगे। — Die Schüler beginnen zu arbeiten, sobald der Lehrer kommt.

Vergleichen und verstehen Sie :

1a. सुबह होते ही चिड़ियाँ चहचहाने लगती हैं। — Sobald der Morgen kommt, beginnen die Vögel zu zwitschern.

1b. सुबह होते ही चिड़ियाँ चहचहाना शुरू करती हैं।

2a. शाम को पाँच बजते ही बच्चे खेलने लगते हैं। — Sobald es 5 Uhr ist, beginnen die Kinder zu spielen.

2b. शाम को पाँच बजते ही बच्चे खेलना शुरू करते हैं।

3a. वे आम पकने से पहले ही तोड़ने लगते थे। — Kaum waren die Mangos reif, begannen die Leute, sie zu pflücken.

3b. वे आम पकने से पहले ही तोड़ना शुरू करते थे/ कर देते थे।

4a. ठीक छ: बजे नर्तकी नृत्य करने लगी। — Pünktlich um 6 Uhr begann die Tänzerin zu tanzen.

4b. ठीक छ: बजे नर्तकी ने नृत्य करना शुरू किया।

5a. बारिश के होते हुए भी खिलाड़ी क्रिकेट खेलने लगे। — Obwohl es regnete, begannen die Spieler Kricket zu spielen.

5b. बारिश के होते हुए भी खिलाड़ियों ने क्रिकेट खेलना शुरू किया।

6a. बच्चा चलने लगा है। — Das Kind hat mit dem Laufen begonnen.

6b. बच्चे ने चलना शुरू किया है/ कर दिया है।

7a. राबर्ट तीन महीने में हिन्दी बोलने लगा था। — Robert hatte innerhalb von drei Monaten begonnen, Hindi zu sprechen.

7b. राबर्ट ने तीन महीने में हिन्दी बोलना शुरू कर दिया था।

8a. क्या भारत पहुँच कर मैं हिन्दी बोलने बोलने लगूँगा?   Werde ich anfangen, Hindi zu sprechen, wenn ich nach Indien komme?

8b. क्या भारत पहुँच कर मैं हिन्दी बोलना शुरू कर दूँगा?

9a. जब तक आप अमरीका पहुँचेंगे, मैं अंग्रेजी बोलने लग चुका हूँगा।   Bis Sie nach Amerika kommen, werde ich schon angefangen haben, Englisch zu sprechen.

9b. जब तक आप अमरीका पहुँचेंगे, मैं अंग्रेजी बोलना शुरू कर चुका हूँगा।

10a. भोजन खाकर वे लोग बातचीत करने लगेंगे।   Nach dem Essen werden sie eine Unterhaltung beginnen.

10b. भोजन खाकर वे लोग बातचीत करना शुरू करेंगे।

11a. हो सकता है मैं विदेश जाकर मांस खाने लगूँ।   Es kann sein, daß ich anfange Fleisch zu essen, wenn ich im Ausland bin.

11b. हो सकता है मैं विदेश जाकर मांस खाना शुरू कर दूँ।

12a. शायद मैं बुढ़ापे में पूजा-पाठ करने लगूँ।   In Alter fange ich vielleicht noch an, Puja zu machen.

12b. शायद मैं बुढ़ापे में पूजा-पाठ करना शुरू कर दूँ।

★ ★ ★

29 Erlaubnis
(अनुमतिबोधक वाक्य रचना)

(Vs. + ने) + 'देना' – 'X' erlauben, etwas zu tun /
etwas tun zu lassen.

Satzstruktur 1 Erlaubnis + Imperativ

Subj. + Dat. Obj. + Akk. Obj. + (Vs.+ने) + दो/दीजिए
तुम oder आप   + को   (falls vorh.)

⎵ Erlaubnis Erteiler   ⎵ Erlaubnis Erhalter   ⎵ richten sich nach dem Subjekt

☞ In den imperativen Satzstrukturen wird das Subjekt selten genannt. Auch das Objekt wird gerne weggelassen.

Beispiele:

1. (तुम) मुझे खाने दो।   (2.Person informell)   Laß mich essen.
2. (आप) मुझे खाने दीजिए।   (2.Person höflich)   Lassen Sie mich essen.
3. उन्हें अन्दर आने दो।   (2.Person informell)   Laß sie herein kommen.
4. उन्हें अन्दर आने दीजिए।   (2.Person höflich)   Lassen Sie sie hereinkommen.

Satzstruktur 2 Erlaubnis + generelles Präsens

Subj. + Dat. Obj. + Akk. Obj. + (Vs. + ने) + देता, देते + हूँ, है
          + को   (falls vorh.)   देती   हो, हैं

⎵ richten sich nach dem Subjekt

Beispiele:

1. मैं अपने बच्चों को तालाब में तैरने देती हूँ। — Ich lasse meine Kinder im Schwimmbad schwimmen.
2. पिता जी हमें अक्सर 'सिनेमा' देखने देते हैं। — Vater läßt uns oft einen Film anschauen.
3. अध्यापक विद्यार्थियों को पुस्तकालय में धूम्रपान नहीं करने देते। — Die Professoren erlauben den Studenten nicht, in der Bibliothek zu rauchen.

☞ **Für das gewohnheitsmäßige Imperfekt wird 'था, थे, थी, थीं' statt हूँ, है, हो, हैं' benutzt.**

4. वे हमें शाम को खेलने देते थे। — Gewöhnlich ließen sie uns abends spielen.
5. माँ हमें टॉफ़ी नहीं खाने देती थीं। — Mutter erlaubte uns nicht, Bonbons zu essen.

Satzstruktur 3 Erlaubnis + durative Zeitformen

Subj. + Dat. Obj. + Akk. Obj. + (Vs. + ने) + दे + रहा + हूँ oder था
         + को   (falls vorh.)   रहे   है oder थे
                                                रही   हो oder थी
                                                       हैं oder थीं

in dem gewünschten Tempus richten sich nach dem Subj.

Beispiele:

1. नौकर महमानों को अन्दर आने दे रहा है। — Der Diener läßt die Gäste hereinkommen.
2. बच्चे मुझे पढ़ने नहीं दे रहे थे। — Die Kinder ließen mich nicht arbeiten.

Satzstruktur 4 Erlaubnis + Futur

Subj. + Dat. Obj. + Akk. Obj. + (Vs. + ने) +   दूँगा, दूँगी
         + को   (falls vorh.)   देगा, देगी
                                                दोगे, दोगी
                                                देंगे, देंगी

richten sich nach dem Subj.

Beispiele:

1. माताजी मुझे फ़िल्म देखने जाने देंगी। — Mutter wird mich ins Kino gehen lassen.
2. क्या कमला तुम्हें अपनी पुस्तक पढ़ने देगी? — Wird Kamla dich ihr Buch lesen lassen?
3. प्रधानाचार्य हमें मैच नहीं खेलने देंगे। — Der Direktor wird uns das Match nicht spielen lassen.

Satzstruktur 5 Erlaubnis + Präteritum

(Subj. + ने) + Dat. Obj. + Akk. Obj. + (Vs. + ने) + दिया, दिए, दी, दीं
             + को   (falls vorh.)

* 1. Falls v.i., steht 'देना' immer 3.Pers.m.sg. (s. Beispiel 4)
* 2. Falls v.t., richtet sich 'देना' nach dem Akk. Obj. (s. Beispiel 1-3)

Beispiele:

1. माँ ने हमें केले खाने दिए। — Mutter erlaubte uns, Bananen zu essen.
2. अध्यापिका ने हमें पुस्तक पढ़ने दी। — Die Lehrerin erlaubte uns, das Buch zu lesen.
3. मेरे भाई ने मुझको अपना नया कुर्ता पहनने दिया। — Mein Bruder ließ mich sein neues Hemd tragen.
4. अधिकारी ने कर्मचारी को अन्दर आने दिया। — Der Beamte erlaubte den Angestellten hereinzukommen.

☞ **Satzstruktur 5 kann auch für Perfekt und Plusquamperfekt gebraucht werden;** 'है, हैं' **oder** 'था, थे, थी, थीं' **folgen auf** 'दिया, दिए, दी'

Beispiele:

1. माँ ने मुझको पुस्तक पढ़ने दी है/ दी थी। — Mutter hat / hatte mir erlaubt, das Buch zu lesen.
2. अधिकारी ने कर्मचारी को अन्दर आने दिया है/ दिया था। — Der Beamte hat / hatte dem Angestellten erlaubt hereinzukommen.

3. मेरे भाई ने मुझको अपने कपड़े पहनने दिए हैं/ दिए थे।   Mein Bruder hat / hatte mir erlaubt, seine Kleider zu tragen.

4. मेरे माता-पिता ने मुझे तैराकी सीखने दी है/ दी थी।   Meine Eltern haben/ hatten mich schwimmen lernen lassen.

Satzstruktur 6 Erlaubnis + Zwang

Subj. + को   +   Dat. Obj. + को   +   Akk. Obj.   +   (Vs. + ने)   +   देना + पड़ना + होना
(falls vorh.)

Im passenden Tempus

* 1. Falls v.i., stehen देना, पड़ना, होना immer in der 3. Person
* 2. Falls v.t., richten sich देना, पड़ना, होना nach dem Akk. Obj.

Beispiele:

1. हमें अपने बच्चों को संगीत सुनने देना पड़ता है।   Wir müssen unsere Kinder Musik hören lassen.

2. शर्मा जी को अपने पुत्र को नयी कार ख़रीदने देनी पड़ी।   Herr Sharma mußte seinen Sohn ein neues Auto kaufen lassen.

3. मुझे अपनी बेटी को छात्रावास में रहने देना पड़ेगा।   Ich werde meine Tochter im Studentenwohnheim wohnen lassen müssen.

Satzstruktur 7 Erlaubnis + Rat

Subj. + को   +   Dat. Obj. + को   +   Akk. Obj.   +   (Vs. + ने)   +   देना / देने / देनी + चाहिए
(falls vorh.)

1. richtet sich nach dem Akk. Obj. bei v.t.
* चाहिएँ kann benutzt werden wenn das Akk. Obj. im Pl. steht.
2. immer देना, wenn das v.i. ist.

Beispiele:

1. आपको अपने पुत्र को विदेश जाने देना चाहिए। — Sie sollten ihren Sohn ins Ausland gehen lassen.
2. आप को हमें दादी से कहानी सुनने देनी चाहिए। — Sie sollten uns Großmutters Geschichte hören lassen.
3. माता जी को बच्चों को नए कपड़े पहनने देने चाहिए। — Mutter sollte die Kinder neue Kleider tragen lassen.
4. डाक्टर को मुझे केले खाने देने चाहिए। — Der Arzt sollte mir erlauben, Bananen zu essen.

Satzstruktur 8 Erlaubnis + चाहिए + था

('X' hätte 'Y' etwas tun lassen sollen.)

('X' hätte 'Y' erlauben sollen, etwas zu tun)

Sub. + Dat. Obj. + Akk. Obj. + (Vs. + ने) + देना + चाहिए + था
+ को   + को   (falls vorh)   देने   थे,
                                              देनी   थी
                                                                थीं

1. richten sich nach dem Akk. Obj., wenn v.t.
2. immer in der 3. Person, wenn v.i.

Beispiele:

1. तुम्हें राम को जाने देना चाहिए था। — Du hättest Ram gehen lassen sollen.
2. राम को आपको पुस्तक पढ़ने देनी चाहिए थी। — Ram hätte Sie das Buch lesen lassen sollen.

Satzstruktur 9 Erlaubnis + Konjunktiv

अगर, + Subj. + Dat. Obj. + Akk. Obj. + (Vs.+ ने) + दूँ, दे, दो, दें
शायद   + को   (falls vorh.)   richten sich nach
usw.   dem Subjekt

Beispiele:

1. अगर मैं तुम्हें आज न जाने दूँ तो? — Was, wenn ich dich heute nicht gehen lasse?
2. शायद माँ मुझे सिनेमा देखने जाने दें। — Mutter erlaubt mir vielleicht, den Film zu sehen.
3. हो सकता है अध्यापक छात्रों को यह पुस्तक पढ़ने दे। — Vielleicht erlaubt der Lehrer den Schülern, dieses Buch zu lesen.

Satzstruktur 10 Erlaubnis + Dauer

Subj. + {Dat. Obj. / + को} + Akk. Obj. (falls vorh.) + (Vs.+ ने) + देता / देता, / देती + रहना + होना im passenden Tempus

(देता, देता, देती … होना: richten sich nach dem Subj.)

Beispiele:

1. मैं अक्सर अपने दाँतों की जाँच डाक्टर से करवाती रहती हूँ। — Ich lasse meine Zähne immer wieder vom Zahnarzt kontrollieren.
2. मैं उनको अपनी रसोई इस्तेमाल करने देती रहती हूँ। — Ich lasse sie weiterhin meine Küche benutzen.

Satzstruktur 11 Erlaubnis + Vermutung (Präsens)

Subj. + {Dat. Obj. / + को} + Akk. Obj. (falls vorh.) + (Vs.+ ने) + देता / देते / देती + होगा/ होगी / होगे/ होगी / होंगे/ होंगी

(देता … होंगी: richten sich nach dem Subjekt)

Beispiele:

1.	वह बच्चों को दूरदर्शन पर नाटक देखने देता होगा	Er wird die Kinder wohl fernsehen lassen. od. Er wird den Kindern sicher erlauben, fernzusehen.
2.	तुम अपने मित्रों को अपनी कार चलाने देते होगे।	Du wirst sicher deine Freunde dein Auto fahren lassen.
3.	रानी अपने पड़ोसियों को अपने बग़ीचे में दावत करने देती होगी।	Rani wird wohl ihre Nachbarn in ihrem Garten eine Party feiern lassen.

Satzstruktur 12 Erlaubnis + Vermutung (Vergangenheit)

Subj. + ने + {Dat. Obj. + को} + Akk. Obj. (falls vorh.) + (Vs.+ ने) + दिया / दिए / दी + होगा/ होगी / होंगे/ होंगी

1. richten sich nach dem Akk. Obj. wenn v.t.
2. immer 'दिया + होगा' wenn v.i.

Beispiele:

1.	पिता जी ने तुम्हें तैरने जाने दिया होगा।	Vater muß euch erlaubt haben, schwimmen zu gehen.
2.	उन्होंने बच्चों को 'फुटबाल' खेलने दिया होगा।	Sie haben wohl die Kinder Fußball spielen lassen.
3.	रानी ने अपनी बहन को नये कपड़े पहनने दिए होंगे।	Rani hat sicher ihre Schwester die neuen Kleider tragen lassen.
4.	राम ने तुमको अपनी पुस्तकें पढ़ने दी होंगी।	Ram hat dich sicher seine Büche lesen lassen.

Sprachstrukrtur 13 Erlaubnis + Passiv

Subj. + Dat. Obj. + Akk. Obj. + (Vs.+ ने) + दिया + जाना + होना

से/ के + को (falls vorh.) दिए Im passenden

द्वारा दी Tempus

richten sich nach dem Akk. Obj.

☞ **'से' / 'के द्वारा' sind nicht obligatorisch und werden meistens weggelassen.**

☞ **Wenn das Objekt (1) mit 'को' steht, (2) nicht genau bezeichnet wird oder (3) ein intransitives Verb ist, so wird immer die dritte Person m.sg. von 'जाना' und 'देना' benutzt.**

Beispiele:

1.	विद्यार्थियों को पुस्तकालय से पुस्तकें घर ले जाने दी जाती हैं।	Den Studenten wird erlaubt, aus der Bibliothek Bücher nach Hause mitzu–nehmen.
2.	त्योहारों पर हमें नए कपड़े पहनने दिये जाते थे।	Gewöhnlich wurde es uns erlaubt, an Festtagen neue Kleider zu tragen.
3.	कल मुझे पहली बार अकेले सिनेमा जाने दिया गया।	Gestern wurde es mir zum ersten Mal erlaubt, allein ins Kino zu gehen.
4.	हो सकता है छात्रों को अधिकारियों के द्वारा गंगा में तैरने न दिया जाय।	Möglicherweise wird es den Schülern von den Behörden nicht erlaubt, im Ganges zu Schwimmen.
5.	हमारे यहाँ बच्चों को इन पुस्तकों को नहीं पढ़ने दिया जाता।	In unserem Haus wird den Kindern nicht erlaubt, diese Bücher zu lesen.

★ ★ ★

30 Der Konditional (संकेतार्थ, शर्तबोधक)

Im Hindi verwenden die Bedingungssätze 'अगर/यदि/अगरचे ..... तो....'. Dies entspricht dem deutschen 'Wenn/Falls..., dann...' In diesen Satzstrukturen hängt das Eintreten eines Zustandes oder das Geschehen einer Handlung von einer vorausgehenden Bedingung ab.

☞ Der die Bedingung enthaltende Nebensatz wird mit 'अगर, यदि, अगरचे' eingeleitet, der Hauptsatz mit 'तो'

☞ In der Umgangssprache wird häufig entweder 'अगर' oder 'तो' weggelassen.

☞ Im Hindi werden die Konditionalsätze je nach Grad der Wahrscheinlichkeit gebildet. Da der Grad der Wahrscheinlichkeit subjektiv ist, kann oft sowohl die eine als auch die andere Satzstruktur benutzt werden.

Satzstruktur **1** bei hoher Wahrscheinlichkeit:

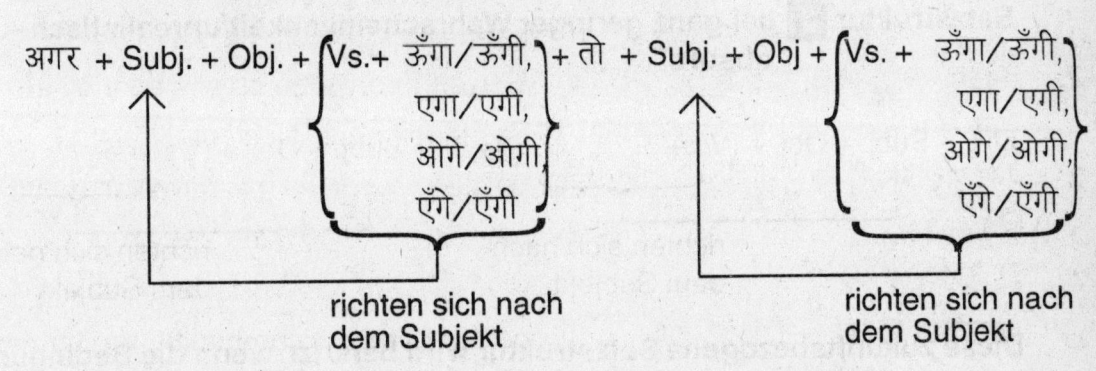

अगर + Subj. + Obj. + {Vs.+ ऊँगा/ऊँगी, एगा/एगी, ओगे/ओगी, एँगे/एँगी} + तो + Subj. + Obj + {Vs. + ऊँगा/ऊँगी, एगा/एगी, ओगे/ओगी, एँगे/एँगी}

richten sich nach dem Subjekt — richten sich nach dem Subjekt

☞ Diese Satzstruktur wird benutzt, wenn die Bedingung mit großer Wahrscheinlichkeit erfüllt wird. Sie ist zukunftsbezogen.

Beispiele:

1. अगर आप मुझे **बुलाएँगे** तो मैं अवश्य आऊँगी। — Wenn Sie mich einladen, komme ich bestimmt.
2. अगर तुम वर्षा में **भीगोगे** तो बीमार हो जाओगे। — Wenn du im Regen naß wirst, wirst du krank werden.

Satzstruktur 2 bei geringer Wahrscheinlichkeit:

अगर + Subj. + Obj. + (Vs.+ आ, ए, ई) + तो + Subj. + Obj. + { Vs. + ऊँगा/ऊँगी, एगा/एगी, ओगे/ओगी, एँगे/एँगी }

falls vorh.

1. richten sich nach dem Subj. bei v.i.
2. richten sich nach dem Obj. bei v.t.

richten sich nach dem Subjekt

☞ Diese Satzstruktur wird benutzt, wenn die Bedingung mit geringerer Wahrscheinlichkeit erfüllt wird. Sie ist ebenfalls zukunftsbezogen.

Beispiele :

1. अगर आपने मुझे **बुलाया** तो मैं आऊँगी । — Wenn Sie mich einladen würden, würde ich kommen.
2. अगर तुम वर्षा में **भीगे तो** बीमार हो जाओगे । — Wenn du im Regen naß würdest, würdest du krank werden.

Satzstruktur 3 bei ganz geringer Wahrscheinlichkeit/unrealistisch – absurd

अगर + Subj. + Obj. + (Vs.+ ऊँ, ए, ओ, एँ) + तो + Subj. + Obj. + (Vs. + ऊँ, ए, ओ, एँ)

richten sich nach dem Subjekt

richten sich nach dem Subjekt

☞ Diese zukunftsbezogene Satzstruktur wird benutzt, wenn die Bedingung mit ganz geringer Wahrscheinlichkeit erfüllt wird oder wenn unrealistisch – absurde Bedingungen ausgesprochen werden.

Beispiele:

1. अगर आप मुझे **बुलाएँ** तो मैं आऊँ । — Wenn Sie mich einladen würden, würde ich kommen.
2. अगर मैं चिड़िया **होऊँ** तो आकाश में उड़ती रहूँ । — Wenn ich Vogel wäre, würde ich immer im Himmel fliegen.

Satzstruktur 4 Unmöglichkeit

अगर + Subj. + Obj. + { Vs.+ आ + होता / ए + होते / ई + होती / ई + होतीं } + तो + Subj. + Obj. + { Vs.+आ + होता / ए + होते / ई + होती / ई + होतीं }
falls ... vorh. | falls ... vorh.

1. richten sich nach dem Subj. bei v.i.
2. richten sich nach dem Obj. bei v.t.

☞ Diese Satzstruktur wird benutzt, wenn die Bedingung im Nebensatz in der Vergangenheit nicht erfüllt wurde, und die Handlung im Hauptsatz, weil Sie von dieser Erfüllung abhing, deshalb unmöglich war. Dieser Bedingungssatz ist vergangenheitsbezogen.

Beispiele:

1. अगर आपने मुझे बुलाया होता तो मैं आई होती।
   Wenn Sie mich gerufen hätten, wäre ich gekommen.

2. अगर तुम वर्षा में न भीगे होते तो बीमार न हुए होते।
   Wenn du im Regen nicht naß geworden wärst, wärst du nicht krank geworden.

Satzstruktur 5 der generelle Bedingungssatz

अगर + Subj. + Obj. + { Vs.+ ता, ते / ती, तीं } + तो + Subj. + Obj. + { Vs.+ ता, ते / ती, तीं }

richten sich nach dem Subjekt — richten sich nach dem Subjekt

☞ Diese Satzstruktur kann für die Gegenwart, Vergangenheit und Zukunft benutzt werden. Sie kann für alle Wahrscheinlichkeitsgrade, ja sogar für absurde Bedingungen, verwendet werden. Dies ergibt sich aus dem Kontext.

Beispiele:

1.	अगर वह इस समय यहाँ **होती** तो कितना अच्छा **होता**। (Gegenwart)	Wenn sie jetzt hier wäre, wie gut wäre das.
2.	अगर आगामी दिवाली पर तुम हमारे यहाँ **आते** तो हम सबको बहुत खुशी **होती**। (Zukunft)	Wenn du zum nächsten Diwalifest zu uns kommen würdest, wären wir alle sehr froh.
3.	अगर तुम मुझे अपने पिछले जन्मदिन पर **बुलातीं** तो मैं अवश्य **आती**। (Vergangenheit)	Wenn du mich zu deinem letzten Geburtstag eingeladen hättest, wäre ich bestimmt gekommen.

Satzstruktur 6 der gewohnheitsmäßige Bedingungssatz

अगर + Subj. + Obj. + Vs. +ता, ते + होता, होते + तो + Subj. + Obj.+ होता, होते

ती होती, होतीं — richten sich nach dem Subjekt

होती, होतीं — richten sich nach dem Subjekt

☞ **Diese Satzstruktur wird benutzt, wenn die Handlung im Hauptsatz von einer gewöhnheitsmäßigen Handlung im Nebensatz abhängt. Dieser Bedingungssatz ist vergangenheitsbezogen.**

Beispiele:

1.	यदि वह रोज **पढ़ता होता** तो अच्छे अंकों में उत्तीर्ण **होता**।	Wenn er jeden Tag studiert hätte, hätte er die Prüfung mit guten Noten bestanden.
2.	यदि मैं रिश्वत **लेता होता** तो अब तक बहुत अमीर **होता**।	Wenn ich Bestechungsgelder genommen hätte, wäre ich jetzt sehr reich.
3.	यदि तुम रोज़ व्यायाम **करती होतीं** तो आज बीमार न **होतीं**।	Wenn du jeden Tag Sport getrieben hättest, wärst du heute nicht krank.

★ ★ ★

31 Wunsch (इच्छाबोधक)

Sätze, die einen Wunsch ausdrücken, werden in Hindi mit काश eingeleitet.

Satzstruktur 1

काश + Subjekt + (Vs. + ता, ते, ती, तीं)

richten sich nach dem Subjekt

☞ Diese Satzstruktur, die das Partizip Präsens verwendet, wird benutzt, wenn eine Veränderung der gegenwärtigen Lage gewünscht wird.

Beispiele:

1. काश आज इतनी ठण्ड न होती। — Ich wünschte, es wäre nicht so kalt heute.
2. काश मैं इस समय अंग्रेजी बोल सकती। — Ich wünschte, ich könnte jetzt Englisch sprechen.

Satzstruktur 2

काश + Subjekt + (Vs. + आ, ए, ई) + होता, होते, होती, होतीं

richten sich nach dem Subjekt

☞ Diese Konstruktion (mit Partizip Perfekt) wird verwendet, wenn gewünscht wird, daß Dinge in der Vergangenheit anders geschehen wären, als es der Fall war.

Beispiele:

1. काश मैं विदेश में बसी होती। — Ich wünschte, ich hätte mich im Ausland niedergelassen.
2. काश वे हमारे घर न आए होते। — Ich wünschte, sie wären nicht in unser Haus gekommen.

Satzstruktur 3

काश + Subj. + (Vs. + ऊँ, ए, ओ, एँ)

richten sich nach dem Subjekt

☞ **Diese Struktur (mit Konjunktiv) wird für Wünsche jeder Art verwendet oder wenn sich eine Situation in der Zukunft von der gegenwärtigen Lage unterscheiden soll.**

Beispiele:

1. काश मुझे गाड़ी समय से मिले/मिल जाय। Ich wünschte, ich würde den Zug rechtzeitig erreichen (ich erreichte den Zug rechtzeitig)!
2. काश मैं परीक्षा में उत्तीर्ण होऊँ। Ich wünschte, ich würde das Examen bestehen (ich bestünde das Examen)!
3. काश कल इतनी धुंध न हो। Ich wünschte, es würde morgen nicht so neblig!
4. काश वे हमेशा हिन्दी बोलें। Ich wünschte, sie sprächen immer Hindi!
5. काश हमे रोज़-रोज़ चावल न खाना पड़े। Ich wünschte wir äßen nicht jeden Tag Reis!

★ ★ ★

32 Gewohnheit

Der Gebrauch von 'का आदी होना / की आदत होना'
'es gewohnt sein', daran gewöhnt sein, etwas zu tun.

Es gibt zwei Möglichkeiten:

1. 'X' का, के, की आदी[1] होना
2. 'X' की आदत[2] होना
   'X' kann sowohl Substantiv als auch Verb sein.

Satzstruktur 1 'X' का, के, की आदी होना

Subj.+ Obj. + (Vs. + ने) + का, के, की + आदी + होना

Nom.

होना: im geeigneten Tempus

का, के, की ... होना: richten sich nach dem Subjekt

Modell 1 Präsens, gewohnheitsmäßige Imperfekt

<table>
<tr><th rowspan="2">Subjekt</th><th rowspan="2">Objekt</th><th rowspan="2">Vs. + ने</th><th colspan="2">का, के,की</th><th rowspan="2">आदी</th><th rowspan="2">präs.</th><th colspan="2">Imperf.</th></tr>
<tr><th>m.</th><th>f.</th><th>m.</th><th>f.</th></tr>
<tr><td>मैं</td><td rowspan="4">लस्सी</td><td rowspan="4">(पीने)</td><td rowspan="2">का</td><td rowspan="2">की</td><td rowspan="4">आदी</td><td>हूँ</td><td rowspan="2">था</td><td rowspan="2">थी</td></tr>
<tr><td>तू, वह, यह,
कौन, क्या</td><td>है</td></tr>
<tr><td>तुम, तुम लोग</td><td rowspan="2">के</td><td rowspan="2">की</td><td>हो</td><td rowspan="2">थे</td><td rowspan="2">थीं</td></tr>
<tr><td>हम, आप, वे, ये,
कौन (wer),
कौन कौन
(wer alle)</td><td>हैं</td></tr>
</table>

[1]. (Adjektiv) gewohnt; [2] (Substantiv) die Gewohnheit

Präteritum, Futur

Subjekt	Objekt	Vs. + ने	का,के,की		आदी	हो जाना		
			m.	f.		Prät.	Fut.	
मैं			का	की		हो गया	हो जाऊँगा	m.
						हो गयी	हो जाऊँगी	f.
तू, वह, यह, क्या कौन (wer, sg.)						हो गया	हो जायेगा	m.
						हो गयी	हो जायेगी	f.
तुम, तुम लोग	लस्सी	(पीने)			आदी	हो गये	हो जाओगे	m.
						हो गयीं	हो जाओगी	f.
हम, आप, वे, ये, कौन (wer pl.), कौन, कौन (wer alle)			के	की		हो गये	हो जाएँगे	m.
						हो गयीं	हो जाएँगी	f.

☞ **In dieser Satzstruktur steht das Subjekt immer im Nominativ (ohne को oder ने) und das Verb richtet sich nach ihm.**

☞ **Die Postposition का, के, की richtet sich in N und G nach dem Subjekt.**

Satzstruktur 2 'X' की आदत होना

Subj. + Obj. + (Vs. + ने) + की + आदत + होना
+ को

होना: im geeigneten Tempus

आदत + होना: richten sich nach dem Objekt

Satzstruktur 2 'X' की आदत होना

मुझे		है
हमें, तुम्हें		नहीं है
आप को	लस्सी	थी
उसे/उसको	(पीने)	नहीं थी
उन्हें/उनको	की	⁺हो गयी
किसे/किसको	आदत	*पड़ गयी
किन्हें/किनको		⁺हो जाएगी
		*पड़ जाएगी

+ sich auf natürliche Weise gewöhnt haben / sich gewöhnen werden

* den Umständen halber oder gezwungenermaßen sich an etwas gewöhnt haben / an etwas gewöhnt werden

Beispiele:

1a. अनिल को ज़मीन पर सोने **की आदत** है । — Anil hat die Gewohnheit, auf dem Boden zu schlafen.

1b. अनिल (m.sg.) ज़मीन पर सोने **का आदी** है । — Anil ist es gewohnt, auf dem Boden zu schlafen.

2a. हमें अपना काम अपने आप करने **की आदत** है । — Wir sind daran gewöhnt, unsere Arbeit selber zu tun.

2b. हम (m.pl.) अपना काम अपने आप करने **के आदी** हैं ।

3a. मुझे इतना शारीरिक काम करने **की आदत** नहीं । — Ich bin an so viel körperliche Arbeit nicht gewöhnt.

3b. मैं (f.)इतना शारीरिक काम करने **की आदी** नहीं ।

4a. जापानियों को छोटे घरों में रहने **की आदत** होती हैं।

4b. जापानी (m.pl.) छोटे घरों में रहने **के आदी** होते हैं।

Japaner sind daran gewöhnt, in kleinen Häusern zu wohnen.

5a. किसको सुबह चाय पीने **की आदत** है?

5b. कौन (m.sg.) सुबह चाय पीने **का आदी** है?

Wer hat die Gewohnheit, morgens Tee zu trinken?

6a. उसको साड़ी पहनने **की आदत** नहीं थी।

6b. वह (f.sg.) साड़ी पहनने **की आदी** नहीं थी।

Sie war es nicht gewohnt, einen Sari zu tragen.

7a. उसे मिर्चदार भोजन **की आदत** पड़ गई।

7b. वह (f.sg.) मिर्चदार भोजन **की आदी** हो गई।

Sie hat sich an scharfes Essen gewöhnt.

8a. मुझे गर्मी **की आदत** नहीं, परन्तु भारत में रहते रहते मुझे गर्मी की आदत पड़ जाएगी।

8b. मैं (f.sg.) गर्मी **की आदी** नहीं, परन्तु भारत में रहते रहते मैं गर्मी की आदी हो जाऊँगी।

Ich bin nicht an die Hitze gewöhnt, aber wenn ich weiter in Indien lebe, werde ich mich an die Hitze gewöhnen.

9a. पहले मुझे दायीं ओर कार चलाने **की आदत नहीं** थी। जब मैं यहाँ आया, मुझे जल्दी ही दायीं ओर कार चलाने **की आदत पड़ गई।** अब मुझे दायीं ओर कार चलाने **की आदत है।**

9b. मैं (m.sg.) पहले दायीं ओर कार चलाने का आदी नहीं था। जब मैं यहाँ आया, मैं जल्दी ही दायीं ओर कार चलाने का आदी हो गया। अब मैं दायीं ओर कार चलाने का आदी हूँ।

Zuerst war ich nicht daran gewöhnt, auf der rechten Seite zu fahren. Als ich hierher kam, habe ich mich schnell an das Rechtsfahren gewöhnt.

10a. मुझे सुबह जल्दी उठने **की आदत नहीं थी।** जब मैं भारत आयी तो शीघ्र ही जल्दी उठने की **आदत पड़ गई।** अब मुझे जल्दी उठने **की आदत है।**

10b. मैं (m.sg.) सुबह जल्दी उठने की **आदी नहीं थी।** जब मैं भारत आयी, तो मैं शीघ्र ही जल्दी उठने की **आदी हो गई।** अब मैं जल्दी उठने **की आदी हूँ।** **की आदी है।**

Ich war es nicht gewohnt, morgens früh aufzustehen. Als ich nach Indien kam, habe ich mich bald daran gewöhnt, morgens früh aufzustehen.

★ ★ ★

33 Das Verb (क्रियापद)

Verben sind der Teil der Sprache, der Zustände, Handlungen oder Ereignisse ausdrückt.

■ **Anpassungsregeln für Verben im Hindi:**

1 Subjektiver Gebrauch (कर्तरि प्रयोग)

☞ Das Verb richtet sich nach dem Subjekt wenn dieses im Nominativ ohne Postposition steht.

Beispiele:

1. राम पुस्तक पढ़ता है।   Ram liest ein Buch.
2. कमला तेज़ दौड़ी।   Kamla rannte schnell.
3. लड़के मैदान में खेलेंगे।   Die Jungen werden auf dem Spielplatz spielen.

2 Objektiver Gebrauch (कर्मणि प्रयोग)

☞ Wenn auf das Subjekt eine Postposition 'ने', 'से', 'को' usw. folgt, richtet sich das Verb nach dem Objekt, vorausgesetzt dieses steht ohne Postposition.

Beispiele:

1. राम ने पुस्तक पढ़ी।   Ram las das Buch.
2. मुझको घर पसन्द आया।   Ich hatte das Haus gern.
3. नौकर के द्वारा रोटियाँ पकायी गईं।   Die Rotis wurden vom Diener gemacht.

3 Neutraler Gebrauch (भावे प्रयोग)

☞ Wenn auf Subjekt und Objekt eine Postposition folgt, steht das Verb immer in der 3. Person singular.

Beispiele:

1. राम ने पुस्तक को पढ़ा।   Ram las das Buch.
2. मछुवे के द्वारा मछलियों को पकड़ा गया।   Die Fische wurden von den Fischern gefangen.

Klassifikation der Verben:

1 **Intransitive Verben** (अकर्मक क्रिया): Sie haben kein Akkusativobjekt, d.h. kein direktes Obj., z.B. 'सोना', 'उठना', 'बैठना', 'रोना', usw.

2 **Transitive Verben** (सकर्मक क्रिया): Sie haben ein direktes Objekt. z.B. 'खाना', 'पढ़ना', 'सुनना', usw.

3 **Kausative Verben** (प्रेरणार्थक क्रियाएँ):

☞ **Kausative Verben sind von besonderer Wichtigkeit im Hindi und werden in Kausativ 1 und Kausativ 2 eingegeteilt.**

☞ **Kausative Verben werden aus transitiven und intrasitiven Verben gebildet und sind dann in jedem Fall transitiv.**

☞ **Kausativ 1 bedeutet, daß 'X' selbst 'Y' veranlaßt etwas zu tun.**

☞ **Kausativ 2 bedeutet, daß 'X' mittels einer anderen Person (= Agent Z) Y veranlaßt, etwas zu tun.**

Beispiele:

1a. बच्चा **खाता** है।   Das Kind ißt. (Verb transitiv)
1b. माँ बच्चे को **खिलाती** है।   Die Mutter füttert das Kind. (Kausativ 1)

Die Mutter (X) veranlaßt das Kind (Y) zu essen. Das Verb खिलाना bedeuted veranlassen zu essen = füttern.

1c. माँ बच्चे को नौकरानी से **खिलवाती** है। Mutter läßt das Kind von der Dienerin füttern. (Kausativ 2)

Die Mutter (X) veranlaßt das Kind (Y) zu essen mittels einer Dienerin (Z).

2a. लड़का **पढ़ता** है।   Der Junge lernt.
2b. पिताजी अपने पुत्र को **पढ़ाते** हैं।   Der Vater unterrichtet sein Sohn.
2c. पिता जी अपने पुत्र को अध्यापक से **पढ़वाते** हैं।   Der Vater läßt seinen Sohn von einem Lehrer unterrichten.

3a.	बच्चा **सोता** है।	Das Kind schläft.
3b.	माँ बच्चे को **सुलाती** है।	Die Mutter legt das Kind schlafen.
3c.	माँ बच्चे को नौकरानी से **सुलवाती** है।	Die Mutter läßt das Kind von der Dienerin schlafen liegen.

■ Satzstruktur des Kausativ 2

Subj. + { Agent (Mittels person) + से } + Obj. + kausative Verb + 'होना' (im geeigneten Tempus)

☞ **Der Agent kann wegfallen (Beispiele 1, 3, 5).**

☞ **Agent und Objekt können ihre Stellung vertauschen (Beispiele 2).**

☞ **Normalerweise ist das Subjekt im Nominativ. Kausativ und Hilfsverb richten sich nach ihm (Beispiele 1-5, 9-10).**

☞ **Im Präteritum, Perfekt und Plusquampefekt steht das Subjekt mit 'ने'. Das Verb richtet sich nach dem Objekt (Beispiele 6-8).**

☞ **In den Satzstrukturen, die Zwang oder Rat ausdrücken, steht das Subjekt mit 'को'. Auch hier richtet sich das Verb nach dem Objekt (Beispiele 12 - 17).**

Beispiele:

1.	तुम गाड़ी में सामान **रखवा** दो।	Laß das Gepäck in den Wagen bringen.
2.	मैं अपने कपड़े धोबी से **धुलवाती** हूँ।	Ich lasse meine Kleider vom Wäscher waschen.
3.	हमारे पड़ोसी अपने आंगन में एक कुँआ **खुदवा** रहे हैं।	Unsere Nachbarn lassen in ihrem Hof einen Brunnen graben.
4.	रानी नौकर से खाना पकवाया करती थी।	Gewöhnlich ließ Rani ihr Essen vom Diener kochen.
5.	पिछले हफ़्ते मैं अपने घर की मरम्मत करवा रही थी।	Letzte Woche ließ ich gerade mein Haus reparieren.
6.	मैंने अपनी घड़ी घड़ीसाज से ठीक करवाई।	Ich ließ meine Uhr vom Uhrmacher reparieren.

7. आपने यह पौधे किससे लगवाए हैं?	Von wem haben Sie diese Pflanzen pflanzen lassen?
8. हमने यह मकान सन् १९५० में बनवाया था।	Wir hatten dieses Haus im Jahre 1950 bauen lassen.
9. मैं नाई से बाल कटवाने की सोच रही हूँ।	Ich denke daran, meine Haare beim Frisör schneiden zu lassen.
10. मैं चित्रकार से अपना चित्र बनवाऊँगी।	Ich werde mein Portrait von einem Maler malen lassen.
11. मेरे बाल बहुत जल्दी बढ़ जाते हैं। मुझे हर पन्द्रह दिन पर कटवाने पड़ते हैं।	Meine Haare wachsen sehr schnell. Ich muß sie alle vierzehn Tage schneiden lassen.
12. उसकी कार अक्सर ख़राब हो जाती थी। उसे अक्सर 'गराज' में भेज कर ठीक करवाना पड़ता था।	Sein Auto hatte viele Pannen. Er mußte es oft in die Garage bringen, um es reparieren zu lassen.
13. तुम चाहो तो पुरानी घड़ी ख़रीद लो; परन्तु तुम्हें इसको आए दिन ठीक करवाना पड़ सकता है।	Du kannst die alte Uhr kaufen, wenn du willst, aber vielleicht mußt du sie ab und zu reparieren lassen.
od. तुम चाहो तो पुरानी घड़ी ख़रीद लो; परन्तु हो सकता है तुम्हें इसको आए दिन ठीक करवाना पड़े।	
14. आपको अपनी आँखों की जाँच नियमित रूप से आँखों के डाक्टर से करवानी पड़ेगी।	Du wirst deine Augen regelmäßig von einem Augenarzt testen lassen müssen.
15. मेरे विचार में अब तुम्हें अपनी 'जैकेट' साफ़ करवाने की आवश्यकता है।	Ich denke, daß es jetzt nötig ist, dein Jacket reinigen zu lassen.
16. आप के बाग़ीचे में घास बहुत बढ़ गयी है; आप को इसे माली से छिलवाना चाहिए।	Das Gras in deinem Garten ist sehr hoch gewachsen. Du solltest es vom Gärtner mähen lassen.
17. आप को अब तक अपने खून की जाँच करवानी चाहिए थी।	Du solltest dein Blut in zwischen getestet haben lassen.
18. रानी अक्सर कलकत्ते से अपने लिए वस्त्र मंगवाती रहती है।	Rani läßt ihre Kleider weiterhin aus Kalkutta kommen.

■ **Die Bildung der kausativen Verben**

☞ Es gibt kein ganz festen Regeln, nach denen sich kausative Verben bilden lassen. Deshalb lernt man sie am besten einzeln.

☞ Gewöhnlich werden 'आ' oder 'ला' zwischen Verbstamm und 'ना' - Endung eingefügt, um den Kausativ 1 und 'वा' oder 'आ', um den Kausativ 2 zu bilden. Siehe folgende Beispiele und die Übersichtstabelle.

■ **Einige Richtlinien und Beispiele zur Bildung der kausativen Verben**

1. Wenn der Verbstamm auf einem inhärenten 'अ' endet, wird 'आ' für Kausativ 1 und 'वा' für Kausativ 2 eingefügt.

v.i.	K1	K2
उठना	उठाना	उठवाना
aufstehen	jemanden aufzustehen lassen; hochheben	hochheben lassen

2. Wenn die erste Silbe des Verbs auf 'आ' endet, verwandelt sich dieses in 'उ' und 'ला' bzw. 'लवा' wird eingefügt.

v.i.	K1	K2
रोना	रुलाना	रुलवाना
weinen	jm. zum weinen bringen (selber)	jm. zum weinen bringen (mittel seines Agenten)

3. Wenn die erste Silbe auf 'ए' lautet, verändert sich dies zu 'इ' und 'आ' bzw. 'वा' wird eingefügt.

v.i.	K1	K2
लेटना	लिटाना	लिटवाना
sich hinlegen	jm. veranlassen sich hinzulegen; hinlegen	jm. hinlegen lassen. (mittels eines Agenten)

4 Wenn die erste Silbe auf 'आ, ऊ, ई' lautet, so werden diese langen Vokale zu kurzen, bevor 'आ', 'वा' eingefügt wird.

v.i.	K1	K2
भागना (v.i.) rennen	भगाना jm. verjagen	भगवाना jm. verjagen lassen
सीखना (v.t.) lernen	सिखाना jm. unterrichten	सिखवाना jm. unterrichten lassen
डूबना (v.i.) ertrinken	डुबाना jm. ertränken	डुबवाना jm. ertränken lassen

5 Einsilbige Verbstämme mit langem Vokal verändern diesen zu einen kurzen. Sie fügen 'ला' ein um K 1 zu machen und 'लवा' für K 2.

v.i.	K1	K2
खाना essen	खिलाना/खवाना füttern; zu essen geben	खिलवाना jm. füttern lassen
पीना trinken	पिलाना zu trinken geben	पिलवाना jm. zu trinken geben lassen
सोना schlafen	सुलाना schlafen legen	सुलवाना schlafen legen lassen

6 Einige Verben bilden nur den K 2

v.t.	K2
गाना singen	गवाना singen lassen
खेना rudern	खिवाना rudern lassen
बोना säen	बोआना säen lassen
लेना nehmen	लिवाना nehmen lassen

Tabelle: Einige der am häufigsten gebrauchten Verben

v.i.	v.t.	K 1	K 2
आना	बुलाना	---	बुलवाना
kommen	rufen		rufen lassen
औटना	औटाना	---	औटवाना
kochen	abkochen		abkochen lassen
उखड़ना	उखाड़ना	---	उखड़वाना
ausgerissen werden	ausreißen		ausreißen lassen
उठना	उठाना	उठाना	उठवाना
aufstehen	hochheben	jdm. aufstehen lassen	hochheben lassen
कटना	काटना	---	कटाना, कटवाना
geschnitten werden	schneiden		schneiden lassen
---	करना	कराना	कराना, करवाना
	tun	jdm. veranlassen, etwas zu tun	tun lassen
---	कहना	कहाना/कहलाना	कहलाना/कहवाना
	sagen	heißen,	jm. sagen lassen
---	खाना	खिलाना	खिलवाना
	essen	veranlassen zu essen, füttern	füttern lassen
खुदना	खोदना	---	खुदाना, खुदवाना
gegraben werden	graben		graben lassen
खुलना	खोलना	---	खुलवाना, खुलाना
offen sein	öffnen		öffnen lassen
---	खेलना	खिलाना, खेलाना	खिलवाना, खेलवाना
	spielen	spielen lassen (selber)	spielen lassen (von jm.)

गड़ना befestigt; begraben werden	गाड़ना einschlagen (Nagel); begraben	---	गड़ाना, गड़वाना befestigen lassen begraben lassen
गलना schmelzen	गलाना etwas schmelzen	---	गलवाना schmelzen lassen
गिरना fallen	गिराना hinunterwerfen	---	गिरवाना hinunterwerfen lassen
घिरना umringt, umgeben werden	घेरना umgeben; umringen; einkreisen	---	घिरवाना einkreisen lassen einzäunen lassen umgeben lassen
घुलना aufgelöst werden	घोलना auflösen	---	घुलाना, घुलवाना auflösen lassen
घूमना sich drehen, spazierengehen	---	घुमाना etwas drehen, jdm. herum- führen (selber)	घुमवाना jm. herumfhühren lassen
चढ़ना hinaufsteigen	चढ़ाना hinauftragen; helfen hinauf- zusteigen	---	चढ़वाना hinaufsteigen lassen hinauftragen lassen
चमकना scheinen	चमकाना scheinen lassen, polieren	---	चमकवाना polieren lassen

चुकना	चुकाना	---	चुकवाना
verbraucht, fertig werden	beenden, begleichen (Rechnung)		zurückzahlen lassen
चूना	चुआना	---	चुलवाना
lecken, abfallen	tropfenweise gießen		tropfenweise gießen lassen
छपना	छापना	---	छपाना, छपवाना
gedruckt werden	drucken		drucken lassen
छिदना	छेदना	---	छिदाना, छिदवाना
durchbohrt werden	durchbohren, durchlöchern		durchbohren lassen
छुटना, छूटना	छोड़ना, छुड़ाना	---	छुड़ाना, छुड़वाना
sich befreien, befreit werden	befreien, frei lassen, aufgeben		befreien lassen berühren lassen
जगना / जागना	---	जगाना	जगवाना
aufwachen		aufwecken	aufwecken lassen
जाना	भेजना	---	भिजवाना
gehen	senden, schicken		schicken lassen
जीना	---	जिलाना	जिलवाना
leben		beleben, leben geben	beleben lassen
जुटना	जोड़ना	---	जुड़वाना
sich versammeln; verbunden werden; zusammen gebracht werden	zusammen bringen; verbinden		zusammen kommen lassen; verbinden lassen

झूलना schaukeln	---	झुलाना jdn. schaukeln, wiegen	झुलवाना schaukein iassen
टलना verschoben werden	टालना verschieben	---	टलवाना verschieben lassen
टहलना spazieren gehen	---	टहलाना spazieren führen	टहलवाना spazieren führen lassen
टूटना kaputtgehen	तोड़ना kaputt machen, zerbrechen	---	तुड़वाना zerbrechen lassen
---	ढोना tragen	---	ढुआना/ढुलाना, ढोआना/ढुलवाना tragen lassen
थकना müde sein / werden ermüden	---	थकाना jdn. ermüden	थकवाना müde werden lassen
---	देना geben	दिलाना geben lassen verursachen	दिलवाना geben lassen
दिखना sichtbar sein; sich zeigen	देखना sehen	दिखाना zeigen	दिखवाना sehen lassen
धुलना gewaschen werden	धोना waschen	---	धुलाना, धुलवाना waschen lassen
निकलना hervorkommen; herauskommen	निकालना herausnehmen	---	निकलवाना herausnehmen lassen

पलना	पालना	---	पलवाना
aufgezogen werden	aufziehen		aufziehen lassen
पिघलना	पिघलाना	---	पिघलवाना
schmelzen	schmelzen		schmelzen lassen
पिटना	पीटना	---	पिटवाना
geschlagen werden	schlagen		schlagen lassen
पिसना	पीसना	---	पिसवाना
gemahlen werden	mahlen		mahlen lassen
फटना	फाड़ना	---	फड़वाना
zerrissen werden	zerreißen		zerreißen lassen
फिकना	फेंकना	---	फिकवाना
weggeworfen werden	wegwerfen		wegwerfen lassen
फूटना	फोड़ना	---	फुड़वाना
brechen	etwas brechen		brechen lassen
फैलना	फैलाना	---	फैलवाना
ausgebreitet werden; sich verbreiten	ausbreiten; verbreiten		ausbreiten lassen
बँधना	बाँधना	---	बँधवाना
gebunden werden	binden		binden lassen
बनना	बनाना	---	बनवाना
werden	machen		machen lassen
बिकना	बेचना	---	बिकवाना
verkauft werden	verkaufen		verkaufen lassen

बिखरना	बिखेरना	---	बिखरवाना
verstreut werden	verstreuen		verstreuen lassen
बिगड़ना	बिगाड़ना	---	बिगड़वाना
verderben	verderben (etwas)		verderben lassen
बैठना	---	बिठाना, बैठाना, बैठालना	बिठवाना
sitzen		jdn. setzen; jdn. sitzen lassen	jdn. durch einen anderen auffordern, sich zu setzen
भीगना	---	भिगोना, भिगाना	भिगवाना
naß werden		naß machen	naß werden lassen
भूलना	भुलाना	भुलाना	भुलवाना
vergessen	vergessen	vergessen lassen; (selber) irreführen	vergessen lassen (von jm.)
मरना	मारना	---	मरवाना
sterben	töten		töten lassen
मिटना	मिटाना	---	मिटवाना
ausgewischt werden; zerstört werden	auslöschen; entfernen		jm. entfernen lassen
रहना	रखना	---	रखवाना, रखाना
bleiben; wohnen	stellen, legen behalten		stellen lassen
रुकना	रोकना	रुकाना	रुकवाना
anhalten	jdm. anhalten	anhalten lassen	anhalten lassen
लटकना	लटकाना	---	लटकवाना
hängen	aufhängen		aufhängen lassen

लदना geladen werden	लादना (be) laden	---	लदाना, लदवाना laden lassen
---	लाना bringen	---	लिवाना bringen lassen
लुटना beraubt werden	लूटना/लुटाना rauben	---	लुटवाना rauben lassen
सिमटना (ein) gesammelt werden	समेटना (ein) sammeln; zusammen-suchen	---	सिमटवाना (ein) sammeln lassen
सिलना genäht werden	सीना nähen	---	सिलाना, सिलवाना nähen lassen
---	सीखना lernen	सिखाना unterrichten; lehren	सिखवाना unterrichten lassen
सूखना trocknen	सुखाना trocknen	---	सुखवाना trocknen lassen
हटना entfernt werden	हटाना entfernen	---	हटवाना entfernen lassen
हँसना lachen	---	हँसाना zum Lachen bringen	हँसवाना zum Lachen bringen lassen

Zusammengesetzte Verben (संयुक्त क्रियाएँ)

Im Aussagesatz und im Fragesatz, vor allem im Perfekt (s. S. 45), werden im Hindi häufig zusammengesetzte Verben benutzt; im verneinten Satz steht jedoch nur das einfache Verb.

1 Verbstamm + जाना + होना (wenn nötig)

☞ Diese Verwendung von 'जाना' kann hier die vollendung einer Tätigkeit, eine Zustandsänderung oder die Verstärkung einer Aussage bezeichnen.

1. बिस्तर पर लेट जाओ। — Leg dich auf das Bett!
2. बैठ जाइए। — Setzen Sie sich bitte!
3. जल्दी आ जाना। — Komm schnell!
4. बिल्ली रोज़ हमारा सारा दूध पी जाती है। — Der Katze trinkt täglich unsere ganze Milch aus.
5. खाना पक गया? — Ist das Essen schon gekocht?
6. आप लोग तैयार हो गए? — Seid ihr fertig geworden?
7. सब काम हो गया है। — Die ganze Arbeit ist schon fertig.
8. सब सामान बिक गया है। — Die ganze Ware ist ausverkauft.
9. शर्माजी दल के नेता बन गए हैं। — Herr Sharma ist Anführer der Gruppe geworden.
10. फूलदान टूट गया है। — Die Blumenvase ist zerbrochen.

2 Verbstamm + उठना/बैठना + होना (wenn nötig)

☞ Dies bezeichnet die Vollendung einer überstürzten, gedanklosen Handlung.

1. वह हर किसी से लड़ बैठता है। — Er streitet mit jedem.
2. वह बीच में बोल उठा। — Er unterbrach die Unterhaltung.
3. अचानक सब उठ बैठे। — Plötzlich standen alle auf.
4. श्रोतागण भाषण के बीच में चिल्ला उठे। — Mitten in der Rede, schlugen die Zuhörer Lärm.
5. हाय! मैं यह क्या कर बैठा! — Oh! Was habe ich da gemacht!

6. सितार की मधुर ध्वनि कमरे में गूँज उठी। — Die weichen Töne der Sitar erklangen im Raum.

3 Verbstamm + पड़ना + होना (wenn nötig)

☞ **Dies bezeichnet eine plötzliche, unerwartete Handlung.**

1. आइसक्रीम देखते ही बच्चे उस पर टूट पड़ते हैं। — Kaum sehen die Kinder das Eis, stürzen sie sich darauf.
2. वह ख़बर सुनकर रो पड़ी थी। — Als sie die Nachricht hörte, brach sie in Tränen aus.
3. उनकी बातें सुनकर मैं हँस पड़ा। — Als ich ihre Worte hörte, brach ich in Lachen aus.
4. वह नींद में चौंक पड़ा। — Er schreckte aus dem Schlaf hoch.
5. हम नदी में कूद पड़े। — Wir sprangen in den Fluß.
6. वह साइकिल से गिर पड़ा। — Er fiel vom Fahrrad.
7. उसपर भारी मुसीबत आ पड़ी है। — Ein großes Unglück hat ihn getroffen.
8. कक्षा में आते ही बिना वजह अध्यापक विद्यार्थियों पर बरस पड़ा। — Kaum kam der Lehrer in die Klasse, schimpfte er grundlos auf die Kinder ein.
9. हम सुबह-सुबह निकल पड़ेंगे। — Wir werden früh morgens aufbrechen.
10. जल्दी चढ़ो, नहीं तो बस चल पड़ेगी। — Steig ein, der Bus fährt gleich los!

4 Verbstamm + निकलना + होना (wenn nötig)

☞ **Dies kann ebenfalls eine unerwartete Handlung oder das plötzliche, Erscheinen einer Sache ausdrücken.**

1. अचानक घर के पीछे से चोर आ निकला। — Plötzlich erschien ein Dieb von der Rückseite des Hauses.
2. घोड़ा लगाम छुड़ा कर भाग निकला। — Das Pferd befreite sich von den Zügeln und rannte davon.

5 **Verbstamm +** धमकना **+** होना **(wenn nötig)**

☞ **Bezeichnet eine nicht willkommene Ankunft.**

1. राम आज सुबह-सुबह मेरे यहाँ आ धमका। मैं अभी उठा भी नहीं था। Ram platzte heute Morgen sehr früh bei mir herein. Ich war noch nicht einmal aufgestanden.
2. उसे जब पैसे माँगने होते है, वह मेरे यहाँ आ धमकता है। Immer wenn er Geld braucht, platzt er herein.

6 **Verbstamm +** देना **+** होना **(wenn nötig)**

☞ **Zusammensetzungen mit 'लेना' und 'देना' sind komplementär.**

☞ **Verbstamm + 'देना' bezeichnet, daß die Handlung zum Vorteil oder zum Nachteil eines anderen (nicht Subjekt) geschieht.**

1. किताब अलमारी में रख दो। Stell die Bücher in den Schrank!
2. चौकीदार शाम को सब दरवाज़े, खिड़कियाँ बन्द कर देता है। Abends schließt der Wachmann alle Türen und Fenster.
3. बच्चे ने काँच का फूलदान तोड़ दिया। Das Kind hat die gläserne Vase zerbrochen.
4. क्या तुमने पुस्तकें पुस्तकालय में लौटा दीं? Hast du die Bücher in die Bücherei zurückgebracht?
5. राम कह रहा था कि वह अपनी पत्नी को छोड़ देगा। Ram hat gesagt, daß er sich von seiner Frau trennen wird.
6. मैं तुम्हारा सब सामान अपने कमरे से बाहर फेंक दूँगी। Ich werde alle deine Sachen aus meinem Zimmer weg schmeissen.

☞ **Verbstamm + 'लेना' bezeichnet eine Handlung zum eigenen (Subjekt) Vorteil.**

1. तुम जब तक भारत में हो अच्छी तरह हिन्दी सीख लो। Lerne sehr gut Hindi, während du in Indien bist.

2. वह हर साल एक नई कार ख़रीद लेती है। — Jedes Jahr kauft sie ein neues Auto.

3. क्या उन्होंने नया घर बनवा लिया है? — Haben sie ein neues Haus bauen lassen?

4. कमला ने बहुत अच्छी तरह हिन्दी सीख ली है। — Kamla hat sehr gut Hindi gelernt.

5. मेरे परिवार ने हिन्दुस्तान में रहने का फ़ैसला कर लिया है। — Meine Familie hat beschlossen, in Indien zu leben.

6. आप अपना हिस्सा ले लीजिएगा। — Nehmen Sie Ihren Anteil, bitte!

7. मै कल तक ये किताब पढ़ लूँगी। — Ich werde bis morgen dieses Buch gelesen haben.

☞ **Verbstamm + लेना drückt aus, daß eine Fähigkeit erlangt worden ist.**

1. रानी कुछ अंग्रेजी बोल लेती है। — Rani kann etwas Englisch sprechen.
2. मैं थोड़ा-बहुत खाना बना लेती हूँ। — Ich kann ein bißchen kochen.

|7| **Verbstamm + डालना + होना (wenn nötig)**

☞ **Dies kann einen Vorwurf, einen sorglosen Umgang oder eine Handlung, die mit Gewalt verbunden ist, bezeichnen.**

1. ताला तोड़ डालो। — Brich das Schloß auf!
2. साँप को मार डालिए। — Töten sie die Schlange!
3. जो सोचा है कर डालिए। — Tun Sie, was Sie sich vorgenommen haben!
4. मैंने हिन्दुस्तान आने से पहले अपना सब सामान बेच डाला था। — Bevor ich nach Indien kam, habe ich alle meine Sachen verkauft.
5. यह तुमने क्या कर डाला!/कह डाला! — Wie konntest du das tun/sagen! (Was hast du da getan/gesagt!)

■ **Das Verb 'लगना' zur Bezeichnung von Sinneswahrnehmung**

Sinneswahrnehmungen und Empfindungen werden im Hindi immer mit 'लगना' ausgedrückt, während im Deutschen eine Reihe unterschiedlicher Verben zur Verfügung stehen.

1 aussehen:

1.	तुम्हारी पोशाक बहुत महँगी लगती है।	Dein Kleid sieht sehr teuer aus. (Dein Kleid wirkt sehr teuer)
2.	ये फल देखने में तो ताज़े लग रहे हैं, परन्तु खाने में बासी।	Dieses Obst sieht frisch aus (wirkt frisch), aber schmeckt schlecht.
3.	वह दुकानदार-सा लगता है।	Er sieht aus wie der Ladenbesitzer.
4.	वह बहुत तकलीफ़ में लगता है।	Er sieht aus, als ob er in großen Schwierigkeiten sei.

2 scheinen (den Eindruck gewinnen):

1.	वह कुत्तों से डरता लगता है।	Er scheint vor Hunden Angst zu haben.
2.	लगता है उसे बागवानी में कोई विशेष रुचि नहीं।	Er scheint kein großes Interesse an der Gartenarbeit zu haben.
3.	लगता है वह यहाँ बहुत लोगों को जानती है।	Sie scheint hier eine Menge Leute zu kennen.
4.	वह बहुत भावुक लगता है।	Er scheint sehr gefühlvoll (sentimental) zu sein.

3 schmecken:

1.	यह खाना बासी लग रहा है।	Das Essen schmeckt abgestanden.
2.	यह पानी उबला हुआ-सा लग रहा है।	Das Wasser schmeckt wie abgekocht.
3.	यह आम खट्टा लग रहा है।	Diese Mango schmeckt sauer.
4.	यह रसगुल्ले डिब्बे के लगते है।	Diese 'Rasgullas' schmecken wie aus der Dose.

4 riechen:

1.	रसोई में सड़े अण्ड़ों की महक लग रही है।	In der Küche riecht es nach faulen Eiern.

2. चारों ओर चमेली के फूल महकते लगते हैं।   Es riecht überall nach Jasmin.

5 sich anfühlen:

1. यहाँ अन्दर ठण्ड लग रही है।   Es ist kalt hier drinnen.
2. मेज़ चिपचिपा लग रहा है।   Der Tisch fühlt sich klebrig an.
3. यह कपड़ा खुरदरा लग रहा है।   Der Stoff fühlt sich rauh an.
4. यहाँ फ़र्श फिसलना लग रहा है।   Der Boden fühlt sich hier glatt an.

6 klingen:

1. वह बहुत ईमानदार नहीं लगा।   Er klang nicht sehr ehrlich.
2. यह योजना बहुत अच्छी नहीं लग रही।   Dieser Plan klingt nicht gut.
3. मेरे नये गिटार की ध्वनि बहुत ख़राब लगती है।   Meine neue Gitarre klingt schrecklich.

■ Die denominativen Verben (नामबोधक क्रियाएँ)

☞ Im Hindi werden häufig transitive und intransitive Verben gebildet, indem man Substantive oder Adjektive mit Verben wie करना, होना, लगना, पड़ना usw kombiniert.

1 Substantiv + करना/होना

1. काम करना (v.t.)   arbeiten
2. काम होना (v.i.)   Arbeit zu tun haben
3. आशा करना (v.t.)   hoffen
4. आशा होना (v.i.)   die Hoffnung haben
5. फ़ैसला करना (v.t.)   beschließen
6. फैसला होना (v.i.)   beschlossen werden
7. कोशिश करना (v.t.)   versuchen
8. कोशिश होना (v.i.)   versucht werden

2   Adjektiv + करना/होना

1. बन्द करना   (v.t.)   schließen
2. बन्द होना   (v.i.)   geschlossen sein
3. खुश करना   (v.t.)   froh machen
4. खुश होना   (v.i.)   froh sein
5. दुखी करना   (v.t.)   unglücklich machen
6. दुखी होना   (v.i.)   unglücklich sein
7. साफ़ करना   (v.t.)   sauber machen
8. साफ़ होना   (v.i.)   sauber sein
9. मालूम करना (v.t.)   herausfinden
10. मालूम होना (v.i.)   wissen

3   Substantiv + पड़ना

1. बर्फ़ पड़ना   schneien
2. गर्मी पड़ना   warm sein
3. ओस पड़ना   tauen
4. ओले पड़ना   nageln
5. बारिश पड़ना   regnen
6. अकाल पड़ना   Hungersnot herrschen
7. सूखा पड़ना   ausgetrocknet sein
8. मार पड़ना   von jm. geschlagen werden

4   Substantiv + मचना/मचाना

1. शोर मचाना   Lärm machen
2. शोर मचना   es herrscht Lärm
3. कुहराम मचाना   lautklagen, jammern
4. कुहराम मचना   es herrscht Wehklagen
5. भगदड़ मचाना   Panik verursachen

6. भगदड़ मचना — es herrscht Panik
7. खलबली मचाना — Verwirrung verursachen
8. खलबली मचना — es herrscht Verwirrung
9. लूट मचाना — plündern
10. लूट मचना — es wird geplündert

5 Substantiv + लगना

1. भूख लगना — hungrig sein, Hunger haben
2. प्यास लगना — durstig sein, Durst haben
3. चोट लगना — verletzt sein
4. गोली लगना — von einer Kugel getroffen sein
5. दुःख लगना — unglücklich sein, Kummer haben
6. नाम लगना — beschuldigt werden

6 Adjektiv + लगना

1. गर्म लगना — sich warm anfühlen
2. ठण्डा लगना — sich kalt anfühlen
3. खुरदरा लगना — sich rauh anfühlen
4. अमीर लगना — reich aussehen
5. महँगा लगना — teuer aussehen/teuer sein
6. बेस्वाद लगना — geschmacklos sein
7. बुरा लगना — übel nehmen; schlecht klingen
8. मधुर लगना — süß klingen

7 Substantiv + खाना

1. चोट खाना — verletzt werden
2. मार खाना — verprügelt werden
3. डाँट खाना — geschalten werden
4. धक्का खाना — geschockt werden

Klangverben (ध्वन्यात्मक क्रियाएँ)

Hindi hat, wie jede andere Sprache, ein reiches Klangvokabular. Im allgemeinen wird zuerst 'आ' an das Grundwort angehängt und dann die Endung 'ना'.

भन भन	(f.)	das Gesumme	भनभनाना	summen
खट खट	(f.)	das Geklopfe	खटखटाना	klopfen
टप टप	(f.)	das Getropfe	टपटपाना	tropfen
टन टन	(f.)	das Geklingel	टनटनाना	klingeln
गड़ गड़	(f.)	das Rumoren	गड़गड़ाना	rumoren
चह चह	(f.)	das Gezwitscher	चहचहाना	zwitschern
धड़ धड़	(f.)	das Gepolter	धड़धडाना	poltern
छम छम	(f.)	das Geklingel	छमछमाना	klingeln
ठक ठक	(f.)	das Geklopfe	ठकठकाना	klopfen, anklopfen
झरझर	(f.)	das Rauschen (Wasser)	झरझराना	rauschen
सरसर	(f.)	das Blasen (Wind)	सरसराना	blasen
मर मर	(f.)	das Rascheln (Blätter, Seide)	मरमराना	rascheln
छपछप	(f.)	das Geplätscher	छपछपाना	plätschern
छलछल	(f.)	der Überfluß	छलछलाना	überfließen
खड़खड़	(f.)	das Geklapper	खड़खड़ाना	klappern
टिकटिक	(f.)	das Ticken	टिकटिकाना	ticken
पिलपिला	(adj.)	zu weich, überreif	पिलपिलाना	weich werden
चिपचिप	(f.)	die Klebrigkeit / das Geklebe	चिपचिपाना	kleben, klebrig sein
झुलझुल	(adj.)	baumelnd	झुलझुलाना	baumeln
जगमग	(adj.)	glänzend	जगमगाना	glänzen
चमचम	(f.)	glitzernd	चमचमाना	glitzern
झिलमिल	(f.)	der Schimmer	झिलमिलाना	schimmern

■ Verbalisierung (नाम धातु/नामिक क्रियाएँ)

Im Hindi können Verben gebildet werden, indem man die Suffixe 'ना', 'आना' oder 'इयाना' an Substantive, Adjektive oder Pronomen anhängt. Hier einige der meistgebrauchten Verben:

Substantiv / Adj. / Pronomen			Verb		
अनुराग	(m.)	Liebe, Zuneigung	अनुरागना	(v.t.)	Zuneigung zeigen
स्वीकार	(m.)	Annahme	स्वीकारना	(v.t.)	annehmen
उद्धार	(m.)	Erlösung	उद्धारना	(v.t.)	erlösen, retten
धिक्कार	(m.)	Vorwurf	धिक्कारना	(v.t.)	vorwerfen
त्याग	(m.)	Verzicht	त्यागना	(v.t.)	verzichten
फटकार	(f.)	Beschimpfung	फटकारना	(v.t.)	beschimpfen
ख़रीद	(f.)	Kauf	ख़रीदना	(v.t.)	kaufen
ख़र्च	(m.)	Ausgabe	ख़र्चना	(v.t.)	ausgeben
दाग़	(m.)	Fleck	दाग़ना	(v.t.)	beflecken
गुज़र	(m.)	Durchgang	गुज़रना	(v.i.)	vorbeigehen, durch gehen
बदल	(m.)	Tausch, Änderung	बदलना	(v.t.)	sich ändern, verändern, vertauschen, verwechseln
शर्म	(f.)	Scham	शर्माना	(v.i.)	schüchtern sein
लाज	(f.)	Schüchternheit	लजाना	(v.i.)	schüchtern sein
दुख	(m.)	Kummer, Schmerz	दुखाना	(v.t.)	jn. verletzen, jm. Weh tun
			दुखना	(v.i.)	schmerzen, verletzt sein
गुस्सा	(m.)	Ärger	गुस्साना	(v.i.)	sich ärgern
अपना	(adj.)	eigen	अपनाना	(v.t.)	sich aneignen, aufnehmen

गरम	(adj.)	warm, heiß	गरमाना	(v.t.)	erhitzen; wärmen
चिकना	(adj.)	ölig, fettig	चिकनाना	(v.t.)	ölen; fetten
रिस	(f.)	Ärger	रिसाना, रिसियाना	(v.t.)	ärgerlich werden
बात	(f.)	Gespräch	बताना, बतियाना	(v.t.)	erzählen
हाथ	(m.)	Hand	हथियाना	(v.t.)	ergreifen
लात	(f.)	Fuß, Fußtritt	लतियाना	(v.t.)	Fußtritt geben
पानी	(m.)	Wasser	पनियाना	(v.t.)	bewässern; wässrig werden
लाठी	(f.)	Stock	लठियाना	(v.t.)	Stockschläge geben

★ ★ ★

34 Das Passiv (कर्म वाच्य)

Satzstruktur 1 Objekt mit को

(Subj. + से) + (Obj. + को) + (Vs. + आ/ या) + जाना + होना

oder
के द्वारा

in geeigneten tempus
immer in der 3. Pers. sg.

Beispiele:

1. अध्यापक के द्वारा पुस्तक को लिखा जाता है।   Das Buch wird vom Lehrern geschrieben.
2. विद्यार्थियों के द्वारा पुस्तकों को पढ़ा जाता है।   Die Bücher werden von den Studenent gelesen.
3. दर्ज़ी के द्वारा कपड़े को सिया गया।   Das Kleidungsstück wurde vom Schneider genäht.
4. ग्राहकों के द्वारा कपड़ों को पहना जाएगा।   Die Kleider werden von den Kunden getragen werden.

Satzstruktur 2 Objekt ohne को

Subj. + से   +   Obj. + (Vs. + आ, ए ई) + जाना + होना

oder
के द्वारा

im geeigneten Tempus

richten Sich in N und G nach dem Objekt

Beispiele:

1. अध्यापक के द्वारा पुस्तक लिखी जाती है।   Das Buch wird von dem Lehrer geschrieben.
2. विद्यार्थियों के द्वारा पुस्तकें पढ़ी जाती हैं।   Die Bücher werden von den Schülern gelesen.

3. दर्ज़ी के द्वारा कपड़ा सिया गया । — Das Kleidungsstück wurde vom Schneider genäht.
4. ग्राहकों के द्वारा कपड़े पहने जाएँगे । — Die Kleider werden von den Kunden getragen werden.

Gebrauch des Passivs in Hindi

☞ **Das Passiv wird in Hindi in folgenden Situationen gebraucht:**

1 Wenn der Täter entweder unwichtig oder unbekannt ist.

1. हमारे घर के सामने नई सड़क बनाई जा रही है । — Gegenüber von unserem Haus wird gerade eine neue Straße gebaut.
2. पिछले साल हमारे शहर में दो नए सिनेमा घर बनाये गए । — Letzten Jahr wurden in unserer Stadt zwei neue Kinos gebaut.
3. अगले साल यहाँ पुल बनाया जाएगा । — Nächstes Jahr wird hier eine Brücke gebaut werden.

2 Für ämtliche / gesetzliche Bekanntmachungen.

Beispiele:

1. इस स्थान पर धूम्रपान न किया जाय । — Hier ist Rauchen verboten.
2. अपराधी को कचहरी में पेश किया जाय । — Möge der Verbrecher vor Gericht gestellt werden!

3 Wenn ein Vorschlag gemacht wird:

1. सोया जाय! — Gehn wir schlafen!
2. चला जाय! — Gehn wir! / Laß uns gehen!
3. तनिक आराम किया जाय । — Laß uns ein bißchen (aus) ruhen!

4 Auch wenn ein Vorschlag als Frage gestellt wird:

1. चला जाय? — Sollen wir gehen?
2. आज शाम को फ़िल्म देखी जाय? — Sollen wir heute Abend ins Kino gehen!
3. गर्मी की छुट्टियों में इस बार कन्याकुमारी जाया जाय? — Sollen wir dieses Mal in den Sommerferien nach Kanyakumari fahren.

5 In Hindi wird das Passiv auch für intransitive Verben benutzt wenn eine Unfähigkeit zum Ausdruck gebracht wird. In diesem Fall steht es immer in der 3. Pers. m.sg.

Beispiele:

1. उससे रात भर सोया नहीं जाता। — Er kann die ganze Nacht nicht schlafen.
2. मुझ से वहाँ नही जाया गया। — Ich konnte dort nicht hingehen.
3. पैर में चोट लगने के कारण आज मुझसे पैदल न चला जाएगा। — Wegen meines verletzten Fußes werde ich heute nicht zu Fuß gehen können.

Der Gebrauch des Passivs in verschiedene Zeitformen

Präsens Passiv

1. घर नौकर के द्वारा साफ़ किया जाता है। — Das Haus wird von dem Diener sauber gemacht.
2. बच्चों की देखरेख माता के द्वारा की जाती है। — Die Kinder werden von der Mutter versorgt.

Präsens Durativ Passiv

1. खाना माता जी के द्वारा पकाया जा रहा है। — Das Essen wird gerade von der Mutter gekocht.
2. 'लॉन' माली के द्वारा छीला जा रहा है। — Der Rasen wird gerade vom Gärtner gemäht.

Perfekt Passiv

1. हमारे शहर में एक नया पुल बनाया गया है। — Eine neue Brücke ist in unserer Stadt gebaut worden.
2. दस आदमी उग्रवादियों के द्वारा मारे गए हैं। — Zehn Männer sind von Terroristen getötet worden.

Präsens Perfekt Passiv

1. सुबह से माँ के द्वारा खाना पकाया जा रहा है। — Das Essen wird von der Mutter seit morgens gekocht.

2. सालभर से नयी भूमिगत पानी की नालियाँ डाली जा रही हैं। — Hier werden seit Januar neue unterirdische Wasserleitungen gelegt.

Gewohnheitsmäßiges Imperfekt Passiv

1. उसके द्वारा जीविका हेतु कपड़े सिये जाते थे। — Damals wurden von ihr Kleider für ihren Lebensunterhalt genäht.
2. हमारे द्वारा उन्हें रसद (खाद्य सामग्री) अथवा दवाइयाँ भेजी जाती थीं। — Lebensmittel und Medikamente wurden ihnen immer von uns geschickt.

Präteritum Passiv

1. उसके द्वारा नया कारोबार शुरू किया गया। — Ein neues Geschäft wurde von ihm begonnen.
2. मेरा बटुआ किसी के द्वारा चुराया गया। — Meine Handtasche wurde von jemandem gestohlen.

Plusquamperfekt Passiv

1. जूते मोची के द्वारा ठीक किए गए थे। — Die Schuhe waren von dem Schuhmacher repariert worden.
2. हमें उसके द्वारा रसायनशास्त्र पढ़ाया गया था। — Wir waren von ihm Chemie unterrichtet worden.

Plusquamperfekt Durativ Passiv

1. जीवनभर उसके द्वारा ट्रकों की तस्करी की जा रही थी। — Lastwagen waren von ihm sein ganzes Leben geschmuggelt worden.
2. उसके द्वारा सन् १९७५ से विदेशियों को हिन्दी सिखाई जा रही थी। — Seit 1975 waren von ihr Ausländer im Hindi unterrichtet worden.

Futur Passiv

1. उनके द्वारा कल सभा की जाएगी। — Morgen wird eine Versammlung abgehalten werden.
2. दूरदर्शन पर कल एक नया धारावाहिक शुरू किया जाएगा। — Eine neue Serie wird am Fernsehn gestartet werden.

Futur Durativ Passiv

1. कल से रोज़ इस समय उसके द्वारा हिन्दी पढ़ाई जा रही होगी। — Ab morgen wird (von ihm) jeden Tag um dieser Zeit Hindi unterrichtet werden.
2. श्री भल्ला के द्वारा अनिल को प्रति सोमवार को शाम चार बजे धनुर्विद्या सिखाई जा रही होगी। — Montags um 4 Uhr wird Anil von Herrn Bhalla im Bogenschießen trainiert werden.

Futur Perfekt Passiv

1. दिसम्बर तक उनके द्वारा नया घर बना लिया गया होगा। — Bis Dezember wird (von ihnen) ein neues Haus gebaut worden sein.
2. अगले महीने तक कम्प्यूटर चलाना उसके द्वारा सीखा जा चुका होगा। — Bis nächsten Monat wird (von ihm) der Gebrauch von Computern gemeistert worden sein.

Futur Durativ Perfekt Passiv

1. कल यह घर दो सप्ताह से रंगा जा रहा होगा। — Morgen werden es zwei Wochen sein, daß dieses Haus gestrichen wird.
2. इस अगस्त में पचास वर्षों से भारत-पाकिस्तान के सीमा-विवाद का समाधान किया जा रहा होगा। — Im August werden es fünfzig Jahre sein, daß eine Lösung der indo–pakistanischen Grenzstreitigkeiten gesucht wird.

Fähigkeit + Passiv

1. संस्कृत फिर से सक्रिय भाषा बनाई जा सकती है। — Sanskrit kann wieder zu einer lebenden Sprache gemacht werden.
2. मरीज़ ठीक नहीं किया जा सका। — Der Patient konnte nicht geheilt werden.
3. चुनाव नहीं किए जा सके। — Die Wahlen konnten nicht abgehalten werden.

Zwang + Passiv

1. लड़कियों को हर क्षेत्र में समान अवसर दिया जाना है। — Den Mädchen müssen auf jedem Gebiet gleiche Chancen gegeben werden.

2.	आग स्थल पर छह दमकल भेजे जाने पड़े।	Sechs Feurwehrwagen mußten sofort zur Brand-stelle geschickt werden.
3.	महँगाई पर नियन्त्रण किया जाना होगा।	Die Inflation wird kontrolliert werden müssen.
4.	हो सकता है हड़ताल-कर्त्ताओं को नौकरी से निकाला जाना पड़े।	Es ist möglich, daß die Streikenden von ihren Arbeitsstellen entlassen werden müssen.

Wahrscheinlichkeit + Passiv:

1.	हो सकता है भारत में आयात का उदारीकरण किया जाए।	Möglicherweise wird der Import in Indien libralisiert.
2.	हो सकता है बढ़ती स्वचालितता के कारण बहुत कर्मचारियों की छटनी की जाए।	Es ist möglich, daß viele Arbeiter entlassen werden als Resultat der vergrößerten Automatisierung.

Rat + Passiv:

1.	रक्षा पर कम पैसा खर्चा जाना चाहिए।	Für die Verteidigung sollte weniger ausgegeben werden.
2.	स्कूल के बच्चों को मुफ़्त किताबें, कापियाँ व वर्दी दी जानी चाहिएँ।	Schulkinder sollten mit Büchern, Heften und Schulkleidung ausgerüstet werden.

★★★

35 Das Substantiv (संज्ञा)

Im Hindi wird das Substantiv durch Genus, Casus und Numerus bestimmt.

Das Genus (लिंग)

Im Hindi gibt es 2 Genera: das maskuline und das feminine.

☞ Bei Lebewesen (d.h. Menschen und den meisten Tieren) ist das Geschlecht klar bestimmt.

☞ Einige Tiere werden jedoch gewohnheitsmäßig als männlich, andere als weiblich angesehen. Siehe dazu folgende Beispiele:

Maskuline: पक्षी चीता उल्लू भेड़िया केंचुआ usw
          Vogel Tiger Eule Wolf   Regenwurm

Feminine: चील   कोयल   तितली   मछली usw
         Milan Kuckuck Schmetterling Fisch

☞ Wenn nötig, kann das maskuline Präfix 'नर' oder das feminine Präfix 'मादा' hinzugefügt werden, um das Geschlecht klar zu bestimmen.

नर चीता   मादा चीता
männl. Tiger   weibl. Tiger

नर तितली   मादा तितली
männl. Schmetterling, weibl. Schmetterling

Für alle anderen Substantive, real oder abstrakt, gibt es keine absolut zuverlässigen Regeln zur Bestimmung des Geschlechts. Es ist aber von äußerster Wichtigkeit zu wissen, ob ein Substantiv männlich oder weiblich ist, da es als Subjekt oder Objekt die Konjugation des Verbes kontrolliert. Es ist also für Hindi lernende Studenten notwendig, mit jedem Substantiv das dazugehörige Geschlecht auswendig zu lernen. Folgende Tabellen sollen Richtlinien für den Anfänger sein.

Tabelle - 1

Die Namen von	Substantive die hauptsächlich maskulin sind				
Wochen-Tage	सोमवार,	मंगलवार,	बुधवार,	usw.	
	Montag,	Dienstag,	Mittwoch,		
Monate im Hindu	चैत (चैत्र),	बैसाख (वैशाक)	usw (s.S. 402)		
Kalender	März - April	April - Mai			
Gebirge	हिमालय,	विन्ध्याचल,	एलप्स	usw	
पहाड़	Himalyas,	Vindhyachal,	Alpen		
Planeten	सूर्य,	चाँद,	मंगल	usw (s.S. 330)	
ग्रह	Sonne	Mond	Mars		
Ausnahme	पृथ्वी (Erde)				
Metalle	सोना,	लोहा,	पीतल	तांबा	
धातुएँ	Gold,	Eisen	Messing	Kupfer	
Ausnahme	चाँदी (Silber)				
Edelsteine	हीरा,	मोती,	माणिक,	पन्ना,	usw
रत्न	Diamant	Perle	Rubin	Smaragd	
Flüssigkeiten	दूध,	शरबत,	तेल,	पानी	
तरल पदार्थ	Milch	Syrup	Öl	wasser	
Ausnahme	चाय,	कॉफ़ी,	शराब,	लस्सी	
	Tee	Kaffee	Alkohol	Buttermilch	
geographische	पर्वत	देश	शहर	समुद्र	
Orte	Gebirge	Land	Stadt	Meer	
भूस्थल	आकाश	पाताल	तट	सरोवर	
	Himmel	Unterwelt	Ufer	See	
Ausnahme	धरती, ज़मीन	घाटी			
	Erde	Tal			
Hindi	Alle Konsonanten und fast alle Vokale				
Alphabet					
हिन्दी की वर्णमाला	सभी व्यंजन और लगभग सभी स्वर				
Ausnahme	इ, ई, ऋ				

Früchte	केला,	सेब,	संतरा,	अनानास,	अनार	
फल	Banane	Apfel	Apfelsine	Ananas	Granatapfel	
	खुमानी,	नारंगी,	लीची,	नाशपाती		
	Aprikose	Mandarine	Lichi	Birne		
Trocken–	बादाम,	पिस्ता,	काजू,	अख़रोट,	मुनक्का,	
früchte	Mandel	Pistazie	Cashewnuß	Walnuß	(große) Rosine	
मेवे	नारियल					
	Kokosnuß					
Ausnahme	किशमिश,	खजूर				
	Rosine	Dattel				
Haushalts-	रेफ्रिजरेटर	टोस्टर	ब्लैन्डर	अवन		
maschinen	Kühlschrank	Toaster	Mixer	Ofen		
घरेलु उपकरण	पंखा	कूलर	एअरकंडिशनर			
	Ventilator	Cooler	Klimaanlage			
Ausnahme	सिलाई मशीन					
	Nähmaschine					
Musik-	सितार	हारमोनियम	ढोलक	गिटार		
instrumente	Sitar	Harmonium	Trommel	Gitarre		
वाद्य	तानपुरा	तबला	वायलिन	सरोद		
	Tanpura	Tabla	Violine	Sarod		
Ausnahme	वीणा,	शहनाई,	बाँसुरी			
	Vina	Shahnai	Flöte			
Getreidearten	गेहूँ,	चना,	चावल,	तिल,	जौ,	बाजरा
	Weizen	Kichererbse	Reis	Sesam	Gerste	Hirse
अनाज						
Ausnahme	दाल,	जई				
	Linsen	Hafer				
Krankheiten	बुखार,	मलेरिया,	जुकाम,	उच्च रक्तचाप,	हैज़ा	
बिमारियाँ	Fieber	Malaria	Erkältung	hoher Blutdruck	Cholera	
Ausnahme	खाँसी,	चोट,	कब्ज			
	Husten	Verletzung	Verstopfung			

Tabelle - 2

Die Namen von	einige Substantive die hauptsächlich feminin sind					
Flüsse	गंगा,	यमुना,	सरस्वती,	नर्मदा,		
नदियाँ	Ganges	Yamuna	Sarasvati	Narmada		
Ausnahme	ब्रह्मपुत्र,		सोन			
	Brahmaputra		Son			
Daten aus dem	प्रतिपदा,	द्वितीया,	तृतीया			
Hindi Kalender	1.	2.	3. usw (s.S. 402)			
तिथियाँ						
Klangworte	टर्रटर्र,	टनटन,	ठकठक,			
ध्वन्यात्मक	Quaken	Klingen	Klopfen			
Gewürze	इलायची	राई	कलौंजी,	सौंफ,	लौंग,	जावित्री
मसाले	Kardamom	Senfkörner	Schwarzkümmel	Anis	Nelke	Muskatblüte
	दारचीनी	हल्दी	सोंठ	इमली		
	Zimt	Gelbwurz	getrockneter Ingwer	Tamarinde		
Ausnahme	धनिया,	जीरा,	नमक			
	Koriander	Kreuzkümmel	Salz			
Nahrungsmittel	रोटी	पूरी, कचौड़ी	कढ़ी			
भोजन सामग्री	Indisches Fladenbrot	fritiertes Brot	saure Suppe			
	मठरी	दाल	सब्ज़ी	चटनी		
	Salzgebäck	Linsengericht	Gemüse	Pickle		
	खीर	खिचड़ी	इडली			
	süßer Reis	Reis und Dal zusammen gekocht	Idli Reisklöße			
Ausnahme	हलवा	भरवाँ पराठा	पुलाव	रायता		
	Grießpudding	gefülltes Fladenbrot	fritierter Reis	Yoghurt Gemisch		

Tabelle - 3

Substantive mit männlichen Suffixen

- त्व	महत्त्व	बहुत्त्व	दासत्त्व	सतीत्त्व	
	die Wichtigkeit	die Fülle	die Sklaverei	die Keuschheit	
- पन	बचपन	गधापन	बड़प्पन	कड़ापन	
	die Kindheit	Dummheit	Würde	die Härte	
- आव	बहाव	चुनाव	लगाव	बदलाव	
	die Strömung	die Wahlen	die Bindung	die Veränderung	
- आना	गाना	बहाना	सिरहाना	किराना	
	das Lied	die Ausrede	das Kopfkissen	das Lebensmittel	
- पा	आपा	बुढ़ापा	अपनापा		
	das Selbst	das Alter	die Verwandtschaft		
- त्य	नृत्य	कृत्य			
	der Tanz	die Aktion			
- र्य	धैर्य	कार्य	माधुर्य	सूर्य	
	die Geduld	die Arbeit	die Süße	die Sonne	
	चातुर्य				
	die Schläue				
- त्र	नेत्र	क्षेत्र	पात्र	अस्त्र	चित्र
	das Auge	das Feld	der Behälter	die Waffe	das Bild
- अक	पाठक	सेवक	बालक	शिक्षक	
	der Leser	der Diener	das Kind	der Lehrer	
	रक्षक				
	der Beschützer				
- वाद	यथार्थवाद	भौतिकवाद	रूढ़िवाद		
	der Realismus	der Materialismus	der Konservativismus		
	पूँजीवाद				
	der Kapitalismus				
- दान	फूलदान	पायदान	चूहेदान		
	die Vase	der Fußabtreter	die Mausefalle		
- तंत्र	गणतंत्र	लोकतंत्र	तंत्रिका-तंत्र		
	die Republik	die Demokratie	das Nervensystem		

Tabelle - 4

Substantive mit weiblichen Suffixen

- इन	धोबिन	मालिन		दर्जिन
	die Wäscherin	die Gärtnerin		die Schneiderin
	महाराजिन	चमारिन		
	die Köchin	Drecksweib		
- नी	मास्टिरनी	डाक्टरनी		
	die Lehrerin	die Ärztin		
- आइन	पंडिताइन	ठकुराइन		बनियाइन
	die Brahmanenfrau (Priesterkaste)	die Thakurfrau (Kriegerkaste)		die Baniyafrau (Händlerkaste)
	खतराइन			
	Frau der Khatri-Kaste (Kaste im Panjab)			
- नी	शेरनी	मोरनी	स्वामिनी	हिन्दुनी
	Löwin	Pfauhenne	die Hausfrau	die Hindufrau
- इका	गायिका	पाठिका	शिक्षिका	परिचारिका
	die Sängerin	die Schülerin	Lehrerin	die Kranken-schwester
- इया	गुड़िया	बुढ़िया	लुटिया	डिबिया
	die Puppe	die Alte	das Töpfchen	die Dose
- आवट	थकावट	सजावट	बनावट	मिलावट
	die Müdigkeit	die Dekoration	die Machart	die Beimischung
- आई	लम्बाई	चौड़ाई	गहराई	चतुराई
	die Länge	die Breite	die Tiefe	die Schläue
- दानी	चूहेदानी	चीनीदानी		राखदानी
	die Mausefalle	die Zuckerdose		der Aschenbecher
	मच्छरदानी			
	das Moskitonetz			
- शाही	तानाशाही	नौकरशाही		अफ्सरशाही
	die Autokratie	die Bürokratie		die Bürokratie

Casus (कारक)

In der Hindi–Grammatik gibt es nicht vier Casus wie im Deutschen, sondern acht. Jeder Casus hat eine spezielle Endung oder ein Casuszeichen. Jedes Substantiv oder Pronomen wird einem dieser Fälle zugeordnet. Je nach Casus folgt auf das Substativ/Pronomen ein entsprechendes Casuszeichen.

Tabelle - 5

Verschiedene Casus und ihre respektiven Casuszeichen (Postpositionen)

	Casus (कारक)	Casuszeichen (विभक्ति/कारक चिन्ह)
1.	कर्त्ता (Nominativ)	Ø, ने
2.	कर्म (Akkusativ)	Ø, को
3.	करण (Instrumentalis)	से
4.	सम्प्रदान (Dativ)	को
5.	अपादान (Ablativ)	से
6.	संबंध (Possessiv)	का, के, की
7.	अधिकरण (Lokativ)	में, पर
8.	संबोधन (Vokativ)	अजी, हे, ए, अरे

- **Im Hindi steht in einigen Sprachstrukturen das Subjekt mit 'ने'.**
- **Meistens wird im Hindi das Akkusativ 'को' weggelassen.**

  लड़के ने पुस्तक को पढ़ा। ⇛ लड़के ने पुस्तक पढ़ी।

  लड़को ने पुस्तकों को पढ़ा। ⇛ लड़को ने पुस्तकें पढ़ी।

- **Ein Substantiv, beziehungsweise Pronomen ohne Postposition (कारक चिह्न) steht im Casus rectus. (मूलरूप)**
- **Ein Substantiv bzw. Pronomen auf das eine Postposition folgt, steht im Casus obliquus.(विकृत रूप)**
- **Hindi hat eine spezielle Vokativform (सम्बोधनरूप). Sie entspricht der Form des Casus obliquus aber im Plural fehlt der nasalierende Punkt.**

Der Numerus (वचन)

☞ Im Hindi werden die Substantive nach zwei Numeri geordnet:

Singular (एकवचन) und Plural (बहुवचन)

Deklination des Substantivs (संज्ञा का रूपान्तर)

Die Deklination des Substantivs hängt von Genus, Casus und der Endung des jeweiligen Substantivs ab.

■ Deklination der maskuline Substantiven:

1 Casus rectus

- Substantive, die auf 'आ' enden, verändern ihre Pluralformen zu 'ए' (Tabelle 6, Beispiel 1).

- Substantive, die nicht auf 'आ' enden sind unveränderlich. Ihre Pluralformen sind gleich wie die Singularformen.

2 Casus obliquus und Casus vokativ

- Substantive, die auf 'आ' enden, verändern sich im Singular des Casus obliquus und Casus vokativ zu 'ए' (Tabelle 6, Beispiel 1).

- Substantive, die nicht auf 'आ' enden, sind im Singular des Casus obliquus und Casus vokativ unveränderlich (Tabelle 6, Beispiele 2–10).

- Alle Substantive, unabhängig von ihrer Endung, verändern sich im Plural des Casus obliquus zum nasalierten 'ओं/यों' und im Plural des Casus vokativ zu 'ओ/यो'.

Tabelle - 6

Casus		Suffix Singular	Suffix Plural	maskuline Substantive Singular	maskuline Substantive Plural
rectus	1.	–आ	–ए	लड़का	लड़के
obliquus		–ए	–ओं	लड़के + PP_n	लड़कों + PP_n
vokativ		–ए	–ओ	हे लड़के	हे लड़को
rectus	2.	–अ	–अ	गाहक	गाहक
obliquus		–अ	–ओं	गाहक + PP_n	गाहकों + PP_n
vokativ		–अ	–ओ	हे गाहक	हे गाहको
rectus	3.	–इ	–इ	कवि	कवि
obliquus		–इ	–यों	कवि + PP_n	कवियों + PP_n
vokativ		–इ	–यो	हे कवि	हे कवियो
rectus	4.	–ई	–ई	भाई	भाई
obliquus		–ई	–इयों	भाई + PP_n	भाइयों + PP_n
vokativ		–ई	–इयो	हे भाई	हे भाइयो
rectus	5.	–उ	–उ	साधु	साधु
obliquus		–उ	–ओं	साधु + PP_n	साधुओं + PP_n
vokativ		–उ	–ओ	हे साधु	हे साधुओ
rectus	6.	–ऊ	–ऊ	डाकू	डाकू
obliquus		–ऊ	–उओं	डाकू + PP_n	डाकुओं + PP_n
vokativ		–ऊ	–उओ	हे डाकू	हे डाकुओ
rectus	7.	–ए	–ए	चौबे	चौबे
obliquus		–ए	–ओं	चौबे + PP_n	चौबेओं + PP_n
vokativ		–ए	–ओ	हे चौबे	हे चौबेओ
rectus	8.	–ओ	–ओ	रासो	रासों
obliquus		–ओ	–ओं	रासो + PP_n	रासों + PP_n
vokativ		–ओ	–ओ	हे रासो	हे रासो
rectus	9.	–ओं	–ओं	कोदों	कोदों
obliquus		–	–	कोदों + PP_n	कोदों + PP_n
vokativ		–	–	हे कोदों	हे कोदों
rectus	10.	–औ	–औ	जौ	जौ
obliquus		–	–औं	जौ + PP_n	जौओं + PP_n
vokativ		–	–ओ	हे जौ	हे जौओ

Ausnahmen:

☞ **Folgende Substantive, die zwar auf 'आ' enden, verändern ihren Plural im Casus rectus und ihren Singular im Casus obliquus nicht.**

☞ **Im Plural des Casus obliquus wird nur 'ओं' an das betreffende Wort angehängt.**

नेता # नेतों

नेता ⇛ नेताओं (siehe Tabelle - 7)

Beispiele:

- **Substantive aus dem Sanskrit z.B. नेता, श्रोता, दाता, पिता महात्मा usw.**
- **Substantive, mit persisch - arabischem Ursprung z.B. दारोग़ा, मुल्ला, मियाँ usw.**
- **Substantive die aus einer Verdoppelung bestehen, z.B. मामा, चाचा, दादा, नाना, बाबा, usw.**
- **Substantive die auf 'या' oder 'वा' enden z.B. मुखिया, अगुवा, भगुवा usw.**

Tabelle - 7

Casus	**Suffix**		**Maskuline substantive**	
sg.	**pl.**	**sg.**	**pl.**	
rectus	आ	आ	नेता	नेता नेता
obliquus	आ	आ+ओं	नेता + PP$_n$	नेताओं + PP$_n$
vokativ	आ	आ+ओ	हे नेता	हे नेताओ
rectus	आ	आ	मामा	मामा
obliquus	आ	आ+ओं	मामा + PP$_n$	मामाओं + PP$_n$
vokativ	आ	आ+ओ	हे मामा	हे मामाओ
rectus	आ	आ	दारोग़ा	दारोग़ा
obliquus	आ	आ+ओं	दारोग़ा + PP$_n$	दारोगाओं + PP$_n$
vokativ	आ	आ+ओ	हे दारोग़ा	हे दारोगाओ
rectus	आ	आ	मुखिया	मुखिया
obliquus	आ	आ+ओं	मुखिया + PP$_n$	मुखियाओं + PP$_n$
vokativ	आ	आ+ओ	हे मुखिया	हे मुखियाओ

☞ Die auf 'आ' endenden Städtenamen verändern sich zu 'ए' wenn auf sie eine Postposition folgt.

z.B. कलकत्ता ⇒ कलकत्ते + pp$_n$; आगरा ⇒ आगरे + pp$_n$; पूना ⇒ पूने + pp$_n$
Ausnahme: गया, अयोध्या

☞ Die auf 'आ' endenden Ländernamen jedoch verändern sich nicht, z.B. अमरीका, अफ़्रीका, कनाडा usw.

☞ Wenn nach der Bedeutung eines Wortes mit der Endung 'आ' gefragt wird, so bleibt das Wort unverändert, z.B.

1. दरवाजा का क्या अर्थ है?   Was bedeutet das Wort 'दरवाज़ा'?
2. दरवाजा का अर्थ है .... ।   Das Wort 'दरवाजा' bedeutet ....

■ **Deklination der feminine Substantive**

1 **Casus rectus:**

- Die femininen Substantive, die mit einem inhärenten 'अ' enden, hängen im Plural das nasalierte Vokalzeichen 'एँ' an (Tabelle 8, Beispiele 1).

- Die Substantive die auf 'आ' 'उ' 'ऊ' 'ओ' 'औ' enden, hängen das 'एँ' nicht als Vokalzeichen, sondern direkt an (Tabelle 8, Beispiele 2,3,4,5).

- Dabei wird das lange 'ऊ' zu einem kurzen 'उ' verändert.

- Substantive die auf 'इ' oder 'ई' enden, hängen im Plural 'याँ' an.

- Dabei wird 'ई' zu einem kurzen 'इ' (Tabelle 8, Beispiele 6,7).

- Substantive die auf 'या' enden, haben im Plural einen Anunasik (ँ) auf dem 'या' (Tabelle 8, Beispiel 8).

2 **Casus obliquus und Casus vokativ**

- Feminine Substantive sind im Casus obliquus und Casus vokativ Singular ident mit ihren Casus rectus Singular Formen.

- Der Plural des Casus obliquus hat die nasalierte Endung 'ओं'/'यों', der vokativ Plural endet auf 'ओ'/'यो'.

- Diese beiden Formen werden im männlichen und weiblichen Geschlecht immer gleich gebildet!

Tabelle - 8

Casus		Suffix sg.	pl.	feminine Substantive sg.	pl.
rectus	1.	अ	ें	औरत	औरतें
obliquus		–	ों	औरत + PP_n	औरतों + PP_n
vokativ		–	ो	हे औरत	हे औरतो
rectus	2.	आ	एँ	माता	माताएँ
obliquus		–	ओं	माता + PP_n	माताओं + PP_n
vokativ		–	ओ	हे माता	हे माताओ
rectus	3.	उ	एँ	वस्तु	वस्तुएँ
obliquus		–	ओं	वस्तु + PP_n	वस्तुओं + PP_n
vokativ		–	ओ	हे वस्तु	हे वस्तुओ
rectus	4.	ऊ	एँ	बहू	बहुएँ
obliquus		–	उओं	बहू + PP_n	बहुओं + PP_n
vokativ		–	उओ	हे बहू	हे बहुओ
rectus	5.	औ	एँ	गौ	गौएँ
obliquus		–	ओं	गौ + PP_n	गौओं + PP_n
vokativ		–	ओ	हे गौ	हे गौओ
rectus	6.	इ	याँ	तिथि	तिथियाँ
obliquus		–	यों	तिथि + PP_n	तिथियों + PP_n
vokativ		–	यो	हे तिथि	हे तिथियो
rectus	7.	ई	इयाँ	चूड़ी	चूड़ियाँ
obliquus		–	इयों	चूड़ी + PP_n	चूड़ियों + PP_n
vokativ		–	इयो	हे चूड़ी	हे चूड़ियो
rectus	8.	या	याँ	गुड़िया	गुड़ियाँ
obliquus		–	यों	गुड़िया + PP_n	गुड़ियों + PP_n
vokativ		–	यो	हे गुड़िया	हे गुड़ियो

■ **Einige weitere Richtlinien zum Gebrauch des Substantivs**

1 Wenn im Hindi eine Postposition auf ein Substantiv folgt, so wird es getrennt geschrieben, z.B. मकान में; लड़के का; दिल्ली से; मुम्बई तक.

2 Maskuline Substantive oder Adjektive, die auf 'आ' enden, können durch anhängen von 'पन' zu abstrakten Substantiven gemacht werden. Im Casus Obliquus verändern sie ihr 'आ' meistens zu 'ए'

गधापन	गधेपन + pp$_n$;	कड़ापन	कड़ेपन + pp$_n$
अन्धापन	अन्धेपन + pp$_n$;	चिकनापन	चिकनेपन + pp$_n$

Ausnahme:

नेतापन	नेतापन + pp$_n$
मुखियापन	मुखियापन + pp$_n$

3 Um den kollektiven Charakter eines Substantivs zu zeigen, ist es im Hindi üblich, dem Singular eines Wortes 'गण', 'जन', 'वर्ग', 'लोग' hinzuzufügen.

sg.		pl.	Gruppe von
श्रोता	(Zu) Hörer	श्रोतागण	(Zu) Hörern
अधिकारी	Beamter	अधिकारी वर्ग	Beamten
अध्यापक	Lehrer	अध्यापक लोग	Lehrern
स्त्री	Frau	स्त्री वर्ग	Frauen

4 Im Hindi können Eigennamen zu festen Begriffen werden.

1. वह राम है!   Er ist Ram!
   (Hier bedeutet Ram einen Mann, der wie Gott Ram ist.)
2. वह सावित्री है!   Sie ist Savitri!
   (Hier bedeutet Savitri eine keusche Frau.
3. तुम हरिश्चन्द्र हो!   Du bist Harisch Candra.
   (Harisch Candra bedeutet : ein ganz ehrlicher Mann).
4. वह तो नारद है!   Er ist Narad.
   (Narad bedeutet : ein Mann, der immer Probleme verursacht).

Der Gebrauch des substantivierten Infinitivs (क्रियार्थक संज्ञा)

☞ **Im Hindi kann das Verb im Infinitiv als Substantiv gebraucht werden. Es kann sowohl Subjekt als auch Objekt sein.**

■ Infinitiv als Subjekt

1.	मेरे विचार में हिन्दी **पढ़ना** अति सरल है।	Meiner Meinung nach ist Hindi überaus leicht zu lernen.
2.	**कहना** आसान है, **करना** मुश्किल ।	Das ist leicht gesagt und schwer getan.
3.	झूठ बोलना पाप है।	Lügen ist eine Sünde.
4.	सुबह-शाम खुले में **टहलना** श्रेष्ठतम व्यायाम है।	Morgens und abends im Freien spazieren zu gehen, ist die beste körperliche Übung.
5.	भारत में बिना उबाले पानी **पीना** स्वास्थ्य के लिए हानिकारक है।	In Indien ist es gesundheitsschädlich, das Wasser unabgekocht zu trinken.
6.	अपने देश के लिए **मरना** गर्व की बात है।	Fürs Vaterland zu sterben, ist eine Ehrensache.
7.	छात्रों का ग्रन्थागार की पुस्तकों से पृष्ठ **फाड़ना** बड़े दु:ख की बात है।	Es ist sehr bedauerlich , wenn die Schüler aus Bibliotheksbüchern Seiten heraus-reißen.
8.	इस शहर में रात के समय देर से बाहर **जाना** ठीक नहीं।	Es ist nicht gut , in dieser Stadt spät nachts auszugehen.
9.	सड़क पर कूड़ा फेंकना, दीवार पर इश्तहार **लगाना**, सार्वजनिक स्थान पर धूम्रपान **करना** अच्छे नागरिक का काम नहीं।	Es gehört sich nicht für einen guten Bürger, Müll auf die Straße zu werfen, Poster auf die Wände zu kleben und an offentlichen Plätzen zu rauchen.
10.	मेरी बहन चित्र **बनाना** जानती है।	Meine Schwester kann zeichnen und malen.
11.	अगले महीने मैं **तैरना** सीखूँगी।	Nächten Monat werde ich schwimmen lernen.
12.	मेरी पुत्री तबला **बजाना** जानती है।	Meine Tochter kann Tabla spielen.
13.	आपने इतना अच्छा **गाना** कहाँ सीखा?	Wo haben Sie so gut singen gelernt?
14.	मुझे नृत्य **देखना** अच्छा लगता है।	Ich schaue gerneTanzaufführungen an.

Infinitiv als Objekt

Wenn Infinitiv als Objekt benutzt wird, verändert sich 'ना' zu 'ने'

1. मुझे आज दफ़्तर **आने में** देर हो गई। — Heute kam ich zu spät ins Büro.
2. क्या मेरे यहाँ **रहने से** आप को परेशानी होगी? — Störe ich Sie durch mein Hierbleiben?
3. नहीं, मुझे तो लगता है आप के यहाँ **रहने से** मुझे लाभ ही होगा। — Nein, mir scheint, ich werde durch ihr Hiersein Vorteile haben.
4. कविता ने मुझे रुपये उधार **देने से** इनकार कर दिया। — Kavita hat es abgelehnt, mir Geld zu leihen.
5. क्षमा कीजिए। मुझे यहाँ **पहुँचने में** कुछ देर हो गई। — Entschuldigen Sie bitte mein Zuspät-kommen.
6. बच्चों को **पढ़ने के लिए** पुस्तकें चाहिए। — Kinder brauchen Bücher zum Lesen.
7. हमें अपने **रहने के लिए** एक छोटा-सा मकान चाहिए। — Wir brauchen nur ein ganz kleines Haus zum Leben.
8. उन्होंने मुझे भारत **आने पर** मजबूर किया। — Sie zwangen mich, nach Indien zu kommen.
9. मेरे देर से घर **पहुँचने पर** माता जी चिन्तित होंगी। — Meine Mutter wird sich Sorgen machen, wenn ich zu spät nach Hause komme.
10. मैं जर्मन भाषा **सीखने की** बहुत कोशिश करने पर भी सीख न पाई। — Ich konnte die deutsche Sprache nicht lernen, obwohl ich mir viel Mühe gegeben habe.
11. क्या आपने कभी कोई विदेशी भाषा **सीखने की** कोशिश की है? — Haben Sie je versucht, eine fremde Sprache zu lernen?
12. कल दिनभर बिजली न **होने के कारण** हम बहुत परेशान हुए। — Es bereitete uns viele Ungelegenheiten, daß es gestern den ganzen Tag keine Elektrizität gab.
13. बहुत समय से बीमार **रहने के कारण** वह चिड़चिड़ा-सा हो गया है। — Weil er so lang krank war, ist er sehr gereizt.
14. हर समय बैठे **रहने की वजह से** वह बहुत मोटा हो गया है। — Durch das ständige Herumsitzen ist er sehr dick geworden.

★★★

36 Das Pronomen (सर्वनाम)

☞ **In Hindi werden die Pronomen gemäß Person, Nummer und Casus, nicht aber nach dem Geschlecht dekliniert.**

Personalpronomen (पुरुषवाचक) मैं, तुम, आप, यह, वह, ये, वे

Person	**Casus rectus**		**Casus obliquus**	
पुरुष	**sg.**	**pl.**	**sg.**	**pl.**
प्रथम 1.	मैं	हम	मुझ + pp_n	हम + pp_n
मध्यम 2.	तू तुम आप	तुम तुम लोग आप लोग	तुझ + pp_n तुम + pp_n आप + pp_n	 तुम लोगों + pp_n आप लोगों + pp_n
अन्य 3.	यह वह	ये/ये लोग वे/वे लोग	इस + pp_n उस + pp_n	इन + pp_n nah उन + pp_n fern

pp_n steht für: ने, को, से, का, के, की, में, पर usw.

☞ **Wenn dem Personalpronomen 'को' folgt (im Akkusativ), gibt es im Hindi besondere, verkürzte Formen (vgl. S. 15).**

1 **Anstelle von 'मैं' (1. Person singular) wird in manchen Gegenden Indiens, besonders in Uttar Pradesh und Bihar, wo die Umgangssprache Bhojpuri ist, 'हम' verwendet. Das ist jedoch kein Hochhindi.**

2 **'तू' (2. Person Singular) wird für Kinder, besonders nahestehende Personen, für Gott, aber auch für Arbeiter, Angestellte und Helfer benutzt.**

1.	तू बाजार जा।	Geh zum Markt.
2.	तू क्या पढ़ता/पढ़ती है?	Was liest du?

3 'तुम' (2. Person Plural) wird in der Praxis als Singular benutzt, um Freunde oder Gleichgestellte anzusprechen. Im Plural wird 'तुम लोग' gebraucht.

1. तुम अन्दर आओ ।   Komm herein!
2. तुम लोग अन्दर आओ ।   Kommt herein!

4 'आप' (2. Person Singular) wird für die höfliche Anrede einer Person benutzt. Im Plural wird 'आप लोग' gebraucht.

1. आप बैठिये ।   Setzen Sie sich bitte.
2. आप लोग बैठिये ।   Setzen Sie (alle) sich bitte.

☞ 'आप' (2. Person Singular) und 'वे', 'ये' (3. Person Plural) wird zum Ausdruck des Respekts für ältere Leute, Eltern, Lehrer, Vorgesetzte und für den formellen Umgang mit Menschen auch als Singular benutzt. Das Verb am Satzende steht dann immer im Plural.

☞ 'आप' wird manchmal auch für die 3. Person benutzt, unabhängig ob die Person anwesend oder abwesend ist.

1. यह पुस्तक जयशंकर प्रसाद की लिखी है; आप एक महान लेखक हैं ।   Dies Buch wurde von Jaishankar Prasad geschrieben. Er ist ein großer Autor.
2. आप से मिलिये; आप हैं श्रीमती कपूर ।   Darf ich Sie mit Frau Kapoor bekannt machen?
3. निराला जी महान कवि थे; आपने अनेक कविताएँ रचीं ।   Nirala war ein großer Dichter. Er schrieb viele Gedichte.

☞ 'आप' verändert sich im Casus obliquus nicht z.B. आपको, आपसे, आपमें, आपका, -के, -की usw.

☞ Der Plural 'आप लोग' verändert sich jedoch zu 'आप लोगों' im Casus obliquus.

☞ Die 3. Person (sg. und pl.) des Personalpronomens wird auch als Demonstrativpronomen gebraucht.

Demonstrativpronomen (निश्चयवाचक सर्वनाम) यह, वह, ये, वे

Casus	sg.	pl.	
rectus	यह, इसने वह, उसने	ये, इन्होंने वे, उन्होंने	nah fern
obliquus	इस + pp$_n$ उस + pp$_n$	इन + pp$_n$ उन + pp$_n$	nah fern

☞ Demonstrativpronomen können auch als Demonstrativadjektive gebraucht werden (vgl. S. 206).

☞ Zur Betonung wird 'ही' an das Pronomen angehängt.

Beispiele:

1. उसको यहाँ बुलाओ।   Ruf ihn hierher.
2. वह कौन है?   Wer ist er (dieser)?
3. ये क्या कर रहे हैं?   Was machen sie (diese)?
4. इन (आमों) को मत खाओ; ये कच्चे हैं।   Esse diese (Mangos) nicht; sie sind roh.
5. यह तो मुश्किल नहीं।   Das ist nicht schwer.
6. इस पर कुछ मत रखो।   Leg nichts darauf!
7. इस (पुस्तक) को उसी को देना।   Gib dieses (Buch) nur ihm!
8. मुझको उन्हीं से काम है।   Ich habe nur mit ihm zu tun.

Indefinitpronomen (अनिश्चयवाचक सर्वनाम) कोई und कुछ

■ **कोई – jemand**

'कोई' ist veränderlich und wird wie folgt dekliniert:

Casus	sg.	pl.
rectus	कोई, किसीने	कोई, किन्हीने
obliquus	किसी + pp_n	किन्हीं + pp_n

Beispiele:

1. **कोई** है? — Ist jemand da?
2. घर पर **कोई** नहीं है। — Niemand ist zu Hause.
3. केवल अमीर होने से **कोई** सम्भ्रान्त नहीं होता। — Allein durch Reichsein wird man noch nicht geachtet.
4. हर **कोई** अमीर होना चाहता है। — Jedermann will reich sein.
5. हर **कोई** हर काम नहीं कर सकता। — Jeder kann nicht jede Arbeit machen.
6. मेरे पास आप की **कोई** चीज़ नहीं। — Ich habe nichts, was Ihnen gehört.

किसी/किन्ही + pp_n – irgendjemand

1. **किसीको** बुरा मत कहो। — Sag zu niemandem etwas Böses!
2. **किसीसे** बुरा मत सुनो। — Hör nicht auf irgendjemandes böse Reden!
3. **किसीकी** भलाई करो। — Tu irgendjemandem etwas Gutes!
4. क्या **किसीने** मेरी चाभियाँ देखी हैं? — Hat jemand meine Schlüssel gesehen?
5. मुझे **किसीकी** मदद नहीं चाहिए। — Ich brauche niemandes Hilfe.
6. क्या आप मुझे **किसी** अच्छे होटल **का** पता बता सकते हैं? — Können Sie mir die Adresse von irgend–einem guten Hotel nennen?
7. **किन्हीं** चार प्रश्नों के उत्तर दीजिए। — Beantworten Sie vier beliebige Fragen.
8. यह वस्त्र **किन्हीं में** बाँट दो। — Verteile diese Kleider an irgendwelche Leute.

| कोई एक / कोई कोई – einige/manche |

1. कोई एक ऐसा मानते हैं।   Einige glauben das.
2. कोई कोई तो बिल्कुल नहीं बोलते।   Einige Leute sprechen überhaupt nicht.
3. कोई कोई तो एक दम ही बेकार होते हैं।   Manche sind völlig nutzlos.

| कोई न कोई – irgendeiner |

1. कोई न कोई तो अवश्य यहाँ था।   Irgendeiner war sicher hier.
2. कोई न कोई तो मेरी बात सुनेगा।   Irgendeiner wird mir doch zuhören.

| कोई + Zahl + एक – ungefähr, etwas |

A: यहाँ से डाकघर कितनी दूर है?   Wie weit ist das Postamt von hier?
B: यही कोई दस एक कदम आगे।   Etwa 10 Schritte weiter.
A: आप के पास कितनी साड़ियाँ हैं?   Wie viele Saris besitzen Sie?
B: यही कोई पचास एक।   Ungefähr fünfzig.

| कोई भी, कोई –सा, –से, –सी – irgendjemand / irgendetwas |

1. कोई भी मेरे साथ चल सकता है।   Irgendjemand kann mich begleiten.
2. कोई सा/सी भी दे दीजिए।   Geben Sie mir irgendwelche.

| कोई और, और कोई – noch jemand, noch etwas anderes |

1. कोई और भी आ रहा है?   Kommt noch jemand anderer?
2. यहाँ और कोई है?   Ist hier noch irgendjemand?
3. कोई और बात सुनाओ।   Erzähle noch irgendetwas!
4. और कोई चीज़ दिखाइये।   Zeigen Sie mir noch etwas anderes!

जो कोई – wer auch immer

1. जो कोई चाहे, यहाँ बैठ सकता है। — Wer auch immer will, kann hier sitzen.
2. जो कोई चाहें, मेरे साथ चलें। — Wer will, kann mit mir kommen.

■ **कुछ – einige / etwas**

☞ **'कुछ' ist unveränderlich und wird als Indefinitpronomen und auch als Adjektiv (vgl. S. 209) benutzt.**

☞ **Als Pronomen bezieht es sich auf etwas Unbekanntes, Konkretes oder Abstraktes.**

Beispiele:

1. तेरे मन में **कुछ** है। — Irgendetwas liegt dir auf dem Herzen.
2. लगता है आज दूध में **कुछ** है। — Es sieht so aus, als ob heute irgendetwas in der Milch ist.

कुछ – etwas (mehr/oder weniger)

1. इस वक्त उसका बुख़ार **कुछ** कम है। — Zur Zeit hat er/sie etwas weniger Fieber.
2. आज आकाश **कुछ** धुंधला है। — Heute ist der Himmel etwas neblig.

कुछ-कुछ – ein bißchen

1. उसकी सूरत **कुछ कुछ** अपनी नानी से मिलती है। — Sie sieht ein bißchen wie ihre Großmutter aus.
2. वह **कुछ कुछ** सनकी है। — Er/Sie ist ein bißchen verrückt.

बहुत कुछ – ziemlich viel

1. उनके पास **बहुत कुछ** है। — Er besitzt ziemlich viel.
2. हमने भारत में रह कर **बहुत कुछ** सीखा। — Wir haben in Indien ziemlich viel gelernt.
3. वह जाने अनजाने **बहुत कुछ** कह गया! — Versehentlich hat er ziemlich viel gesagt.

कुछ न कुछ – irgendetwas (emphatisch)

1. उसने तुम्हें **कुछ न कुछ** तो अवश्य कहा होगा। — Irgendetwas wird er/sie dir sicher gesagt haben.
2. वह तुम्हें **कुछ न कुछ** तो देगा। — Er wird dir doch irgendetwas geben.

कुछ भी – irgendetwas

A: मैं क्या बोलूँ? — Was soll ich sagen?
B: कुछ भी। — Irgendetwas.
A: आज क्या खाया जाय? — Was sollen wir heute essen?
B: कुछ भी नहीं। — Rein gar nichts.

कुछ का कुछ – irgendetwas ist passiert

1. वह थोड़े ही समय में **कुछ का कुछ** बन गया। — In kurzer Zeit hat er große Fortschritte gemacht.
2. आप स्वयं जा कर देखें; वहाँ तो **कुछ का कुछ** हो गया है। — Sie können es selber sehen; alles ist dort verändert.

कुछ भी हो – Wie dem auch sei

कुछ भी हो, तुम यही करना — Wie dem auch sei, du machst genau das.

Interrogativpronomen (प्रश्नवाचक सर्वनाम) कौन und क्या

■ कौन – Wer?

☞ **Deklination des Fragewortes 'कौन'**

Casus	sg.	pl.
कर्त्ता (Nominativ)	कौन, किसने	कौन, किनने, किन्होंने
कर्म (Akkusativ)	किसको, किसे	किनको, किन्हें
करण (Instrumentalis)	किससे	किनसे
सम्प्रदान (Dativ)	किसको, किसे	किनको, किन्हें
अपादान (Ablativ)	किससे	किनसे
संबंध (Genitiv)	किसका, किसके, किसकी	किनका, किनके, किनकी
अधिकरण (Lokativ)	किसमें किस पर	किनमें किन पर

Beispiele:

1. **कौन** है? — Wer ist draußen?
2. उस घर में **कौन** रहता है? — Wer wohnt in diesem Haus?
3. यह **कौन** मुश्किल काम है ! — Das ist keineswegs eine schwierige Aufgabe!
4. **कौन** मेरे साथ सैर करने चलेगा? — Wer geht mit mir spazieren?
5. तुम्हारी पसन्द का अभिनेता **कौन** है? — Wer ist dein Lieblingsschauspieler?
6. दावत में **कौन कौन** आए थे? — Wer (alles) war auf die Einladung hin gekommen?
7. **कौन** मेरे प्रश्नों का उत्तर दे सकता है? — Wer kann meine Fragen beantworten?

☞ कौन-सा/-से/-सी - wird für Lebewesen oder für Gegenstände benutzt, wenn auf jemanden/auf etwas besonders hingewiesen werden soll.

1. मैं **कौन-सी** पुस्तक पढ़ूँ? — Welches Buch soll ich lesen?
2. उनमें **कौन-सा** उसका पति है? — Welcher von diesen ist ihr Mann?
3. मैं **कौन-से** कुर्ते ख़रीदूँ? — Welche 'Kurtas' soll ich kaufen?
4. यहाँ **कौन-सी** फ़िल्म लगी है? — Welcher Film läuft hier?

कौन जाने - Wer weiß?

1. **कौन जाने** आगे चलकर क्या होगा? — Wer weiß, was die Zukunft bringt?
2. **कौन जाने** वह लौटेगा भी या नहीं? — Wer weiß, ob er zurückkommt oder nicht?

किसने, किन्होंने - Wer?

1. 'गोदान' **किसने** लिखा? — Wer hat 'Godan' geschrieben?
2. आज **किसने** घर साफ़ किया? — Wer hat heute das Haus geputzt?
3. कुछ पता लगा, तुम्हारी पुस्तक **किसने** चुराई? — Hast du herausgefunden, wer dein Buch gestohlen hat?
4. मेरा फूलदान **किसने** तोड़ा? — Wer hat meine Blumenvase kaputt gemacht?
5. **किन्होंने** उसे बुरे समय में साथ दिया? — Wer (aller) hat ihm in seinen schlechten Zeiten geholfen?
6. **किस किसने** प्रश्नों के ठीक उत्तर दिए? — Wer (alles) hat die Fragen richtig beantwortet?

किससे, किनसे, किस/किन को - Wen?, Wem?

1. मैं उस दफ़्तर में **किसको** मिलूँ? — Wen soll ich in diesem Büro treffen?
2. उसने **किससे** बात की? — Mit wem hat er gesprochen?
3. वह **किनके** साथ था? — Mit wem war er zusammen?
4. वे **किनके** साथ घूमने गए हैं? — Mit wem sind sie spazieren gagengen?
5. श्याम **किसके बारे** में पूछ रहा था? — Nach wem hat sich Shyam erkundigt?
6. आपने **किन किन को** अपने जन्मदिन पर बुलाया है? — Wen haben Sie (allen) zu ihrem Geburtstag eingeladen?

■ क्या – was?

☞ 'क्या' ist unveränderlich.

1️⃣ 'क्या' steht am Anfang eines Satzes, wenn die Antwort 'ja' oder 'nein' ist.

1. क्या तुम हिन्दी सीखती हो?   Lernst du Hindi?
2. क्या आप भारत के रहने वाले हैं?   Leben Sie in Indien?/Sind Sie aus Indien?

2️⃣ 'क्या' steht nach dem Subjekt, wenn die Antwort darauf ein direktes Objekt ist.

1. तुम **क्या** खाते हो?   Was ißt du?
2. रानी आजकल **क्या** कर रही है?   Was macht Rani heutzutage?
3. उसने **क्या** ख़रीदा?   Was hat er gekauft?

3️⃣ Die Verdoppelung von '**क्या–क्या**' (was alles) erwartet als Antwort eine Aufzählung verschiedener Dinge oder Taten.

1. आपने भारत में **क्या-क्या** किया?   Was haben Sie in Indien alles gemacht?
2. आप वहाँ से **क्या-क्या** लाए?   Was haben Sie von dort alles mitgebracht?

4️⃣ Am Anfang eines Satzes kann '**क्या**' manchmal Enttäuschung ausdrücken.

1. क्या तुम इतना भी नहीं समझते!   Verstehst du noch nicht einmal soviel?

5️⃣ '**क्या**' + Adjektiv + Substantiv (= Was für eins) kann als Ausruf des Erstaunens benutzt werden.

1. क्या सुन्दर पोशाक!   Was für ein schönes Kleid!
2. क्या चुड़ैल औरत है!   Was für eine Hexe diese Frau ist!
3. क्या बुद्धिमान बालक!   Was für ein kluges Kind!

6 'क्या का क्या', 'क्या से क्या' - werden benutzt, um eine sehr starke Zustandsveränderung zum Guten oder zum Schlechteren auszudrücken.

1. उसकी मृत्यु के पश्चात परिवार का **क्या का क्या** हो गया हैं।
   Nach seinem Tod hat sich für die Familie alles zum Schlechten verändert.
2. आप लोग क्यों नहीं समझते कि आयात-निर्यात उदारीकरण से देश साल दो साल में **क्या से क्या** हो सकता है।
   Warum verstehen Sie nicht, daß mit der Liberalisierung des Ex- und Imports das Land sich in einem oder zwei Jahren zum Besseren verändern kann.
3. नया व्यापार शुरू करते ही वह **क्या से क्या** हो गया।
   Kaum hat er mit seinem neuen Geschäft begonnen, ist alles für ihn steil bergauf gegangen.
4. विभाजन के कारण लाखों लोग **क्या से क्या** हो गये थे।
   Auf Grund der Teilung hat sich für die Leute alles zum Schlechten verändert.

7 'क्या X क्या' Y (ob X oder Y)

1. **क्या अमीर क्या ग़रीब**, सबके खून का रंग लाल है।
   Ob reich oder arm, aller Menschen Blutfarbe ist rot.
2. **क्या मनुष्य क्या जानवर**, सभी को ब्रह्मा ने रचा है।
   Ob Menschen oder Tiere, Brahma hat alle erschaffen.

■ **Der Gebrauch von** काहे?

1 काहे?/काहे को?/काहे लिए? **Warum?**

काहे को फ़ालतू बोल रहे हो?
Warum sprichst du so überflüssiges Zeug?

2 काहे में – **Wohinein?**

यह कपड़े **काहे में** रखूँ? सन्दूक में या आलमारी में?
Wohinein soll ich diese Kleider legen? In die Kiste oder in den Schrank?

3 काहे पर – **Worauf?**

मैं **काहे पर** बैठूँ, कुर्सी पर या चारपाई पर?
Worauf soll ich mich setzen, auf den Stuhl oder auf das Bett?

4 **काहे से - mit was / womit?**

सब्ज़ी **काहे से** काटूँ? — Womit soll ich das Gemüse schneiden?

5 **काहे का/-के/-की - woraus?**

यह फूलदान **काहे का** बना है, शीशे का या प्लास्टिक का? — Woraus ist diese Blumenvase gemacht, aus Glas oder aus Plastik?

Relativpronomen (संबंधवाचक सर्वनाम) जो und सो

Casus	pp_n	जो		सो	
		sg.	pl.	sg.	pl.
कर्ता Subjekt	Ø, ने	जो, जिसने	जो, जिनने जिन्होंने	सो, तिसने	सो, तिनने तिन्होंने
कर्म Objekt	Ø, को	जिसको, जिसे	जिनको जिन्हें	तिसको, तिसे	तिनको, तिन्हें
कारण Instr.	से	जिससे	जिनसे	तिससे	तिनसे
सम्प्रदान Dativ	को	जिसको, जिसे	जिनको जिन्हें	तिसको, तिसे	तिनको, तिन्हे
अपादान Ablativ	से	जिससे	जिनसे	तिससे	तिनसे
संबंध Genitiv	का, के, की	जिसका जिसके जिसकी	जिनका जिनके जिनकी	तिसका तिसके तिसकी	तिनका तिनके तिनकी
अधिकरण Lokativ	में, पर	जिसमें जिस पर	जिनमें जिन पर	तिसमें, तिस पर	तिनमें तिन पर

☞ 'सो' ist Synonym von 'वह' und 'वे'. Es wird im allgemeinen als Korrelativ von 'जो' benutzt, kann aber manchmal auch unabhängig stehen.

Beispiele: (siehe auch S. 281)

1. जो पेड़ मैंने दो वर्ष पूर्व लगाया था सो (वह) अब फल देगा। — Der Baum, den ich vor zwei Jahren gepflanzt habe, wird jetzt Früchte tragen.
2. जो बीमारी उसे हैं सो (वह) किसी को न हो। — Niemand möge die Krankheit haben, die er hat.
3. जो चिन्ताएँ मुझे हैं सो (वे) किसी को न हों। — Die Sorgen, die ich habe, sollte niemand haben.
4. वह जो न कहे सो कम! — Er kann sagen, was er will.
5. जो होना था, सो हो गया। — Was geschehen mußte, ist geschehen.

Reflexivpronomen (निजवाचक सर्वनाम) आप

☞ Als Reflexivpronomen haben 'आप', 'आप ही', 'आप-ही-आप', 'अपने-आप' 'अपनेसे', die Bedeutung 'selbst', 'ohne fremde Hilfe', 'allein'.

☞ Ihre genaue Bedeutung hängt von dem Subjekt ab.

☞ Sie sind für alle Personen, maskulin oder feminin, singular oder plural unveränderlich.

| अपने आप, आप ही |

☞ Anstelle der oben genannten Reflexivpronomen, kann auch 'स्वयं' (Sanskrit) oder 'खुद' (Urdu) benutzt werden.

1. मैं आप ही सब काम करती हूँ। — Ich mache alle Arbeit selbst.
2. यह हमारा अपना घर है; हमने इसे स्वयं बनवाया। — Das ist unser eigenes Haus. Wir haben es selbst bauen lassen.
3. 'क्या तुमने यह वस्त्र दर्ज़ी से बनवाया?' — Hast du dieses Kleid von Schneider machen lassen?
   'नहीं, मैंने इसे अपने-आप बनाया है।' — Nein, ich habe es selbst gemacht.

4. वह **अपने-आप** हिन्दी सीखता है। — Er lernt Hindi allein.
5. बुढ़िया सारा दिन **आप-ही-आप** बोलती रहती है। — Die alte Frau hält den ganzen Tag Selbstgespräche.
6. **आप** अच्छा तो जग अच्छा। — Ist man selbst gut, ist die ganze Welt gut.

| अपनेसे – allein selbst |

☞ **Anstelle können auch** अकेला, अकेले, अकेली...... **benutzt**

1. मैं **अपनेसे** फ़िल्में देखने गई। — Ich bin allein ins Kino gegangen.
2. मैंने **अपनेसे** खाना पकाया और खाया। — Ich habe das Essen selbst gekocht und gegessen.
3. तुम **अपनेसे** इतनी दूर कैसे जाओगी? — Wie wirst du allein so weit gehen / fahren können?
4. जब मैं दफ़्तर गयी, अधिकारी **अपनेसे** सब काम कर रहा था। — Als ich ins Büro kam, machte der Chef die ganze Arbeit selbst.

| आपस – unter |

1. **आपस में** बाँट लो। — Verteilt es unter euch!
2. यह हमारी **आपस की** बात है। — Das ist ein Gespräch unter uns.
3. यह उनका **आपस का** झगड़ा है। — Das ist eine Auseinandersetzung ganz unter ihnen.

| अपने से + Adjektiv |

1. **अपने से** बड़ों के मुँह न लगना चाहिए। — Man sollte mit den älteren Leuten nicht argumentieren.
2. **अपने से** छोटों को प्यार करो। — Liebe die, die jünger sind als du.
3. **अपने से** कमज़ोरों की मदद करो। — Hilf denen, die schwächer sind als du.

| अपना, अपने, अपनी |

Gebrauch von अपना, अपने, अपनी **entspricht dem Deutschen 'die eigenen'. Es wird adjektivisch gebraucht und paßt sich dem N und G des Substantives an, zu dem es gehört. Das Objekt im Haupt - oder Nebensatz gehört zum Subjekt.**

Beispiele:

1. वह **अपने** घर गया। — Er ging zu sich nach Hause.
2. यह मेरी **अपनी** कहानी है। — Das ist meine persönliche Geschichte.
3. कमला **अपना** हाथ-मुँह धो रही है। — Kamla wäscht sich. (Kamla macht Katzenwäsche)
4. माता जी **अपने** कपड़े सी रही हैं। — Die Mutter näht gerade ihre Kleider.
5. मैंने **अपने** पिताजी को कुछ रुपये दिए। उन्होंने उन्हें **अपनी** अलमारी में रख लिया। — Ich gab meinem Vater ein bißchen Geld. Er hat es in seinen Schrank gelegt.
6. कमला ने मुझे **अपना** पता दिया; मैंने उसको **अपना** पता दिया। — Kamla gab mir ihre Adresse; und ich gab ihr meine.
7. मुझे **अपना** काम अपने से करना अच्छा लगता है। — Mir gefällt es, meine Arbeit selber zu machen.

अपना – अपना

8. **अपना – अपना** नाम बताइये। — Sagen Sie mir bitte jeder seinen Namen.
9. **अपनी – अपनी** चीज़ें संभालो। — Jeder paßt auf seine eigenen Sachen auf.
10. सब बच्चों ने एक-दूसरे को **अपने-अपने** पते दिए। — Alle Kinder gaben sich gegenseitig ihre Adressen.

★ ★ ★

37 Das Adjektiv (विशेषण)

■ Das Pronominaladjektiv (सार्वनामिक विशेषण)

Die Pronomen der 3. Person Singular und Plural können sowohl in ihrer direkten als auch in ihrer obliquen Form, wenn sie vor dem Substantiv stehen, als Adjektive gebraucht werden.

1 Gebrauch von der Pronomen यह, वह, ये, वे als Demonstrativadjektiv.

1. उस लड़की को बुलाओ। — Ruf dieses Mädchen da!
2. वह औरत मेरी संगीत की अध्यापिका है। — Diese Frau ist meine Musiklehrerin.
3. किस लड़के ने तुम्हें मारा? — Welcher Junge hat dich geschlagen?
4. यह आम उन लड़कों को दीजिए। — Geben Sie diese Mangos den Jungen!

2 Das Pronominaladjektiv der Qualität (गुणवाचक सार्वनामिक विशेषण)

ऐसा, ऐसे, ऐसी	diese Art von
वैसा, वैसे, वैसी	jene Art von
तैसा, तैसे, तैसी	die Art von
कैसा, कैसे, कैसी	was für eine Art von?
जैसा, जैसे, जैसी	die Art von

Beispiele:

1. मैंने **ऐसा** बालक पहले कभी नहीं देखा। — Ich habe einen solchen Jungen nie zuvor gesehen.
2. आपके पास **वैसा** कपड़ा और है? — Haben sie mehr von jener Art Stoff.
3. आप **कैसा** भोजन पसन्द करते हैं? — Was für eine Art Essen mögen Sie?
4. तुम **जैसा** निकम्मा व्यक्ति मुझे आज तक नहीं मिला। — Eine solch nutzlose Person wie dich habe ich bis heute noch nie gesehen.
5. **ऐसे** मत बोलो। — Sage so etwas nicht!
6. यह अध्यापक **ऐसे** विद्यार्थियों को प्रोत्साहित करता है। — Dieser Lehrer ermutigt diese Art von Schüler.

☞ **ऐसे वैसे (idiomatischer Gebrauch) im Sinne von unwichtig, von zweifelhaftem Charakter.**

1. मैं **ऐसे वैसे** लोगों से दोस्ती नहीं करता। Mit solchen Leuten schließe ich keine Freundschaft.
2. कोई **ऐसा वैसा** काम न करना। Mach so eine Arbeit nicht!

☞ **Gebrauch des Korrelativs:**

वैसा, वैसे, वैसी (ही)..... जैसा, जैसे, जैसी - genau der/das/die selbe;
वैसा, वैसे, वैसी (नहीं)..... जैसा, जैसे, जैसी - nicht genau der/ das/ die selbe

1. यह मशीन ठीक **वैसी ही है जैसी** वह वाली। Diese Maschine hier ist genau dieselbe wie jene / diese da.
2. मेरे कुर्ते का रंग **वैसा ही है जैसा** आप की साड़ी का। Die Farbe meiner Kurta ist genau dieselbe wie die von ihrem Sari.
3. मेरी बेटी का स्वभाव **वैसा नहीं जैसा** आप की बेटी का। Der Charakter meiner Tochter ist nicht derselbe wie der Ihrer Tochter.
4. मेरी आमदनी **वैसी नहीं जैसी** आप समझते हैं। Mein Einkommen ist nicht so hoch wie Sie denken.

☞ **जैसा का तैसा, जैसे के तैसे, जैसी की तैसी - genau wie früher / vorher**

1. इतने वर्षो बाद भी वह **जैसी की तैसी** है। Nach so vielen Jahren ist sie genau wie früher.
2. बनारस शहर सदैव जैसा का तैसा रहेगा। Die Stadt Banaras wird immer die gleiche bleiben.
3. मुझे तो उनके हालात जैसे के तैसे लगे। Mir erschien seine Situation genau wie früher.

☞ **जैसे को तैसा - idiomatischer oder proverbialer Gebrauch**

1. **जैसे को तैसा** मिले करके लम्बे हाथ। Gleich zu gleich gesellt sich gern.
2. **जैसे को तैसा** Wie du mir, so ich dir.

☞ **जैसे ही ..... वैसे ही - Sobald**

जैसे ही वे आएँ, **वैसे ही** मुझे बुलाना। Rufe mich, sobald sie da sind.

☞ **कैसा, कितना als Pronominaladjektive drücken Überraschung aus.**

1. विदेश यात्रा की सोच कर वह **कैसी** खुश थी। — Wie glücklich war sie wenn sie an die Auslandreise dachte!
2. माता ने बालक को **कितना** मारा! — Wieviel doch die Mutter das Kind geschlagen hat!

☞ **कैसा / कैसे / कैसी ही – was für ein / welche:**

1. नौकर **कैसा ही** खाना बनाए, मेरे बच्चों को पसन्द नहीं आता। — Was für ein Essen der Diener auch immer bereiten mag, die Kinder mögen es nicht.
2. बच्चे **कैसे ही** कपड़े पहने, सुन्दर लगते हैं। — Welche / Was für Kleider die Kinder auch immer tragen, sie sehen immer hübsch aus.
3. मैं **कैसी ही** सलाह दूँ, वह नहीं मानेगा। — Welchen Rat ich ihm auch immer geben mag, er wird ihn nicht befolgen.

3 Das Pronominaladjektiv der Quantität
(परिमाण/संख्यावाचक सार्वनामिक विशेषण)

इतना/-ने/-नी; उतना/-ने/-नी; तितना/-ने/-नी	soviel, soviele
कितना/-ने/-नी; जितना/-ने/-नी	wieviel, wieviele

☞ **Sie können für zählbare und unzählbare Substantive benutzt werden.**

1. इतना दूध — soviel Milch
2. उतनी चीनी — soviel Zucker
3. कितने लड़के? — Wieviele Jungen?
4. जितनी औरतें उतने आदमी — Ebensoviele Männer wie Frauen.
5. जितना दूध उतना पानी — Ebensoviel Wasser wie Milch.

☞ **कितने + ही / कितने + एक - viele / wie viele (Ausruf).**

1. कितने ही लोग रोज़ विश्वनाथ मंदिर जाते हैं! — Wie viele Leute jeden Tag zum Viswanath Tempel gehen!

2.	भारत में **कितने-एक** तो पेट भर खाना भी नहीं खाते!	Wie viele Leute in Indien können sich nicht satt essen!
4.	वह **कितना ही** धन कमाए, उसके घर वाले खुश नहीं होते!	Wieviel Vermögen er auch immer anhäufen mag, seine Familie ist nicht zufrieden!
5.	दावत में **कितने ही** लोग आएँ, खाना कम नहीं होगा!	Wieviele Leute auch immer zum Fest kommen mögen, das Essen wird nicht zu wenig sein!
6.	उसे **कितनी ही** परेशानी हो, किसी को कुछ नहीं कहेगा!	Wie groß seine Schwierigkeiten auch immer sein mögen, er wird niemandem etwas von ihnen erzählen!

4 Das Pronomen 'कुछ' bezieht sich auf:

- eine unbestimmte Menge nicht zählbarer Gegenstände oder auf Abstrakta.

कुछ चीनी **etwas Zucker**; कुछ चावल **etwas Reis**; कुछ दूध **etwas Milch**.

- eine undifferenzierbare Gruppe oder eine unbestimmte Menge zählbarer Gegenstände, belebt oder unbelebt.

1.	कुछ औरतें घास काट रही हैं।	Ein paar Frauen schneiden Gras.
2.	कुछ कुर्सियाँ यहाँ रखो।	Stelle hier ein paar Stühle hin!
3.	कुछ लोग सड़क पर जमा हैं।	Ein paar Leute haben sich auf der Straße versammelt.
4.	कुछ ध्यान लगा कर पढ़ो।	Gib dir etwas Mühe und lerne!
5.	उसने कुछ सलाह दी।	Ein wenig Rat hat er gegeben.
6.	मुझे उससे कुछ भय नहीं।	Ich habe keinerlei Angst vor ihm.

5 Das Pronomen 'क्या' drückt Überraschung aus:

1.	क्या दृश्य था!	Was war das für ein schöner Anblick!
2.	वह भी **क्या** लड़की है!	Was ist das für ein Mädchen!

■ Das Adjektiv der Qualität (गुणवाचक विशेषण)

1 Adjektiv der Farbe, der Form , des Zustandes, des Ortes, und der Zeit.

Farbe	लाल (rot)	नीला (blau)	पीला (gelb)
रंग	भूरा (braun)	काला (schwarz)	सफ़ेद (weiß)
	गोरा (hellhäutig)	साँवला (dunkelhäutig)	
Form	गोल (rund)	चकोर (viereckig)	लम्बा (lang)
आकार	चौड़ा (breit)	ऊँचा (hoch)	नीचा (tief)
	अण्डाकार (oval)	त्रिकोण (dreieckig)	षटकोण (sechseckig)
Zustand	नाज़ुक (zart)	पतला (dünn)	मोटा (dick)
दशा, स्थिति	बीमार (krank)	कमज़ोर (schwach)	बलवान (stark)
	शान्त (friedlich)	पुराना (alt)	नया (neu)
	चिन्तित (besorgt)	परेशान (bekümmert)	भूखा (hungrig)
Zeit	भूत (vergangen)	वर्तमान (gegenwärtig)	भविष्यत् (zukünftig)
समय	अगला (nächst)	पिछला (letzt)	आगामी (kommend)
	गत (vergangen)		
Ort	विदेशी (fremd)	स्वदेशी (einheimisch)	भीतरी (inner)
स्थान	बाहरी (äußer)	जलीय (Wasser)	आकाशीय (Himmels)
	तटीय (Küsten)	पर्वतीय (gebirgig)	

2 '**सा, से, सी**' in Verbindung mit einem Adjektiv der Qualität:
Diese Verwendung mäßigt den Grad der Qualität.

Beispiele:

1. छोटी-सी रसोई — eine ziemlich kleine Küche
2. पीला-सा रूमाल — ein gelbliches Taschentuch

☞ **Manchmal bezeichnet es auch eine Ähnlichkeit:**

1. बन्दर-सा आदमी — ein affenartiger Mensch
2. चाँद-सी बेटी — eine Tochter (schön) wie der Mond
3. गुलाब-सा रंग — eine Farbe wie eine Rose

3 '**सरीखा, समान, तुल्य, सदृश्य, नामक**' als Adjektive:
Der Gebrauch dieser Adjektive drückt eine Ähnlichkeit aus.

1. उसकी हाथी **सरीखी** देह है। — Sein Körper ist wie der eines Elefanten.
2. तुम्हारे **समान** विद्वान इस संसार में विरले ही हैं। — Gelehrte wie du sind selten in dieser Welt.
3. वे हमारी माता **तुल्य** अध्यापिका है। — Diese Lehrerin ist wie eine Mutter für uns.
4. गोपाल **नामक** लड़का रोज़ मुझे दूध पहुँचाता है। — Ein Junge namens Gopal bringt mir täglich die Milch.

■ **Steigerung der Adjektive**

1 Positiv (Grundstufe) – '**मूलावस्था**'

Adjektive können sowohl prädikativ als auch attributiv gebraucht werden.

Beispiele:

Prädikativer Gebrauch	Attributiver Gebrauch
1. यह साबुन अच्छा है। Diese Seife ist gut.	अच्छा साबुन लाओ। Bringe gute Seife!
2. वह कपड़ा सफ़ेद है। Dieses Kleid da ist weiß.	यह सफ़ेद कपड़ा पहनो। Trage dieses weiße Kleid!

3. ये आम मीठे हैं।   मीठे आम खाओ।
Diese Mangos sind süß.   Iß süße Mangos!

4. यह पुस्तक मनोरंजक है।   आप मनोरंजक पुस्तकें पढ़ा करें।
Dieses Buch ist interessant.   Lesen Sie interessante Bücher!

5. यह भोजन पौष्टिक है।   सदैव पौष्टिक भोजन खाओ।
Dieses Essen ist nahrhaft.   Iß immer nahrhaftes Essen!

2 Komparativ (1. Steigerungsstufe) – 'उत्तरावस्था'

Meistens werden im Hindi syntaktische Mittel benutzt, um den Komparativ und den Superlativ zu bilden.

☞ **Um den Komparativ zu bilden stehen** से, से कहीं, से अधिक/ से ज़्यादा, से कम, से बढ़कर, की अपेक्षा, की तुलना में, में से **vor der Grundstufe des Adjektivs.**

☞ **Um den Komparativ 'mehr' auszudrücken, braucht man nicht unbedingt** 'अधिक' **und** 'ज़्यादा' **zu benutzen. Es genügt** 'से' **+ Grundstufe um die bezügliche Überlegenheit zu bezeichnen.**

☞ **Um den Komparativ 'weniger' auszudrücken, kann** 'से + कम + Grundstufe' **benutzt werden. Der Gebrauch von** 'कम' **ist zwingend.**

Satzstruktur:

Subj. dessen Eigenschaft verglichen wird	+	Obj. mit dem etwas verglichen werden soll	+	से, से अधिक usw.	+	Grundform des Adjektivs

Beispiele:

1. राम अनिल **से** बड़ा है।   Ram ist größer als Anil.
2. अनिल राम **से** ज़्यादा बुद्धिमान है।   Anil ist klüger als Ram.
3. राम दोनों में **से अधिक** परिश्रमी है।   Ram ist der fleißigere von beiden.
4. मेरा पुत्र मुझ**से** कहीं अमीर है।   Mein Sohn ist viel reicher als ich.
5. यह उस**से कम** मीठा है।   Dieses hier ist weniger süß als das da.
6. राम अनिल **से कम** होशियार है।   Ram ist weniger klug als Anil.
7. ग्रामीण जीवन शहरी जीवन **की तुलना में** शान्त है।   Das bäuerliche Leben ist im Vergleich zum städtischen Leben friedlicher.

8. हमारा गाँव दस वर्ष पूर्व **की तुलना में** अधिक जनसंकुल है। — Unser Dorf ist im Vergleich zu vor zehn Jahren bevölkerter.

9. धन की तुलना में स्वास्थ्य **कहीं** मूल्यवान है। — Verglichen mit dem Reichtum ist die Gesundheit wertvoller.

10. वह अपने भाई **से अधिक** बुद्धिमान है। — Er / Sie ist klüger als sein / ihr Bruder.

11. योरूप में भारत **की तुलना में** घर अधिक महँगे हैं। — In Europa sind die Häuser teurer als in Indien.

12. बड़े शहरों में रहने **की बनिस्बत** गाँव में रहना ज़्यादा स्वास्थ्यप्रद है। — Im Vergleich zum Leben in Großstädten ist das Leben auf dem Land gesünder.

☞ जितना ज़्यादा .... उतना ज़्यादा – **Je mehr...... desto mehr**

1. आप **जितना ज़्यादा** काम करेंगे, **उतना ज़्यादा** कमाएँगे। — Je mehr Sie arbeiten, desto mehr verdienen Sie.

2. **जितनी ज़्यादा** मुश्किल समस्या होती है, **उतना ज़्यादा** आनन्द मुझे उसे सुलझाने में आता है। — Je schwieriger das Problem ist, desto mehr Freude macht es mir, es zu lösen.

3. **जितनी ज़्यादा** तुम शिकायत करते हो, **उतना अधिक** मुझे गुस्सा आता है। — Je mehr du dich beschwerst, desto ärgerlicher machst du mich.

4. **जितना अधिक** व्यक्ति भारत में रहता है, **उतना अधिक** वह भारतीयों को समझता है। — Je länger man in Indien bleibt, desto besser versteht man die Inder.

☞ इतना/उतना + Adjektiv + नहीं जितना – **(nicht so + Adjektiv + wie).**

1. मैं **इतनी** अच्छी विद्यार्थी नहीं **जितनी** रमा है। — Ich bin keine so gute Studentin wie Rama.

2. रामो **उतना** सौहार्दपूर्ण नहीं **जितना** कमल। — Ramo ist nicht so freundlich wie Kamal.

3. कमला **इतनी** अच्छी नर्तकी नहीं **जितना** वह अपने को समझती है। — Kamla ist keine so gute Tänzerin, wie sie (von sich) denkt.

4. वे जूते **उतने** महँगे नहीं **जितने** यहवाले। — Diese Schuhe da sind nicht so teuer wie diese hier.

5. यह कैमरा **उतना** सस्ता नहीं **जितना** आपकावाला।   Diese Kamera ist nicht so billig wie Ihre.

☞ **उतना ही + Adj. --- जितना + Adj. – Vergleich zweier verschiedener Eigenschaften:**

1. वह **उतना ही** जिद्दी है **जितना** शैतान।   Er ist ebenso dickköpfig wie frech.
2. राम **उतना** ही उदार हृदय है **जितना** अमीर।   Ram ist ebenso großzügig wie reich.

☞ **उतना ही + Adj. --- जितना + Adj. – Vergleich zweier Substantive.**

1. भारत में जीवन **उतना ही** सरल है **जितना** पश्चिमी देशों में जटिल।   So einfach das Leben in Indien ist, so kompliziert ist es im Westen.
2. हमारा शहर **उतना ही** पिछड़ा हुआ है **जितना** तुम्हारा विकसित है।   So rückständig unsere Stadt ist, so entwickelt ist deine.

3 Superlativ (2. Steigerungsstufe) – 'उत्तमावस्था'

☞ **Um den Superlativ zu bilden, stehen 'सबसे, सबमें, सब से बढ़कर' vor der Grundstufe des Adjektiv.**

Beispiele:

1. यह आम **सब से** मीठा है।   Diese Mango ist von allen die süßeste.
2. राम अपनी कक्षा में **सब से बढ़कर** होशियार है।   Ram ist in seiner Klasse bei weitem der Klügste.

☞ **'अत्यन्त, अतिशय, परम, बहुत ही, एक ही' können manchmal auch benutzt werden, um den Superlativ zu bilden.**

Beispiele:

1. वह मेरा **परम** प्रिय मित्र है।   Er ist mein liebster Freund.
2. उसका हृदय **अत्यन्त** कठोर है।   Sein Herz ist überaus hart.
3. काव्यग्रन्थों में कामायनी **अतिशय** श्रेष्ठ है।   Unter den dichterischen Werken ist 'Kamayani' das beste.

4. फूलों में **एक ही** सुन्दर चमेली है। — Unter den Blumen ist die Chrysantheme von einzigartiger Schönheit.

☞ **Der Superlativ wird manchmal durch Verdoppelung des Adjektivs gebildet.**

☞ **Zwischen den Verdoppelungsadjektiven kann auch 'से' stehen.**

Beispiele:

1. इस शहर में **ऊँची-ऊँची** इमारतें हैं। — In dieser Stadt sind die Gebäude sehr hoch.
2. दावत में **सुन्दर-से-सुन्दर** लड़कियाँ थी। — Auf der Party waren äußerst schöne Mädchen .
3. ईद के दिन **ग़रीब-से-ग़रीब** भी नये वस्त्र पहनते हैं। — Am Idfest tragen sogar die Ärmsten der Armen neue Kleider.
4. मंदिर में **अमीर-से-अमीर** भी नंगे पैर जाते हैं। — In den Tempel gehen auch die Reichsten der Reichen mit blossen Füssen.

☞ **'एक-से-एक' — einer ebenso...wie der andere.**

Beispiele:

1. लड़ाई के मैदान में **एक-से-एक** सूरमा खड़े थे। — Auf dem Schlachtfeld standen alle tapfersten Männer, einer wie der andere.
2. इस कक्षा में **एक-से-एक** होशियार लड़के थे। — In dieser Klasse war einer ebenso klug wie der andere.

Vergleichen und Verstehen Sie — Positiv und Superlativ

Beispiele:

अ - मैंने अभी-अभी सर्फ़ का प्रयोग किया है। यह बहुत **अच्छा साबुन** है। — Ich habe gerade eben 'Surf' benutzt. Es ist ein sehr gutes Waschmittel.

ब - अभी तक जितने साबुन मैंने प्रयोग किए हैं उनमें यह साबुन **सबसे अच्छा** है। — Von allen Waschpulvern, die ich bisher benutzt habe, ist 'Surf' das beste.

अ - मैंने अभी एक पुस्तक पढ़ी है। यह बहुत **मनोरंजक** है। — Ich habe gerade ein Buch gelesen. Es ist sehr interessant.

ब - मेरी अब तक पढ़ी हुई पुस्तकों में यह **सबसे अधिक मनोरंजक** है।	Von allen Büchern, die ich bis jetzt gelesen habe, ist dies das interessanteste.
अ - मैंने पिछले हफ़्ते एक 'फ़िल्म' देखी है। वह बहुत **उत्तेजक** थी।	Letzte Woche habe ich einen Film gesehen. Er war sehr aufregend.
ब - मेरी अभी तक देखी गई 'फ़िल्मों' में यह **सबसे अधिक उत्तेजक** है।	Von allen Filmen, die ich bisher gesehen habe, ist dieser der aufregendste.
अ - मैंने यह नया 'शरबत' अभी-अभी पिया है। यह बहुत **स्वादिष्ट** है।	Ich habe gerade eben diesen Sirupgetränk getrunken. Er ist sehr köstlich.
ब - अभी तक जितने शरबत मैंने पिए हैं उनमें यह **सबसे अधिक स्वादिष्ट** है।	Von allen Sirupgetränken, die ich bisher getrunken habe ,ist dieser der köstlichste.
अ - मैंने हाल में एक नई पोशाक ख़रीदी है। यह बहुत **महँगी** थी।	Ich habe neulich ein neues Kleid gekauft. Es war sehr teuer.
ब - मेरे द्वारा अभी तक ख़रीदी गई सभी पोशाकों में यह **सबसे महँगी** है।	Von allen Kleidern, die ich bisher gekauft habe, ist dies das teuerste.

☞ **Adjektive, die aus dem Sanskrit entnommen sind, hängen 'तर' an, um den Komparativ zu bilden und 'तम', um den Superlativ zu bilden.**

Beispiele:

Grundstufe	**Komparativ**	**Superlativ**
मूलावस्था	**उत्तरावस्था**	**उत्तमावस्था**
प्रिय (lieb)	प्रियतर (lieber)	प्रियतम (am liebsten)
उच्च (hoch)	उच्चतर (höher)	उच्चतम (am höchsten)
प्राचीन (alt)	प्राचीनतर (älter)	प्राचीनतम (am ältesten)
लघु (klein)	लघुतर (kleiner)	लघुतम (am kleinsten)
गुरु (schwer)	गुरुतर (schwerer)	गुरुतम (am schwersten)
युवन (jung)	युवतर (jünger)	युवतम् (am jüngsten)
विद्वस् (gelehrt)	विद्वत्तर (gelehrter)	विद्वत्तम (am gelehrtesten)
महत् (bedeutend)	महत्तर (bedeutender)	महत्तम (am bedeutendsten)
बृहत् (groß)	बृहत्तर (größer)	बृहत्तम (am größten)
अधिक (viel)	अधिकतर (mehr)	अधिकतम (am meisten)

☞ Einige Adjektive, die aus dem Persischen stammen, hängen 'तर' an, um den Komparativ zu bilden und 'तरीन' um den Superlativ zu bilden.

कम	wenig	कमतर	weniger	कमतरीन	am wenigsten
बद	schlecht	बदतर	schlechter	बदतरीन	am schlechtesten
अच्छा	gut	बेहतर	besser	बेहतरीन	am besten

Veränderliche und unveränderliche Adjektive

Im Hindi können die Adjektive in zwei Kategorien eingeteilt werden, die deklinierbaren und die undeklinierbaren.

■ **Veränderliche (deklinierbare) Adjektive:** (विकारी विशेषण)

⬜1 Alle Adjektive, die auf einem langen 'आ' enden, verändern sich je nach Numerus, Genus und Casus des Substantivs, das sie bestimmen. Sie haben jedoch keine 'ओं' oder 'ओ' Formen, um die Pluralsubstantive im obliquus oder im vokativ zu bestimmen.

Beispiele:

Casus	Adj. m. sg.	Adj. m. pl.
rectus	अच्छा लड़का	अच्छे लड़के
obliquus	अच्छे लड़के + pp$_n$	अच्छे लड़कों + pp$_n$
vokativ	अच्छे लड़के	अच्छे लड़को

	Adj. f. sg.	Adj. f. pl.
rectus	अच्छी लड़की	अच्छी लड़कियाँ
obliquus	अच्छी लड़की + pp$_n$	अच्छी लड़कियों + pp$_n$
vokativ	अच्छी लड़की	अच्छी लड़कियो

☞ Femininformen 'अच्छी' usw verändern sich nicht nach Numerus und Casus.

⬜2 Wenn Adjektive als Substantive benutzt werden haben sie 'ओं' als Casus obliquus Plural und 'ओ' als vokativ.

Beispiele:

1. बड़े को बुलाओ।   Ruf den Älteren!

2. बड़ों का कहना मानो।   Höre auf die Worte der Älteren!
3. छोटियों को पहले खाना दो।   Gib den Kleinen zuerst Essen!
4. ए छोटियो ! चुप से बैठो।   He, ihr Jungen. Sitzt ruhig!
5. हे बड़ो। इधर आओ।   He, ihr Alten ! Kommt hierher!

3 Wenn ein veränderliches Adjektiv mehrere Substantive mit unterschiedlichen G und N bestimmt, dann richtet es sich nach demjenigen, das unmittelbar auf dieses Adjektiv folgt.

Beispiele:

1. हमने **काला** कुर्ता, साड़ी, कमीज़ें ख़रीदीं।   Wir haben eine schwarze Kurta, einen schwarzen Sari und schwarze Hemden gekauft.

☞ काला bestimmt sowohl कुर्ता (m.sg.), als auch साड़ी (f.sg.) und कमीज़ें (f.pl.), aber es richtet sich nur nach कुर्ता.

2. हमने **काली** साड़ी, कमीज़ें और कुर्ता ख़रीदा।   Wir haben einen schwarzen Sari, ein schwarzes Hemd und eine schwarze Kurta gekauft.

☞ Auch hier richtet sich काली nach Sari, d.h. nach dem unmittelbar folgenden Objekt, obwohl es auch die Substantive कमीज़ें und कुर्ता bestimmt.

4 Folgende Adjektive aus dem Sanskrit, die auf einen Konsonanten enden haben eine besondere feminine Form.

m.		f.
रूपवान्	hübsch	रूपवती
गुणवान्	mit guten Eigenschaften	गुणवती
भाग्यवान्	in glücklicher Lage	भाग्यवती
विद्वान्	gelehrt	विदुषी
महान्	wichtig; bedeutend	महती

■ **Unveränderliche (undeklinierbare) Adjektive (अविकारी विशेषण)**

1 Alle Adjektive die nicht auf 'आ' enden sind unveränderlich. Sie verändern sich nicht je nach Genus, Numerus, und Casus des Substantivs, welches sie bestimmen.

1. सुन्दर hübsch
2. भारी schwer
3. ढालू abschüssig / schräg
4. होशियार klug
5. उत्साही begeistert
6. झगड़ालू streitsüchtig

2 Einige auf 'आ' endende Adjektive verändern sich nicht nach dem Numerus und Genus des Substantivs, das sie bestimmen. siehe Beispiele:

सालाना jährlich

सालाना जलसा ein jährliches Festival

सालाना आय jahrliches Einkommen

सालाना खर्च jährliche Ausgaben

नाना (im pl. benutzt) verschiedenartig

नाना मिठाइयाँ verschiedene Süßigkeiten

नाना फल verschiedene Früchte

बचकाना kindisch

बचकाना आदतें kindisches Benehmen

बचकाना स्वभाव kindischer Charakter

जुड़वा Zwillings

जुड़वा भाई/बहनें Zwilingsbrüder, Zwillingsschwestern

आवारा nichtsnutzig, herumlungernd

आवारा लड़का herumlungernd Junge

बढ़िया hochwertig

बढ़िया साड़ी/साड़ियाँ ein hochwertiger Sari/ hochwertige Saris

बढ़िया दृश्य eine sehr schöne Aussicht

घटिया minderwertig

घटिया चीज़ eine minderwertige Qualität

घटिया विचार ein schlechter Gedanke

उमदा eine hochwertige Qualität

उमदा ग़लीचा ein hochwertiger Teppich

उमदा ग़लीचे hochwertige Teppiche

मज़ाकिया spaßig / humorvoll

मज़ाकिया आदमी ein Mann mit Humor

ताज़ा frisch

ताज़ा आम ein frich Mango

Zahladjektive (संख्या वाचक विशेषण)

■ Grundzahlen (गणन संख्या)

१	एक	eins	२४	चौबीस	vierundzwanzig
२	दो	zwei	२५	पच्चीस	fünfundzwanzig
३	तीन	drei	२६	छब्बीस	sechsundzwanzig
४	चार	vier	२७	सत्ताईस	siebenundzwanzig
५	पाँच	fünf	२८	अट्ठाईस	achtundzwanzig
६	छ:/छह	sechs	२९	उनतीस	neunundzwanzig
७	सात	sieben	३०	तीस	dreißig
८	आठ	acht	३१	इकतीस	einunddreißig
९	नौ	neun	३२	बत्तीस	zweiunddreißig
१०	दस	zehn	३३	तैंतीस	dreiunddreißig
११	ग्यारह	elf	३४	चौंतीस	vierunddreißig
१२	बारह	zwölf	३५	पैंतीस	fünfunddreißig
१३	तेरह	deizehn	३६	छत्तीस	sechsunddreißig
१४	चौदह	vierzehn	३७	सैंतीस	siebenunddreißig
१५	पन्द्रह	fünfzehn	३८	अड़तीस	achtunddreißig
१६	सोलह	sechzehn	३९	उनतालीस	neununddreißig
१७	सत्रह	siebzehn	४०	चालीस	vierzig
१८	अठारह	achtzehn	४१	इकतालीस	einundvierzig
१९	उन्नीस	neunzehn	४२	बयालीस	zweiundvierzig
२०	बीस	zwanzig	४३	तैंतालीस	dreiundvierzig
२१	इक्कीस	einundzwanzig	४४	चौवालीस	vierundvierzig
२२	बाईस	zweiundzwanzig	४५	पैंतालीस	fünfundvierzig
२३	तेईस	dreiundzwanzig	४६	छिआलीस	sechsundvierzig

४७	सैंतालीस	siebenundvierzig	७४	चौहत्तर	vierundsiebzig
४८	अड़तालीस	achtundvierzig	७५	पचहत्तर	fünfundsiebzig
४९	उनचास	neunundvierzig	७६	छिहत्तर	sechsundsiebzig
५०	पचास	fünfzig	७७	सतहत्तर	siebenundsiebzig
५१	इक्यावन	einundfünfzig	७८	अट्हत्तर	achtundsiebzig
५२	बावन	zweiundfünfzig	७९	उनासी	neunundsiebzig
५३	तिरपन	dreiundfünfzig	८०	अस्सी	achtzig
५४	चौवन	vierundfünfzig	८१	इक्यासी	einundachtzig
५५	पचपन	fünfundfünfzig	८२	बयासी	zweiundachtzig
५६	छप्पन	sechsundfünfzig	८३	तिरासी	dreiundachtzig
५७	सतावन	siebenundfünfzig	८४	चौरासी	vierundachtzig
५८	अठावन	achtundfünfzig	८५	पचासी	fünfundachtzig
५९	उनसठ	neunundfünfzig	८६	छियासी	sechsundachtzig
६०	साठ	sechzig	८७	सतासी	siebenundachtzig
६१	इकसठ	einundsechzig	८८	अठासी	achtundachtzig
६२	बासठ	zweiundsechzig	८९	नवासी	neunundachtzig
६३	तिरसठ	dreiundsechzig	९०	नब्बे	neunzig
६४	चौंसठ	vierundsechzig	९१	इक्यानवे	einundneunzig
६५	पैंसठ	fünfundsechzig	९२	बानवे	zweiundneunzig
६६	छियासठ	sechsundsechzig	९३	तिरानवे	dreiundneunzig
६७	सड़सठ	siebenundsechzig	९४	चौरानवे	vierundneunzig
६८	अड़सठ	achtundsechzig	९५	पचानवे	fünfundneunzig
६९	उनहत्तर	neunundsechzig	९६	छियानवे	sechsundneunzig
७०	सत्तर	siebzig	९७	सतानवे	siebenundneunzig
७१	इकहत्तर	einundsiebzig	९८	अठानवे	achtundneunzig
७२	बहत्तर	zweiundsiebzig	९९	निन्यानवे	neunundneunzig
७३	तिहत्तर	dreiundsiebzig	१००	सौ	hundert

० शून्य null

१००० हजार, ein Tausend

१००००० लाख hundert Tausend

१००००००० करोड़ zehn Millionen

☞ **Die Kardinalzahlen sind unveränderlich**

■ Ordnungszahlen (क्रमसूचक संख्या)

[1] Die Ordnungszahlen 1-4 sind unregelmäßig.

पहला der erste   दूसरा der zweite   तीसरा der dritte   चौथा der vierte

[2] Die Zahlen von 5 aufwärts werden mit dem Suffix 'वाँ' gebildet, das an die Kardinalzahl angehängt wird.

पाँचवाँ der fünfte छठवाँ der sechste   सातवाँ der siebte   आठवाँ der achte

नौवा der neunte usw.

[3] Wenn die Zahl über hundert ist, wird ebenfalls das Suffix 'वाँ' an die Zahl angehängt.

१०१	एक सौ एकवाँ	der hunderterste
१०२	एक सौ दोवाँ	der hundertzweite
१०३	एक सौ तीनवाँ	der hundertdritte
१११	एक सौ ग्यारहवाँ	der hundertelfte

☞ **Die Ordnungszahlen richten sich in Numerus, Genus, und Casus nach dem Substantiv.**

पहला लड़का	der erste Junge.
पहले लड़के को	den ersten Jungen.
दूसरी लड़की	das zweite Mädchen.
पाँचवीं औरत	die fünfte Frau.
छठा (छठवाँ) आदमी	der sechste Mann.

■ Die Vervielfältigungszahlen: Sie werden mit dem Suffix 'गुना' gebildet.

दुगना	तिगुना	चौगुना
zweimal	dreimal	viermal
पँचगुना	छगुना/छहगुना	सतगुना
fünfmal	sechsfach	siebenmal

अठगुना	नौगुना	सौगुना
achtfach	neunmal	hundertfach
हजार गुना	लाख गुना	
tausendfach	hunderttausendfach	

☞ **Die Vervielfältigungszahlen richten sich in Numerus, Genus und Casus nach dem Substantiv.**

वह (m.sg.) मुझ से **सौ गुना** अमीर है।	Er ist hundertmal reicher als ich.
एक वर्ष में उसकी पूँजी (f.sg.) **दुगुनी** हो गयी।	In einem Jahr hat sich sein Kapital verdoppelt.

☞ **Zahl + 'हरा'**

Manchmal wird auch 'हरा' an die Grundzahl angehängt (Wird nur bei niedrigen Zahlen gebraucht).

इकहरा einfach	दोहरा zweifach	तेहरा dreifach
चौहरा vierfach	पचहरा fünffach	दशहरा zehnfach usw.

■ **Bruchzahlen (अपूर्णबोधक विशेषण)**

पाव, चौथाई	$\frac{1}{4}$	ein viertel
पौन, तीन चौथाई	$\frac{3}{4}$	drei viertel
सवा	$1\frac{1}{4}$	einein viertel
साव दो	$2\frac{1}{4}$	zwei einviertel
डेढ़	$1\frac{1}{2}$	ein einhalb
ढाई	$2\frac{1}{2}$	zwei einhalb
पौने दो	$1\frac{3}{4}$	ein dreiviertel
साढ़े तीन	$3\frac{1}{2}$	drei einhalb
साढ़े चार	$4\frac{1}{2}$	vier einhalb

तीन सही पाँच बटे आठ	3 und 5/8	drei fünfachtel
चार सही सात बटे नौ	4 und 7/9	vier siebenneuntel
पाँच सही दो बटे ग्यारह	5 und 2/11	fünf zwei elftel

सवा सौ;	सवा हजार;	सवा लाख	ढाई सौ;	ढाई हजार;	ढाई लाख
125	1250	125000	250	2500	250000

■ Weitere Verwendungen von Zahladjektiven

1 Die ganze Zahl + ओं:

Diese drückt sowohl eine bestimmte als auch eine unbestimmte Anzahl aus:

☞ **Bestimmte Anzahl:**

दोनों;	तीनों;	चारों;	पाँचों;	छहों;	सातों
alle beide	alle drei	alle vier	alle fünf	alle sechs	alle sieben

1. पाँचों भाई बहुत विद्वान थे। Alle fünf Brüder waren sehr gelehrt.
2. कमरे में चारों खिड़कियाँ खुली थीं। Alle vier Fenster im Zimmer waren offen.

☞ **Unbestimmte Anzahl:**

बीसों;	सैकड़ों;	हजारों	करोड़ों
eine große Anzahl	Hunderte	Tausende	Millionen

1. उसको अपने व्यापार में करोड़ों का घाटा हुआ। Er verlor Millionen in seinem Handel.
2. सड़क पर सैकड़ों लोग जमा थे। Hunderte von Leuten versammelten sich auf der Straße.

☞ **Eine Verdoppelung gibt eine besondere Betonung.**

Beispiele:

1. चारों-के-चारों चोर थे। Alle vier (von ihnen) waren Diebe.
2. दसों-के-दसों हमारे यहाँ आ पहुँचे। Alle zehn (von ihnen) kamen zu uns.
3. घर में आठों-के-आठों पंखे चल रहे थे। Alle acht Ventilatoren liefen im Haus.

2 **Adjektive der Verteilung** (प्रत्येकबोधक विशेषण)

1. मैं **एक एक** लड़के को सबक सिखाऊँगा।   Ich werde jedem Jungen einzeln eine Lektion erteilen.
2. हरएक लड़के को **पाँच पाँच** रुपए दे दो।   Gib jedem Jungen fünf Rupien.
3. वह **हर चौथे** दिन हमारे यहाँ आता है।   Er kommt jeden vierten Tag zu uns.

3 **Die ganze Zahl + एक = ungefähr.**

Beispiele:

1. दस एक आम   ungefähr zehn Mangos
2. बीस एक आदमी   ungefähr zwanzig Männer.
3. आप मुझे सौ एक रुपये उधार दे सकेंगे?   Können Sie mir ungefähr hundert Rupien leihen?

4 **Die ganze Zahl + ठो* = ungefähr.**
   *(Umgangssprache)

दो ठो आदमी   ungefähr 2 Männer.
दस ठो केले   ungefähr 10 Bananen.

5 **Die Verbindung von 2 beliebigen Zahlen um eine unbestimmte Menge auszudrücken, ist im Hindi sehr üblich.**

दस-पाँच रुपए   ein paar Rupien.
दो-चार रोटियाँ   ein paar Rotis.
हज़ार-दो हज़ार लोग   ziemlich viele Leute.
उन्नीस-बीस का फ़र्क   ein geringer Unterschied.

■ **Adjektive der unbestimmten Mengen.**

1 अधिक, ज़्यादा - mehr; कम, कुछ, थोड़ा - wenig

1. मुझे **कम** वेतन मिलता है।   Ich verdiene wenig Geld.
2. उसने **कुछ** आम ख़रीदे।   Er kaufte einige Mangos.
3. मैं **थोड़ा-सा** दूध पिऊँगा।   Ich werde ein bißchen Milch trinken.
4. उसके पास मुझसे **ज़्यादा** पैसे हैं।   Er hat mehr Geld als ich.

2 आदि, इत्यादि, वगैरा - usw.

1. मैंने रंग, केनवस, पेन्सिल **आदि** सामान ख़रीदा। — Ich kaufte Sachen wie Farben, Leinwand, Bleistifte usw.
2. हमने साड़ी, शाल **इत्यादि** ख़रीदे। — Wir kauften einen Sari, einen Schal usw.
3. मैं चाय, कॉफ़ी **वगैरा** पेय नहीं पीता। — Ich trinke keine Getränke wie Tee, Kaffee oder ähnliches.

3 अमुक/कोई एक/फलाँ (Urdu) - so und so, solch einer.

1. **अमुक** आदमी **अमुक** समय पर मुझे **अमुक** स्थान पर मिलेगा। — Herr So und So wird mich dann und dann dort und dort treffen.
2. **फलाँ** आदमी तुम्हारा क्या लगता है? — In welcher Beziehung steht diese Person zu dir.

4 कै/कितने - wie viele.

1. दावत में **कै** (**कितने**) लोग आए? — Wieviel Leute kamen zum Abendessen?
2. यह वस्त्र **कै** (**कितने**) रुपयों का है? — Wie teuer ist dieser Stoff?

5 बहुत-से/बहुत-सारे/बहुत-कुछ - eine große Menge

1. यहाँ **बहुत-सारे** बच्चे खेलते हैं। — Viele Kinder spielen hier.
2. हमें **बहुत-सी** बातें करनी हैं। — Wir müssen viel reden.
3. उसकी **बहुत-कुछ** आदतें मेरे जैसी हैं। — Viele seiner Gewohnheiten sind genau wie meine.

6 सब, समस्त, सकल - alle

1. **सब** छात्र पढ़ रहे हैं। — Alle Studenten studieren (gerade).
2. **सब-कोई** चले गए हैं। — Alle sind schon weggegangen.
3. **सकल** नारियाँ गा रही है। — Alle Frauen singen (gerade).

7 अनेक, कई - viele; अनेकों - viele verschiedene

1. मैंने अमरीका में **अनेक** स्थान देखे। — In Amerika habe ich viele Orten besichtigt.

2. वहाँ **कई** लोग मुझसे मिलने आए।   Dort besuchten mich viele Leute.
3. उसने मुझे **अनेकों** कहानियाँ सुनाईं।   Er erzählte mir viele (verschiedene) Geschichten.

8 दूसरा, अन्य, और - andere

1. यह तो **दूसरी** बात है।   Das ist eine andere Sache.
2. मैंने तो कुछ **और** ही सुना है।   Ich habe etwas (ganz) anderes gehört.
3. मेरे पीछे कोई **अन्य** व्यक्ति आया था?   Ist während meiner Abwesenheit jemand anderes gekommen?

9 कई एक, बहुतेरे, नाना - viele

1. वह रोज़ **बहुतेरे** लोगो से मिलता है और **नाना** काम करता है।   Jeden Tag trifft er sich mit vielen Leuten und erledigt viele Arbeiten.
2. आज मुझे **कई एक** पत्र लिखने हैं।   Ich muß heute viele Briefe schreiben.

10 Maße / Gewichte Substantiv + ओं = unbestimmte Menge.

ढेरों Mengen von   **मनों** große Mengen von (etwas)

ढेरों पुस्तकें सड़क के बीच बिखरी पड़ी थीं।   Eine Menge Bücher lagen auf der Straße verstreut.

मनों मिठाइयाँ घंटे-भर में बिक गईं।   Eine große Menge Süßigkeiten wurden innerhalb einer Stunde verkauft.

11 Maße / Gewichte Substantiv + भर = bestimmte Menge.

किलो-भर चाँदी 1 kg Silber   ✱मन-भर गेहूँ ein Scheffel Weizen

ये पायजेब **किलो-भर** चाँदी से कम के नहीं।   Diese Fußketten sind mindestens 1 kg schwer.

उन्होंने **मन-भर** गेहूँ पंडित जी को दक्षिणा में दिया।   Sie haben dem Pandit eine große Menge Weizen als Gabe gegeben.

✱ **Gewichts einheit = 40 seers.**

Partizipialkonstruktionen als Adjektive

1 Gebrauch des imperfektiven Partizips als Adjektiv.

Beispiele:

चलती हुई गाड़ी der fahrende Zug;   रोता हुआ बच्चा das weinende Kind
s. S. 95–99

2 Gebrauch des perfektiven Partizips als Adjektiv.

Beispiele:

सोया हुआ बालक – das schlafende Kind;   टूटी हुई झोंपड़ी die kaputte Hütte.
s. S. 95–99

3 Gebrauch von agentativen Partizipien als Adjektive.

☞ **Substantiv + वाला/वाले/वाली als Adjektiv.**

मकालवाला Hausbesitzer   दुकानवाला der Geschäftsmann.
s. S. 100

☞ **Vs. + ने + वाला/वाले/वाली**

गानेवाला – Sänger   बेचनेवाला der Verkäufer
s. S. 100

siehe L-21,22,23

★★★

38 Das Adverb (क्रियाविशेषण)

☞ **Adverbien bestimmen Verben, Adjektive oder andere Adverbien.**

■ **Klassifikation der gebräuchlichsten Adverbien:**

1 Modale Adverbien (रीतिवाचक क्रियाविशेषण):

जल्दी (schnell); धीरे (langsam); सावधानी से (vorsichtig); आसानी से (leicht);
बेचैनी से (ungeduldig); अनजाने में (versehentlich); जानबूझकर (absichtlich);
ध्यानपूर्वक (aufmerksam); दु:खपूर्वक (traurig); अनायास (unerwartet) ;
मानो (als ob); यथासंभव (soweit wie möglich); अक्षरश: (wörtlich).

2 Lokale Adverbien (स्थानवाचक क्रियाविशेषण):

यहाँ (hier); वहाँ (dort); ऊपर (über / oben); नीचे (unten / unter);
आगे (vorn, vorwärts); पीछे (hinten, hinter); सामने (vor, vorn,gegenüber);
पास (nahe); दूर (weit); घर पर (zu Hause); बग़ीचे में (im Park).

3 Temporale Adverbien (समयवाचक क्रियाविशेषण):

अब (jetzt); तब (dann); आज (heute); कल (morgen /gestern);
परसों (übermorgen / vorgestern); दो बजे (um 2 Uhr);
सुबह को (am Morgen) ; शाम को (am Abend); सोमवार को (am Montag)
तीन जनवरी को (am 3. Januar); सन् १९६६ में (im Jahre 1996);
अभी अभी (genau jetzt;) जल्दी ही (bald); अभी भी (noch);
बहुत देर से (seit langem) पिछले हफ़्ते (letzte Woche);
अगले महीने (nächsten Monat); अगले साल (nächstes Jahr); पहले से ही (schon).

4 Frequentative Adverbien (आवृत्तिवाचक क्रियाविशेषण):

प्राय: (gewöhnlich); अकसर (oft); हमेशा/सदैव (immer); कभी नहीं (nie);
कभी कभी (manchmal); कभी भी (wann immer); सामान्यत: (im allgemein);

कभी कभार/यदा कदा/विरले ही (selten); पुन: पुन:/बारम्बार (häufig, immer wieder)
सप्ताह में एक बार (einmal wöchentlich); दिन में तीन बार (dreimal am Tag;)
कई बार (mehrmals;) प्रतिदिन/हर रोज़ (täglich); आये दिन (ab und zu;)
एक दिन छोड़कर (jeden zweiten Tag); समय समय पर (gelegentlich);

5 Adverbien des Maßes/Grades (श्रेणीवाचक क्रियाविशेषण):

बहुत (sehr viel); कम (wenig); अधिक (am meisten); लगभग (ungefähr);
पूर्णतया (völlig, vollkommen); बिल्कुल (absolut); कुछ कुछ (ziemlich, einige);
वास्तव में (wirklich); दुगुना/तिगुना + Adv. (zweimal, dreimal+ Adv.);
इतना, इतने, इतनी + Adv. (soviel + Adv); पर्याप्त (genügend);
अधिक (ahlreich, mehr); थोड़ा (ein bißchen); विरले ही (kaum).

6 Frageadverbien (प्रश्नवाचक क्रियाविशेषण):

कैसे (wie); कब (wann); क्यों/क्यों कर/किसलिए (warum); कहाँ, किधर (wo).

7 Kausale Adverbien (कारणवाचक क्रियाविशेषण):

के कारण, के मारे, की वजह से (wegen); अत:, अतएव, इसलिए (deshalb).

8 Konjunktionsadverbien (संयोजक क्रियाविशेषण):

तदनुसार (dementsprechend); भी (auch); तत्पश्चात (danach);
इसलिए (deshalb); तथापि/फिर भी (dennoch, trotzdem); अन्यथा, नहीं तो (sonst);
अभी तक (bisher, sogar jetzt); इस तरह/ऐसे (auf diese Weise, so).

9 Adverbien, die den ganzen Satz bestimmen:

भाग्य से (glücklicherweise); निश्चित ही (bestimmt); प्रत्यक्षत: (anscheinend);
संभाव्यत: (wahrscheinlich); निसन्देह (zweifellos); संभवत: (möglicherweise);
स्पष्टत: (offensichtlich); अंतत: (endlich).

Beispiele:

1 Modale Adverbien:

1.	वह बहुत **जल्दी** खाती है।	Sie ißt sehr schnell.
2.	राम अंग्रेज़ी **सप्रवाह** बोलता है।	Ram spricht fließend Englisch.
3.	सड़क **सावधानी से** पार करना।	Überquere die Straße vorsichtig !
4.	मैंने यह **अनजाने** में कहा।	Ich habe das versehentlich gesagt.
5.	पुलिस वाले ने अति **अनौपचारिक ढंग से** मुझे पूछना शुरू किया।	Der Polizist begann, mich auf ziemlich informelle Weise zu verhören.
6.	उसने कमरे में चारों ओर **बेचैनी से** देखा।	Sie schaute sich unruhig im ganzen Zimmer um.
7.	बूढ़ा आदमी **शान्ति से** समुद्रतट पर लेटा था।	Der alte Mann lag friedlich am Strand.
8.	वे **चुपके से** कमरे में घुसे।	Sie kamen still und heimlich ins Zimmer.
9.	इतनी **ज़ोर से** मत पढ़ो।	Lies nicht so laut.
10	वह **खुशी खुशी** स्कूल जाता है।	Glücklich geht er zur Schule.
11.	रस्सी **कसके** पकड़ो।	Halt das Seil richtig fest.
12.	वह मुझसे **कठोरता** से बोला।	Er sprach streng mit mir.

2 Lokale Adverbien:

1.	**यहाँ** बैठो।	Setz dich hierher.
2.	**इधर उधर** मत घूमो।	Wandere nicht hier und dort herum.
3.	पिता जी **ऊपर** हैं।	Vater ist oben.
4.	मैं सोमवार को **घर पर** रहूँगा।	Ich werde Montag zu Hause bleiben.

3 Temporale Adverbien:

1.	मैं तुम्हें **पाँच जनवरी** को सबेरे **दस बजे** कनाटप्लेस में मिलूँगा।	Ich werde dich am 5. Januar um 10 Uhr am Connaught Place treffen.

2. पिछले हफ़्ते मैं बनारस में था। — Letzte Woche war ich in Banaras.
   अगले हफ़्ते मैं जयपुर जाऊँगा। — Nächste Woche gehe ich nach Jaipur.
3. क्या वह अभी भी पढ़ रही है? — Studiert sie immer noch?
4. क्या आप बहुत देर से इंतजार कर रहे हैं? — Haben Sie lange gewartet?

4 Frequentative Adverbien:

1. चार चार घंटे पर दवाई पीना। — Nimm die Medizin alle 4 Stunden.
2. रोज़ व्यायाम करना। — Treibe jeden Tag Sport.
3. हम एक दिन छोड़कर अंग्रेज़ी सीखते हैं। — Wir lernen jeden zweiten Tag Englisch.
4. माता जी यदाकदा सिनेमा देखती हैं। — Mutter schaut selten Filme an.
5. मैंने मांस कभी नहीं खाया। — Ich habe nie Fleisch gegessen.

5 Adverbien des Maßes/Grads:

1. किताब बहुत रोचक थी। — Das Buch war sehr interessant.
2. मैं शाम तक थोड़ी थकी हुई महसूस करती हूँ। — Gegen Abend fühle ich mich ein bißchen müde.
3. थोड़ा और काम करो; तुम सफल होओगी। — Arbeite ein bißchen mehr; Dann wirst du erfolgreich sein.
4. संदूक बहुत भारी है। — Die Kiste ist sehr schwer.
5. चाय पर्याप्त ठंडी है। — Der Tee ist kalt genug.
6. मुझे इतना बड़ा मकान नहीं चाहिए। — Ich brauche kein so großes Haus.
7. यह वाली साड़ी उस वाली से तिगुनी महँगी है। — Dieser Sari ist 3 mal so teuer wie dieser da.
8. हमारा स्कूल बहुत दूर है। — Unsere Schule ist sehr weit entfernt.

Idiomatischer Gebrauch einiger Adverbien

> कहाँ 'X'...कहाँ 'Y' = Was ist 'X' im Vergleich zu 'Y' / Was für ein Unterschied zwischen 'X' und 'Y'.

1. कहाँ राम कहाँ रावण! — Was für ein Unterschied zwischen Rama und Ravana!

    राम — ein indischer Gott

    रावण — ein bekannter Dämon

☞ Dabei ist einer der verglichenen Personen sehr gut und der andere sehr schlecht. Im Hindi wird der Überlegene immer zuerst genannt.

2. कहाँ राजा भोज कहाँ गंगू तेली! — Was ist Gangu Teli im Vergleich zu Raja Bhoj!

    राजा भोज — Ein König der wegen seines Reichtums bekannt ist.

    गंगू तेली — ein sehr armer Mann

☞ Dieser Ausdruck wird benutzt wenn der finanzielle Status der beiden extrem unterschiedlich ist.

> 'कहीं' am Satzanfang = vielleicht

1. कहीं वह बैंक गया हो। — Vielleicht ging er zur Bank!
2. जाओ, देखो, कहीं वह पढ़ रही हो! — Geh und sieh nach, vielleicht arbeitet sie!

> 'कहीं' als Negation (natürlich nicht!)

1. मरूभूमि में कहीं धान उगता है! — Wächst in der Wüste vielleicht Reis?
= मरूभूमि में धान नहीं उगता। — = Reis wächst nie in der Wüste.
2. काठ की हाँडी में कहीं खाना पकता है! — Kocht man Essen vielleicht in Holztöpfen?
= काठ की हाँडी में खाना नहीं पकता। — = Man kocht nie Essen in Holztöpfen.
3. पत्थर से कहीं पानी निकलता है! — Kommt aus einem Stein je Wasser hervor?
= पत्थर से पानी नहीं निकलता। — = Wasser kommt aus keinem Stein.

'कहीं'..., कहीं... bedeutet einen Gegensatz

1.	**कहीं** सुख, **कहीं** दु:ख।	Irgendwo ist Freude, und irgendwo ist Kummer.
2.	**कहीं** बारिश है तो **कहीं** धूप है।	Irgendwo regnet es, und irgendwo scheint die Sonne.
3.	**कहीं** बाढ़ है, **कहीं** सूखा।	Irgendwo ist Hochwasser, und irgendwo ist Trochenheit.

'कभी कभी' - ab und zu

1.	**कभी कभी** हमें भी याद किया करो।	Denk auch ab und zu an uns.
2.	**कभी कभी** दर्शन दे दिया करो।	Besuch mich ab und zu.

'कब कब' - wann schon mal

1.	माँ **कब कब** सिनेमा देखने जाती हैं?	Wann geht Mutter schon mal ins Kino?
2.	मुझे **कब कब** इतना स्वादिष्ट भोजन मिलता है?	Wann bekomme ich schon mal gutes Essen?

'क्यों नहीं' – warum nicht

1,	"आप मेरे साथ घूमने चलेंगे?"	Wollen Sie mit mir spazieren gehen?
	"क्यों नहीं" ।	Ja, Warum nicht.
2.	"आगामी इतवार को सारनाथ चलें?"	Sollen wir nächsten Sonntag nach Sarnath fahren?
	"क्यों नहीं।"	Ja, warum nicht.

'क्यों कर' - Wie

1.	मैं क्यों कर (कैसे) इतना भारी संदूक उठाऊँगा?	Wie soll ich eine so schwere Kiste heben?
2.	वह क्यों कर (कैसे) इतनी दूर पैदल जाएगा?	Wie soll er so weit zu Fuß gehen?

Partizipialkonstruktionen im adverbialen Gebrauch (s.S. 96).

1 (Vs. + ते) + ही als Adverb

बच्चा **उठते ही** गिरा।	Kaum war das Kind auf den Beinen, fiel es auch schon wieder.

2 (Vs. + ते) + हुए als Adverb

1.	बालक **दोड़ते हुए** आया।	Das Kind kam angerannt.
2.	रानी **कूदते हुए** आई।	Rani kam hüpfend herbei.

3 (Vs. + ए) + हुए als Adverb

1.	रानी **सोये हुए** बड़बड़ा रही थी।	Rani murmelte im Schlaf.
2.	राम **लेटे हुए** गुनगुना रहा था।	Ram lag (auf dem Bett) und summte.

4 (Vs. + ते) + (Vs. + ते) als Adverb

1.	मैं काम **करते करते** थक गया हूँ।	Bei soviel Arbeit bin ich müde geworden.
2.	पिता जी कुर्सी पर **बैठे बैठे** सो गए हैं।	Im Sessel sitzend schlief Vater ein.

(Vs. + कर) als Adverb

1.	मैं दिल्ली **से होकर** चंड़ीगढ़ जाऊँगा।	Ich fahre über Delhi nach Chandigarh.
2.	मैं भाई **को लेकर** बाज़ार गई।	Ich ging mit meinem Bruder zum Markt.
3.	रस्सी **कसके** पकड़ो।	Halte das Seil fest.
4.	मुझे **विशेषकर** प्याज़ के पकौड़े पसन्द हैं।	Ich liebe Zwiebel–Pakoras besonders .

★ ★ ★

39 Postpositionen (कारक चिन्ह)
'ने', 'को', 'से', 'का', 'के', 'की', 'में', 'पर',

■ **Die Postposition 'ने'**

Im Perfekt, im Plusquamperfekt und im Präteritum wird im Hindi bei transitiven Verben die 'Subjekt + ने' Konstruktion verlangt.

☞ Das Verb richtet sich dann in Genus und Numerus nach dem Objekt.

Beispiele:

1. राम ने पुस्तक पढ़ी।   Ram las das Buch.
2. मैंने खाना खा लिया है।   Ich habe bereits gegessen.
3. उन्होंने हमें दावत में बुलाया था।   Sie hatten uns zum Fest eingeladen.

☞ In Verbindung mit einem Substantiv wird 'ने' getrennt geschrieben. z.B. राम ने, लड़के ने usw.

☞ In Verbindung mit einem Pronomen wird es zusammen geschrieben. z.B. उसने, किसने, मैंने usw.

☞ Nur im westlichen Hindi wird 'ने' benutzt.

■ **Die Postposition 'को'**

'को' wird benutzt, um den Dativ und den Akkusativ zu bilden.

[1] Wenn das Akkusativobjekt unbelebt ist und wenn auf dieses unbelebte Objekt weder besonders hingewiesen wird, noch auf ihm eine Betonung liegt, so steht es ohne 'को' in jedem beliebigen Tempus, im Aktiv und in Passiv.

Beispiele:

Aktive

1. विद्यार्थी पुस्तक पढ़ते है। | विद्यार्थियों के द्वारा पुस्तक पढ़ी जाती है।
   Die Schüler lesen das Buch. | Das Buch wird von den Schülern gelesen.
2. साधु प्रवचन देते थे | साधुओ के द्वारा प्रवचन दिया जाता था।
   Die Sadhus (Asketen) hielten eine Predigt. | Eine Predigt wurde von den Sadhus gehalten.
3. अधिकारी ने आदेश दिया। | अधिकारी के द्वारा आदेश दिया गया।
   Ein Beamte gab den Befehl. | Der Befehl wurde von einem Beamten gegeben.
4. छात्र क्रिकेट खेलेंगे। | छात्रों के द्वारा क्रिकेट खेला जायेगा।
   Die Schüler werden Kricket spielen. | Kricket wird von den Schülern gespielt werden.

2 Wenn auf das Akkusativobjekt besonders hingewiesen wird oder ihm eine Betonung liegt, so steht es mit 'को' in jedem beliebigen Tempus, im Aktiv sowie im Passiv.

Vergleichen und Verstehen Sie:

Akkusativ ohne 'को' | **Akkusativ mit 'को'**

1. गत सप्ताह मैंने **एक पुस्तक** पढ़ी। | तुम भी **इस पुस्तक** को पढ़ो।
   Letzte Woche habe ich ein Buch gelesen. | Lies du dieses Buch auch.
2. हमने **बन्दर** पेड़ पर बैठे देखे हैं। | पेड़ पर बैठे हुए **उस बन्दर को** देखिए।
   Wir haben die Affen auf dem Baum sitzen sehen. | Schauen Sie mal den Affen an, der auf dem Baum sitzt.
3. मैं **एक अध्यापिका** खोज रही हूँ | मैं **अपनी अध्यापिका को** खोज रही हूँ।
   Ich suche eine Lehrerin. | Ich suche meine Lehrerin.
4. उसने **कुत्ते** कभी नहीं पाले। | हमने **इस कुत्ते को** बड़े प्यार से पाला है।
   Er hat nie Hunde aufgezogen. | Wir haben diesen Hund mit viel Liebe aufgezogen.

3 **Wenn das Akkusativobjekt belebt ist, so steht es in jedem Falle mit 'को' in jedem beliebigen Tempus, im Aktiv sowie im Passiv.**

Beispiele:

	Aktiv	Passiv
1.	पिताजी मुझको समझाते है।	मुझको समझाया जाता है।
	Der Vater erklärt es mir.	Mir wird es erklärt.
2.	सैनिक उग्रवादियों को पकड़ते थे।	उग्रवादियों को पकड़ा जाता था।
	Das Militär ergriff gewöhnlich die Terroristen.	Die Terroristen werden gewöhnlich von Militär ergriffen.
3.	रावण ने इन्द्र को बन्दी बनाया।	इन्द्र को बन्दी बनाया गया।
	Ravāṇa nahm Indra gefangen.	Indra wurde von Rāvaṇa gefangen genommen.
4.	अध्यापक छात्रों को पढ़ाएगा।	छात्रों को पढ़ाया जाएगा।
	Der Lehrer wird den Studenten unterrichten.	Die Studenten werden von Lehrer unterrichtet werden.

4 **'को' folgt auf Personalpronomen, die als Objekt benutzt werden.**

Beispiele:

1.	माँ ने **मुझको** यह कहा।	Die Mutter hat mir das gesagt.
2.	मैंने **उसको** बुलाया।	Ich habe ihn gerufen.
3.	अध्यापक ने **हमको** डाँटा।	Der Lehrer hat uns getadelt.
4.	तुम **किसको** खोज रहे हो ?	Wen suchst du ?
5.	वह **किसीको** बुला रहा था।	Er rief gerade jemanden.

5 **'को' folgt auch auf ein Adjektiv, das als substantiviertes direktes Objekt benutzt wird.**

Beispiele:

1.	**ग़रीबों को** परेशान न करो।	Mach den Armen keine Schwierigkeiten!
2.	**मरों को** मत मारो।	Schlage die Toten nicht!
3.	बहुत लोग **धनियों को** पसन्द नहीं करते।	Viele mögen die Reichen nicht.
4.	**अनाथों को** आश्रय दो।	Gib den Waisen Zuflucht!

6 **'को' folgt auf Zeitangaben, wie z.B.**

दिन को	am Tag	रात को	in der Nacht
सुबह को	am Morgen	शाम को	am Abend
दोपहर को	am Mittag		

7 **'को' folgt auf die verschiedenen Wochentage und auf bestimmte Daten.**

सोमवार को	मंगलवार को ....
am Montag	am Dienstag...usw.
३ तारीख को	पाँच तारीख को
am dritten,	am fünften..usw.

8 **'को' kann auf Ortsangaben folgen, verbunden mit Verben wie चलना, जाना**

1.	मैं दिल्ली (को) जा रहा हूँ।	Ich fahre nach Delhi.
2.	घर (को) चलो।	Geh nach Hause!

☞ **Im Umgangssprache wird 'को' meistens weggelassen.**

9 **'को' folgt wenn der (Vs. + ने) als Objekt benutzt wird.**

Beispiele:

1.	हम कुतुब मीनार **देखने को** जाएँगे।	Wir werden den Kutub Minār besichtigen gehen.
2.	मैं आप के साथ **चलने को** तैयार हूँ।	Ich bin bereit, mit dir zu gehen.
3.	वह विदेश में **पढ़ने को** राज़ी है।	Er ist damit einverstanden, im Ausland zu studieren.
4.	कर्मचारी हड़ताल **करने को** तत्पर थे।	Die Arbeiter waren bereit zu streiken.

10 **'को' wird gebraucht, um jemanden zu bitten etwas zu tun.**

1.	'X' ने 'Y' को खाने को कहा।	'X' hat `Y' gebeten, zu essen.
2.	'X' ने 'Y' को पढ़ने को कहा।	'X' hat `Y' gebeten, zu lesen.
3.	'X' ने 'Y' को खेलने को कहा।	'X' hat `Y' gebeten, zu spielen.
4.	लड़के ने पिताजी से साइकिल ख़रीदने को कहा।	Der Junge hat den Vater gebeten, ein Fahrrad zu kaufen.

11 **Objekt + को wird mit den folgenden Verben benutzt.**

बुलाना, **rufen**	सुलाना, **schlafen legen**	जगाना, **wecken**	कोसना, **verfluchen**	पुकारना **rufen**

Beispiele:

1. बच्चे को **सुलाओ**। — Bring das Kind schlafen!
2. रानी को **जगाओ**। — Wecke Rāni!
3. सास बहू को **कोसती** थी। — Die Schwiegermutter verfluchte gewöhnlich die Schwiegertochter.
4. अध्यापक ने विद्यार्थियों को अपने पास **बुलाया**। — Der Lehrer rief die Schüler zu sich.
5. मालिक नौकर को सुबह पाँच बजे **पुकारता** है। — Der Hausbesitzer ruft den Diener um fünf Uhr früh.

12 **Wenn ein Verb zwei Objekte (indirektes und direktes Objekt) regiert, dann folgt 'को' auf das indirekte (Dativ) Objekt.**

Beispiele:

1. माँ बच्चे को खाना खिलाती है। — Mutter füttert das Kind.
2. अध्यापक विद्यार्थियों को अंग्रेज़ी पढ़ाता है। — Der Lehrer bringt den Schülern Englisch bei.
3. मैंने पिताजी को पत्र लिखा है। — Ich habe dem Vater einen Brief geschrieben.
4. तुम रानी को यह घड़ी दो। — Gib Rani diese Uhr!

13 **'को' kann benutzt werden, um einen Zweck auszudrücken.**

☞ **Anstelle kann auch 'के लिए' benutzt werden.**

1. प्रभु ने मुझे काम **करने को** दो हाथ और हृष्ट-पुष्ट शरीर दिया है। — Gott hat mir zwei Hände und einen starken Körper zum Arbeiten gegeben.
2. तुम इतना **काहे को** बोलते हो? — Warum redest du so viel?
3. पिताजी **खाने को** बैठे हैं। — Der Vater hat sich zum Essen gesetzt.

Subjekt + 'को' wird mit den folgenden Verben benutzt.

पसन्द होना, पसन्द आना, अच्छा लगना	mögen, gern, haben
आना	wissen (wie etwas gemacht wird)
दिखाई देना	sehen (können)
सुनाई देना	hören (können)
होना, पड़ना, चाहिए	müssen, sollen

1. मुझको हिन्दी बोलना पसन्द है। — Ich spreche gern Hindi.
2. उसे दूरदर्शन देखना अच्छा लगता है। — Ihm gefällt es gut, fernzusehen.
3. मुझको तैरना आता है। — Ich kann schwimmen.
4. आज मुझे बैंक जाना है। — Heute muß ich zur Bank gehen.
5. क्या तुम्हें फ़िल्म पसन्द आई? — Hat dir der Film gefallen?
6. उसको रोज़ सुबह पाँच बजे उठना पड़ता है। — Er muß täglich um fünf Uhr früh aufstehen.
7. आप को बिजली के उपकरण सावधानी से प्रयोग करने चाहिए। — Sie sollten elektrische Geräte mit Vorsicht benutzen.
8. क्या आपको कुछ सुनाई दे रहा है? — Können Sie etwas hören?
9. मुझे पेड़ पर एक चिड़िया दिखाई दे रही है। — Ich kann den Vogel auf dem Baum sehen.

■ **Die Postposition 'से'**

Im Hindi wird से für den Instrumentalis und für den Ablativ benutzt

Zum Gebrauch des Instrumentalis siehe folgende Beispiele:

1 **Mittel:**

1. चाकू से **सब्ज़ी को** काटो। — Schneide das Gemüse mit dem Messer!
2. काली **स्याही से** लिखिये। — Schreiben Sie mit schwarzer Tinte!
3. वह बाएँ **हाथ से** खाता है। — Er ißt mit der linken Hand.
4. क्या तुमने यह सब अपनी **आँखों से** देखा है? — Hast du das alles mit eignen Augen gesehen?

5. हम ठण्डे **पानी से** नहाते हैं।   Wir duschen mit kaltem Wasser.
6. वह **बस/हवाई जहाज़ से** सफ़र करता है।   Er reist mit dem Bus / Flugzeug.
7. बड़ों की **सेवा से** व्यक्ति को संतोष मिलता है।   Durch den Dienst an den Alten findet der Mensch inneren Frieden.

2 Grund:

1. यह सब माता की **इच्छा से** हुआ।   Das alles geschah auf Wunsch der Mutter.
2. गीता के **नित्य पाठ से** उसे शान्ति मिली।   Durch das tägliche Lesen der Gita bekam sie Frieden.
3. उसने **क्रोध से** अपना वस्त्र फाड़ दिया है।   Vor Ärger hat sie ihr Kleid zerrissen.

3 Art und Weise:

1. **ठीक से** बैठो।   Setz dich richtig (gerade) hin!
2. **ध्यान से** पढ़ो।   Konzentriere dich beim Lesen!
3. आप सब **क्रम से** आएँ।   Kommen Sie bitte einer nach dem anderen / in der richtigen Reihenfolge!

4 Zustandsveränderung:

1. कुछ ही दिनों में वह **क्या से क्या** हो गया!   Was ist in ein paar Tagen aus ihm geworden!
2. कुछ ही दिनों में उस का व्यापार **कहाँ से कहाँ** गिर गया!   In so wenigen Tagen ist sein Geschäft auf den Hund gekommen!
3. कुछ ही महीनों में उसकी हिन्दी **कहाँ से कहाँ** पहुँच गई!   In ein paar Monaten hat sein Hindi die höchsten Höhen erreicht!

5 Passiv:

1. **मुझसे** इतना बोझा **न** ढोया जाएगा।   Ich kann so viel Last nicht tragen.
2. **मुझसे** यह काम **न** होगा।   Ich werde die Arbeit nicht tun können.

6 Kausativ:

1. मैंने **नौकर से** खाना बनवाया है।   Ich habe das Essen vom Diener kochen lassen.

7 Folgende Verben im Dativ werden meistens mit 'से' gebraucht.

☞ (Auch 'को' ist möglich)

कहना	पूछना	बोलना	प्रार्थना करना
sagen	fragen	sagen	bitten

1. मैंने उससे कहा कि ....   Ich habe ihm gesagt, daß....
2. उसने मुझसे पूछा ....   Er hat mich gefragt...
3. हमने उनसे प्रार्थना की।   Wir haben sie gebeten.
4. वह तुमसे क्या बोला।   Was hat er dir gesagt?

☞ Zum Gebrauch des Ablativs siehe folgende Beispiele :

8 Trennung:

1. पेड़ से पत्ता गिरा।   Ein Blatt fiel vom Baum.
2. गंगा हिमालय से निकलती है।   Die Ganga entspringt im Himalaya.
3. काशमीर से आए हुए शरणार्थी कहाँ हैं ?   Wo sind die Flüchtlinge aus Kaschmir ?

9 Zeit:

1. वह **एक सप्ताह से** बीमार है।   Er ist seit einer Woche krank.
2. मैं **दो बजे से** आप का इंतजार कर रहा हूँ।   Ich warte seit 2 Uhr auf Sie.
3. वह **१९८४ से** भारत में है।   Er ist seit 1984 in Indien.
4. उसका बेटा **जनवरी से** लापता है।   Sein Sohn ist seit Januar verschwunden.

10 Ort:

वह **जर्मनी से** (का रहनेवाला) है।   Er ist aus Deutschland.
                                 (Er ist ein Deutscher).

वह **मारबुर्ग से** आया है।   Er kommt von Marburg.

11 Der Vergleich:

1. यह पुस्तक **उसवाली से** रोचक है।   Dieses Buch ist interessanter als das da.
2. वह **तुमसे** ज़्यादा बुद्धिमान है।   Er ist klüger als du.

12 Der Superlativ:

1. **सुन्दर-से-सुन्दर** लड़कियाँ दावत में आईं। — Die schönsten der schönen Mädchen kamen zu diesem Fest.
2. वह **मुश्किल-से-मुश्किल** काम भी सहज ही कर लेता है। — Er kann auch die schwierigsten Arbeiten leicht ausführen.

13 Bestimmte Verben werden immer mit 'से' (Ablativ) gebraucht.

मांगना,	निकालना	छिपना
bitten (um)	heraus (nehmen/holen)	sich verstecken
छूटना	रोकना	डरना
sich losmachen; getrennt werden	stoppen; vermeiden	Angst haben

Beispiele:

1. मैंने **राम से** उसकी साइकिल मांगी है। — Ich habe Rām um sein Fahrrad gebeten.
2. **अलमारी से** पुस्तक निकालो। — Hol das Buch aus dem Schrank.
3. बच्चा **माँ से** छिप गया। — Das Kind versteckte sich vor der Mutter.
4. एक विद्यार्थी **समूह से** पीछे छूट गया। — Ein Student löste sich von der Gruppe.
5. माँ ने बच्चों को **बाहर जाने से** रोका। — Die Mutter hielte die Kinder vom Rausgehen ab.
6. वह **कुत्तों से** डरता है। — Er hat Angst vor Hunden.

14 से .... तक — von...bis

1. **बचपन से बुढ़ापे तक** उसका स्वभाव न बदला। — Von der Jugend bis zum Alter änderte sich sein Charakter nicht.
2. **यहाँ से वहाँ तक** सब खेत हमारे हैं। — Von hier bis da drüben gehören alle Felder uns.
3. **सुबह से रात तक** वह घोर परिश्रम करता है। — Von morgens bis abends leistet er Schwerarbeit.
4. **एक से बीस तक** गिनो। — Zähle von eins bis zwanzig!
5. **पृष्ठ पाँच से पृष्ठ बीस तक** पढ़ो। — Lies von Seite 5 bis 20!

Die Postpositionen 'का', 'के', 'की'

Die Postpositionen 'का, के, की' drücken den Genitiv (Besitz) aus. Sie stehen vor dem Gegenstand des Besitzes und richten sich in Numerus und Genus nach diesem, und nicht nach dem Besitzer.

('का' vor m. sg., 'के' vor m.pl., 'की' vor f.sg. und pl.).

☞ 'का' wird zu 'के' wenn der Besitz im Casus Obliquus steht, d.h. von einer Postposition gefolgt wird.

Beispiele:

1. राम का घोड़ा — Rams Pferd (Casus Rectus)
2. राम के घोड़े से — Mit Rams Pferd (Casus Obliquus)

Gebrauch von का, के, की:

1 Beziehungen

1. वह कमला का बेटा है। — Er ist Kamlas Sohn.
2. मैं कमला के बेटे को जानता हूँ। — Ich kenne Kamlas Sohn.

2 Besitzverhältnisse

1. इस मकान का मालिक कौन है? — Wer ist der Besitzer dieses Hauses.
2. मैं इस मकान के मालिक से मिलना चाहता हूँ। — Ich möchte den Besitzer dieses Hauses treffen.
3. यह किसकी घड़ी है? — Wessen Uhr ist das?

3 Beschaffenheit

1. यह चाँदी की थाली है। — Dieser Teller ist aus Silber.
2. ताजमहल संगमरमर का बना है। — Der Taj Mahal ist aus Marmor gebaut.
3. मैं गेहूँ के आटे की रोटी पसन्द करता हूँ। — Ich mag Rotis aus Weizenmehl.

4 Zweck

1. यह दूध का बर्तन है। — Das ist ein Milchkanne.

2. यह **सोने** का कमरा है।   Das ist ein Schlafzimmer.

5 'X' के 'X' - regelmäßige Wiederholung

1. हम **सोमवार-के-सोमवार** विश्वनाथ मंदिर जाते हैं।   Jeden Montag gehen wir zum Vishwanath Tempel.
2. **साल-के-साल** वे लोग नैनीताल जाते थे।   Jahr für Jahr gingen sie nach Nainital.

6 कब का/के/की - Seit langem

1. वह **कब का** यहाँ बैठा है।   Er sitzt seit langem hier.
2. हम **कब के** खा चुके हैं।   Wir haben schon seit langem fertig gegessen.
3. कमला **कब की** तुम्हें ढूँढ़ रही है।   Kamla sucht dich seit langam.

7 'X' का, के, की 'X' = das Gesamte

1. कल की आग में **बस्ती-की-बस्ती** जलकर राख हो गयी।   Im gestrigen Feuer ist die gesamte Niederlassung zu Asche verbrannt.
2. डाकू **गाँव-का-गाँव** लूट कर ले गये।   Die Räuber haben das ganze Dorf geplündert.

8 Maße und Gewichte

1. दो मीटर की औरत   eine zwei Meter große Frau.
   दस हाथ का बाँस   ein zehn Hände langer Bambus.
   दो बीघे का खेत   ein zwei Bigha* großes Feld.
   दो किलो का आम   eine zwei Kilo schwere Mango.

* Bigha = ein Landmaß (ungefähr 3000 m²)

9 Preise

1. दस रुपये के आम   Mangos für zehn Rupien.
2. सौ रुपये की किताब   ein Buch für hundert Rupien.

10 **Werke der Schriftsteller**

1.	‘निर्मला’ **प्रेमचन्द का** उपन्यास है।	`Nirmala' ist ein Roman von Premchand.
2.	‘कामायनी’ **जयशंकर प्रसाद का** काव्य ग्रन्थ है।	`Kamayani' ist ein poetisches Werk von Jaishankar Prasad.

11 **ज्यों का/के/की त्यों; वैसे का वैसा, वैसी की वैसी – unverändert / wie vorher.**

1.	आप जब भी आएँगे, आपको आपका घर **ज़्यों का त्यों** मिलेगा।	Wenn immer Sie zurückkommen, werden Sie Ihr Haus unverändert vorfinden.
2.	तुम इतने वर्षो बाद भी **वैसी की वैसी** ही दिखती हो।	Nach so vielen Jahren siehst du immer noch unverändert aus.

■ Die Postposition ‘में’

Im Hindi wird ‘में’ in flogenden Fällen gebraucht:

1 **Natürliche Beschaffenheit**

1.	**आम में** मिठास है।	In der Mango ist Süße.
2.	**सरसों में** तेल है।	In den Senfkörnern ist Öl.
3.	**दूध में** ‘प्रोटीन’ और ‘केलशियम’ हैं।	In der Milch sind Protein und Kalzium.
4.	**आत्मा में** परमात्मा है।	In der Seele ist Gott.
5.	**फूलों में** सुगन्ध है।	In der Blumen ist Duft.

2 **Ort**

1.	हम **कमरे में** सोते हैं।	Wir schlafen im Zimmer.
2.	यात्री **नदी में** नहाते हैं।	Die Pilger baden im Fluß.
3.	मछलियाँ **पानी में** रहती हैं।	Die Fische leben im Wasser.
4.	वह भारत में नई दिल्ली में **राजीव चौक में** रहता है।	Er lebt in Indien in Neu Delhi am Rajiv Chowk.
5.	शेर **जंगल में** रहते हैं।	Die Löwen leben im Dschungel.

3 Zwischen / Unter

1.	दोनों के **विचारों में** समानता है।	Die Ansichten der beiden sind ähnlich.
2.	**हममें** कोई मतभेद नहीं।	Wir haben keine Meinungsverschie– denheiten.
3.	**बहनों में** इस समय कुछ अनबन चल रही है।	Unter den Schwestern herrscht zur Zeit ein bißchen Unstimmigkeit.
1.	मुझे **दर्शन में** विशष रुचि है।	Ich bin besonders interessiert an Philosophie.
2.	**विद्या में** अपना प्रेम बनाए रखो।	Halte deine Liebe zum Lernen aufrecht.
3.	इस समय पिताजी **काम में** हैं।	Der Vater ist im Moment bei der Arbeit.
4.	माँ खाना **बनाने में** लगी हैं (व्यस्त हैं)।	Die Mutter ist mit Kochen beschäftigt.
5.	इस समय राम **पढ़ने में** लगा है।	Zur Zeit ist Ram mit Lernen beschäftigt.
6.	तुमने यह पुस्तक **कितनेमें** ख़रीदी है?	Für wieviel hast du das Buch gekauft ?
7.	उसने अपना घर **कितनेमें** बेचा है?	Für wieviel hat er sein Haus verkauft ?
8.	आजकल सौ **रुपये में** क्या मिलता है !	Was kriegt man heutzutage für hundert Rupies !

4 Gemischtes:

1.	इस समय माँ बहुत **चिन्ता में** है।	Zur Zeit lebt die Mutter in großer Sorge.
2.	हम **मौज में** हैं।	Wir haben Spaß.
3.	हमारा डाकिया स्थानीय **झगड़ों में** मारा गया।	Unser Postbote wurde während lokaler Streitigkeiten ermordet.
4.	जिप्सी (बंजारे) सदैव **मज़े में** रहते हैं।	Die Zigeuner sind immer lustig.
5.	प्रेमचन्द की कहानी 'ईदगाह' को **संक्षेप में** लिखें।	Fassen Sie die Geschichte von Premchand 'Idgah' kurz zusammen.
6.	आज मैं **जल्दी में** हूँ।	Heute habe ich es eilig.
7.	**गुस्से में** उसने अपने बच्चे को इतनी ज़ोर से मारा कि उसकी बाँह टूट गई।	In seiner Wut schlug er sein Kind so heftig stark, daß dessen Arm brach.
8.	प्राचीन **काल में** लोग अधिकांशता प्राकृतिक वस्तुओं का प्रयोग करते थे।	In alten Zeiten benutzten die Leute meistens Naturprodukte.

9.	पिछले दो **हफ़्तों में** आपने क्या क्या किया ?	Was haben Sie in den letzten zwei Wochen alles gemacht ?
10.	उसने एक साल की पढ़ाई दो **सप्ताह में** करवा दी।	Sie hat den Unterrichtsstoff eines Jahres in zwei Wochen erledigt.
11.	**जनवरी में** मैं जर्मनी जाऊँगी।	Im Januar fahre ich nach Deutschland.
12.	**सन् १९९४ में** मैं जापान में थी।	Im Jahre 1994 war ich in Japan.
13.	आज कई **दिनों में** आप हमारे यहाँ आए हैं।	Nach so langer Zeit sind Sie wieder einmal zu uns gekommen.
14.	आज कई **दिनों में** मैं ठीक से सोया हूँ।	Heute habe ich seit vielen Tagen mal wieder gut geschlafen.
15.	इस **बैंक में** दफ़्तर का सब काम हिन्दी में होता है।	In dieser Bank wird alle amtliche Arbeit in Hindi erledigt.
16.	बनारस के रहनेवाले पूर्वी **हिन्दी में** बोलते हैं।	Die Einwohner von Banares sprechen ein östliche Abart des Hindi.
17.	उसे **व्यापार में** बहुत घाटा हुआ।	Er hatte große Verluste in seinem Geschäft.
18.	**गुस्से में** वह बहुत कुरूप दिखती है।	Wenn sie ärgerlich ist, sieht sie häßlich aus.
19.	वह **देखने में** माँ जैसी परन्तु स्वभाव में अपने पिता जैसी है।	Dem Aussehen nach gleicht sie ihrer Mutter, aber dem Charakter nach gleicht sie dem Vater.

■ Die Postposition 'पर'

In folgenden Fällen wird 'पर' verwerdet:

1 Ort :

1.	बन्दर **पेड़ों पर** रहते हैं।	Die Affen leben auf den Bäumen.
2.	इस समय पिताजी **दुकान पर** हैं।	Im Moment ist der Vater im Geschäft.
3.	माताजी **घर पर** हैं।	Die Mutter ist zu Hause.
4.	पुस्तक **मेज़ पर** है।	Das Buch liegt auf dem Tisch.
5.	डाकिया **द्वार पर** है।	Der Postbote ist an der Tür.
6.	कार **सड़क पर** जा रही है।	Das Auto fährt auf der Straße.

7. हमारा घर सड़क के **कोने पर** है। — Unser Haus liegt an der Straßenecke.
8. गंगा के **तट पर** एक बहुत बड़ा होटल बन रहा है। — Am Gangesufer wird gerade ein sehr großes Hotel gebaut.

2 Zeit:

1. परीक्षा **समय पर** शुरू नहीं हुई। — Die Prüfung hat nicht pünktlich angefangen.
2. इस वर्ष मानसून **समय पर** आने की संभावना है। — Dieses Jahr kommt der Monsun möglicherweise zur rechten Zeit.
3. चार **चार घण्टे पर** दवाई खाइए। — Nehmen Sie die Medizin alle vier Stunden!
4. जहाज़ **दो बज कर दस मिनट पर** छूटता है। — Das Schiff fährt um zehn nach zwei ab.
5. अपना काम **समय पर** करो। — Tu deine Arbeit zur rechten Zeit.

3 Aufeinanderfolgende Handlungen:

1. पिताजी के (घर) **आने पर** घर में प्रसन्नता छा गई। — Als der Vater nach Hause kam, verbreitete sich im Haus Zufriedeheit.
2. राम के घर से **जाने पर** उसकी माँ बहुत व्यथित हुई। — Als Ram das Elternhaus verließ, litt seine Mutter sehr darunter.
3. सबने कॉफ़ी **पीने पर** पान खाए। — Nach dem Kaffeetrinken, aßen alle 'Pan'.
4. **बात पर बात** निकलती गई। — Ein Gesprächsthema folgte dem anderen.

4 Mit Adverbien des Ortes:

hier,	dort,	da oben,	da unten,	wo.
यहाँ पर,	वहाँ पर,	ऊँचे पर,	नीचे पर,	कहाँ पर

5 Entfernung:

1. डाकखाना हमारे घर से **एक किलोमीटर पर** है। — Das Postamt ist von unserem Haus einen Kilometer entfernt.
2. कुछ **आगे जाने पर** उसे एक भिखारी मिला। — Als er ein bißchen weiter gegangen war, traf er auf einen Bettler.
3. मेरा घर यहाँ से **दस कदम पर** है। — Mein Haus ist 10 Schritte von hier entfernt.

4. वहाँ एक **एक हाथ के अन्तर पर** कई एक झोंपड़ियाँ थीं। — Dort gab es viele, nur eine Handbreit auseinanderliegende Hütten.

6 Gemischtes:

1. **दिन पर दिन** आबादी बढ़ रही थी। — Von Tag zu Tag stieg die Bevölkerungszahl.
2. अपने बड़ों के **पद चिन्हों पर** चलो। — Trete in die Fußtapfen der Älteren.
3. उसका स्वभाव **अपने पिता पर** है। — Sein Charakter gleicht dem seines Vaters.
4. वह **अपनी बात पर** अटल रहता है। — Er bleibt fest bei seiner Meinung.
5. उसने **किसके कहने पर** यह धन्धा शुरू किया? — Auf welchen Rat hin hat er diese Arbeit angefangen?
6. **इसी बात पर** उनमें विवाद हुआ। — In dieser Angelegenheit hatten sie Kontroversen.
7. मेरे **सत्य बोलने पर** माँ बहुत प्रसन्न हुई। — Meine Mutter war sehr glücklich, weil ich die Wahrheit sagte.
8. **कड़े परिश्रम पर** सदैव सफलता मिलती है। — Große Bemühung macht sich immer bezahlt.

7 (Vs. + ने) + पर + भी = Obwohl

1. **भारतीय होने पर भी** वह अपनी संस्कृति के बारे में कुछ न बता पाया। — Obwohl er Inder ist, konnte er nichts über seine Kultur berichten.
2. मेरे बार बार **समझाने पर भी** वह न माना। — Obwohl ich es ihm immer wieder erklärte, hörte er nicht auf mich.
3. दो दिन की लम्बी **बहस होने पर भी** बैठक बिना निर्णय लिए स्थगित कर दी गई। — Obwohl zwei Tage lang heftige Diskussionen geführt worden waren, war die Sitzung ohne Entscheidung vertagt worden.

8 Sprichwörter:

1. **कटे पर** मिर्च लगाना। — Pfeffer auf die Wunde streuen.
2. जले पर नमक छिड़कना। — Auf eine Brandwunde Salz streuen.
3. आज का काम **कल पर** मत छोड़ो। — Was du heute kannst besorgen, das verschiebe nicht auf morgen!

4.	किसी पर मरना।	Sein Leben für jemanden lassen.
5.	वह उस पर मरती है।	Sie läßt ihr Leben für ihn.
6.	यह सब तुम मुझ पर छोड़ दो।	Überlaß das alles mir!

9 Manchmal werden 'में, पर' zusammen mit Ablativ 'से' oder Genitiv का, के, की benutzt.

1.	पुस्तक मेज़ पर से नीचे गिर गई।	Das Buch ist vom Tisch heruntergefallen.
2.	उसकी घर पर की नौकरानी बीमार है।	Seine Hausangestellte ist krank.
3.	आज मेरे दफ़्तर में तो बिजली थी परन्तु घर पर की बिजली नहीं थी।	Heute war in meinem Büro zwar Licht, aber bei mir zu Hause war die Elektrizität ausgefallen.
4.	इस शहर में के अधिकांश लोग मुझे जानते है।	Die meisten Leute im dieser Stadt kennen mich.
5.	तुममें से कौन मेरे साथ चलेगा।	Wer von euch wird mit mir gehen.

10 In manchen Fällen ist der Gebrauch von 'में' oder 'पर' austauschbar.

1.	पिताजी घर पर (= घर में) है।	Vater ist zu Hause./ Vater ist daheim.
2.	मैं उसे दफ़्तर पर (= दफ़्तर में) मिलूँगा।	Ich werde ihm im Büro treffen.
3.	उसके बदन पर (= बदन में) बहुत से काले निशान थे।	Sein Körper war bedeckt mit Sommersprossen.

★ ★ ★

40 Die Zeit

| कितने बजे हैं? Wieviel Uhr ist es? |

1. कितने बजे हैं।　　　　　　　　　Wieviel Uhr ist es?
2. एक बजा है।　　　　　　　　　　Es ist ein Uhr.
3. एक बज कर पन्द्रह मिनट हुए हैं।　　Es ist 1 Uhr 15.
= सवा बजा है।　　　　　　　　　　Es ist viertel nach eins.
4. सवा दो बजे हैं।　　　　　　　　Es ist viertel nach zwei.
5. सवा सात बजे हैं।　　　　　　　Es ist viertel nach sieben.
6. डेढ़ बजा है।　　　　　　　　　Es ist halb zwei.
7. ढाई बजे हैं।　　　　　　　　　Es ist halb drei.
8. साढ़े तीन बजे हैं।　　　　　　　Es ist halb vier.
9. साढ़े चार बजे हैं।　　　　　　　Es ist halb fünf.
10. पौने दो बजे हैं।　　　　　　　Es ist viertel vor zwei.
11. पौन बजा है।　　　　　　　　　Es ist viertel vor eins.
12. एक बजकर दस मिनट हुए हैं।　　Es ist zehn nach eins.
13. दो बजकर बीस मिनट हुए हैं।　　Es ist zwanzig nach zwei.
14. एक बजने में दस मिनट हैं।　　　Es ist zehn vor eins.
15. दस बजने में पाँच मिनट हैं।　　　Es ist fünf vor zehn.

| कितना समय लगता है .....
| Wie lange braucht 'X' um 'Y' zu tun. |

Sprachstruktur 1 Fragen

Subj. + { (Vs. + ने) + में } + कितना + लगना + होना
mit　　　　　　　　　　　　समय
को　　　　　　　　　　　　　　　　　　im geeigneten Tempus

Sprachstruktur 2 Antwort

Sub. +	{(Vs. + ने) + में} +	Ausdruck +	लगना + होना
mit को		der Zeit	im jeweiligen Tempus richtet sich nach dem Genus des Zeitausdrucks

Leseübung:

1.	आपको तैयार होने में कितने समय लगता है?	Wie lange brauchen Sie, um fertig zu werden?
	मुझको तैयार होने में दस मिनट लगते हैं।	Ich brauche 10 Minuten, um fertig zu werden.
2.	बच्चों को पैदल स्कूल पहुँचने में कितना समय लगता था?	Wie lange brauchten die Kinder immer, um zu Fuß zur Schule zu kommen?
	उनको पैदल स्कूल पहुँचने में दस मिनट लगते थे।	Sie brauchten 10 Minuten, um zu Fuß zur Schule zu kommen.
3.	रॉबर्ट को हिन्दी सीखने में कितना समय लगा?	Wie lange brauchte Robert, um Hindi zu lernen?
	रॉबर्ट को हिन्दी सीखने में एक साल लगा।	Robert brauchte ein Jahr, um Hindi zu lernen.
4.	तुमको यह स्वैटर बिनने में कितना समय लगा है?	Wie lang hast du gebraucht, um diesen Pullover zu stricken?
	मुझे यह स्वैटर बिनने में दो हफ़्ते लगे हैं।	Um diesen Pullover zu stricken, habe ich zwei Wochen gebraucht.
5.	तुम्हें घर रंगने में कितना समय लगा था?	Wie lang hattet Ihr gebraucht, um das Haus zu streichen?
	हमें घर रंगने में पन्द्रह दिन लगे थे।	Um das Haus zu streichen, hatten wir 15 Tage gebraucht.
6.	आपकी माताजी को भोजन तैयार करने में कितना समय लगेगा?	Wie lang wird Ihre Mutter brauchen, um das Essen zu bereiten?
	मेरी माताजी को भोजन बनाने में कम से कम दो घण्टे लगेंगे।	Meine Mutter wird mindestens 2 Stunden brauchen, um das Essen zu bereiten.

7.	मरीज़ को ठीक होने में कितना समय लग सकता है?	Wie lange mag der Patient brauchen, um gesund zu werden?
	मरीज़ को ठीक होने में एक दो महीने लग सकते हैं।	Der Patient braucht vielleicht ein paar Monate, um gesund zu werden.

Weitere Zeitausdrücke

1.	मेरा दोस्त **कल शाम को** पाँच बजे आएगा।	Mein Freund wird morgen abend um 5 Uhr kommen.
2.	मेरा मित्र **सोमवार को** आएगा।	Mein Freund wird am Montag kommen.
3.	मेरी माता जी **परसों** एक बजे जाएँगी।	Mein Mutter geht übermorgen um ein Uhr.
4.	उनका भाई यहाँ आज **दोपहर को** पहुँचेगा।	Ihr Bruder kommt heute um die Mittagszeit.
6.	हम **कल सुबह** चल पड़ेंगे।	Wir werden morgen früh aufbrechen.
7.	मैं आप को **कल दस बजे** टेलीफोन करूँगा/करूँगी।	Ich rufe Sie morgen um 10 Uhr an.
8.	क्या आप **कल रात तक** लौटेंगे/लौटेंगी?	Werden Sie bis morgen abend zurück sein?
9.	मैं **अगले हफ़्ते** लौटूँगा/लौटूँगी।	Ich werde nächste Woche zurückkommen.
10.	आप **अगले महीने** कहाँ होंगे/होंगी?	Wo werden Sie nächsten Monat sein ?
11.	मैं **अगले साल** भारत में हूँगा/हूँगी।	Nächstes Jahr werde ich in Indien sein.
12.	हम **अगले इतवार** को दावत देंगे।	Wir machen am nächsten Sonntag eine Party.
13.	उसका जन्मदिन **सात मई को** है।	Ihr Geburtstag fällt auf den 7. Mai.
14.	**पाँच बजे तक** मेरे घर आ जाना।	Komm um fünf zu mir Uhr.
15.	आप दिल्ली **कितने बजे** जाएँगे/जाएँगी।	Um wieviel Uhr fahren Sie nach Delhi ?
16.	**पिछले हफ़्ते** मैंने एक अच्छी 'फ़िल्म; देखी।	Letzte Woche sah ich einen guten Film.
17.	हम तुम्हें **दोपहर ढाई बजे** मिलेंगे।	Wir werden dich nachmittags um halb drei treffen.
18.	वह **प्रतिदिन सुबह आठ बजकर दस मिनट पर** दफ़्तर जाती है।	Sie geht jeden Tag morgens um zehn nach acht ins Büro.
19.	वह **अगले शुक्रवार को** आएगा।	Er wird nächsten Freitag kommen.
20.	आपको यहाँ पहुँचने में **कितना समय** लगता है?	Wie lange brauchen Sie, um hierher zu kommen?

21. मैं कल **सवा एक बजे** आऊँगा।	Ich komme morgen um 1 Uhr 15.
22. मेरे पिताजी पाँच मार्च को आएँगे।	Mein Vater kommt am 5. März.

■ Einige dem deutschen 'um, am, gegen, bis, als, seit, von... bis, während' entsprechende Hindi-Ausdrücke.

1 um, am, gegen - तक

1. मुझे **पाँच बजे तक** स्टेशन पहुँचना है।	Ich muß spätestens um 5 Uhr am Bahn - hof sein.
2. अगर आप विश्वविद्यालय में प्रवेश चाहते हैं, तो आप **१० तारीख़ तक** भारत पहुँच जाइएगा।	Wenn Sie die Zulassung an der Universität bekommen wollen, seien sie bitte spätetestens am 10. in Indien.
3. यदि आप इसी समय चल पड़ें तो **दस बजे तक** फ़रीदाबाद पहुँच जाएँगे।	Wenn Sie jetzt losfahren, werden Sie gegen 10 Uhr in Faridabad sein.

2 bis - तक

1. आप **मंगलवार तक** इंतज़ार कीजिए।	Bitte warten Sie bis Dienstag.
2. रानी रोज़ रात को **दो बजे तक** पढ़ती है।	Rāni arbeitet jeden Tag bis 2 Uhr nachts.
3. **बारिश रुकने तक** यहीं रहिए।	Bleiben Sie hier, bis der Regen aufhört.

3 als / bis जब तक

1. **जब तक** पुलिस पहुँची, चोर भाग चुके थे।	Bis die Polizei ankam, waren die Diebe schon geflohen.
2. **जब तक** कमला स्टेशन पर पहुँची गाड़ी छूट चुकी थी।	Als Kamlā am Bahnhof ankam ,war der Zug schon abgefahren.
3. **जब तक** हम बाज़ार पहुँचेंगे, दुकानें बन्द हो चुकी होंगी।	Bis wir auf dem Markt sein werden, werden die Läden zu sein.
4. **जब तक** हम सभा में पहुँचे, प्रमुख अतिथि का भाषण समाप्त हो चुका था।	Als wir die Versammlung erreichten, war die Rede des Ehrengastes schon vorbei.
5. **जब तक** जेल के अधिकारियों को पता लगा, कैदी बहुत दूर निकल चुके थे।	Bis die Gefängniswärter es merkten, waren die Gefangenen schon weit weg.

4 Seit - से

1. राम **दिसम्बर से** दिल्ली में है। — Rām ist seit Dezember in Delhi.
2. कमला **दो महीने से** यहाँ है। — Kamlā ist seit 2 Monaten hier.
3. मैं पिछले **तीन महीने से** हिन्दी सीख रहा हूँ। — Ich lerne seit 3 Monaten Hindi.
4. शर्मा जी **पिछले सोमवार से** अस्पताल में हैं। — Mr. Sharmā ist seit letzten Montag im Krankenhaus.
5. बच्चे **कब से** खेल रहे हैं? — Seit wann spielen die Kinder?

5 während, als, wenn - जब

1. **जब** मैं ख़बरे देख रही थी, मैं कुर्सी से गिर गई। — Während ich die Nachrichten anschaute, fiel ich vom Stuhl.
2. **जब** मैं अगले महीने इग्लैंड में हूँगी, मैं आपको मिलूँगी। — Wenn ich im nächsten Monat in England bin, besuche ich Sie.
3. **जब** मैं सफ़र करती हूँ, मैं बहुत पढ़ती हूँ। — Während der Reise, lese ich eine Menge.
4. **जब** रानी खाना पका रही थी, वह बेहोश हो गई। — Als Rāni das Essen kochte, fiel sie in Ohnmacht.
5. **जब** हम छुट्टी पर थे, हम श्री गुप्ता से मिले। — Wir trafen Herrn Gupta als wir in den Ferien waren.

6 Von... bis – से... तक

1. **सोमवार से शनिवार तक** मैं प्रतिदिन आठ घण्टे काम करती हूँ। — Ich arbeite täglich acht Stunden von Montag bis Samstag.
2. हम **तीन मई से सात जुलाई तक** मसूरी में रहेंगे। — Wir werden von 3. März bis 7. Juli in Mussoorie sein.
3. सन् **१९८१ से १९८४ तक** हम विदेश में रहे। — Wir waren von 1981 bis 1984 im Ausland.
4. तुम दोपहर **एक बजे से तीन बजे तक** क्या करती हो? — Was machst du von 1 bis 3 Uhr nachmittags?

7 **Während, im Laufe von – में, के दौरान**

1. इन छुट्टियों **के दौरान** हम पुष्कर जाएँगे। — Während der Ferien fahren wir nach Pushkar.
2. मैं रात **के दौरान** कई बार उठी। — Im Laufe der Nacht stand ich mehrmals auf.
3. मेरे पिताजी प्राय: फ़िल्म **के दौरान** सो जाते हैं। — Mein Vater schläft gewöhnlich im Laufe des Films ein.
4. आप आज **दोपहर में** खाली हैं? — Sind Sie heute nachmittag frei?
5. **मई-जून में** भारत में दूध से बनी मिठाइयाँ नहीं मिलती। — Während der Monate Mai / Juni bekommt man in Indien keine, Süßigkeiten aus Milch.
6. अनिल **बचपन में** बहुत शैतान था। — Anil war in seiner Kindheit sehr frech.
7. हम **दिसम्बर के महीने में** वाराणसी में नहीं रहेंगे। — Wir werden im Monat Dezember nicht in Varanasi bleiben.

★ ★ ★

41 Einige Redewendungen

और कब?	और क्या?	और कैसे?	और कौन?	और कहाँ?
wann sonst?	Was sonst?	wie sonst?	wer sonst?	wo sonst?

1. मैं **और कब** आऊँ? — Wann sonst soll ich kommen?
2. **और कौन** आ रहा है? — Wer kommt sonst noch ?
3. मैं **और कैसे** यह करूँ? — Wie sonst soll ich das tun?
4. मैं **और क्यों** (क्योंकर) ऐसे कहूँगा? — Warum würde ich das sonst so sagen?
5. मैं **और क्या** तुम्हें दूँ? — Was sonst soll ich dir geben?
6. मैं **और किसके** पास मदद के लिए जाऊँ? — Zu wem sonst sollte ich gehen, um Hilfe zu erbitten.
7. मेरे बजाय **और किसी का (किसी और का)** समय बर्बाद करो। — Verschwende anderer Leute Zeit, aber nicht meine.
8. मेरे सिवाय **और कौन** तुम्हारी मदद करेगा? — Wer sonst wird dir helfen außer mir?
9. मेरे बिना तुम **कुछ और** हासिल नहीं कर सकते। — Ohne mich kannst du nichts anders erreichen.
10. मैं **और किस तरह** यह समस्या सुलझाऊँ? — Wie sonst soll ich dieses Problem lösen?
11. वे **और क्या** कर सकते थे? — Was konnten sie sonst machen?

न जाने / **कौन जाने**	Wer weiß / Niemand weiß
भगवान जाने, खुदा जाने, ईश्वर जाने	Gott weiß

1. अनिल कई दिनों से हमारे यहाँ नहीं आया। **भगवान जाने** उसको क्या हुआ है। — Anil ist seit mehreren Tagen nicht zu uns gekommen. Gott weiß, was mit ihm passiert ist.
2. मेरी घड़ी नहीं चल रही। **कौन जाने** क्या ख़राबी आ गई है? — Meine Uhr geht nicht. Wer weiß, was mit ihr los ist?

3. **न जाने** उसे क्या हुआ। अचानक पक्की नौकरी छोड़कर घर में बैठ गया है।

Gott weiß, was mit ihm passiert ist. Plötzlich hat er seinen festen Beruf aufgegeben und sich nach Hause zurückgezogen.

Echo Wörter

Sie werden im Hindi häufig benutzt. Gewöhnlich, aber nicht immer, ist die erste oder zweite Komponente dieser Zusammensetzungen bedeutungslos. Meistens reimen sie sich, doch gibt es keine feste Regel dafür.

☞ **Die bedeutungslose Komponente beginnt gerne mit वा, शा oder आ.**

Beispiele:

1. **रोटी-वोटी** खा लेना। — Iß Brot.
   रोटी — Indisches Fladenbrot
   वोटी — bedeutungsloses Reimwort

2. चलिए, कॉफ़ी हाउस चलें। कुछ **कॉफ़ी-वॉफ़ी** पी जाए। — Gehn wir ins Café und trinken Kaffee.

3. मुझे बहुत **तड़क-भड़क, भीड़-भाड़, हल्ला-गुल्ला** अच्छा नहीं लगता। — Ich mag keine große Show, keine Masse und keinen Lärm.
   तड़क-भड़क — große Show
   तड़क — bedeutungslose Komponente
   भड़क — Show
   भीड़-भाड़ — Menge-Masse
   भीड़ — Menge, Masse
   भाड़ — bedeutungslose Komponente
   हल्ला-गुल्ला — Lärm
   हल्ला — Lärm
   गुल्ला — bedeutungslose Komponente

4. हमारे कमरे **आमने-सामने** हैं।   Unsere Räume liegen sich gegenüber
आमने   bedeutungslose Komponente
सामने   gegenüber

Der Gebrauch von 'न'

1. **Aufforderung, etwas zu unterlassen.**

1. यहाँ न बैठिए।   Setzen Sie sich nicht hierher!
2. यह पुस्तक न पढ़ो।   Lies dieses Buch nicht!

2. **'न' am Satzende ist Fragepartikel. Die erwartete Antwort ist bejahend.**

1. आप का नाम अनिल है, न?   Ihr Name ist Anil, nicht wahr?
2. तुम बी०एच०यू० में पढ़ते हो न?   Du studierst an der BHU, nicht wahr?
3. कमला हमारे साथ बाज़ार जाएगी न?   Kamlā wird mit uns zum Bazar kommen, nicht wahr?

3. **'न' am Satzende bedeutet auch eine Bitte = um Einverständnis.**

1. आज हमारे साथ बाज़ार चलिए न!   Bitte gehn Sie doch heute mit uns zum Markt.
2. मुझे एक दिन के लिए अपना कैमरा दे दो न!   Gib mir doch bitte deinen Photoapparat für einen Tag.

4. **'क्यों न' kann am Satzanfang stehen und bedeutet (1) eine Bitte oder milden Befehl, (2) einen höflichen Gegenvorschlag.**

Beispiele:

1. क्यो न आज होटल में खाना खाएँ?   Warum können wir heute nicht im Hotel essen?
2. क्यों न इस बार गर्मी की छुट्टियों में काश्मीर चलें?   Warum fahren wir diesmal in den Sommerferien nicht nach Kashmir?
3. क्यों न आज शाम को अंग्रेज़ी 'फ़िल्म' देखी जाए?   Warum schauen wir uns heute Abend keinen englischen Film an?

4. घर बैठे-बैठे क्या करेंगे! क्यों न कहीं टहल आया जाए? — Was sollen wir zu Hause herumsitzen? Warum gehn wir nicht irgendwo spazieren?

Der Gebrauch des adjektivischen Suffix सा, से, सी

1 Mit Substantiven und Pronomen verbunden drückt es Ähnlichkeit aus:

Beispiele:

1. वह गधा-सा लगता है। — Er sieht wie ein Esel aus.
2. यह फूल कमल-सा दीखता है। — Diese Blume sieht wie eine Lotusblume aus.
3. आप मेरी बहन-सी हैं। — Sie sind wie meine Schwester.
4. छोटे लड़के बन्दर-से होते हैं। — Kleine Jungen sind wie Affen.
5. उसकी सूरत अपनी माता की-सी है। — Sein Gesicht gleicht dem seiner Mutter.
6. मुझे वे दोनों बहनें एक-सी लगती हैं। — Mir scheint es, daß beide Schwestern gleich aussehen.
7. मेरी चाँद-सी बेटी — Meine Tochter, schön wie der Mond.
8. मेरी फूल-सी बच्ची — Meine Tochter zart wie eine Blume.
9. उनका घर महल-सा है। — Sein Haus gleicht einem Palast.

2 Mit Adjektiven, die eine Qualität bezeichnen, wirkt es Qualitätsabschwächend.

3 Mit Adjektiven der Menge, z.B. बहुत, थोड़ा usw. verstärkt es diese. Gleichzeitig drückt es eine gewisse Bestimmtheit der Größe und Menge aus.

☞ In Verbindung mit Adjektiven richtet sich सा, से, सी in N und G nach dem Gegenstand des Vergleichs.

Beispiele:

1. इस नदी का जल हरा-सा है। — Das Wasser dieses Flußes ist grünlich.
2. मुझे वह पीली-सी साड़ी दिखाइए। — Zeigen Sie mir diesen gelblichen Sari da.
3. वह गोरी-सी लड़की मेरी सहेली है। — Das hellhäutige Mädchen da drüben ist meine Freundin.

4.	बहुत से मनुष्य जानवरों-सा जीवन जीते हैं।	Sehr viele Menschen leben wie Tiere.

Vergleiche und verstehe

1a.	उसने मुझे **बहुत** चीज़े दीं।	Er gab mir viele Sachen.
1b.	उसने मुझे **बहुत-सी** चीज़ें दीं।	Er gab mir sehr viele Sachen.
2a.	मेरी चाय में **थोड़ी** चीनी डालिए।	Tun Sie bitte wenig Zucker in meinen Tee.
2b.	मेरी चाय में **थोड़ी-सी** चीनी डालिए।	Tun Sie sehr wenig Zucker in meinen Tee.
3a.	वह **छोटे** कमरे में रहता है।	Er bewohnt ein kleines Zimmer.
3b.	वह **छोटे-से** कमरे में रहता है।	Er bewohnt ein sehr kleines Zimmer.
4.	कल हमारे यहाँ **बहुत-से** मेहमान आए थे।	Gestern kamen sehr viele Gäste zu uns nach Hause.
5.	मेरे बग़ीचे में **बहुत-से** पेड़ हैं।	In meinem Garten gibt es sehr viele Bäume.

■ **कोई-सा - Irgendein gegenstand aus einer bestimmten Anzahl:**

इनमें से **कोई-सा** कुरता लीजिए।	Nehmen Sie irgendeine von diesen Kurtas.

■ **कौन-सा - Welcher, welche, welches (aus einer Anzahl von Möglichkeiten):**

	इनमें से **कौन-सा** कुरता लूँ?	Von all diesen Kurtas, welche soll ich nehmen?
A:	मुझे श्री नाथ से मिलना है।	Ich möchte gerne Herrn Nath treffen.
B:	**कौन-से** श्री नाथ से?	Welchen Herrn Nath?

Gebrauch von नहीं तो, वरना - sonst

Beispiele:

1.	स्वेटर पहन लो, **नहीं तो** तुम्हें ठंड लग जाएगी।	Zieh den Pullover an, sonst wirst du frieren.
2.	जल्दी कीजिए, **वरना** गाड़ी छूट जाएगी।	Beeilen Sie sich, sonst fährt der Zug ab.
3.	रुपये-पैसे किसी सुरक्षित स्थान पर (संभाल कर) रखिए, **वरना** कोई उन्हें चुरा लेगा।	Lege das Geld an einen sicheren Ort, sonst stiehlt es jemand./ sonst wird es jemand stehlen.

4. पौधों को पानी दीजिए **नहीं तो** वे मुरझा जाएँगे। — Bitte geben Sie den Pflanzen Wasser, sonst welken sie.
5. मेरी निगाह से दूर हो जाओ, **नहीं तो** मैं तुम्हारी हड्डियाँ तोड़ दूँगा। — Geh mir aus der Sicht, sonst breche ich dir die Knochen.
6. जल्दी से दरवाज़ा बन्द करो **वरना** मच्छर आ जाएँगे। — Mach schnell die Türe zu, sonst kommen die Mücken herein.

Gebrauch von भी नहीं/तक भी नहीं, भी - nicht einmal, sogar

1. अनु तो चाय **तक भी नहीं** बना सकती। — Anu kann nicht einmal Tee machen.
2. वे लोग कुछ नाराज़ लगे। उन्होंने **तो** हमें देखकर नमस्ते **तक भी नहीं** की। — Diese Leute sahen etwas ärgerlich aus. Als sie uns sahen, haben sie nicht einmal guten Tag gesagt.
3. मुझे तो उसकी शक्ल **भी** ठीक से याद **नहीं**। — Ich erinnere mich noch nicht einmal richtig an sein / ihr Gesicht.
4. आज दो दिन से हमने चाय **भी नहीं** पी। — Seit zwei Tagen haben wir nicht einmal Tee getrunken.
5. बड़े शहरों में लोग अपने पड़ोसियों का नाम **भी नहीं** जानते। — In den großen Städten kennen die Leute nicht einmal die Namen ihrer Nachbarn.
6. दिन भर काम करने के बाद **भी** वह ताज़ी लगती है। — Sogar nach einem vollen Arbeitstag sieht sie noch frisch aus.

Gebrauch von 'भी' - auch

A: आज दावत में सभी समय से आए। — Heute kamen alle rechtzeitig zur Arbeit.
B: सच! क्या कमला **भी** समय से आई? वह तो हमेशा देर से आती है। — Wirklich! Kam Kamlā auch rechtzeitig? Sie kommt immer zu spät.
A: हाँ, कमला **भी** समय से पहुँची। — Auch Kamlā kam rechtzeitig an.
A: किसी को भी नहीं पता अनिल आजकल कहाँ है और क्या कर रहा है? — Niemand weiß, wo Anil zu dieser Zeit ist, und was er tut.
B: सच! क्या उसके माता-पिता को **भी** पता नहीं? — Wirklich! Wissen das auch seine Eltern nicht?

A:	नहीं, वे भी नहीं जानते।	Nein, sie wissen es auch nicht.
A:	देश-भर में सभी संस्थान अगले हफ़्ते हड़ताल पर होंगे।	Die öffentlichen Einrichtungen des ganzen Landes werden nächste Woche bestreikt.
B:	सभी संस्थान अर्थात् रेलगाड़ियाँ **भी** नहीं चलेंगी?	Alle öffentlichen Einrichtungen? Heißt das, die Züge werden auch nicht fahren?
A:	नहीं, रेल, डाक, दूर-संचार विभाग आदि यथावत काम करेंगे।	Nein, die Eisenbahn, die Post, die Telekommunikation usw. werden wie gewöhnlich arbeiten.
A:	हमारी कक्षा में इस वर्ष सब पास हो गए हैं।	In unserer Klasse sind dieses Jahr alle durchgekommen.
B:	सच! अनिल **भी** पास हो गया है।	Wirklich! Anil hat also auch bestanden?
A:	हाँ, अनिल भी पास हो गया है।	Ja, auch Anil hat bestanden.
A:	कभी-कभी हम सब गलती करते हैं।	Wir alle machen manchmal Fehler.
B:	सच! क्या आप भी कभी ग़लती करते हैं?	Wirklich! Machen auch Sie manchmal Fehler?
A:	हाँ, मैं भी मनुष्य हूँ और प्रत्येक मनुष्य कभी न कभी गलती करता है।	Ja, ich bin auch ein Mensch und jeder Mensch macht manchmal Fehler.

Gebrauch von 'भर' - nur / ganz / voll

1.	मुझे बहुत प्यास लगी है। मैं तो **बाल्टी-भर** पानी पिऊँगा।	Ich bin sehr durstig. Ich werde einen Eimer voll Wasser trinken.
2.	इस समय तो मुझे **रत्ती-भर** भी भूख नहीं, बाद में कुछ खा लूँगा।	Gerade jetzt habe ich fast keinen Hunger. Später werde ich etwas essen.
3.	बस? यह **गिलास-भर** दूध तुम्हारी **दिन-भर** की खुराक है?	Ist das alles? Nimmst du den ganzen Tag nur ein Glas Milch zu dir?
4.	आधे से ज्यादा लोगों को इस देश में **पेट-भर** खाना भी नहीं मिलता।	Mehr als die Hälfte der Leute in diesem Land haben nicht genug, um sich satt zu essen.
5.	यदि आप इस समय मुझे कुछ रुपए उधार दें, तो मैं **जीवन-भर** आपका आभारी रहूँगा।	Wenn Sie mir im Moment etwas Geld leihen könnten, dann wäre ich Ihnen lebenslänglich zu Dank verpflichtet.

6. दम-भर साँस लेने दो। — Laß mich einen Moment verschnaufen.
7. पल-भर भी चैन नहीं है मुझे। — Ich habe keinen Augenblick Ruhe.
8. इतने सालों बाद आए हो। आते ही जाने की रट लगा दी। आँख-भर देख तो लेने दो; फिर चले जाना। — Nach so vielen Jahren bist du wiedergekommen. Kaum angekommen, sprichst du immer wieder vom Gehen. Laß mich dich doch wenigstens richtig anschauen. Dann gehe wieder.

Subjekt + के + (Vs. + ने) + भर की देर होना - man braucht nur etwas tun,...

Beispiele:

1. तुम्हारे कहने-भर की देर है, मैं सब कर दूँगा। — Du brauchst es nur zu sagen, ich werde dann schon alles machen.
2. उसके माँगने-भर की देर थी; उसके भाई ने तुरन्त अपनी कार उसे दे दी। — Er brauchte nur darum zu bitten, und sein Bruder gab ihm sofort sein Auto.

Gebrauch von ताकि - damit, um zu

1. मैं संस्कृत भाषा सीख रही हूँ ताकि अपने धार्मिक ग्रन्थ पढ़ सकूँ। — Ich lerne Sanskrit, um unsere heiligen Schriften lesen zu können.
2. जब व्यक्ति जवान हो, उसे बचत करनी चाहिये ताकि बुढ़ापे में आनन्द ले सके। — In jungen Jahren sollte man sparen, damit man im Alter geniessen kann.
3. हम घर के चारों ओर ऊँची दीवार बना रहे हैं ताकि चोरों को अन्दर आने से रोक पाएँ। — Wir bauen auf allen Seiten des Hauses hohe Mauern, damit wir die Diebe am Einbrechen hindern können.
4. वह आज दफ़्तर से जल्दी गई ताकि रास्ते में ख़रीदारी करे। — Heute hat sie das Büro schnell verlassen, um unterwegs noch einzukaufen.

Gebrauch von इसलिये/क्योंकि - deshalb / weil

1. मेरे पास पर्याप्त पैसा नहीं था इसलिए मैंने वह कैमरा नहीं ख़रीदा। — Ich hatte nicht genügend Geld, deshalb habe ich den Photoapparat nicht gekauft.
2. मैं विदेश कभी नहीं गयी, इसलिए मैं विदेशी रिवाज़ और सभ्यता नहीं जानती। — Ich bin nie im Ausland gewesen, deshalb kenne ich fremde Sitten und Gebräuche nicht.

3. **क्योंकि** भारत एक बड़ा देश है, उसकी बहुत समस्याएँ हैं। — Weil Indien ein großes Land ist, hat es viele Probleme.
4. **क्योंकि** वह स्कूल कभी नहीं गई, वह पढ़ना-लिखना नहीं जानती। — Weil sie nie zur Schule ging, kann sie weder lesen noch schreiben.

Gebrauch von 'न' ... 'न' - weder... noch

1. **न** वह बहुत होशियार है **न** मेहनती। — Er ist weder sehr klug noch fleißig.
2. **न** पैसा उधार लो, **न** उधार दो। — Leihe weder Geld, noch verleihe es.
3. **न** वह दफ़्तर में काम करता है, **न** घर देखता है। — Er arbeitet weder im Büro noch kümmert er sich um den Haushalt.
4. **न** उन्होंने हमें पैसा दिया, **न** किसी और प्रकार की मदद दी। — Sie haben uns weder Geld noch irgendeine andere Art von Hilfe gegeben.

Gebrauch von 'या' ... 'या' - entweder... oder

1. **या** तुम दोषी हो **या** मैं। इसका निर्णय कौन करेगा? — Entweder ist es mein Fehler oder deiner. Wer wird darüber entscheiden?
2. **या** तो वह सचमुच मूर्ख है **या** बहुत चतुर। — Entweder ist er wirklich dumm, oder sehr durchtrieben.
3. **या** बैठो, **या** जाओ। यूँ खड़े खड़े मेरा और अपना समय बर्बाद न करो। — Entweder setz dich, oder geh. Verschwende meine und deine Zeit nicht durch bloßes Herumstehen!
4. **या** तो मैं बहुत बढ़िया साड़ी ख़रीदती हूँ **या** बिल्कुल नहीं ख़रीदती। — Entweder kaufe ich einen sehr guten Sari, oder gar keinen.
5. **या** तो मुझे करने दो **या** स्वयं ध्यान लगाकर करो। — Laß es entweder mich machen, oder tu es selbst aber konzentriere dich darauf!
6. **या** तुम बोलो **या** मुझे बोलने दो। — Sprich du, oder laß mich sprechen!
7. **या** मैं गर्मी की छुट्टी में काश्मीर जाऊँगी **या** फिर कहीं नहीं जाऊँगी। — Entweder gehe ich in den Sommerferien nach Kashmir oder nirgendwohin.
8. **या** करो **या** मरो। — Mach es oder stirb!

Gebrauch von यद्यपि, हालाँकि – obwohl

1. यद्यपि वह बहुत धनी है, उसे ज़रा भी घमण्ड नहीं। — Obwohl er sehr reich ist, ist er nicht im geringsten stolz.
2. यद्यपि राम ग़रीब है, वह चोर नहीं है। — Obwohl Ram arm ist, ist er doch kein Dieb.
3. हालाँकि रानी ने सबके सामने मेरा अपमान किया, मैं जानती हूँ वह अच्छी लड़की है और मैं उसे अब भी प्यार करती हूँ। — Obwohl Rani mich vor allen beleidigt hat, weiß ich doch, daß sie ein gutes Mädchen ist, und ich liebe sie sogar jetzt noch.
4. यद्यपि इस वर्ष भारत में वर्षा अच्छी नहीं हुई, देश में पर्याप्त अनाज है। — Obwohl in diesem Jahr in Indien nicht viel Regen fiel, gibt es im Land genügend Nahrungsmittel.
5. यद्यपि वह प्राय: हमेशा बीमार रहता है; फिर भी रोज़ समय से दफ़्तर आता है। — Obwohl er im allgemeinen ständig krank ist, kommt er doch jeden Tag rechtzeitig ins Büro.
6. हालाँकि विपक्ष ने बहुत शोर मचाया, सरकार टस से मस नहीं हुई और अपने फ़ैसले पर अटल रही। — Obwohl die Opposition viel Lärm machte, gab die Regierung nicht nach und blieb fest bei ihrem Beschluß.
7. यद्यपि उसने बहुत परिश्रम किया, वह प्रवेश परीक्षा में उत्तीर्ण नहीं हुआ। — Obwohl er sehr hart arbeitete, bestand er die Aufnahmeprüfung nicht.

Gebrauch von ठहरा, ठहरे, ठहरी

1. जाने दीजिए – बच्चा जो ठहरा। — Lassen Sie es laufen. Er ist doch noch ein Kind.
2. गर्मी जो ठहरी। — Es liegt an der Hitze.
3. महँगाई जो ठहरी। — Es ist wegen der Teuerung.

Gebrauch von हो-न-हो – sicher, zweifellos

1. हो-न-हो, उसने कुछ ग़लत काम किया है। — Sicher hat er etwas Falsches gemacht.
2. हो-न-हो वह श्री सिंह का बेटा है। उसकी शक्ल हू-ब-हू उनसे मिलती है। — Zweifellos ist er Herrn Singhs Sohn. Er sieht ihm absolut ähnlich.

3. ब्राह्मणी ने सोचा **हो-न-हो** इस नेवले ने मेरे बच्चे को मार दिया। — Die Brahmanenfrau dachte: zweifellos hat dieser Mungo mein Kind getötet.

Gebrauch von बिना/बिना + Vs + ए

1. खाए **बिना** (बिना खाए) मैं एक दिन भी नहीं रह सकती। — Ohne zu essen kann ich es noch nicht einmal einen Tag aushalten.
2. सुने **बिना** ही जवाब दे दिया तुमने? — Hast du die Antwort gegeben ohne hingehört zu haben?
3. मुझसे मिले **बिना** मत जाना। — Geh nicht, ohne mich vorher getroffen zu haben.
4. सोचे-समझे **बिना** किसी फ़ैसले पर न पहुँचना। — Triff keine Entscheidung, ohne zu überlegen.
5. पढ़े **बिना** जीवन बेकार है। — Ohne lesen und schreiben zu können, ist das Leben sinnlos.

Gebrauch von 'भले ही' - trotzdem, auch wenn

1. तुम **भले ही** अनिल के जन्मदिन पर न जाओ, मैं तो जाऊँगी। — Auch wenn du zu Anils Geburtstag nicht gehst, ich werde jedenfalls gehen.
2. अनिल **भले ही** हर साल विदेश जाता है, पर वह विदेशियों को बिल्कुल नहीं समझता। — Obwohl Anil jedes Jahr ins Ausland geht, versteht er die Ausländer überhaupt nicht.
3. तुम सब **भले ही** 'फ़िल्म' देखने जाओ, मैं घर पर रहकर पढ़ूँगी। — Auch wenn ihr alle den Film anschauen geht, ich jedenfalls bleibe zu Hause und lerne.
4. आप **भले ही** मेरी गर्दन काट दें, मैं डॉक्टरी नहीं पढ़ूँगा। — Auch wenn sie mir den Kopf abschneiden, ich werde nicht Medizin studieren.
5. वह **भले ही** किसी से कितनी नाराज़ हो, चेहरे से पता नहीं लगने देती। — Auch wenn Sie noch so ärgerlich mit jemand ist, auf ihrem Gesicht läßt sie es sich nicht ansehen.
6. मैं **भले ही** कल आप के घर न आऊँ, परन्तु जाने से पहले आपको अवश्य मिलूँगा। — Auch wenn ich morgen nicht zu Ihnen nach Hause komme, bevor ich abreise, werde ich Sie sicher treffen.

Gebrauch von ' X' के मारे / मारे 'X' के - wegen

☞ 'X' के मारे ist gleichbedeutend mit 'X' के कारण oder 'X' की वजह से

☞ 'X' के मारे wird häufig dann benutzt, wenn der Grund besonders stark ist.

1. डर के मारे वह तीन दिन तक घर से बाहर नहीं निकली। — Vor Angst verließ sie drei Tage lang das Haus nicht.
2. व्यक्ति बच्चों के मारे इतने पापड़ बेलता है। यही बच्चे बड़े होकर जवाब-सवाल करने लगते हैं। — Der Mensch nimmt viel auf sich wegen seiner Kinder. Aber wenn sie groß sind, muß er ihnen Rede und Antwort stehen.
3. दर्द के मारे वह कराह रहा था। — Vor Schmerz stöhnte er.
4. उसका तो बिल्कुल मन न था, पर बच्चों और पत्नी के मारे गाँव छोड़कर शहर में जाकर बसा। — Er hatte überhaupt keine Lust dazu, aber wegen seiner Frau und Kinder verließ er das Dorf und ließ sich in der Stadt nieder.
5. मारे गर्मी के सब का बुरा हाल था। — Wegen der Hitze waren alle in schlechtem Zustand.
6. मारे शर्म के वह सो न पाया। — Vor Scham konnte er nicht schlafen.
7. मारे नींद के मेरी आँखे बन्द हो रही थीं। — Vor Müdigkeit fielen mir die Augen zu.

Gebrauch von 'के बजाय', 'की जगह' 'न + Vs. + कर' - statt, anstatt

1. आज मैं बाज़ार जाने के बजाय (न जाकर) अपनी सहेली के घर जाऊँगी। — Heute werde ich anstatt zum Markt zu meiner Freundin gehen.
2. आज घर पर खाना खाने की जगह (न खाकर) होटल में खाया जाए। — Laß uns heute statt zu Hause im Restaurant essen.
3. बहुत देर हो गई है। आज मेरे पति सीधे घर आने के बजाय (न आकर) किसी से मिलने चले गए हैं। — Es ist spät geworden. Heute ging mein Mann jemanden besuchen, anstatt sofort nach Hause zu kommen.
4. आज स्कूल जाने के बजाय (न जाकर) सिनेमा देखने चला जाए। — Laß uns heute ins Kino gehen anstatt zur Schule.

5.	आज बूँदा-बाँदी हो रही है। बाहर बाग़ीचे में **न जाकर**, अन्दर ही कुछ खेला जाए।	Heute nieselt es. Laß uns drinnen spielen, statt in den Park zu gehen.

Gebrauch von 'भला' - denn

1.	ऐसी तेज़ बारिश में **भला** कौन बाहर निकलता है?	Wer wird denn bei so starkem Regen aus dem Haus gehen!
2.	"**भला** मैं क्यों बेटी के घर रहने लगी," बुढ़िया ने कहा?	"Warum sollte ich denn bei meiner Tochter wohnen bleiben,?" sagte die Alte.
3.	**भला** मैं क्यों यह सब कहने लगी?	Warum sollte ich denn das eigentlich sagen?

Gebrauch von 'कहीं + Adj.' - viel mehr als

1.	कमला रानी से **कहीं** ज़्यादा कंजूस है।	Kamlā ist viel geiziger als Rāni.
2.	मेरा मकान उनके मकान से **कहीं** अच्छा है।	Mein Haus ist viel besser als ihres.
3.	अनिल मुझसे **कहीं** तेज दौड़ता है।	Anil rennt viel schneller als ich.
4.	मेरी पतंग तुम्हारी पतंग से **कहीं** ऊँची उड़ी।	Mein Drachen flog viel höher als deiner.

Gebrauch von बल्कि - im Gegenteil

1.	उन्होंने मुझे गोली नहीं दी, **बल्कि** मुझे बड़े प्यार से समझाया।	Er hat mir keine bösen Worte gegeben, im Gegenteil er hat mir alles sehr liebevoll erklärt.
2.	राम ने हमारा अपमान नहीं किया, **बल्कि** सबके सामने हमारी प्रशंसा की।	Rām hat uns nicht erniedrigt, im Gegenteil er hat uns vor allen gelobt.
3.	वह कामचोर नहीं **बल्कि** अत्यधिक परिश्रमी है।	Er ist nicht arbeitsscheu; nein, im Gegenteil er ist ein überaus harter Arbeiter.
4.	वह क्रूर नहीं **बल्कि** बहुत दयालु है।	Er ist nicht grausam, sondern im Gegenteil sehr mitfühlend.
5.	वह नास्तिक नहीं, **बल्कि** आस्तिक है।	Er ist kein Atheist, sondern im Gegenteil ein Gläubiger.

(Gebrauch von 'तो' im Hauptsatz der Bedingungssätze)

Der Gebrauch von तो am Anfang einer Rede - Also gut, also

1. तो, मैं आप को बता रहा था। — Also gut, ich sagte Ihnen doch.............
2. तो, आप क्या कह रहे थे? — Also gut, was hatten Sie gesagt?
3. तो, आप कल दिल्ली जा रहे हैं? — Also, Sie fahren morgen nach Delhi?
4. तो, अब हमें क्या करना चाहिए? — Also, was sollen wir jetzt machen?
5. हाँ, तो बताइये, आप का व्यापार कैसा चल रहा है? — Also sagen Sie doch mal, wie läuft ihr Geschäft jetzt?

Der Gebrauch von ज्यों त्यों करके / जैसे तैसे - irgendwie

☞ **Es irgendwie schaffen etwas zu tun. Die Ausführung der Handlung bedeutet Mühe.**

1a. ज्यों त्यों करके मैंने परीक्षा पास की। — Irgendwie habe ich es geschafft, die Prüfung zu bestehen.
जैसे तैसे करके मैंने परीक्षा पास की।

2a. ज्यों त्यों करके हम उसके घर पहुँचे। — Irgendwie haben wir sein Haus erreicht.
जैसे तैसे करके हम उसके घर पहुँचे।

3a. ज्यों त्यों करके रानी ने अपना मकान बनवाया। — Irgendwie hat Rani es geschafft, ihr Haus bauen zu lassen.
जैसे तैसे करके रानी ने अपना मकान बनवाया।

4a. ज्यों त्यों करके मैंने उससे अपना पीछा छुड़ाया। — Irgendwie habe ich es geschafft, ihn / sie loszuwerden.
जैसे तैसे करके मैंने उससे अपना पीछा छुड़ाया।

ज्यों ही .... त्यों ही - sobald, kaum

1. ज्यों ही मैं सोकर उठा त्यों ही पानी चला गया। — Kaum war ich aufgestanden, gab es kein Wasser mehr.

2. **ज्यों ही** वह घर से निकला **त्यों ही** बारिश होने लगी। — Kaum war er aus dem Haus gegangen, fing es an zu regnen.

3. **ज्यों ही** मैंने दरवाज़ा खोला, **त्यों ही** चोर घर में घुस गए। — Sobald ich die Tür öffnete, kamen die Einbrecher ins Haus.

4. **ज्यों ही** मेरी आँख लगी, **त्यों ही** कुत्ते भौंकने लगे। — Kaum war ich eingeschlafen, begannen die Hunde zu bellen.

5. **ज्यों ही** मेरी पढ़ाई ख़त्म हुई, **त्यों ही** मुझे नौकरी मिल गई। — Kaum hatte ich mein Studium beendet, bekam ich einen Job.(fand ich eine Arbeit.)

Gebrauch von ज्यों ज्यों…. त्यों त्यों – in dem Maße wie

1. **ज्यों ज्यों** हम ऊपर चढ़ते गए, **त्यों त्यों** ठंड बढ़ती गई। — Als wir höherstiegen, wurde es kälter.

2. **ज्यों-ज्यों** विचार करोगे, **त्यों त्यों** तुम मेरी बातों का मूल्य समझोगे। — Je mehr du darüber nachdenkst, desto besser wirst du die wahrheit meiner Worte verstehen.

3. **ज्यों ज्यों** देश में आबादी बढ़ती जा रही है, **त्यों त्यों** बेरोज़गारी बढ़ती जा रही है। — In demselben Maße wie die Bevölkerungszahl ansteigt, wird auch die Arbeitslosigkeit ansteigen.

4. **ज्यों ज्यों** उसके पास धन बढ़ता गया, **त्यों त्यों** वह और अधिक निर्दयी होता गया। — So wie sein Reichtum sich vermehrte, vermehrte sich auch seine Grausamkeit.

5. **ज्यों ज्यों** उम्र बढ़ती जाती है **त्यों त्यों** बच्चे समझदार होते जाते हैं। — In demselben Maße, in dem die Kinder wachsen, wächst auch ihr Verständnis.

Der Gebrauch von ज्यों का/के/की त्यों – genau der - / die - / dasselbe wie früher

☞ का, के, की hängen in N und G von Objekt des Vergleichs ab.

1. हमारा गाँव आज भी **ज्यों का त्यों** है। — Unser Dorf ist heute genau dasselbe wie früher.

2. मैं राम को बहुत समय बाद मिला वह आज भी **ज्यों का त्यों** है। — Ich traf Ram nach sehr langer Zeit wieder. Selbst heute ist er der gleiche wie früher.

3. हमारी संस्कृति हज़ारों वर्ष पुरानी है। आज भी हमारे मूल मूल्य **ज्यों के त्यों** हैं। — Unsere Kultur ist tausende von Jahren alt. Aber auch heute noch sind unsere grundsätzlichen Werte wie früher.

4. मुझे अमरीका में रहते हुए दस साल हो गए है, परन्तु मेरी अंग्रेज़ी **ज्यों की त्यों** है। — Ich lebe nun seit zehn Jahren in Amerika, aber mein Englisch ist so wie früher.

'X' तो 'X', 'X' का क्या कहना, 'X' तो दूर रहा
ganz zu Schweigen von/Geschweige denn

---

1. **बच्चे तो बच्चे**, रसगुल्ले देख कर तो बूढ़ों के मुँह में भी पानी भर आता है। — Selbst den Erwachsenen, ganz zu schweigen von den Kindern, läuft beim Anblick von Rasgullas das Wasser im Mund zusammen.

2. दूध पनीर का **क्या कहना**/दूध पनीर तो **दूर रहा**, उन्हें तो दाल रोटी भी नसीब नहीं होती। — Sie bekommen nicht einmal Brot und Linsen, ganz zu schweigen von Milch und Käse.

3. कर्मचारी तो कर्मचारी (कर्मचारी **तो दूर रहे**/कर्मचारियों का **क्या कहना**), इस दफ़्तर में तो उच्च अधिकारी भी भ्रष्ट हैं। — Selbst die höheren Beamten sind in diesem Büro korrupt, ganz zu schweigen von den Angestellten.

4. मैं तो मैं (**मैं तो दूर रहा**/मेरा क्या कहना) मेरे बच्चे भी नहीं मानेंगे। — Kinder werden nicht einverstanden sein, von mir ganz zu schweigen.

Gebrauch von कब का/के/की seit langem / vor langer Zeit

---

1. मैं **कब का** यहाँ बैठा हूँ। — Ich sitze hier seit langem.
(कब का richtet sich nach मैं (m.sg.))

2. • हम **कब के** नाश्ता कर चुके हैं।	Wir sind schon seit langem mit dem Frühstück fertig.
(कब के richtet sich nach हम (m.pl.))	
• हमने **कब का** नाश्ता कर लिया है।	
(कब का richtet sich nach नाश्ता (m.sg.))	
3. • राम **कब का** पढ़ाई समाप्त कर चुका है।	Ram hat sein Studium vor langer Zeit beendet.
(कब का richtet sich nach राम (m.sg.))	
• राम ने **कब की** पढ़ाई समाप्त कर ली है।	
(कबकी richtet sich nach पढ़ाई (f.sg.))	
4. वह (m.sg) **कब का** इसी दफ़्तर में काम कर रहा है।	Er arbeitet seit langem in diesem Büro.
5. रानी (f.sg.) **कब की** यहाँ बैठी है।	Rani sitzt hier seit langer Zeit.

Gebrauch von - यों ही – einfach so / ohne Grund

1. राम ने अपने पुराने नौकर को **यों ही** निकाल दिया।	Ram entließ seinen Diener ohne Grund / einfach so.
2. हम **यों ही** घूमने चले गए।	Wir gingen einfach so spazieren.
3. वह **यों ही** बोलता रहता है।	Er redet einfach nur so immer weiter.

Gebrauch von 'X' ही 'X' - nichts außer / als'X'

1. गाँव-भर में **गन्दगी-ही-गन्दगी** थी।	Im ganzen Dorf war nichts außer Dreck.
2. चारों ओर **अंधेरा-ही-अंधेरा** था।	Um uns herum war nichts als Dunkelheit.
3. सर्वत्र **पानी-ही-पानी** था।	Überall war nichts als Wasser.
4. जहाँ तक दृष्टि जाती थी, **खेत-ही-खेत** थे।	Soweit das Auge reichte, gab es nur Felder.
5. उनके बग़ीचे में **गुलाब-ही-गुलाब** है।	In seinem Garten gibt es nichts als Rosen.

Gebrauch von क्या 'X' क्या 'Y' - ob 'X', ob 'Y'

1. **क्या** ग़रीब **क्या** अमीर, एक दिन सबको जाना है। — Ob arm, ob reich, alle müssen einmal gehen(sterben).
2. **क्या** बच्चे **क्या** बूढ़े, सभी शादी में नाचे। — Ob Kinder, ob Alte, alle tanzten bei der Hochzeit.
3. **क्या** जनता **क्या** नेता, आजकल सब भ्रष्ट हैं। — Ob Führer, ob Volk, heutzutage sind alle korrupt.
4. **क्या** सड़कों पर **क्या** गलियों में सर्वत्र भीड़ थी। — Ob auf den Straßen oder in den Gassen, überall war die Menge.

शायद ही - wohl kaum

1. उसने **शायद ही** कभी कोई 'फ़िल्म' देखी हो। — Er hat wohl kaum je einen Film gesehen.
2. वे **शायद ही** दिल्ली आएँ। — Sie werden wohl kaum nach Delhi kommen.
3. रानी बिल्कुल नहीं पढ़ती। वह **शायद ही** परीक्षा में उत्तीर्ण हो। — Rani studiert überhaupt nicht. Es ist sehr unwahrscheinlich, daß sie die Prüfung besteht.
4. वह बहुत धूर्त है। उसने **शायद ही** किसी का भला किया हो। — Er ist sehr hinterlistig. Er hat wohl kaum jemals jemandem etwas Gutes getan.
5. राबर्ट को भारत में बहुत परेशानी हुई। वह **शायद ही** दोबारा भारत आए। — Robert hatte viel Ärger in Indien. Er wird kaum ein zweites Mal nach Indien kommen.

चाहे कुछ भी हो - Komme was da wolle

1. **चाहे कुछ भी हो**, मैं अपने सिद्धान्त नहीं छोड़ सकता। — Komme was da wolle, ich kann meine Prinzipien nicht aufgeben.
2. **चाहे कुछ भी हो**, तुम कभी नहीं बदलोगे। — Komme was da wolle, du wirst dich niemals ändern.

3. **चाहे कुछ भी हो**, हमें अपने देश की सीमाओं की रक्षा करनी है। — Komme was da wolle, wir müssen unsere Landesgrenzen verteidigen.
4. **चाहे कुछ भी हो**, आपको अपनी आर्थिक- नीतियाँ बदलनी होंगी। — Komme was da wolle, Sie werden Ihre Wirtschaftspolitik ändern müssen.
5. **चाहे कुछ भी हो**, तुम अपना मुँह मत खोलना। — Komme was da wolle, mach deinen Mund nicht auf.

'जो चाहो' - was man mag

Subj. + जो चाहो + V.s. + सकना + होना

1. तुम **जो चाहो** पहन सकते हो। — Du kannst anziehen, was immer du magst.
2. तुम **जहाँ चाहो** जा सकती हो। — Du kannst hingehen, wohin du willst.
3. तुम लोग **जो चाहो** खा सकते हो। — Ihr könnt essen, was ihr möchtet / wollt.
4. तुम **जिससे चाहो** शादी कर सकते हो। — Du kannst heiraten, wen immer du magst / willst.

'के बावजूद' - trotz

1. प्रधानाचार्य की चेतावनी **के बावजूद** विद्यार्थियों ने भाषण नहीं सुना। — Trotz der Warnung des Rektors hörten die Studenten die Vorlesung nicht.
2. उसके उदण्ड व्यवहार **के बावजूद** सब उसके प्रति कृपालु थे। — Trotz ihres frechen Verhaltens war jeder nett zu ihr.
3. अपनी ख़राब सेहत **के बावजूद** उसने बहुत परिश्रम किया और वह अपनी कक्षा में प्रथम आई। — Trotz ihres schlechten Gesundheitszustands, arbeitete sie sehr hart und wurde Beste ihrer Klasse.
4. मेरे सर्वश्रेष्ठ प्रयासों के बावजूद मैं उसे धूम्रपान छोड़ने पर राज़ी न कर सकी। — Trotz meiner allergrößten Bemühungen, (meinen besten Versuche) konnte ich ihn nicht überreden, das Rauchen aufzugeben.

5. गाँधी जी की सादगी **के बावजूद** सब उनका बहुत आदर करते थे।   Trotz seiner Einfachheit zollten alle Gandhi großen Respekt.

> **Gebrauch Von (Vs. + ते) + (Vs. + ते) + बचा/बचे/बची**
> **etwas wäre fast passiert**

1. माताजी मरते मरते **बचीं**।   Mutter wäre fast gestorben.
2. राम 'फ़ेल' होते होते **बचा**।   Ram wäre fast durchgefallen.
3. हम फिसलते फिसलते **बचे**।   Wir wären fast ausgerutscht.
4. फूलदान नीचे गिरते गिरते **बचा**।   Die Vase wäre fast hinuntergefallen.

> **Gebrauch von देखते ही देखते**
> **Im Handumdrehen / Im Nu / Ehe man sich versah**

1. **देखते-ही-देखते** गणपति सारा भोजन चट कर गये।   Im Handumdrehen hatte Ganpati das ganze Essen aufgegessen.
2. **देखते-ही-देखते** वह बहुत बड़ा व्यापारी बन गया।   Ehe man sich versah, ist er ein großer Geschäftsmann geworden.

> **(Vs. + ते) + ही + बनना – drückt Erstaunen, Verwunderung aus**

1. उसकी पोशाक देखते ही बनती थी!   Sie trug solch ein wunderschönes Kleid!
2. भारतीय शास्त्रीय संगीत सुनते ही बनता है!   Klassische indische Musik ist wirklich ein Ohrenschmaus!
3. उसका रूप देखते ही बनता है!   Wie schön sie doch ist!

> **(Vs. + ते) + बनना drückt Fähigkeit oder Unfähigkeit etwas zu tun aus**

☞ **Passivische Konstruktion**

1. मुझसे और पढ़ते नहीं बनता।   Ich kann nicht noch mehr studieren.
2. तुमसे क्या करते बनता है?   Was kannst du überhaupt?

Ausdrücke der Verdoppelung

1. हर **चार-चार** घन्टे पर यह दवाई लीजिए। — Nehmen sie dieses Medikament alle vier Stunden.
2. मैं कल सुबह होते ही, **एक-एक** से निपट लूँगा। — Sobald der Morgen kommt, werde ich mich um jeden kümmern.
3. लड़कों को **दस-दस** रुपये और लड़कियों को **पाँच-पाँच** रुपये दे देना। — Geben sie den Jungen je 10 Rupien und den Mädchen je 5.
4. **नये-नये** आविष्कारों ने गृहणियों का नीरस काम काफ़ी सरल कर दिया है। — Die vielen neuen Erfindungen haben die Arbeit der Hausfrauen leichter gemacht.
5. राधा बहुत ज़्यादा चतुर है। चिकनी-चुपड़ी, **मीठी-मीठी** बाते करके हर किसी से अपना काम निकालना उसे खूब आता है। — Radha ist sehr schlau. Sie weiß genau, wie sie mit süßen Worten ihre Arbeit von jedem gemacht bekommt.
6. आप **कहाँ-कहाँ** जाने की सोच रहे हैं? — Wo planen Sie überall hinzugehen?
7. तुम मेरे लिए अमरीका से **क्या-क्या** लाओगे? — Was wirst du mir alles aus Amerika mitbringen?
8. सब काम हो गया? — Ist alle Arbeit erledigt?
   "**करीब-करीब** हो गया; **कुछ-कुछ** बाकी है।" — Es ist fast alles erledigt. Nur noch etwas ist übriggeblieben.
9. **अपना-अपना** नाम बताइए? — Bitte nennen Sie Ihre Namen.
10. आज दावत में **कौन-कौन** आ रहा है। — Wer wird heute alles zur Party kommen?
11. "क्या सब लोग चले गए?" — Sind alle Leute gegangen?
    "नहीं **कोई-कोई** अभी रुके हुए हैं। सब काम खत्म करके ही जाएँगे।" — Nein, einige sind noch hier. Sie werden erst gehen, nachdem alle Arbeit getan ist.
12. **धीरे-धीरे** सब ठीक हो जाएगा। — Nach und nach wird alles gut werden.

Gebrauch des Indefinitadjektivs कई - einige

☞ Wird nur für zählbare Gegenstände benutzt.

☞ **hat keinen obliquus.**

☞ **ist immer Plural.**

☞ **wenn unabhängig benutzt, dient es als Pronomen.**

1.	**कई** यात्री हर साल यहाँ मेले में आते हैं।	Sehr viele besuchen hier jedes Jahr den Jahrmarkt.
2.	मैंने दिल्ली में **कई** रोचक 'फिल्में' देखीं।	Ich sah einige interessante Filme in Delhi.
3.	राम ने हिन्दी की **कई** पुस्तकें पढ़ी हैं।	Ram hat einige Hindibücher gelesen.
4.	दादी जी ने बच्चों को **कई** कहानियाँ सुनाईं।	Die Großmutter erzählte den Kindern einige Geschichten.
5.	मैं फ्रांस में **कई** लोगों से मिली।	Ich traf einige Leute in Frankreisch.
6.	जब मैं कनाडा में थी, मैंने वहाँ **कई** रोचक स्थान देखे।	Während ich in Kanada war, sah ich einige interessante Orte.

Gebrauch von Relativadverbien - जब, जब तक, जहाँ

1.	**जब** तुम भारत आओ, मुझे जरूर मिलना।	Wenn du nach Indien kommst, mußt du mich treffen.
2.	**जब** दाम कम हो जाएँगे, मैं ख़रीदारी करूँगी।	Wenn die Preise fallen, werde ich einkaufen gehen.
3.	यही वह होटल है **जहाँ** हम पिछले वर्ष ठहरे थे।	Dieses ist das Hotel, in welchem wir letzes Jahr wohnten.
4.	यही वह बाग़ीचा है **जहाँ** हम बचपन में खेलते थे।	Dieses ist das Garten, in welchem wir in unserer Kindheit spielten.
5.	**जब तक** तुम पौधों को ठीक से खाद पानी दोगे, फूल सब्ज़ियाँ आदि अच्छे से फलेंगे।	So lange du die Pflanzen richtig gießt und düngst, werden die Blumen, das Gemüse usw. schnell wachsen.
6.	**जब तक** तुम भारत **नहीं** जाओगे, हिन्दी बोलना नहीं सीखोगे।	Solange du nicht nach Indien fährst, wirst du nicht Hindi sprechen lernen.

Gebrauch der Relativpronomen – जो, जिस, जिन

1. मैं उस लड़के को जानती हूँ **जो** वहाँ खड़ा है । — Ich kenne den Jungen, der dort steht.
2. **जो** छात्र जाना चाहते हैं वे जा सकते हैं । — Die Studenten, die gehen wollen, können gehen.
3. **जो** आदमी मेरे कपड़े सीता है तीन महीने के लिए विदेश गया है । — Der Mann, der meine Kleidung näht, ist für 3 Monate ins Ausland gereist.
4. यही साड़ी है **जिसे** मैंने कल ख़रीदा । — Dies ist der Sari, den ich gestern kaufte.
5. यही वह सुन्दर औरत है **जिससे** हमारे मुहल्ले का प्रत्येक युवक दोस्ती करना चाहता है । — Diese ist die schöne Frau, mit der sich jeder junge Mann in unserer Wohngegend gerne befreunden will.
6. यही वह अभिनेत्री है **जिसके बारे में** मैंने सुबह तुमसे बात की थी । — Diese ist die Schauspielerin, von der ich dir am Morgen erzählte.
7. यही वह घर है **जिसमें** हम पहले रहते थे । — Diese ist das Haus, in dem wir vorher wohnten.
8. आप पहले व्यक्ति हैं **जिन्होंने** एक एक उपयोगी सुझाव दिया है । — Sie sind die erste Person, die einen praktischen Vorschlag gemacht hat.
9. क्या यही वह बिजलीमिस्त्री है **जिसने** आप का काम किया था? — Ist das der Elektriker, der Ihre Arbeit gemacht hat?
10. मैं उस औरत को जानती हूँ **जिसका** पति शिक्षामंत्री है । — Ich kenne die Frau, deren Mann Bildungsminister ist.
11. उस युवक का क्या नाम है **जिसके** पिता की मृत्यु विमान-दुर्घटना में हुई? — Wie heißt der junge Mann, dessen Vater bei dem Flugzeugabsturz umkam?
12. गाड़ी में मैं एक औरत को मिली **जिसकी** माता मेरी माताजी की सहपाठिन थी । — Ich traf eine Frau im Zug, deren Mutter eine Klassenkameradin meiner Mutter war.

Einige Substantive und ihre dazugehörigen adjektivischen Formen

Satzstruktur 1 adjektivischer Gebrauch

Subj. Nom. + Adj. + होना

im geeigneten Tempus
richtet sich nach dem Subjekt

Satzstruktur 2 substantivischer Gebrauch

Subj. mit को + Abstraktes Substantiv + होना

im geeigneten Tempus
richtet sich nach dem Objekt

1.	मैं परेशान हूँ।	मुझको परेशानी है।
	Ich bin besorgt.	Ich habe Sorge.
2.	वह दुखी है।	उसको दुख है।
	Er / Sie ist betrübt.	Er / Sie hat Kummer.
3.	रानी प्रसन्न है।	रानी को प्रसन्नता है।
	Rani ist fröhich.	Rani hat Vergnügen.
4.	पिताजी खुश है।	पिताजी को खुशी है।
	Der Vater ist glücklich.	Der Vater hat Freude.

Adjektive		**Substantive**	
हैरान	verwirrt,erstaunt	हैरानी	Verwirrung, Erstaunen
निराश	hoffnungslos	निराशा	Hoffnungslosigkeit
विस्मित	erstaunt	विस्मय	Erstaunen
चिन्तित	ängstlich	चिन्ता	Angst
भयभीत	erstreckt	भय	Furcht, Schrecken
बीमार	krank	बीमारी	Krankheit
पीड़ित	gequält	पीड़ा	Qual

Der Gebrauch von : नज़र आना, दिखाई देना, दिखाई पड़ना **- zu sehen sein**
सुनाई देना, सुनाई पड़ना **- zu hören sein**

Sub.mit + Obj. + नज़र आना, दिखाई देना / पड़ना + होना
को सुनाई देना / पड़ना

im geeigneten Tempus
richten sich nach dem Obj.

Beispiele:

1. आप को क्या दिखाई दे रहा है?   Was sehen Sie?
2. मुझे यह चिड़िया दिखाई दे / पड़ रही है। Ich sehe einen Vogel.
3. उसे कुछ सुनाई नहीं पड़ रहा था।   Er/Sie konnte nichts hören.
4. यदि आप गंगा के किनारे रहेंगे, तो आप   Wenn Sie am Ufer des Ganges wohnen,
   को सुबह भजन-कीर्तन* सुनाई देगा।   können Sie morgens Bhajan und 'Kirtan'
   hören.
5. क्या आपको कोई आवाज़ सुनायी दे   Hören Sie ein Geräusch?
   रही है?
6. मुझे सामने कुछ धुआँ उठता हुआ   Da vorne sehe ich Rauch aufsteigen.
   दिखाई दे रहा है।

*Kirtan - Singen religiöser Lieder; meist Chorgesang.

★★★

42 Vergleiche und verstehe

In dieser Einheit sind einige Satzstrukturen zusammengefaßt, um ihre Ähnlichkeiten und Unterschiedlichkeiten hervorzuheben. Das ermöglicht den Studenten eine bessere Anwendung der Sprache.

Verben die entweder einen Zustand (sein) oder eine Zustandsveränderung (werden) ausdrücken:

| होना, जाना, रहना - sein, werden |

1. कमला बीमार थी।   कमला बीमार हो गयी।
   Kamlā war krank.   Kamlā wurde krank.
2. अनिल नेता है।   अनिल नेता बन गया है।
   Anil ist Politiker.   Anil ist Politiker geworden.
3. उनमें मैत्री है।   उनमें मैत्री हो गयी है।
   Sie sind Freunde.   Sie sind Freunde geworden.

| Der Gebrauch von है, होता है, रहता है – sein, werden, bleiben |

वह उदास है।   घर से पत्र पाकर वह उदास होता है।   आजकल वह कुछ उदास रहता है।

Er ist traurig.   Wenn er einen Brief von zu Hause bekommt, wird er traurig   Zur Zeit ist er etwas traurig.

आज गर्मी है।   यहाँ जून में गर्मी होती है।   यहाँ प्रायः गर्मी रहती है।

Heute ist es heiß.   Im Juni ist es hier heiß.   Hier ist es normalerweise heiß.

माता जी व्यस्त हैं।   सुबह के समय माता जी व्यस्त होती हैं।   माता जी हर वक्त व्यस्त रहती हैं।

Mutter ist beschäftigt.   Morgens ist Mutter beschäftigt.   Mutter ist immer beschäftigt.

Der Gebrauch von आना, जानना
können (wissen, wie etwas gemacht wird)

Satzstruktur 1

Subj. +	Obj. +	'आना' + 'होना'	
mit को	Subst./Inf	im geeigneten Tempus richten sich nach dem Objekt	

Satzstruktur 2 Das Verb 'जानना'

Subj. +	Obj. +	जानना + होना	
Nom.	Subst./Inf.	im geeigneten Tempus richten sich nach dem Subjekt	

Vergleiche und verstehe

1.a. **मुझे** हिन्दुस्तानी खाना बनाना **आता है।** Ich kann indisches Essen kochen.
1.b. **मैं** हिन्दुस्तानी खाना बनाना **जानता हूँ।**
2.a. **राबर्ट को** हिन्दी अच्छी तरह **आती है।** Robert kann sehr gut Hindi.
2.b. **राबर्ट** हिन्दी अच्छी तरह **जानता है।**
3.a. **मुझे** तैरना बिल्कुल नहीं **आता।** Ich kann überhaupt nicht schwimmen.
3.b. **मैं** तैरना बिल्कुल नहीं **जानता।**
4.a. क्या **आप को** कढ़ाई-बुनाई **आती है**? Können sie sticken und stricken?
4.b. क्या **आप** कढ़ाई-बुनाई **जानती हैं**?
5.a. जब मैं दस वर्ष की थी, **मुझे** वायलिन बजाना **आता था।** Als ich zehn Jahre alt war,konnte ich Geige spielen.
5.b. जब मैं दस वर्ष की थी, **मैं** वायलिन बजाना **जानती थी।**

यद्यपि .... तथापि / तो भी / फिर भी; के बावजूद; होते हुए भी
Obwohl....(dennoch); trotz; zwar .... aber

1a.	**यद्यपि** वह निर्धन है, **तो भी** वह उदार है।	**Obwohl** er arm ist, ist er **(dennoch)** großzügig.
1b.	निर्धन **होने के बावजूद** वह उदार है।	**Trotz** seiner Armut ist er großzügig.
1c.	निर्धन **होते हुए भी** वह उदार है।	Er ist **zwar** arm, **aber** trotzdem großzügig.
2a.	**यद्यपि** यह कपड़ा सस्ता है, **तो भी** टिकाऊ है।	**Obwohl** dieser Stoff billig ist, ist er **(dennoch)** von haltbarer Qualität.
2b.	सस्ता **होने के बावजूद** यह कपड़ा टिकाऊ है।	**Trotz** seines geringen Preises ist der Stoff haltbar.
2c.	सस्ता **होते हुए भी** यह कपड़ा टिकाऊ है।	Dieser Stoff ist **zwar** billig, aber **(trotzdem)** haltbar.
3a.	**यद्यपि** वे संस्था के प्रधान हैं, **तो भी** उन्हें रत्ती-भर भी घमण्ड नहीं।	**Obwohl** er Institutsdirektor ist, ist er **dennoch** kein bißchen arrogant.
3b.	संस्था के प्रधान **होने के बावजूद** उन्हें रत्ती-भर घमण्ड नहीं।	Er ist **zwar** Institutsdirektor, **aber trotzdem** nicht im geringsten arrogant.
3c.	संस्था के प्रधान **होते हुए भी** उन्हें रत्ती-भर घमण्ड नहीं।	**Zwar** ist er Institutsdirektor, **aber (dennoch)** kein bißchen arrogant.
4a.	**यद्यपि** वह हमेशा बीमार रहता है, **फिर भी** किसी काम में लापरवाही नहीं करता।	**Obwohl** er immer krank ist, vernachlä–ssigt er **(dennoch)** seine Arbeit nicht.
4b.	हमेशा बीमार **रहने के बावजूद** वह किसी काम में लापरवाही नहीं करता।	**Trotz** seines ständigen Krankseins, vernachlässigt er seine Arbeit nicht.
4c.	हमेशा बीमार **रहते हुए भी** वह किसी काम में लापरवाही नहीं करता।	**Zwar** ist er ständig krank, vernachlässigt **aber (dennoch)** seine Arbeit nicht.
5a.	**यद्यपि** यह भोजन वहुत स्वादिष्ट नहीं, **फिर भी** बहुत पौष्टिक है।	Obwohl das Essen nicht gut schmeckt, ist es **(dennoch)** nahrhaft.
5b.	बहुत स्वादिष्ट **न होने के बावजूद** यह भोजन बहुत पौष्टिक है।	**Trotz** seines faden Geschmacks ist das Essen nahrhaft.
5c.	बहुत स्वादिष्ट **न होते हुए भी** यह भोजन बहुत पौष्टिक है।	**Zwar** ist das Essen geschmacklos, **aber (dennoch)** nahrhaft.

Mehr über das kontinuative Perfekt

Die drei folgenden Sprachstrukturen sind untereinander austauschbar. Sie werden für Situationen gebraucht, in denen die Handlung schon seit längerer Zeit regelmäßig durchgeführt wird. In Modell 1 und 2 ist der sprachliche Stil etwas eleganter.

Modell 1

Subj. + Zeit + Obj. + Vs. + ता + आया + हूँ, हो
Nom.   Angabe   ते + आए   है, हैं
        + से   ती + आई

richten sich nach dem Subjekt

Modell 2

Subj. + Zeit + Obj. + Vs. + ता + आ रहा + हूँ, हो
Nom.   Angabe   ते + आ रहे   है, हैं
        + से   ती + आ रही

richten sich nach dem Subjekt

Modell 3

Subj. + Zeit + Obj. + Vs. + रहा + हूँ, हो
Nom.   Angabe   रहे   है, हैं
        + से   रही

richten sich nach dem Subjekt

Biespiele:

1a.	हम अंग्रेजों के ज़माने से अंग्रेज़ी बोलते आए हैं।	Wir sprechen seit der Zeit der Engländer Englisch .
b.	हम अंग्रेज़ों के ज़माने से अंग्रेज़ी बोलते आ रहे हैं।	
c.	हम अंग्रेज़ो के ज़माने से अंग्रेज़ी बोल रहे हैं।	
2a.	वे वैदिक काल से सब धर्मों का सम्मान करते आए हैं।	Seit der vedischen Zeit respektieren die Leute alle Religionen.
b.	वे वैदिक काल से सब धर्मों का सम्मान करते आ रहे हैं।	
c.	वे वैदिक काल से सब धर्मों का सम्मान कर रहे हैं।	
3a.	मैं बचपन से तला हुआ खाना खाती आई हूँ।	Ich esse seit meiner Kindheit fritiertes Essen.
b.	मैं बचपन से तला हुआ खाना खाती आ रही हूँ।	
c.	मैं बचपन से तला हुआ खाना खा रही हूँ।	
4a.	हम सन् १९४७ से पड़ोसी देशो से मैत्री की कोशिश करते आए हैं।	Seit 1947 versuchen wir immer, mit den Nachbarländern Freundschaft zu halten.
b.	हम सन् १९४७ से पड़ोसी देशों से मैत्री की कोशिश करते आ रहे हैं।	
c.	हम सन् १९४७ से पड़ोसी देशों से मैत्री की काशिश कर रहे हैं।	
5a.	माता जी सालों से सुबह-सुबह गंगा में नहाती आई हैं।	Seit Jahren badet Mutter früh morgens im Ganges.
b.	माता जी सालों से सुबह-सुबह गंगा में नहाती आ रही हैं।	
c.	माता जी सालों से सुबह-सुबह गंगा में नहा रही हैं।	

Gebrauch von न केवल ..... बल्कि / ..... भी ..... भी
nicht nur....sondern /.....auch

1a. वह **न केवल** बुद्धिमान है **बल्कि** मेहनती **भी** है। — Er ist **nicht nur** intelligent, **sondern** auch fleißig.

1b. वह बुद्धिमान **भी** है और मेहनती **भी**। — Er ist **sowohl** intelligent **als auch** fleißig.

1c. वह बुद्धिमान **तो** है **ही**, **साथ-साथ** मेहनती भी है। — Er ist **(jedenfalls)** intelligent, **(gleichzeitig)** aber auch fleißig.

2a. उन्होंने **न केवल** मुझे अपने पास रखा **बल्कि** मुझे पढ़ाया लिखाया **भी**। — Er hat mich **nicht nur** bei sich aufgenommen, **sondern** er hat mir **auch** Lesen und Schreiben beigebracht.

2b. उन्होंने मुझे अपने पास रखा **भी** और पढ़ाया लिखाया **भी**। — Er hat mich **sowohl** bei sich aufgenommen, **als** mir **auch** Lesen und Schreiben beigebracht.

2c. उन्होंने मुझे अपने पास तो रखा ही, **साथ-साथ** पढ़ाया-लिखाया **भी**। — Er hat mich bei sich aufgenommen, **gleichzeitig** hat er mir aber **auch** Lesen und Schreiben beigebracht.

3a. वे **न केवल** अमीर हैं **बल्कि** उदार हृदयवाले भी। — Er ist **nicht nur** reich, **sondern** auch großzügig.

3b. वे अमीर **भी** हैं और उदार हृदयवाले **भी**। — Er ist **sowohl** reich als **auch** großzügig.

3c. वे अमीर तो हैं ही, **साथ-साथ** उदार हृदयवाले **भी**। — Er ist **(jedenfalls)** reich, **(gleichzeitig)** aber ist auch großzügig.

4a. मैं **न केवल** तुम्हारा पिता हूँ बल्कि तुम्हारा दोस्त **भी** हूँ। — Ich bin **nicht nur** dein Vater, **sondern** auch dein Freund.

4b. मैं तुम्हारा पिता **भी** हूँ और दोस्त **भी**। — Ich bin **sowohl** dein Vater, **als auch** dein Freund.

4c. मैं तुम्हारा पिता **तो** हूँ **ही**, **साथ-साथ** तुम्हारा दोस्त **भी** हूँ। — Ich bin **jedenfalls** dein Vater, **gleichzeitig** aber auch dein Freund.

5a. उन्होंने **न केवल** पैसे से मेरी सहायता की **बल्कि** मेरा मनोबल **भी** बढ़ाया। — Er half mir **nicht nur** mit Geld aus, **sondern** machte mir auch Mut.

5b. उन्होंने पैसे से **भी** मेरी मदद की और मेरा मनोबल **भी** बढ़ाया। — Er half mir **sowohl** mit Geld aus, **als** er mir **auch** Mut machte.

5c. उन्होंने पैसे से **तो** मेरी मदद की ही, **साथ-साथ** मेरा मनोबल **भी** बढ़ाया। — Er half mir **jedenfalls** mit Geld aus, **gleichzeitig** aber machte er mir Mut.

> अगरचे / अगर / यदि .... तो 'wenn .... dann.......'

Die folgenden Konditionalsätze sind nach dem Grad ihrer Wahrscheinlichkeit eingeordnet. In vielen Fällen überlappen sich die Möglichkeiten z.B 2 und 3 kann für unwahrscheinliche, unrealistische Bedingungen in der Zukunft benutzt werden, 4 und 5 für eine unmögliche Bedingung in der Vergangenheit.

1. अगर मैं दिल्ली आऊँगा, तो आप से मिलूँगा।
Wenn ich nach Delhi komme, besuche ich Sie.

    Hohe Wahrscheinlichkeit:
    Haupt– und Nebensatz stehen im Futur.

2. अगर मैं दिल्ली आया, तो आप से मिलूँगा।
Wenn ich nach Delhi käme, würde ich Sie besuchen.

    Geringere Wahrscheinlichkeit:
    Nebensatz im Imperfekt, Hauptsatz im Futur.

3. अगर मैं दिल्ली आऊँ, तो आप से मिलूँ।
Wenn ich nach Delhi käme, würde ich Sie besuchen.

    Ganz geringe Wahrscheinlichkeit:
    Konjunktiv in Haupt– und Nebensatz.

4. अगर मैं दिल्ली आता तो आप से मिलता
Wenn ich nach Delhi käme, würde ich Sie besuchen.

    Unrealistische Zustände, Unwahrscheinlichkeit:
    Vs.+ ता, ते, ती im Haupt-und Nebensatz.
    Diese Struktur kann in allen Tempi benutzt.

5. अगर मैं दिल्ली आया होता तो आप से मिला होता।
Wenn ich nach Delhi gekommen wäre, hätte ich Sie besucht.

    Unmöglichkeit:
    (Vs. + आ/ए/ई) + होता / होते/ होती im Haupt - und Nebensatz.
    Diese Struktur kann im Plusquamperfekt benutzt werden.

Beispiele:

1. अगर तुम भारत के प्रधानमंत्री होगे तो क्या करोगे? — Was wirst du tun, wenn du Premierminister von Indien sein wirst?

2. अगर तुम भारत के प्रधानमंत्री हुए तो क्या करोगे?
3. अगर तुम भारत के प्रधानमंत्री होओ तो क्या करो?
4. अगर तुम भारत के प्रधानमंत्री होते तो क्या करते? — Wenn du Premierminister von Indien wärst, was würdest du dann machen?

5. अगर तुम भारत के प्रधानमंत्री हुए होते तो तुमने क्या किया होता? — Was hättest du gemacht, wenn du Premierminister von Indien gewesen wärst?

1. अगर मैं प्रधानमंत्री होऊँगा तो सरकारी छुट्टियाँ कम करूँगा। — Wenn ich Premierminister von Indien bin, werde ich die öffentlichen Feiertage reduzieren.

2. अगर मैं प्रधानमंत्री हुआ तो सरकारी छुट्टियाँ कम करूँगा।
3. अगर मैं प्रधानमंत्री होऊँ तो सरकारी छुट्टियाँ कम करूँ।
4. अगर मैं प्रधानमंत्री होता तो सरकारी छुट्टियाँ कम करता। — Wenn ich Premierminister von Indien wäre, würde ich die öffentlichen Feiertage reduzieren.

5. अगर मैं प्रधानमंत्री हुआ होता तो मैंने सरकारी छुट्टियाँ कम की होतीं। — Wenn ich Premierminister gewesen wäre, hätte ich die öffentlichen Feiertage reduziert.

Wünschen
अगर तो; काश

1. अगर तुम आते तो कितना अच्छा होता।
अगर तुम आओ तो कितना अच्छा हो।
Wie schön wäre es, wenn du kämst.

   काश! तुम आते!
Ich wünschte du kämst.

2. अगर मै मछली होती तो पानी में तैरती।
अगर मैं मछली होऊँ तो पानी में तैरूँ।
Wenn ich ein Fisch wäre, würde ich im Wasser schwimmen.

   काश! मैं मछली होती!
Ich wünschte ich wäre ein Fisch.

3. अगर इच्छाएँ घोड़े होतीं तो सब सवारी करते।
अगर इच्छाएँ घोड़े हों तो सब सवारी करें।
Wenn Wünsche Pferde wären, würde jeden reiten.

   काश इच्छाएँ घोड़े होतीं।
Ich wünschte Wünsche wären Pferde.

4. अगर मैं धनवान होता तो विश्व भ्रमण करता।
अगर मैं धनवान होऊँ तो विश्वभ्रमण करूँ।
Wenn ich reich wäre, würde ich eine Weltreise machen.

   काश मैं धनवान होता!
Ich wünschte ich wäre reich.

5. अगर मैं देश का राष्ट्रपति होता तो सर्वप्रथम जनसंख्या कम करता।
अगर मैं देश का राष्ट्रपति होऊँ तो सर्वप्रथम जनसंख्या कम करूँ।
Wenn ich der Präsident dieses Landes wäre, würde ich die Bevölkerung reduzieren.

   काश मैं देश का राष्ट्रपति होता!
Ich wünschte ich wäre der Präsident des Landes.

> **Der Gebrauch der emphatischen Partikel भी, तो, ही, bezüglich einer Situation, die in der Vergangenheit nicht geschah und in der Zukunft auch nicht geschehen wird. Die zwei folgenden Satzpaare haben dieselbe Bedeutung und sind untereinander austauschbar.**

1a. वह आया **भी** नहीं और आएगा **भी** नहीं। — Er ist nicht gekommen, und er wird auch nicht kommen.

1b. **न तो** वह आया और **न** वह आएगा **ही**। — Weder kam er, noch wird er kommen.

2a. मैंने खाना कभी पकाया **भी** नहीं है और पकाऊँगी **भी** नहीं। — Ich habe das Essen nicht gekocht, und ich werde es auch nicht kochen.

2b. **न तो** मैंने कभी खाना पकाया है और **न** कभी मैं पकाऊँगी **ही**। — Weder habe ich das Essen gekocht, noch werde ich es kochen.

3a. उसने चोरी की **भी** नहीं और वह चोरी कर **भी** नहीं सकती। — Sie hat nicht gestohlen, und sie wird auch nicht stehlen.

3b. **न तो** उसने चोरी की ही है और **न** वह कभी कर **ही** सकती है। — Weder hat sie gestohlen, noch wird sie stehlen.

4a. वह इस बार परीक्षा में पास हुई **भी** नहीं और कभी होगी **भी** नहीं। — Sie hat das Examen nicht bestanden, und wird es auch nie bestehen.

4b. **न तो** वह इस बार परीक्षा में पास हुई और **न ही** कभी होगी। — Sie hat weder das Examen bestanden, noch wird sie es je bestehen.

5a. मैंने कभी विदेशी पोशाक पहनी **भी** नहीं और पहनूँगी **भी** नहीं। — Ich habe ausländische Kleider nie angezogen und werde sie nie anziehen.

5b. **न तो** मैंने कभी विदेशी पोशाक पहनी है और **न** कभी पहनूँगी **ही**। — Ich habe weder ausländische Kleider angezogen, noch werde ich sie anziehen.

6a. मैंने कभी झूठ बोला **भी** नहीं और कभी बोलूँगा **भी** नहीं। — Ich habe nie gelogen und werde auch nie lügen.

6b. **न तो** मैंने कभी झूठ बोला है और **न** कभी बोलूँगा **ही**। — Weder habe ich gelogen, noch werde ich je lügen.

Gebrauch von PPK und IPK in Bezug auf Zeitspanne

Perfektive Partizipialkonstruktionen (PPK) (a,b)

Imperfektive Partizipialkonstruktionen (IPK) (c,d)

In den nachfolgenden Sätzen haben (a) und (b), obwohl grammatisch verschieden, die gleiche Bedeutung und sind austauschbar.

Ebenso haben (c) und (d), obwohl grammatisch verschieden, haben die gleiche Bedeutung und sind austauschbar.

1a. उन्हें दिल्ली छोड़े दो साल हो गए हैं। — Vor zwei Jahren hat er Delhi verlassen.
1b. उन्होंने दिल्ली दो साल पहले छोड़ी। — Er verließ Delhi vor zwei Jahren.
1c. उन्हें दिल्ली में रहते हुए दो साल हो गए हैं। — Sie leben seit zwei Jahren in Delhi.
1.d. वे दो साल से दिल्ली में रह रहे हैं।
2a. कमला को हिन्दी सीखे हुए कई वर्ष हो गए हैं। — Es ist einige Jahre her, daß Kamla Hindi lernte.
2b. कमला ने कई वर्ष पहले हिन्दी सीखी। — Kamla lernte vor einigen Jahren Hindi.
2c. कमला को हिन्दी सीखते हुए कई साल हो गए हैं। — Kamla lernt seit einigen Jahren Hindi.
2d. कमला कई सालों से हिन्दी सीख रही है।
3a. बच्चे को दवाई खाए हुए तीन महीने हो गए हैं। — Es ist drei Monate her, daß das Kind das Medikament nahm.
3b. बच्चे ने तीन महीने पहले दवाई खाई। — Das Kind nahm das Medikament vor 3 Monaten.
3c. बच्चे को दवाई खाते हुए तीन महीने हो गए हैं। — Das Kind nimmt seit drei Monaten Medizin.
3d. बच्चा तीन महीने से दवाई खा रहा है।
4a. अनिल को फ्रांस में पढ़े हुए बहुत समय हो गया है। — Es ist lange her, daß das Anil in Frankreich studiert.
4b. अनिल ने बहुत समय पहले फ्रांस में पढ़ाई की। — Anil studierte vor langer Zeit in Frankreich.
4c. अनिल को फ्रांस में पढ़ते हुए बहुत समय हो गया है। — Anil studiert vor langer Zeit in Frankreich.
4d. अनिल बहुत समय से फ्रांस में पढ़ रहा है।

Gebrauch des emphatischen 'तो'

तो nach dem Verb	तो nach dem Subj. oder Obj.
1. मैं पढ़ता तो हूँ और क्या करूँ? Ich studiere. Was soll ich sonst machen?	मैं तो पढ़ता हूँ। Ich jedenfalls studiere. (Was die anderen machen weiß ich nicht.)
2. उसने मुझे बुलाया तो था। Klar, er hatte mich eingeladen.	उसने मुझे तो बुलाया था। Mich jedenfalls hatte er eingeladen.
3. वे आप को पसन्द तो करते हैं। Klar, er mag Sie gern.	वे तो आप को पसन्द करते हैं। Er jedenfalls mag Sie.
4. उसने मुझे गाली तो दी थी, परन्तु मारा नहीं था। b Er beschimpfte mich zwar, aber er schlug mich nicht.	उसने मुझे तो गाली दी थी। Mich jedenfalls hat er beschimpft.
5. मैं झूठ बोलता तो हूँ, परन्तु सिर्फ़ कभी-कभी। Klar, ich lüge, aber nur gelegent-lich.	मैं तो कभी-कभी झूठ बोलता हूँ। Ich für meinen Teil lüge schon Mal.

★★★

43 Interjektion (विस्मयबोधक अव्यय)

हा	Oh je! (Drückt Bedauern aus)
हे, ए	He! (Ziemlich unhöfliche Anrede)
भाइयो व बहनो	Liebe Brüder und Schwestern! (Allgemeine Anrede auf Versammlungen)
वाह	Bravo!
शाबाश	Prima!
छि:	Pfui!

Beispiele:

1. हे लड़के, यहाँ आ। — Du Junge, komm hierher!
2. हे रिक्शेवाले, लंका चलोगे? — He Rickshafahrer, fährst du nach Lanka?
3. ए सब्ज़ीवाली, क्या बेच रही हो? — He Gemüsefrau, was hast du zu verkaufen?
4. हे लड़कियो, कक्षा में शोर न मचाओ। — Ihr Mädchen, macht keinen Lärm im Klassenzimmer!
5. वाह! आनन्द आ गया। — Bravo! Es war herrlich!
6. वाह-वाह! क्या गाना गाया है। — Was für ein tolles Lied!
7. शाबाश बेटी, ऐसे ही मेहनत करती रहना! — Prima Töchterchen, arbeite weiter so hart!
8. छि: छि:! यह क्या कह रहे हैं आप! — Pfui! Was sagen Sie da.
9. हाय! अब मैं क्या करूँ! — Oh je! Was soll ich jetzt tun!
10. बाप रे बाप! इतना बड़ा साँप! — Oh Schreck! So eine riesige Schlange!

★★★

44 Satzzeichen (विराम चिन्ह)

Die meisten Satzzeichen im Hindi entsprechen den deutschen Satzzeichen mit Ausnahme des Punktes am Satzende, der im Hindi als vertikaler Strich geschrieben wird.

अल्प विराम	,	Komma
अर्ध विराम	;	Semikolon
पूर्ण विराम	।	Punkt
प्रश्न चिह्न	?	Fragezeichen
योजक चिह्न	–	Bindestrich
संक्षेप चिह्न	o	Abkürzungszeichen
विस्मय बोधक चिह्न	!	Interjektion; Ausrufszeichen
अवतरण चिह्न	' '	Anführungszeichen
कोष्ठक	( )	Klammer
रेखा चिह्न (डैश)	– –	Gedankenstrich

★ ★ ★

45 Antonyme (विलोम)

अज्ञ	Unwissend	विज्ञ	Weiser, Gelehrter
अनभिज्ञ	unwissend	भिज्ञ	wissend
अपना	eigne	पराया	jemanden anderen gehörig; fremd
अमीर	reich	ग़रीब	arm
असत्	Unwahrheit	सत्	Wahrheit
असुरी	dämonisch	दैवी	göttlich
आदर	Achtung	अनादर	Verachtung
आकाश	Himmel	पाताल	Unterwelt
आय	Einkommen	व्यय	Ausgabe
आयात	Import	निर्यात	Export
आवश्यक	nötig, notwendig	अनावश्यक	unnötig, überflussig
आस्तिक	Gläubiger	नास्तिक	Ungläubiger
इच्छा	Wunsch	अनिच्छा	Abneigung
उचित	passend, geeignet	अनुचित	unpassend
उदार	großzügig	अनुदार	geizig
उपकार	Wohltat, Hilfe	अपकार	Übeltat, Schaden
काला	dunkel (häutig)	गोरा	hellhäutig
कोमल	sanft	कठोर	hart
क्षय	Vernichtung	अक्षय	unvergänglich

गन्दा	schmutzig	साफ़	sauber
गुण	Eigenschaft	अवगुण	Defekt, Laster
जन्म	Geburt	मृत्यु	Tod
ज्ञात	bekannt	अज्ञात	unbekannt
धर्म	Religion	अधर्म	unrecht
नश्वर	vergänglich	अनश्वर	unvergänglich
निकट	nah	सुदूर	weit entfernt
निन्दा	Verleumdung; Tadel	स्तुति	Lob
निष्क्रिय	untätig	सक्रिय	tätig, aktiv
पाप	Sünde	पुण्य	gute Tat
परिमित	begrenzt	अपरिमित	unbegrenzt, grenzenlos
पूरा	fertig	अधूरा	unvollendet
प्राचीन	alt, historisch	अर्वाचीन	modern, heutig
बुद्धिमान	klug	मूर्ख	dumm
मुख्य	Haupt....	गौण	zweitrangig, sekundär
लम्बा	hoch; groß	नाटा	winzig, klein
लघु	klein, kurz	दीर्घ	lang
लौकिक	weltlich	अलौकिक	okkult, übernatürlich
वरदान	Gnade	अभिशाप	Fluch
वर्तमान	Präsens	अतीत	Vergangenheit
विनम्र	höflich; bescheiden	उद्दण्ड	frech, unverschämt

शान्त	ruhig, friedich	अशान्त	unruhig, aufgeregt
शोक	Betrübnis	हर्ष	Freude, Entzücken
श्रद्धा	Achtung	अश्रद्धा	Achtunglosigkeit
संक्षेप	Abkürzung	विस्तार	Ausdehnung
सदय	barmherzig	निर्दय	grausam, erbarmungslos
सद्व्यवहार	gutes Verhalten	दुर्व्युवहार	schlechtes Verhalten
साकार	körperlich	निराकार	gestaltlos, formlos
सामान्य	normal; allgemein	विशेष	speziell
सुगन्ध	Duft, Parfüm	दुर्गन्ध	übler Geruch, Gestank
सुलभ	leicht erhältlich	दुर्लभ	kaum erhältlich, rar
सूक्ष्म	subtil; fein	स्थूल	dick; oberflächlich
सौभाग्य	Glück	दुर्भाग्य	Unglück
स्पष्ट	klar, deutlich	अस्पष्ट	undeutlich
स्वर्ग	Himmel, Paradis	नरक	Hölle
स्थिर	stabil	अस्थिर	unstabil
हल्का	leicht	भारी	schwer
हल्का	hell	गहरा	dunkel
हित	Nutzen, Gunst	अहित	Schaden

★ ★ ★

46 (पर्यायवाची) Synonyme

अग्नि	:	आग, अनल, पावक	Feuer
अज्ञ	:	नासमझ, मूर्ख, अज्ञानी	unwissend
अनुपम	:	अद्वितीय, अतुल्य	unübertrefflich; unvergleichlich
अन्धकार	:	तिमिर, अंधेरा	Dunkelheit
अधम	:	नीच, निकृष्ट	gemein; niedrig
अमृत	:	सुधा, पीयूष, सोम	Nektar, Unsterblichkeitstrank.
अरण्य	:	वन, जंगल, विपिन	Wald
अश्व	:	घोटक, हय, तुरंग, घोड़ा	Pferd
असुर	:	दानव, राक्षस, दैत्य	Dämon
अहंकार	:	गर्व, अभिमान, घमण्ड	Stolz, Arroganz
आँख	:	नयन, लोचन, चक्षु, नेत्र	Auge
आकाश	:	गगन, नभ, आसमान, अम्बर	Himmel
आख्यान	:	वर्णन, वृतान्त, कथा, कहानी	Beschreibung, Legende, Erzählung
आनन्द	:	हर्ष, आह्लाद, प्रसन्नता	Seligkeit; Freude
आम	:	रसाल, आम्र, पिक	Mango
इच्छा	:	आकांक्षा, कामना, अभिलाषा	Wunsch
इन्द्र	:	माधव, देवराज, सुरपति	Lord Indra/Gott des Regens
ईश्वर	:	भगवान, परमात्मा, जगदीश	Gott
उजाला	:	प्रकाश, आलोक, रोशनी	Licht
उपवन	:	उद्यान, वाटिका, बग़ीचा	Garten
ऐश्वर्य	:	धन, वैभव, सम्पत्ति	Luxus, Reichtum, Wohlergehen
कमल	:	पद्म, राजीव, पंकज, नीरज	Lotusblume
कपड़ा	:	वस्त्र, अम्बर, चीर, वसन	Kleidungsstück

कल्पवृक्ष	:	देवतरू, कल्पविटप, देववृक्ष	ein Baum des Paradises
कान	:	श्रुति, कर्ण, श्रवण	Ohr
कामदेव	:	रतिपति, मनोज, रतिनाथ	Liebesgott / Cupid der Hindu Mythologie
किरण	:	ज्योति, अंशु, प्रभा, रश्मि, दीप्ति	Strahl
किनारा	:	तट, तीर, कूल, कगार	Küste, Ufer
कृपा	:	दया, अनुकम्पा, अनुग्रह	Mitleid
कृष्णा	:	केशव, श्याम, गोपाल, गिरिधर	Lord Krishna
खग	:	पक्षी, विहग, नभचर	Vogel
गंगा	:	मंदाकिनी, जान्हवी, भागीरथी, देवनदी	Ganges (ein flußIndiens)
गज	:	हाथी, कुंजर, नग	Elefant
गणेश	:	गणपति, विनायक, गजानन	Lord Ganesh, Sohn von Siva und Parvati,mit Elefantenkopf; wird bei allen Zeremonien als erster verehrt.
गृह	:	घर, आवास, निकेतन	Haus
चतुर	:	कुशल, निपुण, प्रवीण, पटु	klug
चन्द्र	:	चांद, शशि, इन्दु, राकेश	Mond
चन्द्रिका	:	ज्योत्सना, कौमुदी	Mondlicht
जल	:	वारि, नीर, तोय, पानी, पय	Wasser
जंगल	:	विपिन, कानन, अरण्य, वन	Wald /Jungle
झरना	:	जलप्रताप, वारिप्रपात	Wasserfall; Quelle
झूठ	:	मिथ्या, असत्य, अनृत	Unwahrheit
तलवार	:	कृपाण, खड्ग, करवाल, चंद्रहास	Schwert, Säbel
तारा	:	नक्षत्र, सितारा	Stern
तालाब	:	सरोवर, जलाशय, तडाग	Teich
तीर	:	बाण, शर, सर	Pfeil
दास	:	नौकर, सेवक, अनुचर, परिचारक	Diener
दिन	:	दिवस, अहर, दिवा	Tagezeit
दुःख	:	पीड़ा, व्यथा, कष्ट, वेदना	Schmerz, Unglück

दूध	:	दुग्ध, क्षीर, पय, स्तन्य	Milch
दुष्ट	:	दुर्जन, खल	böse (Mann)
देव	:	देवता, अमर, सुर	Gott
देह	:	काया, शरीर, तन, गात्र	Körper, Leib
धरती	:	पृथ्वी, भूमि, वसुन्धरा, क्षिति	Erde
धुनष	:	चाप, शरासन,	Bogen
नदी	:	सरिता, तरंगिणी, तटिनी	Fluß
नमस्कार	:	प्रणाम, अभिवादन, नमस्ते	Gruß, Verbeugung
नया	:	नूतन, अर्वाचीन, नव	neue
नाव	:	नौका, डोंगी, तरणी	Boot
नारी	:	स्त्री, महिला, वनिता	Frau
नरेश	:	नृप, भूपति, राजा	König
नित्य	:	सदा, शाश्वत, निरन्तर	immer
पति	:	स्वामी, प्राणाधार, प्राणेश	Ehemann
पत्नी	:	अर्धांगिनी, भार्या, दारा	Ehefrau
पान	:	पत्ता, ताम्बूल, पत्र	Betelblatt
पिता	:	बाप, तात, जनक	Vater
पुत्र	:	बेटा, आत्मज, वत्स, सुत	Sohn
पुत्री	:	बेटी, आत्मजा, तनुजा, सुता	Tochter
पुष्प	:	फूल, सुमन, कुसुम	Blumen
प्रभा	:	प्रकाश, विभा, ज्योति, द्युति	Licht, Glanz
प्रेम	:	प्यार, प्रीति, स्नेह, प्रणय	Liebe
बन्दर	:	वानर, कपि, शाखामृग	Affe
बादल	:	मेघ, जलद, पयोधर	Wolke
बाल	:	केश, कुन्तल	Haar

★ ★ ★

47 Klangwörter in täglichen Gebrauch

कुऊँ कुऊँ करना	Töne und Klänge des Kuckuck		कोयल
बिलबिलाना	,,	Kamel	ऊंट
हुआँ हुआँ करना	heulen	Schakal	गीदड़
झीं झीं करना	zirpen	Grille	झींगर
काँव काँव करना	krächzen	Rabe/Krähe	कौआ
दहाड़ना, गरजना	brüllen	Lowe	शेर
रेंगना	iaen	Esel	गधा
टर्र टर्र करना	quaken	Frosch	मेंढक
फुँकारना	zischen	Schlange	साँप
मिमियाना	mechern	Ziege	बकरी
चहचहाना, चहकना	zwitschern	Vogel	चिड़िया
रम्भाना	muhen	Kuh	गाय
गुंजारना	summen	Hummel	भौंरा
भिनभिनाना	,,	Fliege	मख्खी
भौं भौं करना	bellen	Hund	कुत्ता
हिनहिनाना	wiehern	Pferd	घोड़ा
म्याऊँ म्याऊँ करना	miauen	Katze	बिल्ली
घुरघुराना	quiecken	Schwein	सुअर
चिगघाड़ना	trompeten	Elefant	हाथी
कुहकना	rufen, schreien	Pfau	मोर
बाँग देना / कुकड़ कूँ करना	krähen	Hahn	मुर्गा
कां कां करना, टर्राना	quaken	Ente	बत्तख
लपलपाना	die Zunge schnellt (her)vor		जीभ
गुनगुनाना	summen		गाना
टन टन करना	klingeln	Glocke	घण्टी

टप टप करना	tropfen	Wasser	पानी
धू धू जलना	krachen/knacken	Feuer	आग
टंकार	Surren, Schwirren	Bogen	धनुष
कटकटाना	knirschen(mit den Zähnen)	Zähne	दांत
छुक छुक करना	rattern	Zug	रेलगाड़ी
कड़कना	krachen	Elektrizität	बिजली
फहराना	wehen	Fahne	झण्डा
टिक टिक करना	ticken	Uhr	घड़ी
मर्मर करना	rascheln	Blatt	पत्ता
सायँ सायँ करना	rauschen	Jungel	जंगल
फक फक करना		Motor	इंजन
धम धम, ढम ढम	Bum-Bum	Trommel	ढोल
लपलपाना	rasseln	Schwert	तलवार
सनसनाना	zicshen	Kugel	गोली
पीं पीं पों पों	Tut-Tut	Auto	मोटर
हरहराना	rauschen	Wasser	पानी

★ ★ ★

48 कहावतें (Sprichwörter)

1. अक्ल बड़ी या भैंस — Weisheit triumphiert über (grobe) Gewalt
2. अपनी-अपनी डफली अपना-अपना राग — Jeder Trommel ihre eigne Melodie/ Viele köpfe, viele Sinne
3. अकेले चना भाड़ नहीं फोड़ सकता — eine Schwalbe macht noch keinen Sommer.
4. अधतल गगरी छलकत जाए — Viel Lärm um nichts.
5. अब पछताए क्या होत, जब चिड़िया चुग गई खेत — Etwas durch Nachläßigkeit verlieren
6. अन्धों में काना राजा — unter den Blinden ist der ein äugige König
7. आ बैल मुझे मार — Schwierigkeiten herauf beschwären.
8. आँखो के अंधे, नाम नयनसुख — Genau das Gegenteil sein von dem was der Name ausdrückt.
9. आम के आम गुठलियों के दाम — Einen Reibach machen.
10. उल्टा चोर कोतवाल को डाँटे — Die Schuld bei anderen suchen.
11. ऊँची दुकान फीका पकवान — Tolle Fassade mit nichts dahinter.
12. एक ही थैली के चट्टे-बट्टे — Sie ähneln sich wie ein Ei dem anderen alle von derselben (schlechten) sorte.
13. एक मियान में दो तलवारें नहीं रह सकतीं — man kann nicht auf zwei Hochzeiten tanzen;/ man kann nicht auf zwei Herren dienen.
14. एक पंथ दो काज — Zwei Fliegen mit einer Klappe schlagen.
15. एक एक दो ग्यारह — Viele Hände erleichtern die Arbeit.
16. एक हाथ से ताली नहीं बजती — Zum streiten gehören zwei.
17. काठ ही हाड़ी बार-बार नहीं चढ़ती — einmal lügt dem glaubt man nicht, und wenn er auch die Wahrheit spricht.
18. कंगाली में आटा गीला — Ein Übel kommt selten allein.
19. कमान से निकला तीर वापस नहीं आता — Einmal Gesagtes kann nicht zurück genommen werden.

20.	गंगा गए गंगाराम, जमुना गए जमनादास	Sich anpassen; Anpassungs fähig sein ; keine eigene Meinung haben.
21.	घर का भेदी लंका ढावे	Wer dein Geheimnis weiß, hat dich in der Hand.
22.	घर वाले घर नहीं, हमें किसी का डर नहीं	Wenn die Katze aus dem Haus ist, tanzen die Mäuse.
23.	जब तक सांस तब तक आस	Es hofft der Mensch, solang er lebt.
24.	जाते चोर की लंगोटी ही सही	Die Hälfte ist besser als nichts.
25.	जहाँ चाह वहाँ राह	Wo ein Wille ist, ist auch ein Weg.
26.	जिसकी लाठी उसकी भैंस	Wer die Macht hat, hat das Recht.
27.	जो गरजते हैं वे बरसते नहीं	Hunde die bellen, beißen nicht.
28.	झूठ के पाँव कहाँ ?	Lügen haben kurze Beine.
29.	डूबते को तिनके का सहारा	Ein Ertrinkender hält sich sogar an einem Strohhalm fest.
30.	तेते पाँव पसारिये जेती लम्बी सौर	Schuster bleib bei deinen Leisten
31.	देखें ऊँट किस करवट बैठता है	Sehen wir mal was dabei heraus kommt.
32.	दूध का दूध पानी का पानी	gerecht urteilen.
33.	दूर के ढोल सुहावने होते हैं	Auf der anderen seite des Zauns sieht das Gras immer grüner aus.
34.	देर आए दुरुस्त आए	Besser spät als nie
35.	नौ नकद न तेरह उधार	Der Spatzt in der Hand ist besser als die Taube auf dem Dach.
36.	नाच न जाने आँगन टेढ़ा	Die Schuld auf etwas anderes schieben.
37.	नया नौ दिन पुराना सौ दिन	old is gold
38.	मुँह में राम बगल में छुरी	Ein wolf in Schafspelz
39.	बोया पेड़ बबूल का तो आम कहाँ से होय	Wie due sähst, so wirst du ernten.
40.	मान न मान मैं तेरा मेहमान	an uninvited guest
41.	माया को माया मिले कर कर लम्बे हाथ	Reiche werden reichen
42.	समय किसी के लिए नहीं ठहरता	Die Gelegenheit am Schopf packen.
43.	सहज पके सो मीठा होय	wer zuletzt lacht, lacht am besten.

44.	सावन हरे न भादों सूखे	immer derselbe; weder begeistert noch traurig
45.	हर कुत्ते के दिन बदलते हैं	Ein blindes Huhn findet auch einmal ein Korn.
46.	हाथ कंगन को आरसी क्या	Das liegt kalr auf der Hand.
47.	हाथी के दांत खाने के और दिखाने के और	Der Schein trügt/andere Zähne zum essen, andere zum zeigen.
48.	अपना हाथ जगन्नाथ	Die Axt im Haus erspart den Zimmerman
49.	आप भला तो जग भला	Ist man selbst gut, dann ist auch die Welt gut.
50.	प्रत्येक व्यक्ति अपने भाग्य का निर्माता होता है।	Jeder ist seines Glückes Schmeid.
51.	अंत भला सो भला	Ende gut, alles gut.
52.	प्रत्येक व्यक्ति अपने भाग्य का निर्माता होता है।	Jeder ist seines Glückes Schmied.

★★★

L-1

दूरदर्शन पर साक्षात्कार

Schwerpunkt

generelles Präsens

राम कुमार, दूरदर्शन के संवाददाता, अपने प्रोग्राम 'भारतीय महिला की दिनचर्या' के लिए पटियाला की रानी से साक्षात्कार कर रहे हैं।

राम कुमार : प्रणाम, रानी साहिबा, कृपया हमें अपनी सामान्य दिनचर्या के बारे में बताइए।

रानी साहिबा : मैं रोज़ सुबह चार बजे सोकर उठती हूँ।

राम कुमार : सच! आप इतनी सुबह उठकर क्या करती हैं?

रानी साहिबा : सबसे पहले मैं स्नान करती हूँ।

राम कुमार : क्या आप गंगा के घाट पर स्नान करती हैं?

रानी साहिबा : नहीं, मैं घाट पर स्नान नहीं करती। मैं अपने घर पर गुसलख़ाने में स्नान करती हूँ; उसके बाद मैं पूजा करती हूँ।

राम कुमार : अच्छा, आप पूजा भी करती हैं। क्या आप रोज़ मंदिर में पूजा करती हैं?

रानी साहिबा : नहीं, मैं मंदिर में पूजा नहीं करती। मैं घर पर ही पूजा करती हूँ।

राम कुमार : और फिर?

रानी साहिबा : फिर मैं योगासन करती हूँ, उसके बाद मैं नाश्ता करती हूँ। नाश्ता करते करते मैं अख़बार भी पढ़ती हूँ।

राम कुमार : आप नाश्ता रसोई-घर में करती हैं?

रानी साहिबा : नहीं, मैं नाश्ता भोजन-कक्ष में करती हूँ।

राम कुमार : आप दिन का खाना कितने बजे खाती हैं?

रानी साहिबा : मैं दिन का खाना दोपहर एक बजे खाती हूँ।

राम कुमार : और खाने के बाद आप क्या करती हैं?

रानी साहिबा : खाने के बाद अपराह्न चार बजे तक मैं आराम करती हूँ। चार बजे से पाँच बजे तक मैं चाय पीती हूँ और लोगों से भेंट करती हूँ। पाँच बजे से छः बजे तक मैं पत्र पढ़ती हूँ, पत्रों के उत्तर देती हूँ और नौकरों को आवश्यक आदेश देती हूँ। शाम को छः बजे मैं तैयार होती हूँ और अपने पति व बच्चों के साथ बगीचे में टहलती हूँ।

राम कुमार : आप रात का भोजन कितने बजे करती हैं?

रानी साहिबा : मैं अपने परिवार के साथ रात को आठ बजे भोजन करती हूँ। भोजन के साथ-साथ हम दूरदर्शन देखते हैं। ख़बरें सुनते हैं। रात को दस बजे हम सब सो जाते हैं।

राम कुमार : आप शाकाहारी हैं या मांसाहारी?

रानी साहिबा : जी, मैं शाकाहारी हूँ।

राम कुमार : धन्यवाद रानी साहिबा। नि:संदेह आप की दिनचर्या बहुत व्यस्त और रोचक है।

Vokabular:

दूरदर्शन	(m.)	Fernsehen
साक्षात्कार	(m.)	Interview
रामकुमार	(m.)	Eigenname
संवाददाता	(m.)	Reporter
प्रोग्राम	(Eng.)	Programm
भारतीय	(adj.)	indisch
महिला	(f.)	Frau
दिनचर्या	(f.)	tägliche Routine
पटियाला	(EN)	eine Stadt
रानी	(f.)	Eigenname
प्रणाम	(m.)	Gruß
साहिबा	(f.)	"Frau" (steht nach Titel und Namen)
सामान्य	(adj.)	gewöhnlich, normal
सच!	(adv.)	Wirklich!
सबसे पहले	(adv./adj. Superlativ)	als erstes; der erste...
स्नान	(m.)	Bad
स्नान करना	(v.t.)	baden
ग़ुसलख़ाना	(m.)	Badezimmer
पूजा	(f.)	Gottesdienst; Anbetung
मंदिर	(m.)	Tempel
योगासन	(m.)	Yogaübungen
रसोई-घर	(m.)	Küche

भोजन कक्ष	(m.)	Eßzimmer
दिन का खाना	(m.)	Mittagessen
कितने बजे?	(adv.)	Um wieviel Uhr?
अपराह्न	(m.)	Nachmittag
आराम	(m.)	Ruhe
आराम करना	(v.t.)	sich ausruhen
भेंट	(f.)	Begegnung
'X' से भेंट करना	(v.t.)	'X' treffen/empfangen
नौकर	(m.)	Diener
आवश्यक	(adj.)	nötig
आदेश	(m.)	Befehl *Aufgaben*
टहलना	(v.i.)	spazieren gehen
रात का भोजन	(m.)	Abendessen
शाकाहारी	(adj.)	vegetarisch
मांसाहारी	(adj.)	nicht vegetarisch
ख़बरें	(f. pl.)	Nachrichten
धन्यवाद	(m.)	Danke
निःसंदेह	(adv.)	zweifellos
व्यस्त	(adj.)	beschäftigt
रोचक	(adj.)	interessant

★★★

L- 2

दुकान पर

Schwerpunkt

Imperativ

अ : एक 'फ़िल्म फेयर' और एक 'हिन्दुस्तान टाइम्ज़' दीजिए।

ब : यह लीजिए एक 'फ़िल्मफ़ेयर' और एक 'हिन्दुस्तान टाइम्ज़'।

अ : कितने पैसे हुए?

ब : 'फ़िल्मफ़ेयर' के अठारह रुपए, और एक हिन्दुस्तान टाइम्ज़' का डेढ़ रुपया। कुल मिलाकर साढ़े उन्नीस रुपए हुए।

अ : यह 'पोस्टकार्ड' कितने का है?

ब : ५० पैसे का एक 'पोस्टकार्ड'।

अ : ठीक है, मुझे ये छः 'पोस्टकार्ड' भी दीजिए। कृपया इन्हें गिन लीजिए। एक पैकेट सिगरेट भी दीजिए। अब फिर से बताइये, कितने पैसे हुए?

ब : साढ़े उन्नीस रुपये 'फ़िल्मफ़ेयर' और 'हिन्दुस्तान टाइम्ज़' के, ३ रु. 'पोस्टकार्ड' के, दस रुपये सिगरेट के, कुल मिलाकर ३२ रुपए ५० पैसे हुए।

अ : यह लीजिए, पचास रुपए।

ब : धन्यवाद! यह लीजिए १७.५० पैसे शेष, और यह रहा आपका सामान।

अ : धन्यवाद! नमस्ते ।

Vokabular:

फ़िल्मफ़ेयर	Name einer Filmzeitschrift
हिन्दुस्तान टाइम्ज़	Name einer indischen Zeitung
यह लीजिए।	Bitte schön!
कितने पैसे हुए?	Wieviel macht das?
डेढ़ रुपया	Rs. 1.50
साढ़े सत्रह रुपए	Rs. 17.50
कुल मिलाकर	alles zusammen
फिर से	wieder; noch mal

★ ★ ★

L- 3

सिनेमा घर

Schwerpunkt

duratives Präsens

राम सिनेमा घर के बाहर सीढ़ियों पर खड़ा है।
वह लक्ष्मी का इन्तज़ार कर रहा है।
लक्ष्मी उसकी छोटी बहन है।
उसको आने में देर हो गई है।
एक लड़का सिनेमा-घर के अन्दर जा रहा है।
दो-तीन आदमी सिनेमा-घर से बाहर निकल रहे हैं।
एक औरत सिनेमा के टिकट ख़रीद रही है।
कुछ औरतें और आदमी उसके पीछे कतार में खड़े हैं।
बहुत-से लोग फ़िल्म देखने आ रहे हैं।
लक्ष्मी भी दौड़ती हुई आ रही है।
अब राम और लक्ष्मी सिनेमा-घर के अन्दर बैठे हुए हैं।
राम की दायीं ओर एक बूढ़ा आदमी बैठा है।
उसकी बायीं ओर लक्ष्मी बैठी है।
लक्ष्मी के सामने एक लम्बा-चौड़ा आदमी बैठा है।
उसके सिर पर बड़ी-सी पगड़ी है।
वह धूम्रपान कर रहा है।
लक्ष्मी फ़िल्म नहीं देख सकती ।
वह बहुत दु:खी है।

Vokabular:

सीढ़ी	(f.)	Treppe
'X' को आने में देर हो जाना		sich verspäten
बाहर निकलना	(v.i.)	herauskommen
कतार	(f.)	Schlange, Reihe
दौड़ती हुई	(IPK; adv.)	herbeirennend
लम्बा-चौड़ा	(adj.)	groß und breit
पगड़ी	(f.)	Turban (aus etwa 5 Meter Stoff gebunden)

★ ★ ★

L-4

सड़क पर मुलाकात

Schwerpunkt

durativés Präsens

(श्रीमती कमला घर से निकल रही हैं। सामने से श्रीमती अग्रवाल आ रही हैं)

श्रीमती अग्रवाल : नमस्ते, कमला जी! कहीं जा रही हैं?

श्रीमती कमला : जी हाँ, ज़रा बाज़ार जा रही हूँ।

श्रीमती अग्रवाल : इस समय! बाहर बहुत गर्मी है। आप इस समय बाज़ार क्यों जा रही हैं?

श्रीमती कमला : मुझे सुबह-शाम बहुत काम होता है। मैं बच्चों के लिए किताबें, अपने लिए साड़ी, घर के लिए महीने का सामान और कुछ फल, सब्ज़ी, मिठाई आदि लेने जा रही हूँ।

श्रीमती अग्रवाल : यह सब काम आप ही करती हैं? आप के पति बाज़ार के काम में आप की मदद नहीं करते?

श्रीमती कमला : मेरे पति आजकल अत्यधिक व्यस्त हैं।

श्रीमती अग्रवाल : आप के पति आजकल क्या कर रहे हैं?

श्रीमती कमला : आजकल वे एक बड़ी कम्पनी में प्रबन्धक हैं।

श्रीमती अग्रवाल : इस समय वे कहाँ हैं?

श्रीमती कमला : इस समय वे अपने कमरे में हैं। वे दफ़्तर का काम कर रहे हैं। क्षमा कीजिए। मैं आज कुछ जल्दी में हूँ। आज हमारे यहाँ बहुत काम है। आज हमारे घर कुछ मेहमान आ रहे हैं।

श्रीमती अग्रवाल : आप के यहाँ आज कौन-कौन आ रहे हैं?

श्रीमती कमला : आज हमारे यहाँ मेरे देवर-देवरानी आ रहे हैं।

श्रीमती अग्रवाल : क्या वे अकेले आ रहे हैं?

श्रीमती कमला : जी नहीं । उनके साथ उनके बच्चे भी आ रहे हैं। वे सब एक शादी में आ रहे हैं।

श्रीमती अग्रवाल : अच्छा! वे लोग किसकी शादी में आ रहे हैं?

श्रीमती कमला : 10 तारीख़ को मेरी देवरानी के भाई की शादी है। उसी में आ रहे हैं।

श्रीमती अग्रवाल : वे कब आ रहे हैं ?

श्रीमती कमला : वे आज दोपहर की गाड़ी से आ रहे हैं।
(सामने से श्री सुनील आते हैं)

श्रीमती अग्रवाल
और श्रीमती कमला : नमस्ते सुनील जी! आप कहाँ से आ रहे हैं?

श्री सुनील : आ नहीं, जा रहा हूँ। दादाजी बीमार हैं। दादीजी बहुत परेशान हो रही हैं। डॉक्टर गुप्ता का इलाज चल रहा है। उन्हें बुलाने जा रहा हूँ। अच्छा बहनजी, अभी देर हो रही है। फिर मिलेंगे। नमस्ते।

Vokabular:

महीने का सामान	(m.)	monatlicher Vorrat
अत्यधिक	(adv.)	überaus
कम्पनी	(Eng., f.)	Firma
प्रबन्धक	(m.)	Manager
जल्दी में होना		es eilig haben, in Eile sein
'X' का इलाज चलना		von 'X' behandelt werden

★ ★ ★

L-5 मेरा नाम रवि है

Wiederholung

मेरा नाम रवि है।
मैं 'इंडियन एयरलाइन्ज़ में पायलट' हूँ।
मैं सब तरह के हवाई जहाज चलाता हूँ।
इस समय मैं टेनिस खेल रहा हूँ।
यह मेरा सर्वप्रिय खेल है।

यह आदमी क्रिकेट का मशहूर खिलाड़ी है।
इसका नाम शास्त्री है।
यह भारत का सर्वश्रेष्ठ बल्लेबाज़ है।
इस समय वह खेल नहीं रहा।
वह दूसरे खिलाड़ियों से बात-चीत कर रहा है।

ये सुनीता और सुनील हैं।
ये बच्चों के स्कूल में रसायन और भौतिकी विज्ञान पढ़ाते हैं।
इस समय वे 'रेस्तराँ' में बैठे हैं, और अपने विद्यार्थियों के बारे में बात-चीत कर रहे हैं।
वे ज़ोर-ज़ोर से हँस रहे हैं।

Vokabular:

इंडियन एयरलाइन्ज़	(Eng.)	Indian Airlines
पायलट	(m.;Eng.)	Pilot
सब तरह के		alle Arten von
सर्वप्रिय	(adj.)	Lieblings–
मशहूर	(adj.)	berühmt
सर्वश्रेष्ठ	(adj.)	der beste
बल्लेबाज़	(m.)	Schlagmann (Kricket)
दूसरा, दूसरे, दूसरी	(adj.)	anders
खिलाड़ी	(m.)	Spieler
रसायन विज्ञान	(m.)	Chemie
भौतिकी विज्ञान	(m.)	Physik

★★★

L-6

नदी किनारे शाम

Schwerpunkt

durativese Imperfekt

मैं कल शाम को घाट पर बैठी थी। कई औरतें और आदमी नदी में नहा रहे थे। कुछ भिखारी भीख माँग रहे थे। कुछ विदेशी पर्यटक नाव पर चढ़ रहे थे। कुछ हाथ में हाथ डाले हुए घाट पर चल रहे थे। सूर्यास्त हो रहा था और नदी का जल लाल हो रहा था। क्या मनोरञ्जक दृश्य था ! अचानक वर्षा होने लगी। सब लोग पानी से बचने के लिए इधर-उधर दौड़ने लगे। विदेशी पर्यटक अपने अपने छाते और बरसातियाँ निकाल रहे थे। मेरे पास न छाता था न बरसाती। मैं पेड़ के नीचे खड़ा हो गया।

Vokabular:

घाट	(f.)	Badeplatz am Fluß
नदी	(f.)	Fluß
भिखारी	(m.)	Bettler
भीख	(f.)	Almosen
पर्यटक	(m.)	Touristen
नाव	(f.)	Boot
हाथ में हाथ डाले हुए	(PPK; adv.)	Hand in Hand
सूर्यास्त	(m.)	Sonnenuntergang
मनोरञ्जक	(adj.)	bezaubernd
दृश्य	(m.)	Anblick
छाता	(m.)	Regenschirm
बरसाती	(f.)	Regenmantel

★ ★ ★

L-7 मेरा परिवार

Schwerpunkt

Genitiv

मैं पुरुष हूँ। मेरा नाम अनिल है, मेरी उम्र पैंतीस वर्ष है। मैं कॉलेज में पढ़ाता हूँ। यह स्त्री मेरी पत्नी है। इसका नाम सुनन्दा है। मेरी पत्नी घर पर रहती है। वह गृहिणी है। वह बच्चों की देखभाल करती है, बच्चों को पढ़ाती है, घर का सब काम करती है। ये दोनों हमारे बच्चे हैं। यह हमारा बेटा है। इसका नाम शतम् है। यह हमारी बेटी है। इसका नाम ऋचा है। हमारे बेटे की उम्र दस वर्ष है और हमारी बेटी की उम्र सात वर्ष है। हमारा बेटा पाँचवीं कक्षा में पढ़ता है और हमारी बेटी तीसरी कक्षा में पढ़ती है।

ऋचा शतम् की बहन है। वह उसका भाई है। दोनों भाई-बहन सब काम साथ-साथ करते हैं। ये दोनों साथ-साथ स्कूल जाते हैं, साथ-साथ खाते हैं, साथ-साथ खेलते हैं और साथ-साथ पढ़ते हैं। हमारे बच्चे हमें बहुत प्यार करते हैं। हम भी उनको बहुत प्यार करते हैं। बाहर बगीचे में मेरे माता-पिता बैठे हैं। वे बच्चों के दादी-दादा हैं। वे हमारी बेटी और हमारे बेटे को कहानी सुनाते हैं। हमारी बेटी और हमारा बेटा उनसे कहानी सुनते हैं।

Vokabular:

पुरुष	(m.)	Mann
उम्र	(f.)	Alter
पैंतीस	(adj.)	fünfunddreißig
वर्ष	(m.)	Jahr
स्त्री	(f.)	Frau
गृहिणी	(f.)	Hausfrau
सुनन्दा	(f.)	Eigenname
पत्नी	(f.)	Ehefrau
देखभाल	(f.)	Beaufsichtigung
साथ-साथ	(adv.)	zusammen
'X' को प्यार करना	(v.t.)	lieben
कहानी सुनना	(v.t.)	eine Geschichte hören

| Vokabular - Vewandtschaft |

दादा; दादी	Großvater; Großmutter (väterlicherseits)
नाना, नानी	Großvater; Großmutter (mütterlicherseits)
चाचा	Onkel (jüngerer Bruder des Vaters)
चाची	Tante (Frau des jüngeren Bruder des Vaters)
ताऊ	Onkel (älterer Bruder des Vaters)
ताई	Tante (Frau des älteren Bruders des Vaters)
फूफी/बूआ	Tante (Schwester des Vaters)
फूफा	Onkel (Mann der Schwester des Vaters)
मौसी	Tante (Schwester der Muttter)
मौसा	Onkel (Mann der Schwester der Mutter)
मामा	Onkel (Bruder der Mutter)
मामी	Tante (Frau des Bruder der Mutter)
भाई	Bruder
भाभी	Schwägerin (Frau des Bruders)
बहन	Schwester
बहनोई / जीजा	Schwager (Mann der Schwester)
भतीजा	Neffe (Sohn des Bruders)
भतीजी	Nichte (Tochter des Bruders)
भान्जा	Neffe (Sohn der Schwester)
भान्जी	Nichte (Tochter der Schwester)
पोता	Enkel (Sohn des Sohnes)
पोती	Enkelin (Tochter des Sohnes)
नवासा	Enkel (Sohn der Tochter)
नवासी	Enkelin (Tochter der Tochter)

नन्द/ननद	Schwägerin (Schwester des Ehemanns)
नन्दोई/ननदोई	Schwager (Gatte der Schwester des Ehemanns)
ससुर	Schwiegervater
सास	Schwiegermutter
देवर	Schwager (jüngerer Bruder des Ehemanns)
देवरानी	Schwägerin Frau des Bruder des Ehemanns)
जेठ	Schwager (älterer Bruder des Ehemanns)
जेठानी	Schwägerin (Frau des Bruders des Ehemanns)
साला	Schwager (Bruder der Ehefrau)
साली	Schwägerin (Schwester der Ehefrau)
साढ़ू	Schwager (Ehemann der Schwester der Ehefrau)
सलहज	Schwägerin (Ehefrau des Bruder der Ehefrau)

★ ★ ★

L-8

क्या आप अकेले रहते थे?

Schwerpunkt

gewohn. Imperfekt

अ : आप पिछले साल कहाँ थे / थीं?

ब : मैं पिछले साल दिल्ली में था / थी।

अ : आप वहाँ कब से कब तक थे / थीं?

ब : मैं वहाँ जनवरी से अक्तूबर तक था / थी।

अ : आप दिल्ली में कहाँ रहते थे / रहती थीं?

ब : मैं दरियागंज में रहता था / रहती थी।

अ : क्या आप अकेले रहते थे / अकेली रहती थीं?

ब : जी नहीं, मैं अकेले नहीं रहता था / अकेली नहीं रहती थी।

अ : आप के साथ कौन रहता था?

ब : मेरे साथ मेरा मित्र और मेरी माता जी रहती थीं।

अ : क्या आप के बग़ल में कोई रहता था?

ब : जी हाँ, मेरे बग़ल में दो परिवार रहते थे। मेरे घर की दायीं ओर एक बंगाली परिवार रहता था। मेरे घर की बायीं ओर एक मद्रासी परिवार रहता था।

अ : वे कौन सी भाषा बोलते थे? क्या वे हिन्दी बोलते थे?

ब : नहीं, बंगाल वाला परिवार बंगाली बोलता था। मद्रास वाला परिवार मद्रासी बोलता था। वे टूटी-फूटी हिन्दी जानते थे। वे नौकर के साथ हिन्दी बोलते थे। वे एक दूसरे के साथ अंग्रेज़ी में बात करते थे। मैं भी उनके साथ अंग्रेज़ी में बात करता था। मद्रासी परिवार के दो बच्चे थे। एक लड़का, एक लड़की। लड़का आठ वर्ष का था। लड़की छ: वर्ष की थी। दोनों बच्चे बहुत प्यारे थे। वे दोनों बहुत अच्छी हिन्दी बोलते थे। मैं अक्सर उनके घर जाता था। कभी-कभी मैं उनके साथ बाज़ार घूमने भी जाता था। बंगालवाले परिवार में केवल पति-पत्नी थे। वे जवान थे। वे दोनों नौकरी करते थे। पत्नी का नाम मीनाक्षी था। उसकी उम्र तेइस वर्ष थी। वह कॉलेज में पढ़ाती थी। पति का नाम ज्ञानेश्वर था। वह छब्बीस वर्ष का था। वह दफ़्तर में काम करता था। ये दोनों सुखी परिवार थे।

Vokabular:

मित्र	(m.)	Freund
'X' के बग़ल में		neben 'X'
परिवार	(m.)	Familie
'X' की दायीं ओर		rechts von 'X'
बंगाली	(adj.)	bengalisch
'X' की बायीं ओर		links von 'X'
मद्रासी	(adj.)	aus Madras
कौन-सा, से, सी		welcher, welche, welches
भाषा	(f.)	Sprache
टूटी-फूटी	(adj.)	gebrochen, nicht fließend
नौकर	(m.)	Diener
एक-दूसरे के साथ		miteinander
प्यारा, प्यारे, प्यारी	(adj.)	sehr nett
जवान	(adj.)	jung
मीनाक्षी	(f.)	Eigenname
ज्ञानेश्वर	(m.)	Eigenname
उम्र	(f.)	Alter
तेईस	(Zahl)	dreiundzwanzig
छब्बीस	(Zahl)	sechsundzwanzig
सुखी	(adj.)	glücklich

★ ★ ★

L-9 तुम कहाँ थीं?

Schwerpunkt

> Präteritum;
> Plusquamperfekt

रानी : निर्मल, कल सारा दिन तुम कहाँ थीं?

निर्मल : क्यों? कल तो मैं घर पर ही थी।

रानी : झूठ! मैंने कई बार टेलीफ़ोन किया। घंटी बजती रही। किसी ने नहीं उठाया।

निर्मल : हाँ, याद आया। कल मैं घर पर नहीं थी।

रानी : कल सुबह आठ बजे तुम कहाँ थीं?

निर्मल : स्कूल में।

रानी : और १२ बजे?

निर्मल : १२ बजे मैं एक बस में थी। मैं घर आ रही थी।

रानी : और तुम ढाई बजे कहाँ थीं?

निर्मल : सवा बजे से साढ़े तीन बजे तक मैं बाज़ार में थी। मेरी बड़ी बहनजी आई थीं। मैं उनके साथ ख़रीदारी करने गयी थी।

रानी : मैंने शाम को छ: बजे फिर टेलीफ़ोन किया था। उस समय भी कोई घर पर नहीं था।

निर्मल : छ: बजे से नौ बजे तक हम सिनेमा घर में बैठे थे। इस सप्ताह एक बहुत बढ़िया अंग्रेज़ी फ़िल्म लगी हुई है। वही देखने गए थे।

रानी : मैंने तुम्हें पिछले महीने भी कई बार टेलीफ़ोन किया था। तुम घर पर नहीं थीं।

निर्मल : क्षमा करो, रानी मैं पिछले कुछ दिनों से बहुत व्यस्त हूँ।

रानी : अच्छा! नमस्ते! फिर मिलेंगे।

Vokabular:

सारा दिन   den ganzen Tag

झूठ   (m.)   Lüge

कई बार		vielmals, oft
घण्टी	(f.)	Glocke
बजना	(v.i.)	klingeln
ख़रीदारी	(f.)	Einkäufe
कोई	(Pron.)	jemand
बढ़िया	(adj.)	sehr gut
देखने जाना	(v.i.)	anschauen gehen
पिछला, पिछले, पिछली	(adj.)	letzte
कुछ दिन		ein paar Tage
व्यस्त	(adj.)	beschäftigt
फिर मिलेंगे		Auf Wiedersehen

★★★

L-10 खेलने का समय हो गया है

Schwerpunkt

Perfekt;
duratives Perfekt

राहुल : नमस्ते, रीना। क्या तुम अभी भी पढ़ रही हो? अब खेलने का समय हो गया है।
रीना : मैं जानती हूँ, परन्तु मैंने अभी सब काम नहीं किया। कुछ सवाल करने बाकी हैं; पिता जी शाम को देखेंगे।
राहुल : तुम कब से पढ़ रही हो?
रीना : मैं बारह बजे से पढ़ रही हूँ।
राहुल : तुमने कितने सवाल कर लिए हैं?
रीना : क़रीब-क़रीब सब हो गए हैं। केवल दो बचे हैं।
राहुल : उन्हें खेलने के बाद कर लेना।
रीना : नहीं, मैं सब काम करके ही खेलूँगी।
राहुल : ठीक है, बग़ीचे में ही मिलेंगे।

Vokabular:

अभी भी	(adj.)	immer noch
खेलना	(v.i.)	spielen
खेलने का समय	(m.)	Spielzeit
जानना	(v.t.)	wissen
सवाल	(m.)	Mathematikaufgaben
बाकी होना	(v.i.)	stets übrig
कब से?		Seit wann?
बारह बजे से		seit 12 Uhr
कितने?	(adj.)	Wie viele?
क़रीब-क़रीब	(adv.)	fast
केवल	(adv.)	nur
बचा, बचे, बची		
होना	(v.i.)	*hier.* übrig sein
काम करना	(v.t.)	arbeiten

★★★

L-11 अब मैं ऊब रही हूँ

Verschiedenes

सुनीता : तुम क्या पढ़ रही हो?

रानी : प्रेमचन्द का उपन्यास 'गोदान'। कृषि वर्ग और गाँव की समस्याओं का एकदम यथार्थ और सजग चित्रण किया है लेखक ने।

सुनीता : यह तो बहुत लम्बा उपन्यास है। किसने सलाह दी थी तुम्हें इसे पढ़ने की?

रानी : हाँ, है तो लम्बा। मैं डेढ़ महीने से इसे पढ़ रही हूँ। अभी आधा भी नहीं पढ़ा गया। जहाँ तक मुझे याद है, कमला ने कहा था इसे पढ़ने को।

सुनीता : तुमने अब तक कितने पृष्ठ पढ़े हैं?

रानी : लगभग पौने दो सौ। सच पूछो तो अब मैं ऊब रही हूँ। मुझे लम्बी किताबें कुछ कम ही भाती हैं।

सुनीता : मुझे भी।

Vokabular:

प्रेमचन्द	(EN)	Name eines berühmten Schriftstellers
गोदान	(EN)	Name eines Romans
कृषि-वर्ग	(m.)	Landbevölkerung
समस्या	(f.)	Problem
एकदम	(adv.)	absolut
यथार्थ	(adj.)	realistisch
सजग	(adj.)	wach; wachsam, *hier*: lebendig
चित्रण	(m.)	Darstellung, Beschreibung
लम्बा	(adj.)	lang
सलाह	(f.)	Rat
जहाँ तक	(adv.)	so weit
सच पूछो तो		wenn ich die Wahrheit sagen soll
भाना	(v.i.)	gefallen
'X' मुझे कुछ कम भाता है		'X' gefällt mir recht wenig
उपन्यास	(m.)	Roman

★ ★ ★

L-12

विवाह कब होगा?

Schwerpunkt

Futur

अ : कमला का विवाह कब होगा?

ब : विवाह जनवरी की १० तारीख़ को होगा।

अ : विवाह में कौन-कौन आएगा।

ब : दिल्ली से दादाजी, दादीजी, बड़े चाचा जी, उनकी पत्नी और उनके दोनों बच्चे आएँगे। बम्बई से मौसीजी का सब परिवार आएगा।

अ : बूआजी नहीं आएँगी?

ब : वे भी आएँगी। फूफाजी अमरीका से ८ तारीख को लौटेंगे। वे उनके साथ ९ तारीख को यहाँ पहुँचेंगी। वे लोग हवाई जहाज से आएँगे। हम उन्हें हवाई अड्डे पर लेने जाएँगे।

अ : विवाह परम्परागत विधि से होगा या आधुनिक विधि से?

ब : हमारे यहाँ विवाह कुछ आधुनिक ही होगा।

सुबह कचहरी में शादी होगी।

शाम को घर पर दावत होगी।

इस दावत में सब संबंधी और मित्र आमंत्रित होंगे।

खाना-पीना होगा। शहनाई बजेगी।

फिर मण्ड़प में हिंदू रीति से शादी होगी।

शादी के बाद मौसीजी का परिवार जगन्नाथ पुरी घूमने जाएगा।

बूआजी और फूफाजी दूसरे दिन बनारसी साड़ियाँ ख़रीदेंगे।

बारह (१२) तारीख को सब लोग इकट्ठे 'काशी विश्वनाथ' गाड़ी से दिल्ली वापस जाएँगे। हम उन्हें स्टेशन तक छोड़ने जाएँगे।

Vokabular:

विवाह	(m.)	Hochzeit
बूआ	(f.)	Tante (Schwester des Vaters)
फूफा	(m.)	Onkel (Ehemann der Schwester des Vaters)

हवाई अड्डा	(m.)	Flughafen
परम्परागत	(adj.)	traditionell
आधुनिक	(adj.)	modern
विधि	(f.)	Art und Weise, Methode
कचहरी	(f.)	Gericht
संबंधी	(m.)	Verwandte
आमंत्रित होना	(v.i.)	eingeladen sein
शहनाई	(f.)	ein bestimmtes Musikinstrument
मण्डप	(m.)	Festzelt
हिंदू-रीति	(f.)	Hindu - Sitte
इकट्ठे	(adv.)	alle zusammen
स्टेशन छोड़ने जाना	(vi.)	zum Bahnhof begleiten

★★★

L-13

मैं ज्योतिषी बनने की सोच रहा हूँ

Schwerpunkt

geplante Zukunft

अ : तुम बड़े होकर क्या करने की सोच रहे हो?
ब : मैं तो ज्योतिषी बनने की सोच रहा हूँ।
अ : विचार बुरा नहीं। परन्तु विशेष रूप से ज्योतिषी ही क्यों?
ब : क्योंकि जीवन की रोज़मर्रा की समस्याएँ बढ़ रही हैं। प्रत्येक व्यक्ति अपनी समस्याओं का समाधान चाहता है और अपना भविष्य जानना चाहता है। इस धन्धे में गाहकों की कमी नहीं। सदैव लोग मेरे पास आते रहेंगे और मेरे पास कभी धन की कमी न होगी।
अ : शायद तुम ठीक कह रहे हो। मैं इस सब में विश्वास नहीं करता, इसलिए मैं कभी तुम्हारा गाहक नहीं होऊँगा। परन्तु मेरी शुभ कामनाएँ तुम्हारे साथ है।
ब : धन्यवाद।

Vokabular:

ज्योतिषी	(m.)	Astrologe
विशेष रूप से	(adv.)	speziell
रोज़मर्रा	(adj.)	täglich
समस्या	(f.sg.)	Problem
समाधान	(m.)	Lösung
भविष्य	(m.)	Futur
धन्धा	(m.)	Job, Beruf
ग्राहक	(m.)	Kunde
सदैव	(adv.)	immer
धन	(m.)	Geld/Reichtum
विश्वास	(m.)	Glaube
कामना	(f.)	Wunsch
शुभ कामनाएँ	(f.pl.)	besten Wünsche

Vokabular: Planeten, Tierkreiszeichen

Planeten (ग्रह)

सूर्य (Sonne); चाँद (Mond); मंगल (Mars); बुध (Merkur);
बृहस्पति (Jupiter); शुक्र (Venus); शनि (Saturn);
राहु (zunehmender Mond); केतु (abnehmender Mond)

Tierkreis (राशी-चक्र)
Tierkreiszeichen (राशियाँ)

1. मेष Widder   2. वृषभ Stier   3. मिथुन Zwilling
4. कर्क Krebs   5. सिंह Löwe   6. कन्या Jungfrau
7. तुला Waage   8. वृश्चिक Skorpion 9. धनु Schütze
10. मकर Steinbock 11. कुंभ Wassermann 12. मीन Fische

★★★

L-14

धीरे धीरे बोलिए

Schwerpunkt

können

क : क्या आप अंग्रेज़ी समझ सकते हैं?

ख : जी हाँ। मैं थोड़ी-थोड़ी अंग्रेज़ी समझ और बोल सकता हूँ। कहिए, मैं आप की क्या मदद कर सकता हूँ। कृपया धीरे-धीरे बोलिए।

क : धन्यवाद! क्या आप बता सकते हैं विदेशी पंजीकरण दफ़्तर यहाँ से कितनी दूर है?

ख : क्षमा कीजिए, कृपया एक बार फिर धीरे-धीरे दोहराइए। तभी मैं समझ सकूँगा, और आप की मदद कर सकूँगा।

क : (अपनी बात फिर दोहराते हैं।)

ख : यहाँ से सीधे जाइए। चौमुहानी (चौराहे) पर दायीं ओर मुड़िए। करीब ८-१० मीटर चलने पर आप एक पीला भवन देख सकेंगे। वहीं विदेशी-पंजीकरण विभाग है। आज गुरू पूर्णिमा की छुट्टी है। कल इतवार है।· अब तो आप परसों ही यानी सोमवार को ही अधिकारी से मिल सकेंगे।

क : ओह, यह तो खेद की बात है। ख़ैर-धन्यवाद! नमस्ते।

Vokabular:

थोड़ी थोड़ी	(adj.)	sehr wenig
धीरे-धीरे	(adv.)	langsam
पंजीकरण	(m.)	Registration (Einschreibung)
विदेशी पंजीकरण-दफ़्तर	(m.)	Ausländermeldeamt
यानी	(konj.)	das heißt; d.h.
दोहराना	(v.t.)	wiederholen
सीधे जाइए		Gehen Sie gerade aus.
मुड़ना	(v.i.)	abbiegen
दायीं ओर मुड़िए	(Imperativ)	Biegen Sie rechts ab!

भवन	(m.)	Gebäude, Sitz
विभाग	(m.)	Abteilung, Fakultät, Teil
अधिकारी	(m.)	Beamte
यह तो खेद की बात है।		Das ist bedauerlich.
ख़ैर	(interj.)	Also gut!

★ ★ ★

L-15 — मैं आप की क्या सेवा कर सकता हूँ

Schwerpunkt

können, wollen

अ : अन्दर आइए। आप श्री वेंकटेश हैं न? कृपया स्थान ग्रहण कीजिए।
ब : धन्यवाद।
अ : कहिए, मैं आप की क्या सेवा कर सकता हूँ?
ब : मैं कुछ धनराशि उधार लेना चाहता हूँ।
अ : किसलिए?
ब : जी, मैं एक 'स्कूटर' ख़रीदना चाहता हूँ। मैं दो-तीन वर्ष से बचत कर रहा हूँ।
अ : आप ने कितनी धनराशि जोड़ी है?
ब : जी, क़रीब छः हज़ार रुपये अब तक जमा हुए हैं।
अ : और आप को कितने पैसे उधार चाहिए?
ब : जी, पाँच हज़ार रुपये।

Vokabular:

स्थान	(m.)	Platz
स्थान ग्रहण कीजिए	(Imperativ)	Nehmen Sie bitte Platz!
सेवा	(f.)	Dienst
धनराशि	(f.)	Summe
उधार लेना	(v.t.)	Anleihe machen
किसलिए?		Wozu?
स्कूटर	(m., Eng.)	Motorroller
दो-तीन वर्ष से		seit 2-3 Jahren
बचत	(f.)	Ersparnisse
बचत करना	(v.t.)	sparen
'X' (समय) से बचत कर रहा हूँ		ich spare schon seit 'X'
जोड़ना	(v.t.)	sparen
क़रीब	(adv.)	ungefähr
जमा होना	(v.i.)	zurücklegen
उधार	(m.)	Anleihe

★ ★ ★

L-16

मैं नहीं आ सकी

Verschieden

नीला : हैलो।

अनिल : नीला? तुम बोल रही हो?

नीला : हाँ, मैं नीला बोल रही हूँ। आप कौन बोल रहे हैं?

अनिल : मैं? मैं अनिल बोल रहा हूँ।

नीला : अनिल? कौन अनिल?

अनिल : कौन अनिल! अनिल, अनिल शास्त्री।

नीला : ओह अनिल! क्षमा करना।

अनिल : तुम तो कल मेरे यहाँ आनेवाली थीं?

नीला : हाँ, आनेवाली थी, पर नहीं आ सकी।

अनिल : नहीं आ सकीं। क्यों नहीं आ सकीं? क्या तुम मुझे फ़ोन भी नहीं कर सकती थीं?

नीला : मैं तुम्हें फ़ोन करना चाहती थी, परन्तु मैं तुम्हारा नम्बर भूल गयी।

अनिल : बहाने न बनाओ। तुम चाहतीं तो मेरा नम्बर 'डायरेक्ट्री' में देख सकती थीं।

नीला : मुझे ग़लत न समझो अनिल। मैं सचमुच किसी ज़रूरी काम में फँस गई थी।

अनिल : क्या मैं पूछ सकता हूँ, ऐसा कौनसा काम आ पड़ा था?

नीला : हाँ। कल मेरी सगाई थी।

अनिल : और क्या मैं पूछ सकता हूँ इन महाशय का नाम क्या है?

नीला : सुभाष।

अनिल : कौन सुभाष। ओह ! सुभाष मल्होत्रा - वही तुम्हारे अधिकारी का लड़का?

नीला : मुझे समझने की कोशिश करो। अनिल, मेरा भविष्य उनके हाथ में है। क्षमा करना अनिल अब मैं तुमसे कभी नहीं मिल सकूँगी।

Vokabular:

क्षमा	(f.)	Entschuldigung
बहाना	(m.)	Ausrede
बहाना बनाना	(v.t.)	sich herausreden
बहानेबाजी	(f.)	Ausrede, Ausflüchte
ग़लत	(adj.)	falsch
फँसना	(v.i.)	*hier:* beschäftigt sein
काम में फँसना		in Arbeit verwickelt sein, viel zu tun haben
सगाई	(f.)	Verlobung
महाशय	(m.)	Herr
अधिकारी	(m.)	Beamter
कोशिश	(f.)	Versuch
भविष्य	(m.)	Futur, Zukunft

★ ★ ★

L-17 बस स्टाप पर

Schwerpunkt

| Zeit |

अ : क्षमा कीजिए, बस कितने बजे आती है?
ब : कौन-सीवाली बस? आपको कहाँ जाना है?
अ : सात नम्बर बस। मुझे गाँधीनगर जाना है।
ब : सात नम्बर बस लगभग सवा एक बजे आती है।
अ : कितने बजे? माफ़ कीजिए, मैं समझा नहीं।
ब : एक बजकर पन्द्रह मिनट पर।
अ : इस समय क्या बजा है?
ब : इस समय साढ़े बारह बजे हैं।
अ : जी?
ब : साढ़े बारह — बारह बजकर तीस मिनट।
अ : तब तो अभी पौन घण्टा है।
  मुझे कुछ जल्दी है। मैं टैक्सी से चला जाता हूँ।
  धन्यवाद! नमस्ते।
ब : नमस्ते।

Vokabular:

क्षमा कीजिए!	(exp.)	Entschuldigen Sie!
बस	(m., Eng.)	Bus
नम्बर		Nummer
लगभग	(adv.)	ungefähr
गाँधीनगर		Ortsname
माफ़ कीजिए!		Verzeihen Sie!
मैं समझा नहीं हूँ		Ich habe nicht verstanden.
जी?		Wie bitte?
चला जाना	(v.i.)	fahren, weggehen
नमस्ते		*hier:* Auf Wiedersehen!

★★★

L-18

टोपी वाला और नकलची बन्दर

Schwerpunkt

Partizipialkonstruktionen

एक गाँव में एक टोपी बेचनेवाला रहा करता था। वह अक्सर शहर से टोपियाँ लाकर अपने गाँववालों को बेचा करता था। उसे जंगल से होकर जाना-आना पड़ता था।

एक बार गर्मी का मौसम था, दोपहर का समय था। धूप बहुत तेज़ थी। चलते-चलते उसे थकान लगने लगी। उसने टोपियों का गट्ठर एक पेड़ के पास रख दिया और स्वयं तनिक आराम करने के लिए पेड़ के नीचे पत्तियों की छाया में लेट गया। लेटते ही उसे नींद आ गई।

सोए हुए आदमी को देखते ही पेड़ पर बैठे हुए बन्दर नीचे उतर आए। चंचल बन्दरों ने इधर-उधर नज़र घुमाई। उन्हें पेड़ के पास पड़ी हुई गठरी दिखाई दी। उसमें ढेरों टोपियाँ थीं। उस मनुष्य को सिर पर टोपी पहने हुए देखकर हर बन्दर ने अपने-अपने सिर पर एक टोपी पहन ली। टोपियाँ पहनते ही वे एक दूसरे को देख कर हँसने लगे और नाचने-कूदने लगे। शोर सुनकर टोपीवाले की नींद खुल गई। बन्दरों को टोपी पहने हुए देख कर उसे बहुत ही क्रोध आया, वह अपनी टोपियाँ वापस लेंने का उपाय सोचने लगा। उसने तुरन्त अपने सिर से टोपी उतारकर दूर फेंक दी।

उसको टोपी **फेंकते हुए** देखते ही नकलची बन्दरों ने भी अपनी-अपनी टोपियाँ अपने-अपने सिर से उतार कर ज़मीन पर फेंक दीं। सर्वप्रथम टोपीवाले ने बन्दरों को पत्थर मार कर दूर भगाया, तत्पश्चात् उसने अपनी टोपियाँ इकट्ठी कीं। फिर वह जल्दी से गठरी बाँधकर अपने सिर पर रखकर गाँव की ओर चल पड़ा।

Vokabular:

टोपी	(f.)	Mütze
टोपीवाला;	(m.)	jemand mit einer Mütze;
टोपी बेचनेवाला	(m.)	Mützenverkäufer
नकलची	(adj.)	nachäffend, Imitator
बन्दर	(m.)	Affe
अक्सर	(adv.)	oft
शहर	(m.)	Stadt
गाँव	(m.)	Dorf

लाना	(v.t.)	bringen
बेचना	(v.t.)	verkaufen
जंगल से होकर	(कर -Konj.)	durch den Dschungel
जाना-आना	(m.)	hin and her verkehren
पड़ना		müssen
पड़ता था		mußte
एक बार	(adv.)	einmal
गर्मी	(f.)	Sommer
मौसम	(m.)	Wetter
दोपहर	(f.)	Mittag
समय	(m.)	Zeit
धूप	(f.)	Sonnenschein
तेज़	(adj.)	stark
चलना	(v.i.)	gehen
चलते-चलते	(adv.)	beim Gehen, während er ging
थकान	(f.)	Müdigkeit
'X' को थकान लगना		sich müde fühlen
गट्ठर	(m.)	Bündel
रखना	(v.t.)	hinlegen
स्वयं	(reflexiv)	selbst
तनिक	(adj.)	ein bißchen
आराम	(m.)	Ruhe, Pause
पत्ती	(f.)	Blatt
छाया	(f.)	Schatten
लेटना	(v.i.)	sich hinlegen
'X' को नींद आ जाना		einschlafen
देखना	(v.t.)	sehen
बैठना	(v.i.)	sitzen
उतरना	(vi.)	herunterklettern, hinabsteigen

इधर-उधर	(adv.)	hier und dort
नज़र	(f.)	Blick
घुमाना	(v.t.)	kreisen lassen
पड़ना	(v.i.)	liegen
गठरी	(f.)	Bündel
(को) दिखाई देना		sich zeigen, ins Auge stechen
ढेरों		eine Menge
मनुष्य	(m.)	Mensch
सिर	(m.)	Kopf
हर एक	(adj)	jeder
अपना-अपना, अपने-अपने, अपनी-अपनी	(reflexiv)	sein eigenes
पहन लेना	(v.t.)	tragen
एक-दूसरे को		sich gegenseitig
हँसने लगना	(v.i.)	anfangen zu lachen
नाचना	(v.i.)	tanzen
कूदना	(v.i.)	springen, hüpfen
शोर	(m.)	Lärm
सुनना	(v.t.)	hören
'X' की नींद खुलना		aufwachen
'X' को क्रोध आना		wütend werden
वापस	(adj.)	zurück
वापस लेना	(v.t.)	zurücknehmen
उपाय	(m.)	Plan, Mittel
तुरंत	(adv.)	sofort
उतारना	(v.t.)	abnehmen
फेंकना	(v.t.)	wegwerfen
ज़मीन	(f.)	Boden
सर्वप्रथम	(adj.)	zuerst
पत्थर	(m.)	Stein

पत्थर मारना	(v.t.)	auf jemanden Steine werfen
दूर	(adv.)	weit
दूर भगाना	(v.t.)	wegjagen
तत्पश्चात्	(adv.)	danach
इकट्ठा, इकट्ठे, इकट्ठी	(adj.)	zusammen
इकट्ठा करना	(v.t.)	zusammenbringen
बाँधना	(v.t.)	zusammenbinden
चल पड़ा	(comp. v.i.)	aufbrechen
पेड़ के पास	(adv.)	neben dem Baum
चंचल	(adj.)	unruhig
की ओर	(pp$_n$)	in Richtung

★★★

L-19

चतुर कौआ

Schwerpunkt

Kontinuativ

एक बार देश में वर्षा न होने के कारण सूखा पड़ गया। तक़रीबन सभी कुएँ, तालाब, नदियाँ, नाले इत्यादि सूख गए। असंख्य जीव-जन्तु पानी की कमी की वजह से मरने लगे। एक कौवे को बहुत प्यास लगी। वह बहुत देर तक जगह-जगह भटकता रहा और पानी खोजता रहा। उसे पानी कहीं न मिला। मारे गर्मी के जैसे उसका दम ही निकल रहा था। वह कुछ देर पेड़ पर बैठा रहा और कोई उपाय सोचता रहा। जल्दी ही वह फिर से पानी की तलाश में यहाँ-वहाँ उड़ने लगा। उड़ते-उड़ते एक स्थान पर उसे एक घड़ा दिखाई दिया। शीघ्र ही उड़ कर वह वहाँ पहुँचा। उसने घड़े में झाँककर देखा। उसमें थोड़ा-सा पानी था। पानी का स्तर नीचा और मटके का मुँह संकरा होने के कारण वह अपनी प्यास तुरन्त न बुझा सका। उसने बड़ी हिम्मत और सूझ-बूझ से काम लिया।

आवश्यकता आविष्कार की जननी है। अचानक उसे एक उपाय सूझा। वह बहुत समय तक एक-एक करके अपनी चोंच में दबाकर छोटे-छोटे कंकड़ लाता रहा और पानी के घड़े में डालता रहा। ज्यों-ज्यों घड़े में पत्थरों की संख्या बढ़ती जाती थी, पानी का स्तर ऊपर आता जाता था। अंततः पानी का स्तर ऊपर आ गया। कौए ने जी भर के अपनी प्यास बुझाई और काँव-काँव करता हुआ उड़ गया।

Vokabular:

कौआ	(m.)	Krähe
चतुर	(adj.)	klug
मुल्क, देश	(m.)	Land
वर्षा	(f.)	Regen
सूखा	(m.)	Dürre
के कारण	(pp_n)	wegen
तकरीबन	(adv.)	beinahe
कुआँ	(m.)	Brunnen
तालाब	(m.)	Teich
नदी	(f.)	Fluß

नाला	(m.)	Gosse, Rinnsal
इत्यादि		usw
असंख्य	(adj)	unzählig
जीव-जन्तु	(m., pl.)	Wesen, Kreaturen
कमी	(f.)	Mangel
की वजह से	(pp_n)	wegen
('X' का) प्यास लगना		durstig sein
जगह	(f.)	Ort
जगह-जगह		von Ort zu Ort; überall
भटकना	(v.i.)	herumirren
खोजना	(v.t.)	suchen
के मारे, मारे 'X' के	(pp_n)	wegen
गर्मी	(f.)	Hitze
जैसे		als ob
('X' का) दम निकलना		seinen letzten Atemzug tun
बैठा रहा	(kont.)	blieb sitzen
उपाय	(m.)	das Mittel/der Plan
सोचना	(v.t.)	denken
सोचता रहा	(kont.)	dachte
जल्दी ही	(adv.)	sehr schnell
तलाश	(f.)	Suche
'X' की तलाश में		auf der Suche nach 'X'
उड़ना	(v.i.)	fliegen
उड़ते-उड़ते	(IPK; adv.)	während er flieg
स्थान	(m.)	Ort, Platz
घड़ा	(m.)	Wasserkrug
(को) दिखाई देना		in Sicht kommen
उडना		fliegen

झाँकना	(v.t.)	hineinschielen
स्तर	(m.)	Stand/Wasserstand
नीचा	(adj.)	tief, niedrig
मटका	(m.)	Wasserkrug
संकरा	(adj.)	eng
प्यास बुझाना	(v.t.)	Durst löschen
सूझ-बूझ	(f.)	Klugheit, Weisheit
आवश्यकता	(f.)	Bedürfnis
आविष्कार	(m.)	Erfindung
जननी	(f.)	Mutter
अचानक	(adv.)	plötzlich
एक-एक कर के	(adv.)	eins nach dem anderen
चोंच	(f.)	Schnabel
दबाना	(v.t.)	halten, zusammenpressen
लाना	(v.t.)	bringen
डालना	(v.t.)	gießen
ज्यों-ज्यों	(rel. adv.)	in dem Maße wie; je mehr
पत्थर	(m.)	Stein
संख्या	(f.)	Zahl
बढ़ना	(v.i.)	wachsen
बढ़ती जाती थी	(prog.)	wuchs immer weiter
ऊपर आता जाता था	(prog.)	stieg weiter
अंततः	(adv.)	endlich
जी भर के		zu voller Zufriedenheit
काँव-काँव करना	(v.t.)	krächzen
काँव-काँव करता हुआ	(IPK; adv.)	krächzend

★★★

L-20 खुशहाली

Schwerpunkt

Kontinuativ

विभिन्न सरकारें प्रतिवर्ष अपने कई मंत्रियों को विदेश भेजती रहती हैं। ऐसा करने से उनके आपसी सम्बन्ध अच्छे होते रहते हैं।

पूँजीवादी देशों में प्राय: ग़रीब लोग परिश्रम करते रहते हैं, मुट्ठी-भर धनी लोग लाभ उठाते रहते हैं। परिणामस्वरूप ग़रीब लोग ज़्यादा **ग़रीब होते जाते हैं**। लोगों में असंतोष **फैलता जाता** है, उनकी समस्याएँ बढ़ती जाती हैं, भले लोग भी चोर-डाकू **बनते जाते हैं**। लोग आपस में लड़ते रहते हैं। साम्प्रदायिक दंगे होते रहते हैं। सरकार असमानताओं को कम करने के उपाय सोचती रहती है। ज़्यादा से ज़्यादा लोगों को रोज़गार देती रहती है। परन्तु देश की आबादी दिन-प्रतिदिन **बढ़ती जा रही है**, और साधन **घटते जा रहे हैं**।

यदि सभी देशवासी राष्ट्र को ध्यान में रखकर काम करते रहें तो देशवासियों की समस्याओं का समाधान **होता जाएगा**। उनके कष्ट दूर **होते जाएँगे**। उनमें सद्भावना **बढ़ती जाएगी** और देश प्रगति के पथ पर चलता हुआ **खुशहाल होता जाएगा**।

Vokabular:

खुशहाली	(f.)	Wohlstand, Gedeihen, Glück
विभिन्न	(adj.)	verschieden
सरकार	(f.pl)	Regierung
आपसी	(adj.)	gegenseitig
संबंध/सम्बन्ध	(m.)	Beziehung (en), Verbindung
पूंजीवादी	(adj.)	kapitalistisch
परिश्रम	(m.)	große Mühe, Schwerstarbeit
मुट्ठी-भर	(adj.)	eine handvoll
धनी	(adj.)	reich
लाभ	(m.)	Profit
लाभ-उठाना	(v.t.)	profitieren
परिणाम	(m.)	Ergebnis
परिणामस्वरूप	(adv.)	infolgedessen; folglich

भला, भले, भली	(adj.)	gut
चोर-डाकू	(m.)	Diebe und Räuber
परस्पर	(adj.)	wechselseitig, gegenseitig
असमानता	(f.)	Ungleichheit
असंतोष	(m.)	Unzufriedenheit
फैलना	(v.i.)	wachsen
साम्प्रदायिक	(adj.)	religiös fanatisch/sektiererisch
दंगा	(m.)	Unruhe, Tumult
साम्प्रदायिक दंगा	(m.)	Unruhen zwischen Religions-gemeinschaften
रोज़गार	(m.)	Anstellung, Beschäftigung, Arbeit
आबादी	(f.)	Bevölkerung, Einwohnerzahl
दिन-प्रतिदिन	(adv.)	von Tag zu Tag, Tag für Tag
बढ़ना	(v.i.)	wachsen
साधन	(m.)	Mittel, Werkzeug
घटना	(v.i.)	geringer werden, abnehmen,
घटना	(f.)	Ereignis
देशवासी	(m.)	Einwohner, Bürger
राष्ट्र	(m.)	Nation, Land
ध्यान में रखना	(v.t.)	Aufmerksamkeit richten auf
समाधान	(m.)	Lösung
समस्या	(f.)	Problem
कष्ट	(m.)	Schwierigkeit
सद्भावना	(f.)	gutes Gefühl, Wohlwollen
प्रगति	(f.)	Fortschritt
पथ	(m.)	der Weg
खुशहाल	(adj.)	wohlhabend, ein angenehmes Leben führend
खुशहाली	(f.)	Reichtum

★ ★ ★

L-21

सर्फ़ बहुत अच्छा

Schwerpunkt

Adjektive

अनिल सर्फ़ के कारखाने में वितरक हैं। अनिल कह रहे हैं............।

देहली में रहनेवाली श्रीमती कपूर से मिलिये। यह उनका कपड़े धोने का कमरा है। मेज़ पर मैले कपड़ों के दो ढेर लगे हैं। श्रीमती कपूर का बहुत बड़ा परिवार है। इस कारण उनको बहुत-से कपड़े धोने होते हैं। उनके धोने के कमरे में बिल्कुल एक तरह की दो कपड़े धोने की बिजली की मशीनें लगी हैं। वे एक ढेर को नए सर्फ़ से धोएँगी तथा दूसरेवाले को एक दूसरे अच्छे ही प्रकार के साबुन से धोएँगी। आप जानते ही हैं कि कितने ही प्रकार के कपड़े धोने के साबुन बाज़ार में चल रहे हैं। वे बिजली के सामान को बड़ी सावधानी से प्रयोग करती हैं। बतायी गई हिदायतों को ध्यान-से पढ़ती हैं तथा उनका पालन भी करती हैं।

अब उन्होंने दरवाज़ा खोला तथा कपड़ों को मशीन में डाला। अब उन्होंने दरवाजे को सावधानी से बंद किया तथा साबुनवाले खाने में सर्फ़ डाल दिया। अब उन्होंने धोने के लिए उचित ताप को चुना (उनकी मशीन में तीन प्रकार के ताप की सुविधा है- बहुत गर्म, साधारण गर्म और ठण्डा)।

तब उन्होंने मशीन के ऊपरी भाग में बायीं बने हुए खाँचे में एक बटन दबाया। मशीन ने स्वयं कार्य करना शुरू कर दिया। श्रीमती कपूर रसोई में एक प्याला चाय बनाने के लिए चली गईं। 45 मिनट में कपड़े धुलकर तैयार हो गए। दोनों मशीनें अपने आप बंद हो गईं। श्रीमती कपूर ने मशीनों के दरवाज़े खोले तथा उनमें से धुले हुए कपड़ों को बाहर निकाला।

अनिल ने कहा - "श्रीमती कपूर, अब आपको क्या कहना है?

श्रीमती कपूर ने उत्तर दिया - "मुझे क्या कहना है? मैंने ये वाले कपड़े सर्फ़ से धोए हैं तथा वह वाले दूसरे साबुन से। आप स्वयं ही फ़र्क देख सकते हैं। मेरी राय में तो सर्फ़ से धुले कपड़े अधिक साफ़ हैं। ये दूसरों की अपेक्षा अधिक सफ़ेद तथा मुलायम भी हैं। निश्चित ही, सर्फ़ अन्य साबुनों से कहीं अधिक अच्छा है। मेरे कपड़े कभी भी इतने सफ़ेद तथा साफ़ नहीं हुए थे।''

अनिल- "अच्छा तो अब अगली बार आप कौन-सा साबुन ख़रीदने वाली हैं?''

श्रीमती कपूर - "बेशक, नया सर्फ़ ही। अभी तक जो साबुन मैंने प्रयोग किए हैं उनमें सबसे अच्छा यही है। अब अपने रिश्तेदारों तथा सहेलियों को भी इसे ही प्रयोग करने के लिए कहूँगी।''

Vokabular:

सर्फ़	(EN)	Waschmittelmarke
कारखाना	(m.)	Firma, Fabrik
वितरक	(m.)	Verteiler
'X' से मिलिये		das ist Herr/Frau 'X'
ढेर	(m.)	Haufen
मैला	(adj.)	schmutzig
धोना	(v.t.)	waschen
बिल्कुल	(adv.)	absolut
एक तरह की	(adj.)	von gleichen Typ
कपड़े धोने की मशीन	(f.)	Waschmachine
कपड़े धोने का कमरा	(m.)	Waschraum
बिजली	(f.)	Elektrizität
सावधानी	(f.)	Vorsicht
सावधानी से	(adv.)	vorsichtig
बताना	(v.t.)	erzählen, sagen
हिदायत	(f.)	Anweisung (hier: Gebrauchsanweisung)
'X' का पालन करना		(v.t.) 'X' befolgen
'X' को 'Y' में डालना		'X' in 'Y' werfen; hineinschütten
उचित	(adj.)	richtig/geeignet
ताप	(m.)	(Wasch-) Temperatur
चुनना	(v.t.)	wählen
खाँचा	(m.)	Schlitz
स्वयं	(adj.)	selbst
कार्य करना	(v.t.)	arbeiten
शुरू करना	(v.t.)	anfangen/beginnen

'X' ने स्वयं कार्य करना शुरू कर दिया		'X' fing von selbst an zu funktionieren.
आप का क्या कहना है?		Was haben Sie jetzt dazu zu sagen?
फ़र्क	(m.)	Unterschied
'X' की राय में		nach Meinung von 'X'
कई प्रकार के		verschiedene Sorten von
बाज़ार में चल रहे हैं		sind in den Geschäften erhältlich
अधिक		mehr
'X' की अपेक्षा	(Komparativ)	im Vergleich mit 'X'
मुलायम	(adj.)	weich
निश्चित ही	(adv.)	sicher
अन्य/ दूसरे, दूसरा, दूसरी	(adj.)	anderer
प्रयोग करना	(m.)	benutzen
रसोई	(f.)	Küche
प्याला	(m.)	Tasse
धुलना	(v.i.)	gewaschen werden
निकालना	(v.t.)	herausnehmen
कहना	(m.)	Meinung
उत्तर	(m.)	Antwort
ध्यान से	(adv.)	aufmerksam
ख़ाना	(m.)	Fach/Abteil
साधारण	(adv.)	gewöhnlich
बेशक	(adv.)	zweifellos, natürlich
रिश्तेदार	(m.)	Verwandte
सहेली	(f.)	Freundin
सुविधा	(f.)	Einrichtung

★ ★ ★

L-22

पुरुषों की तुलना में औरतों का जीवन

Schwerpunkt

Adjektive

साक्षातकारक : आप हैं श्रीमती कपूर। आप भारत की रहनेवाली हैं। आज हमने इन्हें अपने देश की महिलाओं के जीवन के बारे में कुछ बताने के लिए यहाँ बुलाया है।

हाँ, तो श्रीमती कपूर, आप हमारे दर्शकों को बताएँ कि आप के देश में पुरुषों की तुलना में औरतों का जीवन कैसा है?

श्रीमती कपूर : सबसे पहले तो मैं आप को यह बता देना चाहती हूँ कि भारत एक विशाल देश है। यहाँ आज भी अधिकांश लोग गाँवों में रहते हैं।

शहरों में तो आजकल प्राय: लड़कियाँ **वैसी ही** शिक्षा पाती हैं **जैसी** लड़के।

वे **वैसे ही** शिक्षा संस्थानों में जाती हैं **जैसों में** लड़के। घरों में उन्हें **वैसा ही** स्नेह मिलता है **जैसा** उनके भाइयों को।

बड़े होने पर औरतों का जीवन **उतना** सरल नहीं **जितना** पुरुषों का।

मेरे देश में सब औरतें घर के बाहर काम नहीं करतीं।

कामकाजी औरतें पुरुषों से **कहीं अधिक काम** करती हैं। सुबह उन्हें अपने पति और बच्चों से जल्दी उठना पड़ता है। दफ़्तर के बाद उन्हें घर पर भी सब काम करना पड़ता है। उन्हें भी दूरदर्शन देखना, संगीत सुनना, मित्रों को मिलना **उतना ही अच्छा** लगता है **जितना** पुरुषों को। परन्तु **पुरुषों की अपेक्षा** उन्हें कम फुरसत होती है। फिर भी, मेरी राय में घरेलू **औरतों की तुलना** में उनका जीवन **कहीं अधिक रोचक** है। यहाँ मैं आप को एक बात बताना चाहूँगी कि यद्यपि घर में रहने वाली महिलाओं को अपनी कामकाजी बहनों **की तुलना में** नए नए लोगों से मिलने का अवसर कम मिलता है, फिर भी वे सामान्यता संतुष्ट और प्रसन्न रहती है। उन्हें अपने परिवार के लिए काम करना बाहर काम करने से **कहीं अधिक** प्रिय है।

साक्षातकारक : एक और प्रश्न । कृपया हमारे दर्शकों को बताएँ कि शहरी **औरतों की तुलना** में ग्रामीण औरतों का जीवन कैसा है?

श्रीमती कपूर : सच तो यह है कि शहरी **औरतों की अपेक्षा** ग्रामीण औरतें बहुत कम स्वतन्त्र होती हैं। उनके पास मनोरञ्जन के **उतने साधन** नहीं होते **जितने** शहरी

	औरतों के पास होते हैं। वे उनसे **कहीं अधिक** परिश्रम करती हैं। इस सब के बावजूद ग्रामीण महिलाएँ **कहीं अधिक** स्वस्थ होती हैं, **कहीं कम** बीमार होती हैं।
साक्षातकारक :	आप को हमारे स्टूडियों में आने के लिए और हमारे दर्शकों को भारत की महिलाओं के विषय में जानकारी देने के लिए हमारी और हमारे दर्शकों की ओर से हार्दिक धन्यवाद !
श्रीमती कपूर :	धन्यवाद! नमस्ते ।

Vokabular:

साक्षातकार	(m.)	Interview
साक्षातकारक	(m.)	Interviewer
दर्शक	(m.)	Publikum
विशाल	(adj.)	groß, weit
देश	(m.)	Land
अधिकांश	(adv.)	die meisten
गाँव	(m.)	Dorf
आजकल	(adv.)	heutzutage
प्राय:	(adv.)	gewöhnlich
शिक्षा संस्थान	(m.)	Bildungstätten
स्नेह	(m.)	Liebe
घरेलू	(adj.)	Haushalts...
सरल	(adj.)	leicht
कामकाजी	(adj.)	berufstätig
राय	(f.)	Meinung
सामान्यता	(adv.)	gewöhnlich
संतुष्ट	(adj.)	zufrieden
ग्रामीण	(adj.)	dörflich, Dorf...
शहरी	(adj.)	städtisch, Stadt...
स्वतन्त्र	(adj.)	frei, unabhängig
मनोरञ्जन	(m.)	Vergnügung

महिला	(f.)	Frau
स्वस्थ	(adj.)	gesund
के विषय में	(pp$_n$)	bezüglich, in Angelegenheiten
हार्दिक	(adj.)	herzlich
जानकारी	(f.)	wissen, Information
अवसर	(m)	Gelegenheit
प्रश्न	(m.)	Frage
के बावजूद	(pp$_n$)	trotz
की तुलना में		im Vergleich

★★★

L-23 अख़बार से ... Aus der Zeitung

Schwerpunkt

Adjektive, das Verb लगना

पुलिस को एक बेहोश आदमी खेत में पड़ा मिला है। वे नहीं जानते वह कौन है, परन्तु उसके बारे में उनके कुछ विचार हैं। उसके बाल छोटे, काले, सीधे हैं। उसने गलमुच्छे रखे हुए है। उसका क़द लम्बा, सीना चौड़ा, चेहरा अण्डाकार है। उसकी ठोढ़ी बीच में से कटी है उसका शरीर सुगठित और हाथ खुरदरे हैं। उसके कपड़ों पर हिन्दुस्तान के 'लेबल' लगे हैं। उसने फटे-पुराने कपड़े पहने हुए हैं, और हाथ में एक ताँबे की अंगूठी पहनी हुई है। उसके पास झोले में बनारस से आनेवाला १० जून का इस्तेमाल किया हुआ टिकट है। उसका शरीर गाड़ी की पटरी के पास खेत में मिला। उसकी पीठ में बहुत बुरा घाव था। उन्होंने फ़ौरन डॉक्टर को बुलाया। डॉक्टर ने आते ही उसे मृत घोषित किया। उसका शव अस्पताल में शव-परीक्षा के लिए ले जाया गया।

१. वह हिन्दुस्तान का रहनेवाला लगता है।
२. लगता है अपने जीवन-काल में किसी समय उसका रहन-सहन का स्तर अच्छा था।
३. लगता है इस समय उसकी आर्थिक स्थिति अच्छी नहीं थी।
४. ऐसा नहीं लगता कि कोई डाकू उसके पीछे थे।
५. ऐसा लगता है कि उसकी किसी से दुश्मनी थी।

Vokabular:

बेहोश	(adj.)	bewußtlos
विचार	(m.)	Idee
सीधा, सीधे, सीधी	(adj.)	aufrecht gerade *hier:* glatt
गलमुच्छे	(m.)	Koteletten (Backenbart)
कद	(m.)	Größe
चेहरा	(m.)	Gesicht
अंडाकार	(adj.)	oval
सीना	(m.)	Brust
ठोढ़ी	(f.)	Kinn

शरीर	(m)	Körper
कटा, कटे, कटी	(adj.)	gespalten
कटी ठोढ़ी	(f.)	gespaltetes Kinn
सुगठित	(adj.)	wohlgeformt, wohlgestaltet
खुरदरा, खुरदरे, खुरदरी	(adj.)	uneben, rauh
लेबल	(m.)	Etikett
फ़टा-पुराना	(adj.)	zerschlissen und alt
तांबा	(m.)	Kupfer
अंगूठी	(f.)	Ring
इस्तेमाल किया हुआ टिकट	(PPK; adj.)	eine entwertete Fahrkarte
गाड़ी की पटरी	(f.)	Eisenbahnschiene
घाव	(m.)	Wunde
बीच में से	(adv.)	in der Mitte
शव	(m.)	Leiche
शव परीक्षा	(f.)	Obduktion
पीठ	(f.)	Rücken
फ़ौरन	(adv.)	sofort
मृत	(PP)	tot
मृत घोषित करना		(v.t.) den Tod feststellen; für tot erklären
जीवन काल	(m.)	Lebzeiten
रहन-सहन का स्तर	(m.)	Lebensstandard
आर्थिक स्थिति	(f.)	finanzielle Situation
दुश्मनी	(f.)	Feindschaft

★ ★ ★

Briefe

Bewerbung (प्रार्थना पत्र)

Sherry schreibt an den Direktor der Abteilung Hindi mit der Bitte, um eine vierwöchige Freistellung vom Unterricht aus Krankheitsgründen (Beurlaubung aus Krankheitsgründen)

सेवा में,
श्रीमान् विभागाध्यक्ष महोदय,
हिन्दी विभाग,
काशी हिन्दू विश्वविद्यालय
वाराणसी – २२१००५

मान्यवर,

निवेदन है कि मैं गत शनिवार से बीमार हूँ। चिकित्सक के अनुसार मुझे मियादी बुख़ार है और मुझे चार सप्ताह पूर्ण विश्राम करना चाहिए। आप से विनम्र प्रार्थना है कि मुझे शनिवार दिनांक १५.९.९७ से चार सप्ताह का अवकाश देकर कृतार्थ करें। चिकित्सक का प्रमाण-पत्र प्रार्थना-पत्र के साथ संलग्न है।

सधन्यवाद,

आप की आज्ञाकारिणी शिष्या
शैरी
विद्यार्थी, हिन्दी डिप्लोमा
प्रथम वर्ष

दिनांक : १८.९.१९९७

Vokabular:

सेवा में		An
श्रीमान्		höfliche Anrede für Männer
विभाग	(m.)	Abteilung
मान्यवर	(m., adj.)	sehr verehrt, geachtet
चिकित्सक	(m.)	Arzt

मियादी बुख़ार	(m.)	Typhus
पूर्ण	(adj.)	vollständig, völlig
आराम	(m.)	Ruhe
विनम्र	(adj.)	höflich
प्रार्थना	(f.)	Bitte, Anfrage
अवकाश	(m.)	Urlaub, Beurlaubung
कृतार्थ करना	(v.t.)	zufriedenstellen
प्रमाण-पत्र	(m.)	ärztliches Attest
संलग्न	(PP)	beiliegend
आज्ञाकारिणी	(adj.)	gehorsame
आज्ञाकारी	(adj.)	gehorsam

★ ★ ★

Brief an den Vater
(भारत से पुत्री का पत्र—पिता के नाम)

दिल्ली
दिनांक १२.९.१९९७

पूज्य पिता जी,
    सादर प्रणाम!

मैं आशा करती हूँ आप व घर के और सब लोग सकुशल होंगे। हमारा हवाई जहाज़ ठीक समय पर भारत पहुँच गया था, परन्तु ख़राब मौसम के कारण दिल्ली हवाई अड्डे पर नहीं उतर सका। लगभग एक-डेढ़ घण्टे तक आकाश में चक्कर काटता रहा। दिल्ली हवाई अड्डे पर बहुत धुंध थी। कुछ दिखाई नहीं पड़ रहा था। इस कारण हमें वापस बम्बई ले जाया गया। वहाँ हमें २४ घण्टे होटल में रखा गया। दूसरे दिन मौसम अच्छा था। हम लोग विमान से दिल्ली लाए गए। आप के मित्र श्री कपूर मुझे हवाई अड्डे पर मिले और अपने साथ अपने घर ले गए। अभी मैं उनके घर पर हूँ। उनके परिवार के लोग बहुत अच्छे हैं।

कल रात को मैंने भारतीय भोजन किया। दाल, चावल, रोटी, सब्जी व खीर खाई। भोजन बहुत स्वादिष्ट था। मैं अवश्य भारतीय भोजन बनाना सीखूँगी।

कल मैं बनारस जाऊँगी। वहाँ पहुँचते ही मैं विश्वविद्यालय जाऊँगी और प्रवेश नियमों के बारे में पूछ-ताछ करूँगी। आप अपनी सेहत का ध्यान रखें। घर में सबको यथायोग्य मेरा प्रणाम व स्नेह कहें।

आपके पत्र की प्रतीक्षा में,
                            आपकी आज्ञाकारिणी पुत्री
                            शैरी

Vokabular:

पूज्य	(adj.)	verehrenswert
चक्कर काटना	(v.i.)	herumkreisen
विमान	(m.)	Flugzeug
दाल	(f.)	Linsen
चावल	(m.)	Reis
रोटी	(f.)	Fladenbrot

सब्ज़ी	(f.)	Gemüse
खीर	(f.)	Milchreis
स्वादिष्ट	(adj.)	köstlich
प्रवेश नियम	(m.)	Aufnahmebedingung
पूछ-ताछ	(f.)	Erkundigung
सेहत	(f.)	Gesundheit
यथायोग्य	(adj.)	geeignet
प्रणाम	(m.)	Grüße; Begrüßung
स्नेह	(m.)	Liebe
प्रतीक्षा	(f.)	Erwartung

★ ★ ★

Brief an die jüngere Schwester

(भारत से बड़ी बहन का पत्र - छोटी बहन के नाम)

बनारस
दिनांक : ३० अगस्त १९९७

प्रिय क्रिस्टा,

आशा है तुम लोग वहाँ अच्छी प्रकार होगे। तुम्हारा पत्र कुछ दिन पहले मिल गया था। मुझे उत्तर देने में देर हो गई, उसके लिए मैं क्षमा चाहती हूँ।

यहाँ इस समय वर्षा ऋतु है। काफ़ी गर्मी और उमस है। मैं ऐसे मौसम की आदी नहीं हूँ। यहाँ प्राय: बिजली नहीं रहती। इसी कारण कुछ कठिनाई हो रही है। मेरे मित्र कहते हैं कि अगले वर्ष तक मुझे गर्मी और उमस में, बिना बिजली के रहने की आदत पड़ जाएगी। भारत में छ: ऋतुएँ होती है - वसन्त ऋतु, ग्रीष्म ऋतु, वर्षा ऋतु, शरद ऋतु, शिशिर ऋतु और हेमन्त ऋतु।

भारत विशाल देश है। यहाँ विभिन्न प्रान्तों के लोग अलग-अलग वेश-भूषा पहनते हैं, और अलग-अलग प्रकार से भोजन बनाते और खाते हैं। कुछ लोग मांसाहारी हैं, परन्तु अधिकांश लोग शाकाहारी हैं। यहाँ आने से पहले मुझे लगता था कि भारतीय भोजन में पौष्टिक तत्त्वों की कमी होती होगी। परन्तु यहाँ आकर मेरा विचार बदल गया है। भारतीय शाकाहारी भोजन भी पर्याप्त पौष्टिक है। ये लोग दूध, दही, दालों का सेवन प्रचुर मात्रा में करते हैं।

कल शाम को मैं अपनी एक सखी के यहाँ चाय पर आमंत्रित थी। यह परिवार शाकाहारी है। मेरी सखी की माताजी ने अपने हाथ से सब व्यंजन बनाए थे। सभी बहुत स्वादिष्ट थे और मेरे पूछने पर उन्होंने मुझ पकौड़े और सूजी का हलवा बनाने की विधि बताई। मैं अलग पन्ने पर लिख कर तुम्हें भेज रहीं हूँ। अवश्य बनाने का प्रयास करना और लिखना तुम्हें खाने में यह चीज़े कैसी लगीं।

१५ अगस्त को भारत का स्वतंत्रता दिवस था। आज के दिन १९४७ में भारत स्वतंत्र हुआ था। इससे पहले यहाँ अंग्रेज़ों का राज्य था।

गांधी जीः ने जिस प्रकार सत्याग्रह और अहिंसा के द्वारा देश को विदेशी राज्य से स्वतंत्र करवाया, यह न केवल रोचक वरन् अपने में बेमिसाल दृष्टांत है। हो सके तो कोई अच्छी पुस्तक लेकर पढ़ना।

२५ तारीख को रक्षाबन्धन था। यह हिन्दुओं का प्रमुख त्योहार है। इस त्योहार पर बहनें अपने भाईयों की कलाई पर राखी बाँधती हैं, उन्हें मिठाई खिलाती हैं, उनकी दीर्घायु की मंगल-कामना करती हैं। भाई हर परिस्थिति में आजीवन अपनी बहनों की रक्षा करने का वचन देते हैं। मुझे यह त्योहार बहुत पसन्द आया।

समय-समय पर मैं अपने भारत के अनुभवों के बारे में तुम्हें लिखती रहूँगी।

तुम्हारे पत्र की प्रतीक्षा में,
स्नेहमयी तुम्हारी दीदी
शैरी

Vokabular:

क्षमा	(f.)	Verzeihung
उमस	(f.)	Feuchtigkeit
ऋतु	(f.)	Jahreszeit
वसन्त ऋतु	(f.)	Frühling
ग्रीष्म ऋतु	(f.)	Sommer
वर्षा ऋतु	(f.)	Regenzeit
शरद ऋतु	(f.)	Herbst
शिशिर ऋतु	(f.)	Winter
हेमन्त ऋतु	(f.)	Winterende
रक्षाबन्धन	(m.)	Ein Hindu Fest, an dem die Schwestern um die Handgelenke ihrer Brüder ein Bändchen wickeln und die Brüder den Schwestern versprechen, sie für immer zu beschützen.
प्रमुख	(adj.)	Haupt...
त्योहार	(m.)	Fest
कलाई	(f.)	Handgelenk
दीर्घायु	(f.)	langes Leben
मंगल-कामना	(f.)	Glückwunsch
परिस्थिति	(f.)	Lage

आजीवन	(adj.)	lebenslang
वचन	(m.)	Versprechen
विशाल	(adj.)	weit, groß
विभिन्न	(adj.)	verschieden
प्रान्त	(m.)	Staat
वेशभूषा	(f.)	Kleidung
पर्याप्त	(adj.)	genügend, reichlich
मांसाहारी	(adj.)	nicht vegetarisch
शाकाहारी	(adj.)	vegetarisch
पौष्टिक	(adj.)	nahrhaft
तत्त्व	(m.)	Element
सेवन	(m.)	Gebrauch
प्रचुर	(adj.)	reichlich
मात्रा	(f.)	Menge
आमंत्रित	(PP)	eingeladen
व्यंजन	(m.)	Speise, Leckerbissen
विधि	(f.)	Methode
पन्ना	(m.)	Seite
प्रयास	(m.)	Versuch, Bemühung
स्वतंत्रता दिवस	(m.)	Unabhängigkeitstag
स्वतंत्र	(adj.)	unabhängig
अंग्रेज़ों का राज्य	(m.)	Herrschaft der Engländer
सत्याग्रह	(m.)	gewaltloser Widerstand
अहिंसा	(f.)	Gewaltlosigkeit
वरन्	(konj.)	sondern auch
बेमिसाल	(adj.)	einzigartig
दृष्टान्त	(m.)	Beispiel
अनुभव	(m.)	Erfahrung

Beurlaubunggesuche oder Geschäftsbriefe

Anrede (प्रशस्ति) : सेवा में, श्रीमान्, मान्यवर

Begrüßung (अभिवादन) : नमस्कार (nur in Geschäftsbriefen)

सविनय निवेदन है कि (in Bewerbungen)

Briefende (समाप्ति) : आपका आज्ञाकारी (m.)   भवदीय (m.)   प्रार्थी (m.)

आपकी आज्ञाकारिणी (f.) भवदीया (f.)   प्रार्थिनी (f.)

Persönliche Briefe an jemanden älter als Sie

Anrede : परमपूज्य, पूजनीय, श्रद्धेय, आदरणीय
Gruß : चरण वन्दना, सादर प्रणाम, चरण स्पर्श
Briefende : आपका आज्ञाकारी, विनीत, कृपाकांक्षी

Persönliche Briefe an Freunde

Anrede : मित्रवर, प्रिय मित्र, बन्धुवर
Gruß : नमस्ते, स्नेहाभिवादन, नमस्कार
Briefende : तुम्हारा, तुम्हारा परम मित्र, शुभेच्छु

Persönliche Briefe an jemand, der jünger ist als Sie

Anrede : स्नेही, प्रियवर, आयुष्मान, चिरंजीव
Gruß : सुखी रहो, शुभाशीर्वाद, चिरंजीव रहो
Briefende : शुभचिन्तक, तुम्हारा शुभेच्छु

पकौड़े

सामग्री:

250 ग्राम बेसन 1/2 चम्मच* लालमिर्च 1/2 चम्मच नमक 1 चम्मच पिसा हुआ गर्म मसाला 1 चम्मच पिसा हुआ धनिया 1/2 चम्मच अजवायन 1 चम्मच पिसा हुआ अमचूर 300 मि0 लि0 पानी	इन सबका घोल बनाएँ। न बहुत पतला, न बहुत गाढ़ा

500 ग्राम तेल (तलने के लिए)

पसन्द के अनुसार बैंगन, फूलगोभी, प्याज़ आलू आदि कोई भी सब्ज़ियाँ लें।	इन सबको छीलिए, धोइए, छोटे टुकड़ों में काटिए।

विधि:

कटी हई सब्ज़ियों को बेसन के घोल में डुबोइए। गर्म तेल में तलिए। आग मध्यम होनी चाहिए। न बहुत तेज़ न बहुत धीमी। सुनहरी होने पर कड़ाही में से निकाल लें। चटनी के साथ खाएँ और ख़िलाएँ।

Vokabular:

चम्मच	(m.)	hier: Teelöffel
सामग्री	(f.)	Zutaten
बेसन	(m.)	Kichererbsenmehl
लालमिर्च	(f.)	Chillipulver
नमक	(m.)	Salz
गरम मसाला	(m.)	Garam Masalapulver
धनिया	(m.)	Korianderpulver
अजवायन	(f.)	Ajowan

अमचूर	(m.)	Mangopulver
पानी	(m.)	Wasser
तेल (तलने के लिए)	(m.)	Öl (zum fritieren)
विधि	(f.)	Methode
चटनी	(f.)	Chutney
निकालना	(v.t.)	herausnehmen
कड़ाही	(f.)	Pfanne
सुनहरा, सुनहरे, सुनहरी	(adj.)	goldene
धीमा, धीमे, धीमी	(adj.)	schwach
तेज़	(adj.)	stark
घोल	(m.)	Paste
घोलना	(v.t.)	Paste herstellen
डुबोना	(v.t.)	eintauchen
तलना	(v.t.)	fritieren
छीलना	(v.t.)	schälen
पसन्द के अनुसार		nach Belieben
प्याज	(m.)	Zwiebeln
काटना	(v.t.)	schneiden
आग	(f.)	Flamme
मध्यम	(adj.)	mittlere
टुकड़ा	(m.)	Stück

सूजी का हलवा

सामग्री:

100 ग्राम सूजी
150-200 ग्राम चीनी, स्वाद के अनुसार
300 मि0लि0 पानी
75 ग्राम घी/रिफाइंड ऑयल
4-5 छोटी इलायची
50 ग्राम किशमिश, बादाम आदि
(खाने का) संतरा रंग - विकल्प से

विधि:

चीनी और पानी की चाश्नी बनाएँ। एक या दो बूँद खाने का रंग मिलाएँ। छोटी इलायची छीलें, पीसें और चाश्नी में मिलाएँ। सूजी को कड़ाही में घी में हलका सुनहरी होने तक भूनें। चाश्नी मिलाएँ। जल्दी जल्दी हिलाएँ। जब कुछ ठोस होने लगे और बर्तन के किनारे छोड़ने लगे, तो किशमिश, बादाम, काजू मिलाएँ। आँच से हटा लें। हलवा तैयार है।

Vokabular:

सामग्री	(f.)	Zutaten
सूजी	(f.)	Grieß
चीनी (स्वाद के अनुसार)	(f.)	Zucker (je nach Geschmack)
घी	(m.)	Butterschmalz
छोटी इलायची	(f.)	grünere Kardamom
किशमिश	(f.)	Rosinen
बादाम	(m.)	Mandeln
खाने का संतरा रंग - (विकल्प से)	(m.)	Lebensmittelfarbe orange - (nach Wunsch)
चाश्नी	(f.)	Sirup
बूँद	(f.)	Tropfen
मिलाना	(v.t.)	mischen
पीसना	(v.t.)	mahlen
भूनना	(v.t.)	rösten

हिलाना	(v.t.)	rühren
ठोस	(adj.)	fest
हटा लेना	(v.t.)	wegnehmen
आँच	(f.)	Feuer
हलका सुनहरा	(adj.)	leicht goldbraun

Fette und Öle

घी	(m.)	Butterschmalz
मक्खन	(m.)	Butter
मलाई	(f.)	Sahne, Rahm
सरसों का तेल	(m.)	Senföl
नारियल का तेल	(m.)	Kokonußöl
तिल का तेल	(m.)	Sesamöl

Getreide und Hülsenfrüchte

गेहूँ	(m.)	Weizen
चावल	(m.)	Reis
बाजरा	(m.)	Hirse
जौ	(m.)	Gerste
मक्का	(f.)	Mais
आटा	(m.)	Vollkornmehl
बेसन	(m.)	Kichererbsenmehl
मैदा	(m.)	Weißmehl
सूजी	(f.)	Grieß
दाल मूँग	(f.)	Linsen (grün, gespalten)
दाल मसूर	(f.)	Linsen (rot, gespalten)
दाल चना	(f.)	Kichererbsen (gespalten)
दाल अरहर	(f.)	Straucherbsen (gespalten)
दाल उर्द/उरद	(f.)	schwarze Bohnen (gespalten)
साबूत मूँग	(m.)	Linsen (grau, ungespalten)
साबूत मसूर	(m.)	Linsen (grün, ungespalten)
राजमाह	(m.)	Kidney–Bohne, (rote Bohne)

काबुली चना	(m.)	Kichererbsen
काले चने	(m.)	bengalische Kichererbsen

Gewürze

नमक	(m.)	Salz
हल्दी	(f.)	Gelbwurz
लालमिर्च	(f.)	Cayennepfeffer, Chillipulver
सफ़ेद जीरा	(m.)	Kreuzkümmel (weiß)
काला जीरा	(m.)	Kümmel, schwarz
दारचीनी	(f.)	Zimt
लौंग	(m.)	Nelken
अजवायन/ अजवाइन	(f.)	Ajowan
सौंफ	(f.)	Anis
जायफल	(m.)	Muskatnuß
जावित्री	(f.)	Muskablüte
राई	(f.)	Senfkörner
हींग	(f.)	Asofoetida
कलौंजी	(f.)	Schwarzkümmelsame
अमचूर	(m.)	Mangopulver
धनिया	(m.)	Koriander
तेजपत्ता	(m.)	Lorbeerblatt
मेथी दाना	(m.)	griechisches Hew
अनारदाना	(m.)	getrockneter Granatapfelsamen
खसखस	(f.)	Mohn
तिल	(m.)	Sesam
केसर	(m.)	Safran
इमली	(f.)	Tamarinde (Tamarindus indica)
सिरका	(m.)	Essig
लहसुन	(m.)	Knoblauch
अदरक	(m.)	Ingwer
पुदीना	(m.)	Pfefferminze

Vokabular: Kochen		
फेंटना	(v.t..)	schlagen
उबालना	(v.t.)	abkochen
भाप में पकाना	(v.t.)	dämpfen
हल्की आँच पर पकाना	(v.t.)	sieden
काटना	(m.)	schneiden
खुरचना	(v.t.)	schaben
ढकना	(v.t.)	zudecken
कुचलना	(v.t.)	zerstampfen, zerdrücken
पीसना	(v.t.)	mahlen
पिघलाना	(v.t.)	schmelzen
कूटना	(v.t.)	stampfen
भूनना	(v.t.)	rösten
तलना	(v.t.)	braten, fritieren
छीलना	(v.t.)	schälen
मसाला मिलाना	(v.t.)	würzen
भोजन को सजाना	(v.t.)	dekorieren; anrichten
परोसना	(v.t.)	servieren
गूँथना	(v.t.)	kneten
बेलना	(v.t.)	ausrollen
खुले पानी में धोना	(v.t.)	schwenken
छानना	(v.t.)	abtropfen
भिगोना	(v.t.)	einweichen
रेतना/घिसना	(v.t.)	reiben

★ ★ ★

G-1

आपका नाम क्या है?

क्रिस्टा	:	नमस्ते। आपका नाम क्या है?
शैरी	:	मेरा नाम शैरी है।
क्रिस्टा	:	आप कहाँ की रहनेवाली हैं?
शैरी	:	जी? मैं समझी नहीं।
क्रिस्टा	:	आप कहाँ से हैं?
शैरी	:	मैं अमरीका से हूँ।
क्रिस्टा	:	अच्छा। तो आप अमरीका की रहनेवाली हैं। आप कहाँ रहती हैं?
शैरी	:	जी आजकल मैं भारत में बनारस शहर में रहती हूँ।
क्रिस्टा	:	आप यहाँ क्या करती हैं?
शैरी	:	मैं यहाँ हिन्दी पढ़ती हूँ।
शैरी	:	(कोबीनाता से) - नमस्ते। मैं शैरी हूँ। मैं अमरीका की रहनेवाली हूँ। आजकल मैं यहाँ हिन्दी सीख रही हूँ।
कोबीनाता	:	नमस्ते। मेरा नाम कोबीनाता है।
शैरी	:	आप कहाँ के रहनेवाले हैं?
कोबीनाता	:	मैं जापान का रहनेवाला हूँ।
शैरी	:	और आप यहाँ भारत में क्या करते हैं? क्या आप भी हिन्दी सीखते हैं?
कोबीनाता	:	जी, मैं यहाँ काम करता हूँ, और हिन्दी भी सीखता हूँ।
शैरी	:	सच ! आप से मिलकर बहुत खुशी हुई।
कोबीनाता	:	मुझे भी। फिर मिलेंगे। नमस्ते।

Vokabular:

की रहनेवाली / का रहनेवाला के रहने वाले	Einwohner von...

- ☞ का, के, की richten sich nach dem N und G des Einwohners.
- ☞ जी wird als einführender Ausdruck benutzt

आजकल zur Zeit

सच ! Wirklich!

★ ★ ★

G-2

तुम कैसी हो?

नीतू : हैलो सीतू, कैसी हो?
सीतू : हैलो। अच्छी हूँ। तुम कैसी हो?
नीतू : मैं भी अच्छी हूँ।
सीतू : तुम्हारे पति कैसे हैं?
नीतू : वे भी अच्छे हैं।
सीतू : और बच्चे?
नीतू : वे भी अच्छी तरह हैं। और तुम्हारे यहाँ सब कैसे हैं?
सीतू : मेरे यहाँ भी सब ठीक हैं।
धन्यवाद।

आओ, बैठो

रानी : आओ आओ, कमला, बैठो।
कहो कैसी हो?
कमला : जी, ठीक हूँ। आप कैसी हैं?
रानी : मैं भी ठीक हूँ। तुम आजकल क्या कर रही हो?
कमला : कुछ ख़ास नहीं। दिनभर घर पर रहती हूँ। शाम को अंग्रेज़ी सीखती हूँ।
और आप?
रानी : मैं संगीत सीखती हूँ।
क्षमा करना, मैं कुछ जल्दी में हूँ। फिर मिलूँगी।
अपनी माताजी को मेरा प्रणाम कहना।
कमला : जी अच्छा। नमस्ते।

Vokabular:

ख़ास	(adj.)	besonders
दिनभर	(adv.)	den ganzen Tag
क्षमा करना!	(exp.)	Entschuldige bitte!
जल्दी में होना	(v.i.)	es eilig haben
प्रणाम	(m.)	Gruß

★ ★ ★

G-3

रिक्शेवाले से

दो विद्यार्थी	:	रिक्शे वाले! बी०एच०यू० चलोगे?
रिक्शावाला	:	क्यों नहीं साहिब। ज़रूर चलूँगा।
विद्यार्थी	:	कितने पैसे लोगे?
रिक्शावाला	:	तीन रुपये।
विद्यार्थी	:	ठीक है, चलो। (बी० एच० यू० पहुँचकर)
विद्यार्थी	:	सीधे चलो। उस चौमुहानी से दायीं ओर मुड़ना। (कुछ दूर जाकर) बस, यहाँ रोको। यह लो तीन रुपये। धन्यवाद!

Vokabular:

चौमुहानी	(f.)	Kreuzung
चौराहा	(m.)	Kreuzung
रोकना	(v.t.)	anhalten
मुड़ना	(v.i.)	abbiegen

G-4   मुझे प्रधानाचार्य से मिलना है।

अ : नमस्ते! कहिए मैं आप की क्या सेवा कर सकता हूँ?
ब : जी मुझे प्रधानाचार्य से मिलना है।
अ : यह तो उनका मिलने का समय नहीं है।
ब : जी, मैं जानता हूँ। परन्तु उनसे टेलीफ़ोन पर मेरी बात हो चुकी है। उन्होंने मुझे इसी समय बुलाया है।
अ : ऊपर की मंज़िल पर तीन नम्बर कमरा उनका है। आप ऊपर जा सकते हैं।
ब : धन्यवाद।

Vokabular:

प्रधानाचार्य	(m.)	Schuldirektor
मिलने का समय		Sprechstunde
बुलाना		einladen, rufen, hier : jdn bestellen
कहिए		*hier* : sagen Sie, bitte
सेवा	(f.)	Dienst
मिलना	(v.i.)	treffen
मंजिल	(f.)	Stock, Etage

★★★

G-5 मेहमान नवाजी

श्रीमती सिंह : आइए, बैठिए।

श्रीमती भल्ला : धन्यवाद। मैं इधर से गुज़र रही थी; सोचा, आप से मिलती हुई चलूँ।

श्रीमती सिंह : बहुत अच्छा किया आपने।
मैं भी आप को याद कर रही थी और आप के यहाँ आने की सोच ही रही थी।
पहले बताइए, क्या पिएँगी ठण्डा या गर्म?

श्रीमती भल्ला : तकल्लुफ़ मत कीजिए।
मैं अभी अभी पीकर ही आ रही हूँ।

श्रीमती सिंह : इस में तकल्लुफ़ क्या है?
(एक पत्रिका देते हुए) बस, आप ज़रा देर यह पत्रिका पढ़िए; मैं चाय लेकर आती हूँ।
(बाहर जाती हैं)

Vokabular:

मेहमान नवाज़ी	(f.)	Gastfreundschaft
गुज़रना	(v.i.)	hereinkommen
तक़ल्लुफ	(m.)	Umstände
को याद करना	(v.t.)	sich erinneren
पत्रिका	(f.)	Zeitschrift

★ ★ ★

G-6 मैं रास्ता भूल गया हूँ

अ : माफ़ कीजिए, लगता है मैं रास्ता भूल गया हूँ। क्या स्टेशन जाने का यही रास्ता है?

ब : जी नहीं, यह रास्ता तो स्टेशन को नहीं जाता। आप दाएँ मुड़िए, सीधे जाइए, पहले चौराहे पर बाएँ मुड़िए। सीधे चलते जाइए। करीब पाँच मिनट चलने के बाद स्टेशन है।

अ : धन्यवाद। नमस्ते।

Vokabular:

माफ़ कीजिए	(Ausdruck)	entschuldigen Sie
लगना	(v.i.)	scheinen
रास्ता	(m.)	Weg
भूलना	(v.i.)	vergessen, *hier*: verlieren
दाएँ	(adv.)	rechts
मुड़ना	(v.i.)	abbiegen
सीधे	(adv.)	geradeaus
बाएँ	(adv.)	links
करीब	(adv.)	ungefähr

★★★

G-7 यात्री – बनारस में

अ : क्षमा कीजिए, मैं बनारस में यात्रा करने आया हूँ। मैं यहाँ के रास्ते ठीक से नहीं जानता। यह कौन-सी जगह है?

ब : इस जगह को 'अस्सी' कहते हैं।

अ : मैं सारनाथ जाना चाहता हूँ। यहाँ से सारनाथ कितनी दूर है?

ब : क़रीब बीस किलोमीटर।

अ : वहाँ जाने के लिए सबसे अच्छा साधन क्या है?

ब : आप वहाँ, सड़क के उस पार सामनेवाले बस अड्डे पर चले जाइए। वहाँ से सारनाथ जानेवाली बस ले लीजिए। वहाँ जाने का यही सबसे सस्ता और आरामदेह साधन है।

अ : वहाँ पहुँचने में कितना समय लगता है?

ब : क़रीब आधा घण्टा।

अ : धन्यवाद। एक और बात। मैंने सुना है बनारस रेशम का घर है।

ब : आप ने ठीक ही सुना है; यहाँ का रेशम लाजवाब होता है।

अ : मैं अपनी पत्नी के लिए साड़ी ख़रीदना चाहता हूँ। कृपया कोई अच्छा स्थान बताइए।

ब : तब तो आप चौक पर उतर जाइए। वहाँ बहुत-सी दुकानें हैं। आप अवश्य अपनी मनपसन्द की साड़ी खरीद पायेंगे।

अ : वहाँ कौन-सी बसें जाती हैं?

ब : यहाँ से जानेवाली सभी बसें वहाँ होकर जाती हैं। आप कंडक्टर को बता दीजिए कि वह आपको चौक पर उतार दे।

अ : धन्यवाद, वैसे जिस स्थान पर मैं इस समय हूँ, यहाँ आस-पास कोई मन्दिर है?

ब : जी हाँ, दुर्गाकुण्ड, संकटमोचन, तुलसी मानस मंदिर, बनारस के महत्वपूर्ण मंदिरों में से हैं। सभी यहाँ से दस-पन्द्रह मिनट के रास्ते पर स्थित हैं। आप पैदल ही जा सकते हैं। यहाँ से लगभग दो किलोमीटर की दूरी पर बनारस हिन्दू विश्वविद्यालय भी दर्शनीय स्थल है। मदनमोहन मालवीय जी ने सन् १९१६ में इसकी स्थापना की थी। यहाँ लगभग पन्द्रह हज़ार विद्यार्थियों का शिक्षण-प्रशिक्षण होता है। वहाँ 'भारत कला भवन' और विश्वनाथ मन्दिर भी

देखने लायक हैं। वहाँ आप रिक्शे से जा सकते हैं।

वहाँ बी०एच०यू० के मुख्य द्वार पर भी आपको सारनाथ जाने के लिए बस उपलब्ध होगी। आप कंडक्टर से पूछकर ही बैंठें। हो सकता है बस सीधी सारनाथ न जाती हो। तब आपको कैन्ट पर बस बदलनी होगी।

अ : मदद के लिए धन्यवाद । मैं आपका बहुत आभारी हूँ। नमस्ते।

ब : नमस्ते। आपकी यात्रा मंगलमय हो।

Vokabular:

यात्री	(m.)	Tourist; Reisender
अस्सी	(PN)	(1) Name eines Flusses (2) Name eines Stadtteils in Banāras
जगह	(f.)	Ort
सारनाथ		Ort, an dem Buddha seine erste Predigt hielt
साधन	(m.)	Mittel, Werkzeug; *hier:* Verkehrs–mittel
बस अड्डा	(m.)	Bushaltestelle
आरामदेह	(adj.)	bequem
लाजवाब	(adj.)	ohnegleichen
मनपसन्द	(adj.)	dem Geschmack entsprechend
कंडक्टर	(Eng.)	Busfahrer
चौक	(PN; m.)	Viertel in Banāras
उतारना	(v.t.)	herauslassen
दुर्गाकुण्ड	(PN; m.)	Tempel der Göttin Durga
संकटमोचन मंदिर	(PN; m.)	Hanumantempel
तुलसी मानस	(PN; m.)	Ramatempel
महत्त्वपूर्ण	(adj.)	wichtig
स्थित	(PP.)	gelegen

दर्शनीय स्थल	(m.)	Sehenswürdigkeiten
स्थापना करना	(v.t.)	gründen
शिक्षण-प्रशिक्षण	(m.)	Ausbildung und Lehre
देखने लायक	(adj.)	sehenswert
विश्वनाथ मंदिर	(PN, m.)	Shivatempel
मुख्य	(adj.)	Haupt...
द्वार	(m.)	Tür, Tor
को उपलब्ध होना		zur Verfügung stehen
का आभारी होना		dankbar sein
मंगलमय	(adj.)	glücklich, erfolgreich

★★★

G-8 बैंक में – १

विदेशी	:	क्या मैं यहाँ 'डॉलर' बदल सकता हूँ?
बैंक अधिकारी	:	आप कितने 'डॉलर' बदलना चाहते हैं?
विदेशी	:	जी, २० डॉलर।
बैंक अधिकारी	:	आप किस मुद्रा में बदलना चाहते हैं?
विदेशी	:	जी भारतीय मुद्रा में।
बैंक अधिकारी	:	लाइए। एक 'डॉलर' की विनिमय दर है ३५ रुपए। २० गुणा ३५ हुए ७०० रु०। यह लीजिए ७०० रु० और यह है आप की रसीद।
विदेशी	:	एक और प्रश्न। क्या मैं यहाँ 'ट्रैवलर चैक' भुना सकता हूँ?
बैंक अधिकारी	:	अवश्य। बग़लवाली खिड़की पर। खिड़की नम्बर तीन पर। आप हिन्दी बहुत अच्छी बोलते हैं।
विदेशी	:	धन्यवाद! मैं अपने देश में हिन्दी का विद्यार्थी हूँ। नमस्ते।
बैंक अधिकारी	:	नमस्ते।

Vokabular:

डॉलर	(m.)	Dollar
मुद्रा	(f.)	Währung
बदलना	(v.t.)	wechseln
रसीद	(f.)	Beleg
ट्रैवलर्स चैक	(m.)	Reisescheck
भुनाना	(v.t.)	*hier:* einlösen
बग़लवाली	(adj.)	von nebenan
विनिमय दर	(f.)	Umtauschrate
गुणा		Mal

★★★

बैंक में - २

ग्राहक : मैं एक खाता खोलना चाहता हूँ।

बैंक अधिकारी : आप बचत खाता खोलना चाहते हैं या चालू खाता?

ग्राहक : जी मुझे पता नहीं कौन-सा ज़्यादा अच्छा है?

बैंक अधिकारी : यदि आप पैसा बचाना चाहते हैं, तो निश्चित ही बचत खाता अधिक ठीक है। इसमें ज़्यादा ब्याज मिलता है।

ग्राहक : मैं भारत के बैंकों के विषय में कुछ नहीं जानता। क्या आप मुझे कुछ जानकारी दे सकेंगे? मैं आपका बहुत आभारी हूँगा।

बैंक अधिकारी : अरे, इसमें आभारी होने की क्या बात है। यह तो मेरा कर्तव्य है। इसी काम के लिए तो मुझे वेतन मिलता है। बचत खाते के अतिरिक्त हमारे यहाँ चालू खाता, आवर्ती जमा, सावधि जमा आदि खोले जा सकते हैं। निश्चित अवधि के लिए आवर्ती जमा खाते में प्रतिमाह कुछ राशि जमा कराई जाती है। अवधि के अंत में एकत्रित राशि ब्याज सहित उपभोक्ता को प्राप्त हो जाती है। छोटी बचत का यह अच्छा साधन है। यदि आप के पास कुछ ऐसी राशि है जिसकी आप को तुरंत आवश्यकता नहीं है, तो आप इसे बैंक में एक निश्चित अवधि के लिए रख सकते हैं। इस पर ब्याज की दर ज़्यादा है।

ग्राहक : इस सब जानकारी देने के लिए धन्यवाद। मैं इस पर सोचकर आप से फिर मिलूँगा। नमस्ते।

बैंक अधिकारी : नमस्ते।

Vokabular:

बचत खाता	(m.)	Sparkonto, Sparbuch
चालू खाता	(m.)	Girokonto
आवर्ती जमा	(m.)	Prämiensparen....
सावधि जमा	(m.)	Festgeld langfristig angelegt
अल्पावधि जमा	(m.)	Festgeld kurzfristig angelegt
पुनर्निवेश	(m.)	Weiterveranlagung, Reinvestierung

ब्याज	(m.)	Zins
ब्याज की दर	(f.)	Zinsrate
अवधि	(f.)	Zeit/Periode
उपभोक्ता	(m.)	Verbraucher
जानकारी	(f.)	Information
प्रतिमाह	(adv.)	monatlich
राशि	(f.)	Menge, Masse, Summe
एकत्रित	(PP)	alles zusammen, Gesamt...

बैंक में - खिड़की नम्बर तीन पर - ३

विदेशी : क्षमा कीजिए। क्या मैं यहाँ 'ट्रैवलर' चैक भुनवा सकता हूँ?

प्रबन्धक : जी हाँ। आप के पास कोई परिचय-पत्र है?

विदेशी : इस समय मेरे पास मेरा पासपोर्ट है। इससे काम चलेगा?

प्रबन्धक : चलेगा। आप यहाँ दस्तख़त कीजिए। सामने पाँच नम्बर खिड़की पर इंतज़ार कीजिए।
वहीं आप को पैसे मिलेंगे।

विदेशी : धन्यवाद।

Vokabular:

भुनवाना	(v.t.)	einlösen
परिचय-पत्र	(m.)	Empfehlungsschreiben
'X' से काम चलना	(Ausdruck)	etwas genügt
इससे काम चलेगा?	(Ausdruck)	Reicht das?
चलेगा!	(Ausdruck)	Es reicht!
दस्तख़त	(m.)	Unterschrift

★★★

G-9 डाक्टर और मरीज़ में बातचीत

मरीज़	:	नमस्ते डाक्टर साहब। मुझे बुख़ार है।
डाक्टर	:	क्या सिर में दर्द भी है?
मरीज़	:	जी हाँ, सिर में बहुत दर्द है।
डाक्टर	:	पेट में दर्द?
मरीज़	:	जी नहीं।
डाक्टर	:	पीठ में या पसलियों में दर्द?
मरीज़	:	जी, कुछ कुछ।
डाक्टर	:	गला ख़राब?
मरीज़	:	जी, निग़लने में तकलीफ़ होती है।
डाक्टर	:	भूख कैसी है?
मरीज़	:	जी, बिल्कुल नहीं। और होंठ भी सूख रहे हैं। बार-बार प्यास लगती है।
डाक्टर	:	जी मिचलाता है?
मरीज़	:	थोड़ा-थोड़ा।
डाक्टर	:	यह पर्चा बग़लवाली दवाई की दुकान पर ले जाइए। दवाई खाने का समय और तरीका दुकानदार आपको बता देगा। खूब पानी पीजिए। हल्का भोजन खाइए और दो - तीन दिन बिस्तर में आराम कीजिए। जल्दी ही अच्छे हो जाएँगे। दवाई ख़त्म होने पर फिर मिल लीजिएगा।
मरीज	:	जी अच्छा। धन्यवाद। नमस्ते।

Vokabular:

बुख़ार	(m.)	Fieber
दर्द	(m.)	Schmerz
सिर	(m.)	Kopf
पेट	(m.)	Magen
पीठ	(f.)	Rücken
पसली	(f.)	Rippe

कुछ कुछ	(adj.)	etwas
गला ख़राब होना	(v.i.)	Halsschmerzen haben
निगलना	(v.t.)	schlucken
तकलीफ़	(f.)	Schwierigkeit
दवाई की दुकान	(f.)	Apotheke
तरीका	(m.)	Anwendungsweise, Methode
भूख	(f.)	Hunger
होंठ	(m.)	Lippen
सूखना	(v.i.)	ausgetrocknet sein
जी मिचलाना	(v.i.)	jemanden ist übel
थोड़ा थोड़ा	(adv.)	ein bißchen
पर्चा	(m.)	Rezept
तरीका	(m.)	Methode, Anwendungs
ख़ूब	(adj.)	eine Menge
हल्का	(adj.)	leicht
भोजन	(m.)	Essen
आराम	(m.)	Ruhe, Pause
जल्दी	(adv.)	bald, schnell
अच्छा होना/हो जाना	(v.i.)	gesund werden
मुझसे मिल लीजिएगा	(fut.)	Kommen Sie bitte wieder! (Futur Imperativ)

Vokabular: Körperteile

सिर (Kopf); माथा (Stirn); कनपटी (Schläfe); आँख (Auge); कान (Ohr); दाँत (Zahn); जीभ (Zunge); गला (Hals); छाती (Brust); पसलियाँ (Rippen); नाखून (Nägel); पैर (Fuß/Füße); उंगली (Finger); अंगूठा (Daumen); बाँह (Arm); हाथ (Hand); घुटना (Knie); टखना (Knöchel);टाँग (Bein); पेट (Bauch); जिगर (Leber); तिल्ली (Milz); फेफड़े (Lunge); दिल (Herz); हड्डी/अस्थि (Knochen); उपस्थि (Knorpel); गुर्दा (Nieren); आँतड़ियाँ (Darm); धमनियाँ (Arterien); नसें (Nerven); मांसपेशियाँ (Muskeln); दिमाग (Gehirn); भोजन की नली (Speiseröhre); श्वास की नली (Luftröhre).

★★★

दवाई की दुकान पर

दुकानदार : नमस्ते। कहिए?

ग्राहक : नमस्ते। कृपया इस पर्चे पर लिखी हुई दवाइयाँ दे दीजिए। और साथ ही यह भी बताइए, उन्हें कब और कैसे खाना है।

दुकानदार : दवाई बनाने में लगभग पैंतालीस मिनट लगेंगे। आप यहाँ बैठकर इंतजार करेंगे, या लौटकर आएँगे?

ग्राहक : यदि इतना समय लगेगा तो मैं दूसरी ख़रीदारी करके आऊँगा; पैसे अभी दे दूँ या लौट कर।

दुकानदार : आप ख़रीदारी करके आइए। लौटकर पैसे दीजिए।

ग्राहक : धन्यवाद।

(कुछ समय बाद)

ग्राहक : मेरी दवाईयाँ तैयार हैं?

दुकानदार : जी, यह लीजिए। यहवाली गोली सुबह-शाम खाने के बाद खाइए। यह 'कैपस्यूल' हर छ: घंटे पर लीजिए। ध्यान रखिए। दवाई खाली पेट न खाएँ। यह मरहम जब बहुत ज़्यादा सिर दर्द हो, माथे पर हल्के हाथ से लगाइएगा।

ग्राहक : धन्यवाद। कृपया बताइए कितने पैसे हुए?

दुकानदार : बाइस रुपये पचास पैसे।

ग्राहक : आपके पास पचास रुपये का फुटकर होगा? मेरे पास छुट्टे पैसे नहीं हैं।

दुकानदार : जी हाँ, होगा।

(ग्राहक पचास रुपये का नोट देता है।)

दुकानदार : यह लीजिए सत्ताइस रुपये पचास पैसे, और आपकी दवाइयाँ। धन्यवाद। नमस्ते।

Vokabular:

गोली   (f.)   Tablette

छुट्टे पैसे	(m.)	Kleingeld
कैप्स्यूल	(Eng.)	Kapsel
मरहम	(f.)	Salbe
हल्के हाथ से लगाना	(adv.)	leicht einreiben
इंतज़ार करना	(v.t.)	warten
लौटना	(v.i.)	zurückkommen
हर छः घंटे पर		alle 6 Stunden
खाली पेट		auf leeren Magen
फुटकर	(m.)	Kleingeld

दवाखाने में

ग्राहक : कृपया यह दवाई बना दीजिए।

दुकानदार : अवश्य। ज़रा बैठिए।

ग्राहक : कितना समय लगेगा?

दुकानदार : क़रीब एक घण्टा।

ग्राहक : तब तक मैं पासवाली दुकानों से और सामान ख़रीदता हूँ। क्या आप पैसे पहले लेंगे?

दुकानदार : जी नहीं। इसकी आवश्यकता नहीं। पैसे बाद में दीजिए।

ग्राहक : धन्यवाद।

Vokabular:

अवश्य	(adv.)	sicher, selbstverständlich
ज़रा	(ind.)	ein bißchen, einen Moment
पासवाला	(adj.)	nebenan
पहले	(adv.)	im Voraus, zuvor
बाद में	(adv.)	später
आवश्यकता	(f.)	Notwendigkeit

★ ★ ★

G-10 डाकख़ाने में - १

ग्राहक : कृपया दस पैसेवाले पाँच टिकट, पचास पैसेवाले बीस टिकट, दस विदेशी हवाई पत्र, और पंद्रह अन्तर्देशीय दीजिए।

कर्मचारी : जी, यह लीजिए।

ग्राहक : कितने पैसे हुए?

कर्मचारी : जी, दस गुना पाँच हुए पचास पैसे, पचास गुना बीस हुए दस रुपये, दस गुना साढ़े छः हुए पैंसठ रुपये, पंद्रह गुना पचहत्तर पैसे हुए ग्यारह रुपये पच्चीस पैसे - कुल मिलाकर हुए छ्यासी रुपये पचहत्तर पैसे।

ग्राहक : एक और बात, क्या मैं डाकख़ाने में बचत-खाता भी खोल सकता हूँ?

कर्मचारी : जी हाँ, आप यहाँ बचत-खाता खोल सकते हैं। हमारी और भी बचत योजनाएँ हैं। इनमें आप अपना पैसा निर्धारित अवधि के लिए लगा सकते हैं। आपको ज़्यादा ब्याज मिलेगा।

ग्राहक : सूचना के लिए धन्यवाद। नमस्ते!

कर्मचारी : नमस्ते।

Vokabular:

डाकख़ाना	(m.)	Postamt
विदेशी हवाई पत्र	(m.)	Aerogramm für das Ausland
अन्तर्देशीय	(m.)	Inlandsbrief
बचत-खाता	(m.)	Sparkonto
बचत-योजना	(m.)	Sparmethoden
निर्धारित अवधि	(f.)	festgelegte Zeit
ब्याज़	(m.)	Zinsen
टिकट	(m.)	Briefmarke
कर्मचारी	(m.)	Angestellte
सूचना	(f.)	Information

★ ★ ★

डाकखाने में - २

अ : क्या यह पैकेट मैं यहाँ दे सकता हूँ?

ब : आप इसे कहाँ भेजना चाहते हैं?

अ : जी, बैंकोक, थाइलैंड में है।

ब : आप इसे हवाई डाक से भेजना चाहते हैं या समुद्री डाक से?

अ : हवाई डाक-खर्च क्या होगा?

ब : क़रीब १२० रुपए।

अ : यह तो बहुत ज़्यादा है। समुद्री डाक-ख़र्च क्या होगा?

ब : केवल ३५ रुपए।

अ : और यह बैंकाक कितने समय में पहुँचेगा?

ब : हवाई डाक से एक सप्ताह में पहुँचेगा, समुद्री डाक से छः से आठ सप्ताह तक लग सकते हैं।

अ : क्षमा कीजिए, इस 'पैकेट' में केवल दो छोटी पुस्तकें हैं। क्या मुद्रित सामग्री के लिए कोई विशेष दर होती है?

ब : जी हाँ, पुस्तकें व अन्य छपी हुई सामग्री कम क़ीमत पर भेजी जाती हैं।

परन्तु उसके साथ कोई पत्र नहीं होना चाहिए। पत्र अलग से भेजना होगा।

अ : जी, सूचना के लिए धन्यवाद। इसमें तो एक पत्र भी है। ख़ैर कोई बात नहीं। मैं पत्र अलग लिफ़ाफ़े में बन्द करके, पार्सल फिर से बाँधकर, कल फिर आऊँगा।

ब : धन्यवाद की आवश्यकता नहीं। यह तो मेरा कर्तव्य है। एक और बात। आपको सीमा-शुल्क घोषणा-पत्र भरना होगा।

अ : यह घोषणा-पत्र कहाँ से मिलेगा?

ब : जब आप पार्सल लेकर आएँगे तो आपको यह घोषणा-पत्र यहीं से लेकर, यहीं भरकर देना होगा।

अ : यह पत्र मैं हवाई डाक से लंदन भेजना चाहता हूँ। कृपया डाक-ख़र्च बताइए।

ब : ग्यारह रुपए।

अ : यह लंदन कब पहुँचेगा?

ब : क़रीब आठ दिन में।

अ : क्या मैं पत्र का पंजीकरण कराऊँ? क्या पंजीकृत पत्र शीघ्र पहुँचते हैं?

ब : जी नहीं, पंजीकृत पत्र केवल खोने व नष्ट हो जाने के प्रति सुरक्षित होते हैं। डाकघर उन्हें लेते समय रजिस्टर में चढ़ाते हैं। और ग्राहकों को एक रसीद देते हैं। हमारे यहाँ तुरन्त-वितरण सेवा की सुविधा है। इससे पत्र तुरंत वितरित होता है।

Vokabular:

डाकख़ाना	(m.)	Postamt
पैकेट	(Eng.)	Paket
भेजना	(v.t.)	schicken
हवाई डाक	(f.)	Luftpost
समुद्री डाक	(f.)	Seefracht
डाकख़र्च	(m.)	Postgebühren
क़रीब	(adv.)	ungefähr
बहुत ज़्यादा	(adj.)	viel zu viel
कितना	(adj.)	wieviel
समय	(m.)	Zeit
सप्ताह	(m.)	Woche
लग सकते हैं		brauchen
क्षमा कीजिए!	(Ausruf)	Entschuldigen Sie bitte!
केवल	(adv.)	nur
मुद्रित सामग्री	(f.)	Drucksache
विशेष	(adj.)	speziell
दर	(f.)	Rate
छपना	(v.i.)	drucken
कम	(adj.)	weniger
क़ीमत	(f.)	Preis
अलग से	(adv.)	getrennt
सूचना	(f.)	Auskunft

बाँधना	(konj.)	binden, verpacken
बन्द करना	(v.t.)	packen
कर्तव्य	(m.)	Pflicht
सीमाशुल्क	(m.)	Zoll
घोषणा-पत्र	(m.)	Zollinhaltserklärung
भरना	(v.t.)	Formular
पार्सल	(Eng. m.)	ausfüllen
देना	(v.t.)	geben
यहीं	(adv.)	*hier.* genau hier
पंजीकरण	(m.)	Einschreibung, Registration
पंजीकरण करना	(v.t.)	sich registrieren lassen, einschreiben
पंजीकृत पत्र	(m.)	eingeschriebener Brief
खोना	(v.t.)	verlieren
नष्ट हो जाना	(v.i.)	beschädigt werden
के प्रति	(pp$_n$)	gegen etwas
सुरक्षित	(pp.)	versichert
रजिस्टर	(Eng. m.)	registrieren
रसीद	(f.)	Quittung
ग्राहक	(m.)	Kunde
तुरंत	(adv.)	sofort
वितरण सेवा	(f.)	Zustellungsdienst
वितरित होना	(v.i.)	zugestellt werden

★ ★ ★

G-11 सब्ज़ी की दुकान पर

ग्राहक	:	सुनिए, भाई साहब। आपके पास आलू हैं?
सब्ज़ीवाला	:	जी हाँ। मेरे पास सब किस्म के आलू हैं। पहाड़ी आलू, लाल आलू, नया आलू, पुराना आलू। आपको कौन-सावाला आलू चाहिए?
ग्राहक	:	पहाड़ी आलू का क्या भाव है?
सब्ज़ीवाला	:	ढाई रुपये प्रति किलो।
ग्राहक	:	बहुत महँगा है। कुछ कम कीजिए।
सब्ज़ीवाला	:	क्षमा कीजिए। मेरी दुकान पर एक दाम है। मैंने आपसे वाजिब पैसे माँगे हैं। आप दूसरी दुकान पर पूछ लीजिए।
ग्राहक	:	ठीक है आधा किलो पहाड़ी आलू, एक किलो मटर, ढाई सौ ग्राम टमाटर, पचास ग्राम अदरक दीजिए। कुछ हरा धनिया और हरी मिर्च भी दीजिए। और हाँ, एक किलो प्याज़ भी दीजिए।
सब्ज़ीवाला	:	(सामान थैले में भरते हुए) और कुछ साहब?
ग्राहक	:	बस और कुछ नहीं। कुल कितने पैसे हुए?
सब्ज़ीवाला	:	आलू सवा रुपया, मटर पाँच रुपये, टमाटर डेढ़ रुपये, अदरक पचास पैसे, हरा धनिया, हरी मिर्च पचीस पैसे, प्याज तीन रुपये; कुल मिलाकर हुए साढ़े ग्यारह रुपये।
ग्राहक	:	यह लीजिए पैसे। (सामान लेते हुए) धन्यवाद।

Vokabular:

किस्म	(f.)	Art
पहाड़ी	(adj.)	Berg...
भाव, दाम	(m.)	Preis
वाजिब	(adj.)	vernünftig
थैला	(m.)	Tasche
सवा रुपया		Rs. 1.25
डेढ़ रुपया		Rs. 1.50
पचीस पैसे		Rs. 0.25
पचास पैसे		Rs. 0.50

| Gemüse |

आलू	(m.)	Kartoffeln
मटर	(m.)	Erbsen
टमाटर	(m.)	Tomaten
अदरक	(f.)	Ingwer
हरा धनिया	(m.)	frischer Koriander
पहाड़ी मिर्च	(f.)	Paprika
फूलगोभी	(f.)	Blumenkohl
बन्दगोभी	(f.)	Kohl
गाँठगोभी	(f.)	Kohlrabi
लौकी	(f.)	eine Art Kürbis
अरवी	(f.)	eine Art Kartoffelsalat
कचालू	(m.)	Arum colocasia
मूली	(f.)	Rettich
गाजर	(f.)	Karotte
शकरकन्दी	(f.)	Süßkartoffel
चुकन्दर	(m.)	rote Bete
भिंडी	(f.)	Okra
करेला	(m.)	Karela
कमल ककड़ी	(f.)	Lotusstamm
कटहल	(m.)	Frucht von Brotfruchtbaum
ककड़ी	(f.)	eine Art dünne, lange Gurke
खीरा	(m.)	Gurke
बैंगन	(m.)	Aubergine
पालक का साग	(m.)	Spinat
कच्चा आम	(m.)	unreife Mango
करौंधा	(m.)	Cariss carandas
पुदीना/पोदीना	(m.)	Pfefferminze
प्याज	(m.)	Zwiebeln
हरी मिर्च	(f.)	grüne Chillies

★ ★ ★

G-12

फल की दुकान पर

विदेशी	:	फलवालेजी, मुझे दो किलो केले दीजिए।
फलवाला	:	साहबजी, यहाँ केले दर्ज़न के हिसाब से बिकते हैं, तौल से नहीं।
विदेशी	:	माफ़ कीजिए। मैं हाल ही में आपके देश में आया हूँ। हमारे देश में तो केले भी तौल से बिकते हैं। खैर, एक दर्जन केले कितने के हैं?
फलवाला	:	जी, इधर यहवाले आठ रुपये दर्जन और उधरवाले दस रुपये दर्जन।
विदेशी	:	वह दस रुपये दर्जनवाले एक दर्जन दे दीजिए।
फलवाला	:	और कुछ?
विदेशी	:	एक किलो सन्तरे और एक किलो सेब भी दे दीजिए। लेकिन पहले बताइए कि सेब और सन्तरों का क्या दाम है?
फलवाला	:	जी, सेब बीस रुपये प्रति किलो, और सन्तरे बारह रुपये प्रति किलो।
विदेशी	:	सेब खट्टे तो नहीं हैं न? मुझे खट्टेवाले सेब पसन्द नहीं।
फलवाला	:	नहीं साहब। यह कश्मीरी सेब हैं, एकदम मीठे।
विदेशी	:	ठीक है। दे दीजिए। कृपया बताइए, कुल कितने पैसे हुए? मैं ज़रा जल्दी में हूँ।
फलवाला	:	केले - दस रुपए, सेब - बीस रुपए, सन्तरे - बारह रुपए, कुल मिलाकर हुए ब्यालीस रुपये।
विदेशी	:	यह पचास रुपए का नोट है। आप मुझे आठ रुपए लौटा दीजिए।
फलवाला	:	(फल और आठ रुपए देते हुए) ये लीजिए साहब आपका सामान और शेष पैसे। धन्यवाद। फिर आइएगा।

Vokabular:

दर्ज़न	Dutzend
दर्जन के हिसाब से	im Dutzend
तौल से	nach Gewicht
हाल में	kürzlich

Früchte		
फल	(m.)	Obst
नींबू	(m.)	Zitrone
माल्टा	(m.)	eine Art Orange
सन्तरा	(m.)	Mandarine
मौसमी	(f.)	eine Art Orange
केला	(m.)	Banane
सेब	(m.)	Apfel
नाशपाती	(f.)	Birne
चीकू	(m.)	Sapotillapflaume
शरीफ़ा	(m.)	Zimtapfel
पपीता	(m.)	Papaya
अनार	(m.)	Granatapfel
आम	(m.)	Mango
खरबूज़ा	(m.)	Melone
तरबूज़	(m.)	Wassermelone
खुमानी	(f.)	Aprikose
आड़ू	(m.)	Pfirsich
अंगूर	(m.)	Trauben
अनानास	(m.)	Ananas
अमरूद	(m.)	Guava

★ ★ ★

G-13

शादी का निमन्त्रण

निर्मला : ६०९७८

एलिसन : जी - आपको किससे बात करनी है?

निर्मला : हैलो एलिसन, मैं निर्मला बोल रही हूँ।

एलिसन : ओ, हैलो। कैसी हो? कैसे याद किया?

निर्मला : आज मेरी ममेरी बहन की शादी है। सोचा, तुमसे पूछ लूँ। चलना चाहोगी? भारतीय शादी देखने का अच्छा अवसर है।

एलिसन : ज़रूर। नेक़ी और पूछ-पूछ। ऐसा अवसर फिर न जाने कब मिले। कब जाना है?

निर्मला : बस, जल्दी से तैयार होकर आ जाओ। कुछ देर बातचीत करेंगे। फिर शादी में चलेंगे।

एलिसन : ठीक है। मैं पन्द्रह मिनट में पहुँच रही हूँ।

१५ मिनट बाद घण्टी बजती है।

निर्मला : कौन है?

एलिसन : मैं, एलिसन। अन्दर आ सकती हूँ?

निर्मला : आओ। आओ। तुम्हारा ही इन्तज़ार कर रही हूँ।

एलिसन : निर्मला, भारतीय शादी में जाने से पहले मैं कुछ जानना चाहती हूँ। आप लोगों में शादी कैसे होती है, मेरा मतलब है, क्या भारत में भी हमारे देश की तरह लड़कियाँ और लड़के स्वयं फ़ैसला करते हैं कि वे शादी कब करेंगे और किससे करेंगे?

निर्मला : हमारे देश में प्राय: यह काम माता-पिता करते हैं। वे बच्चों की शादी करना अपना दायित्व समझते हैं। लड़के लड़की की योग्यता, परिवारों का सामाजिक व आर्थिक मेल, और सबसे महत्वपूर्ण लड़के और लड़की की कुण्डली का आपस में मेल, यह सब बातें शादी करते समय देखी जाती हैं।

एलिसन : भई, यह कुण्डली का मेल क्या होता है ?

निर्मला : 'हारोस्कोप' जानती हो न। हमारे देश में शादी के समय लड़के और लड़की

के 'हारोस्कोप' मिलाए जाते हैं। यदि जन्म-कुण्डली न मिले, तो शेष सब बातें मिलने पर भी प्राय: शादी नहीं की जाती।

एलिसन : मेरी समझ में यह सब नहीं आता, परन्तु है बहुत रोचक। और हाँ, एक और प्रश्न। क्या तुम्हारे यहाँ लड़के-लड़कियाँ अपने आप एक दूसरे को पसन्द नहीं कर सकते?

निर्मला : क्यों नहीं। आजकल तो शहरों में लड़के-लड़कियाँ साथ पढ़ते हैं और पढ़ते-पढ़ते प्रेम हो जाता है।

एलिसन : तो क्या वह शादी कर लेते हैं?

निर्मला : हाँ। अक्सर माता-पिता पारम्परिक विधि से शादी कर देते हैं। परन्तु यदि माता-पिता राज़ी न हों, तो समस्या होती है।

एलिसन : ऐसी स्थिति में जवान लोग क्या करते हैं?

निर्मला : यदि माता-पिता किसी भी तरह राज़ी न हों, तो वे कचहरी में जाकर पंजीकृत विवाह कर लेते हैं। अक्सर कुछ समय बाद माता-पिता की नाराज़गी दूर हो जाती है और आपसी संबंध फिर से स्नेहपूर्ण हो जाते हैं।

एलिसन : यह सामनेवाले मकान में क्या है? बत्तियाँ जगमगा रही हैं। इतने लोग सुन्दर कपड़े पहने घूम रहे हैं, ज़ोर-ज़ोर से गाने हो रहे हैं।

निर्मला : यही है शादी का घर। हमें इसी में जाना है। भारत में शादी में ऐसा ही होता है। चलो, जल्दी अन्दर चलें। तुम्हारे शेष प्रश्नों का उत्तर वापस लौटते समय।

एलिसन : यह ठीक है, चलो।

Vokabular:

ममेरी बहन	(f.)	Cousine (Tochter des Bruders der Mutter)
शादी	(f.)	Hochzeit
अवसर	(m.)	Gelegenheit
दायित्व	(m.)	Verantwortung
योग्यता	(f.)	Fähigkeit
सामाजिक	(adj.)	gesellschaftlich, Gesellschafts ...
आर्थिक	(adj.)	wirtschaftlich, Wirtschafts...

मेल	(m.)	Harmonie, Versöhnung, Übereinstimmung, Vereinigung
पारम्परिक	(adj.)	traditionell
विधि	(f.)	Art, Methode
स्थिति	(f.)	Lage, Situation
राज़ी होना	(v.i.)	einverstanden sein mit...
कचहरी	(f.)	Gericht
नाराज़गी	(f.)	Wut, Zorn, Ärger
स्नेहपूर्ण	(adj.)	liebevoll
बत्ती	(f.)	Licht
जगमगाना	(v.i.)	glitzern

★ ★ ★

G-14 बनारस रेलवे स्टेशन पर – १

रेल कर्मचारी : नमस्कार। मैं आपकी क्या सेवा कर सकता हूँ?

यात्री : मुझे यहाँ से दिल्ली जानेवाली गाड़ियों के बारे में कुछ सूचना चाहिए। मुझे दिन में चलनेवाली गाड़ियाँ बहुत पसन्द हैं।

रेल कर्मचारी : एक क्षण साहिब। एक तो 'काशी विश्वनाथ एक्सप्रेस' है। यह गाड़ी दोपहर चार बजे बनारस से छूटती है और दूसरे दिन सुबह साढ़े-सात बजे दिल्ली पहुँचती है। एक और गाड़ी 'श्रमजीवी एक्सप्रेस' है। यह द्रुतगामिनी है। पटना से चलती है और बनारस से होकर दिल्ली जाती है। यह गाड़ी बनारस से ३.३० बजे छूटती है और दिल्ली अगले दिन साढ़े पाँच बजे पहुँचती है।

Vokabular:

सेवा	(f.)	Dienst
सूचना	(f.)	Information
द्रुतगामिनी	(adj.)	superschnell (Expresszug)
(गाड़ी) छूटना	(v.i.)	(Zug) abfahren

स्टेशन पर – २

(राम तथा रमेश वाराणसी स्टेशन पर मिलते हैं।)

राम : अरे भाई रमेश, कहाँ जा रहे हो? गाँव से कब आये?

रमेश : गाँव से मैं आज ही आया हूँ। मुझे देहली जाना है। क्या तुम बता सकोगे कि देहली के लिए सबसे अच्छी गाड़ी कौन-सी होगी? मुझे तो स्टेशन का कुछ भी ज्ञान नहीं है। गाँव से पहली ही बार शहर में आया हूँ न।

राम : कोई बात नहीं। तुम जानना चाहते हो तो सभी कुछ ज्ञात हो जाएगा। मैं तुमको स्टेशन के बारे में भी सब बता दूँगा।

यहाँ पूछ-ताछ का दफ़्तर होता है। उससे सब जानकारी मिल जाती है। फिर भी कुछ प्रथम जानकारी मैं तुम्हें देता हूँ। एक समय-तालिका लगी रहती है। इस पर यह भी लिखा होता है कि किस प्लेटफ़ार्म से कौन-सी गाड़ी कितने बजे जाएगी। आकस्मिक गाड़ी पहुँचने या छूटने के समय में बदलाव 'लाऊडस्पीकर' पर बताते रहते हैं।

यात्रा के सम्बन्ध में कुछ आवश्यक जानकारी इस प्रकार है:

1. एक ओर की यात्रा का टिकट
2. वापसी का टिकट भी साथ ही बनवाना
3. प्रथम श्रेणी का टिकट
4. वातानुकूलित प्रथम श्रेणी का टिकट
5. वातानुकूलित शयन-पट्टिका
6. 'थ्री टियर' में शयन-कार का आरक्षित टिकट
7. साधारण टिकट

   प्रथम श्रेणी के लिए दूरी का बंधन होता है २०० कि०मी० से कम दूरी का टिकट नहीं बनता है।

8. लम्बी यात्रा देश भ्रमण के लिए टिकट भी बनते हैं।

रमेश : यह तो तुमने बहुत अच्छी जानकारी दी है। अब यह बताओ कि टिकट कहाँ से मिलेगा।

राम : टिकट जिस श्रेणी का लेना होगा उसी की खिड़की पर जाना होगा। बहुत-सी खिड़कियाँ पास-पास बनी रहती हैं। प्रत्येक खिड़की पर लिखा होता है कि वहाँ कहाँ का टिकट मिलता है।

रमेश : चलो, तो फिर देहली का टिकट ले लेते हैं।

राम : चलो, तुम देहलीवाली खिड़की से टिकट लो। यदि तुम्हें रात्रि में सोने के लिए जगह चाहिए तो आरक्षणवाली खिड़की पर जाना होगा। मुझे प्लेटफ़ार्म-टिकट लेना होगा। तुमको गाड़ी में बैठा कर लौटने पर यदि मेरे पास प्लेटफ़ार्म-टिकट न हुआ तो मुझे दंडित किया जा सकता है। (दोनों जाते हैं।)

रमेश : (आरक्षणवाली खिड़की पर) क्षमा कीजिए, मुझे देहली के लिए एक टिकट चाहिए।

बाबू : आप किस गाड़ी से जाना चाहते हैं - गंगा-जमुना, काशी-विश्वनाथ या किसी और गाड़ी से?

रमेश : इस समय १२ बजे हैं। मुझे जल्दी-से-जल्दी जिस भी गाड़ी में जगह मिल सके उसी का टिकट दे दीजिए।

बाबू : गंगा-जमुना में तो स्थान नहीं है। आप काशी-विश्वनाथ का टिकट ले लीजिए।

रमेश : कृपया दे दीजिए। वह कितने बजे जायेगी और किस प्लेटफ़ार्म से जाएगी?

बाबू : वह एक बजकर ५५ मिनट पर ५ नम्बर प्लेटफ़ार्म से जाएगी।

रमेश : वह प्लेटफार्म पर आती कब है?

बाबू : वह १.३० (डेढ़) बजे तक प्लेटफ़ार्म पर आ जाती है।
(राम भी वहाँ आ जाता है - दोनों जाने लगते हैं। रमेश के पास सामान अधिक देखकर राम बताता है।)

राम : रमेश तुम्हें अपना सामान तुलवाकर देख लेना चाहिए। ३५ किलो तक तो सामान तुम अपने टिकट के साथ ले जा सकते हो। उससे अधिक का अतिरिक्त किराया देना पड़ता है। पहले तुलवा लेना ठीक रहता है। रास्ते में पता लगने से पूरे सामान का किराया देना पड़ता है और दंड भी। एक बात और; ट्रेन में अपने यात्री-साथियों से पूछकर खिड़की खोलना या बंद करना ठीक रहता है।

रमेश : भाई राम, तुमने तो मुझे बहुत ही अच्छी जानकारी दे दी है। अब इतना और बता दो कि देहली पहुँचकर जल्दी-से-जल्दी कैसे घर पहुँचा जाएगा?

राम : स्टेशन से बाहर टैक्सी, स्कूटर, रिक्शा आदि सभी वाहन ख़ड़े रहते हैं। बसें भी चलती हैं। टैक्सी सबसे शीघ्र पहुँचा देगी। उसका किराया मीटर से आता है। इसी प्रकार स्कूटर भी उतनी ही जल्दी पहुँचा देगा। टैक्सी महँगा वाहन है। स्कूटर भी महँगा वाहन है परन्तु टैक्सी से कम महँगा है। चलो, अब मैं तुम्हें गाड़ी में बैठा दूँ।

रमेश : चलो।

Vokabular:

पूछताछ	(f..)	Information, Auskunft
समय-तालिका	(f.)	Fahrplan
आकस्मिक	(adv.)	unerwartet, plötzlich
बदलाव	(m.)	Veränderung
वातानुकूलित	(PP)	mit Klimaanlage
शयन-पट्टिका	(f.)	Schlafwagenplatz
शयन-कार	(f.)	Schlafwagen
आरक्षित	(PP)	reserviert
देश-भ्रमण	(m.)	Rundreise
श्रेणी	(f.)	Klasse
आरक्षण	(m.)	Reservierung
तुलवाना	(K2)	wiegen lassen

वापसी का टिकट	(m.)	Rückfahrkarte
साधारण	(adj.)	gewöhnlich
दंड़ित करना	(v.t.)	bestrafen
दंड़ित किया जाना	(passiv)	bestraft werden
वाहन	(m.)	Verkehrsmittel, Fahrzeug
अतिरिक्त	(adj.)	extra, mehr, darüber hinaus
किराया	(m.)	Fahrpreise, Mietpreise
दण्ड	(m.)	Strafe

★ ★ ★

G-15

मौसम के बारे में

अध्यापक : आजकल दिल्ली में मौसम कैसा है?

विद्यार्थी : आजकल दिल्ली में बहुत गर्मी और उमस है।

अध्यापक : पिछले महीने (में) मद्रास में मौसम कैसा था?

विद्यार्थी : पिछले महीने मद्रास में भी बहुत गर्मी और उमस थी। अधिकतम तापमान ५० डिग्री सेलसियस (Celsius) तक गया और न्यूनतम तापमान कभी भी ३२ डिग्री सेलसियस से नीचे नहीं गया। वैसे मद्रास में तो सारा साल ही गर्मी और उमस रहती है।

अध्यापक : सुनील, तुम्हारे शहर में दिसम्बर में कैसा मौसम होता है?

विद्यार्थी : दिसम्बर में हमारे यहाँ बहुत अच्छा मौसम होता है। न अधिक गर्मी न अधिक सर्दी। अधिकतम तापमान ३० डिग्री सेलसियस तक जाता है और न्यूनतम तापमान १५ डिग्री से २० डिग्री सेलसियस के अन्दर रहता है। घूमने फिरने की दृष्टि से यह मौसम सर्वोत्तम है।

अध्यापक : अक्षय कुमार, तुम बताओ कि मौसमविज्ञानविदों के अनुसार आज भारत में कैसा मौसम होगा ?

अक्षय कुमार : मौसमविज्ञानविदों के अनुसार आज आसाम, उड़ीसा और बंगाल में भारी वर्षा की संभावना है; सम्पूर्ण उत्तर प्रदेश में बादल छाए रहेंगें; कहीं कहीं गरज, चमक के साथ हल्की बौछार पड़ सकती है।

Vokabular:

मौसम	(m.)	Wetter
गर्मी	(f.)	Hitze
उमस	(f.)	Feuchtigkeit
अधिकतम्	(adj.)	maximal, Höchst...
तापमान	(m.)	Temperatur
न्यूनतम	(adj.)	minimal, Niedrigst...
शहर	(m.)	Stadt
आप के यहाँ	(adv.)	bei Ihnen zu Hause

हमारे यहाँ	(adv.)	bei uns zu Hause
मौसम के बारे में जानकारी		Wettervoraussage
के अन्दर	(pp_n)	innen, innerhalb
घूमना फिरना	(v.i.)	herumlaufen
घूमने फिरने की दृष्टि से		vom Gesichtspunkt eines Touristen aus gesehen
सर्वोत्तम	(adj.)	beste, am besten
के अनुसार	(pp_n)	gemäß, nach
भारी	(adj.)	schwer
वर्षा	(f.)	Regen
संभावना	(f.)	Wahrscheinlichkeit
आकाश	(m.)	Himmel
बादल	(m.)	Wolke
छाना	(v.i.)	sich ausbreiten; bedecken
बादल छाना	(v.i.)	wolkenverhangen (Himmel)
कहीं कहीं	(adv.)	irgendwo
गरज	(f.)	Donner
चमक	(f.)	Blitz
हल्की बौछार	(f.)	leichte Regengüsse
बौछार	(f.)	Regengüsse
हल्का, हल्के, हल्की		leicht
पड़ना		*hier:* fallen
मौसमविज्ञानविद		Meteorologe
हल्की बौछार पड़ सकती है		Es kann nieseln.

★ ★ ★

ANHANG - 1

Monatsnamen im Hindu Kalender

Sanskrit	Hindi		
चैत्र	चैत	März -	April
वैशाख	बैसाख	April -	Mai
ज्येष्ठ	जेठ	Mai -	Juni
आषाढ़	असाढ़	Juni -	Juli
श्रावण	सावन	Juli -	August
भाद्र	भादों	August -	September
आश्विन	क्वार	September -	Oktober
कार्तिक	कातिक	Oktober -	November
मार्गशीर्ष	अगहन	November -	Dezember
पौष	पूस	Dezember -	Januar
माघ	माघ	Januar -	Februar
फाल्गुन	फागुन	Februar -	März

Monatsnamen im römischen Kalender

जनवरी	Januar	जुलाई	Juli
फ़रवरी	Februar	अगस्त	August
मार्च	März	सितम्बर	September
अप्रैल	April	अक्तूबर	Oktober
मई	Mai	नवम्बर	November
जून	Juni	दिसम्बर	Dezember

Daten nach Mondphasen (तिथियाँ)

	Sanskrit	Hindi		Sanskrit	Hindi
1.	प्रतिपदा	परिवा/पड़वा	9.	नवमी	नौमी
2.	द्वितीया	दूज	10.	दशमी	दसमी
3.	तृतीया	तीज	11.	एकादशी	एकादसी
4.	चतुर्थी	चौथ	12.	द्वादशी	दुआदसी
5.	पञ्चमी	पंचमी	13.	त्रयोदशी	तेरस
6.	षष्ठी	छठ	14.	चतुर्दशी	चौदस

7.	सप्तमी	सप्तमी	अमावस्या	अमावस
8.	अष्टमी	अष्टमी	पूर्णिमा	पूणो/पूरनमासी

Jahresangaben in Hindi

सन् ५६० ई० पू० (560 B.C.)

सन् ११६० ई० (1160 A.D.)

diesbezügliches Vokabular

संवत्/संवत्सर	Ära, Zeitrechnung
कृष्ण पक्ष	die dunkle Monatshälfte mit abnehmendem Mond.
अमावस्या	Neumond.
शुक्ल पक्ष	die helle Monatshälfte
पूर्णिमा	Vollmond
पंचांग	Hindu Kalender
पहर	der achte Teil des Tages

indische Währung

रुपया* m.sg.; रुपए m.pl.; पैसा m.sg.; पैसे m.pl.

* 1 Rupie = 100 Paise

mathematische Ausdrücke

plus	(+)	धन	minus	(-)	ऋण
mal	(x)	गुणा	dividiert	(%)	भाग
ist gleich	(=)	बराबर			

Beispiele:

1. पाँच **धन** चार बराबर नौ — fünf plus vier ist gleich neun
2. सात **ऋण** दो बराबर पाँच — sieben minus zwei ist gleich fünf
3. आठ **गुणां** तीन बराबर चौबीस — acht mal drei ist gleich vierundzwanzig
4. बारह **भाग** चार बराबर तीन — zwölf geteilt durch vier ist gleich drei

ANHANG - 2

Präfixe (उपसर्ग)

Liste der gebräuchlichsten Präfixe, die einem Basiswort eine veränderte Bedeutung geben:

Präfix	Bedeutung	Anwendung
अ / अन	nicht, ohne	असंख्य (zahllos); अनपढ़ (des Lesens und Schreibens unkundig)
अति	überaus, äußerst	अतिरिक्त (zusätzlich); अत्यन्त (äußerst)
अध	unter	अध:पतन (Fall, Ruin)
अधि	zusätzlich	अधिभार (Steuerzuschlag) अधिकार (Autorität)
अनु	gemäß, nachfolgend	अनुचर (Gefolgsmann) अनुभव (Erfahrung)
आ	bis, zu	आजीवन (lebenslang) आरक्षण (Platzreservierung)
कु, का	schlecht	कुपुत्र (unwürdiger Sohn) कापुरुष (Feigling)
दुर्	schlecht, böse	दुर्बल (schwach); दुर्वचन (Beleidigung, Beschimpfung); दुर्लभ (kaum erhältlich)
निस्	ohne,...los	निस्संतान (kinderlos); निस्तेज (energielos)
पुनर्	wieder	पुनरारंभ (Neuanfang); पुनर्जन्म (Wiedergeburt)
पर	fremd	परदेश (fremdes Land); परलोक (Jenseits)
प्रति	gegen	प्रतिकूल (ungünstig); प्रतिकार (Rache)
बहिर्	aus-, außen-	बहिष्कार (Ausschluß) बहिर्गमन (Ausgang)
भर	voll	भरपेट (satt); भरसक (möglichst)
स	mit	सपरिवार (mit Familie) सहर्ष (mit Freuden)
सु	gut, leicht	सुदिन (gute Zeit); सुहृद् (Freund); सुलभ (leicht erhältlich)
सत्	gut	सत्कर्म (gute Tat); सत्कार (Ehrerbietung)
स्व	eigen	स्वदेश (Heimat) स्वजन (Verwandte)
ग़ैर	ohne	ग़ैरज़रूरी (unnötig) ग़ैरहाज़िर (abwesend)

बद	schlecht	बदनाम (verschrien) बदकिस्मत (unglücklich)
ला	ohne	लापरवाह (nachlässig) लाइलाज (unheilbar)
हम	mit	हमसफ़र (Mitreisender); हमख़ियाल (gleicher Meinung); हमदर्द (mitfühlend)
बे	ohne, -los	बेईमान (unehrlich); बेक़ाबू unkontrolliert बेखटक (unbesorgt)

Wortzusammensetzung/Kompositum (समास)

समास ist das Zusammensetzen von zwei oder mehreren Worten durch das Weglassen einer Postposition oder einer Konjunktion.
Kurzen Überblick über die Hauptkategorien der zusammengesetzten Wörter:

1 **अव्ययीभाव समास**: Dies sind adverbiale Zusammensetzungen, die mit undeklinierbaren Partikeln wie 'प्रति', 'यथा', 'हर' oder mit dem Präfix 'आ' gebildet werden.

प्रतिदिन (jeden Tag); हर वक्त (immer);
यथानियम (gemäß den Regeln); आजीवन (lebenslang)

2 **द्वन्द्व समास**: Dies sind koordinierende Zusammensetzungen von Wörtern, bei denen die Konjunktionen wie 'और', 'तथा', 'या' werden ausgelassen.
माता-पिता (Mutter und Vater = Eltern); दिन-रात (Tag und Nacht);
भला-बुरा (gut und schlecht); राम-लक्ष्मण (Rāma und Lakṣmaṇ)

3 **द्विगु समास**: Der erste Teil dieses Zusammensetzungen ist immer eine Zahl.
पंचभुज (das Fünfeck oder der Fünfarmige); चौराहा (Kreuzung);
त्रिलोक (Die drei Welten - Himmel, Erde, Unterwelt)

4 **तत्पुरुष समास**: Diese Zusammensetzungen werden durch das Auslassen einer Postposition gebildet. Die zweite Komponente wird durch die erste näher bestimmt.

शरण **में** आया हुआ	शरणागत	Asylant; jemand der Schutz sucht
हाथ **से** लिखा हुआ	हस्तलिखित	handgeschrieben
रास्ते **के लिए** ख़र्च	राहख़र्च	Reisekosten

पद **से** च्युत	पदच्युत	entlassen, aus dem Amt entfernt
विद्या **का** सागर	विद्यासागर	Meer des Wissens
विद्या **का** पीठ	विद्यापीठ	Lehranstalt
जल **में** मग्न	जलमग्न	von Wasser überflutet, unter Wasser
दूसरों **पर** आश्रित	पराश्रित	abhängig von (einem anderen)
घोड़े **पर** सवार	घुड़सवार	Reiter

5 **कर्मधारय समास:**

1. विशेषण + विशेष्य (Adjektiv und Substantiv)

   पीताम्बर gelbes Gewand; नीलकमल blauer Lotus

2. उपमान + उपमेय (Substantiv und Substantiv) Das zweite Element wird mit dem ersten verglichen und eine Ähnlichkeit festgestellt.

मृगलोचन	=	मृग जैसे लोचन	Augen wie ein Reh; Rehaugen
चन्द्रमुख	=	चन्द्र जैसा मुख	Gesicht wie der Mond; Mondgesicht

6 **बहुव्रीहि समास:** Bei dieser Zusammensetzung steht an zweiter Stelle ein Substantiv, an erster stelle eine Zahl. Das neue Wort hat eine spezielle Bedeutung und wird nicht wörtlich übersetzt.

दशानन	der Zehnköpfige (Dämon Rāvana)
अष्टभुजा	die Achtarmige (Göttin Durga)
त्रिनेत्र	der Dreiäugige (Gott Śiva)

Lautverbindung (सन्धि)

'Sandhi' (euphonische Kombination) bezeichnet die Verbindung des Endbuchstabens des ersten mit dem Anfangsbuchstabens eines zweiten Wortes.

Es gibt drei verschiedene Arten der Zusammensetzung.

(1) Svara Sandhi (Vokal-Verbindung); (2) Vyanjana Sandhi (Konsonanten - Verbindung); (3) Visarga Sandhi (Aushauch Verbindung).

■ Svara Sandhi (स्वर सन्धि)

1 Dīrgha Sandhi (दीर्घ सन्धि): Verbindung zweier Vokale zu einem langen Vokale

1 अ / आ + अ / आ = आ

अ + अ = आ	परम + अर्थ	= परमार्थ
अ + आ = आ	जन + आदेश	= जनादेश
आ + अ = आ	आशा + अतीत	= आशातीत
आ + आ = आ	महा + आत्मा	= महात्मा

2 इ / ई + इ / ई = ई

इ + इ = ई	अभि + इष्ट	= अभीष्ट
इ + ई = ई	गिरि + ईश	= गिरीश
ई + इ = ई	नारी + इच्छा	= नारीच्छा
ई + ई = ई	मही + ईश	= महीश

3 उ / ऊ + उ / ऊ = ऊ; ऋ + ऋ = ॠ

उ + उ = ऊ	गुरु + उपदेश	= गुरूपदेश
उ + ऊ = ऊ	लघु + ऊर्मि	= लघूर्मि
ऊ + उ = ऊ	वधू + उत्सव	= वधूत्सव
ऊ + ऊ = ऊ	सरयू + ऊर्मि	= सरयूर्मि
ऋ + ऋ = ॠ	पितृ + ऋणम्	= पितॄणम्

2 Guṇa Sandhi (गुण सन्धि): Verbindung zweier Vokale zur Hochstufe

1 अ, आ + इ, ई = ए

अ + इ = ए	ईश्वर + इच्छा	= ईश्वरेच्छा
अ + ई = ए	नर + ईश	= नरेश
आ + इ = ए	यथा + इष्ट	= यथेष्ट
आ + ई = ए	राजा + ईश्वर	= राजेश्वर

2 अ / आ + उ + ऊ = ओ

अ + उ = ओ	सूर्य + उदय	= सूर्योदय
अ + ऊ = ओ	समुद्र + ऊर्मि	= समुद्रोर्मि
आ + उ = ओ	यथा + उचित	= यथोचित
आ + ऊ = ओ	महा + ऊर्मि	= महोर्मि

3 अ / आ + ऋ = अर्

अ + ऋ = अर्	देव + ऋषि	= देवर्षि
आ + ऋ = अर्	महा + ऋषि	= महर्षि

3 Vṛddhi Sandhi (वृद्धि सन्धि): Verbindung zweier Vokale zur Dehnstufe

1 अ / आ + ए / ऐ = ऐ

अ + ए = ऐ	एक + एक	= एकैक
अ + ऐ = ऐ	मत + ऐक्य	= मतैक्य
आ + ए = ऐ	तथा + एव	= तथैव
आ + ऐ = ऐ	महा + ऐश्वर्य	= महैश्वर्य

2 अ / आ + ओ / औ = औ

अ + ओ = औ	परम = ओजस्वी	= परमौजस्वी
अ + औ = औ	परम + औषध	= परमौषध
आ + ओ = औ	महा + ओज	= महौज
आ + औ = औ	महा + औषध	= महौषध

4 Yaṇ Sandhi (यण् सन्धि): Verbindung mittels Gleitvokale

1 इ / ई + jeder beliebige Vokal (außer इ/ई siehe 1.2) ⇒ 'य्'

इ + अ = य्	अति + अन्त	= अत्यन्त
इ + आ = य्	अति + आवश्यक	= अत्यावश्यक
इ + उ = य्	अति + उत्तम	= अत्युत्तम
ई + आ = य्	देवी + आगम	= देव्यागम
इ + ए = य्	प्रति + एक	= प्रत्येक

2 उ / ऊ + jeder beliebige Vokal (außer उ/ऊ) ⇒ 'व्'

उ + अ = व्	मनु + अन्तर = मन्वन्तर
उ + आ = व्	सु + आगत = स्वागत
उ + ए = व्	अनु + एषण = अन्वेषण
ऊ + आ = व्	वधू + आगमन = वध्वागमन

3 ऋ + jeder beliebige Vokal (außer ऋ/ॠ) ⇒ 'र्'

ऋ + अ = र्	पितृ + आदेश = पित्रादेश
ऋ + आ = र्	मातृ + आज्ञा = मात्राज्ञा
ऋ + उ = र्	मातृ + उपदेश = मात्रुपदेश

5 **Ayādi Sandhi (अयादि सन्धि)**

1 ए + jeder beliebige Vokal ⇒ 'अय्'

शे + अन = शयन; ने + अन = नयन; हरे + ए = हरये

2 ऐ + jeder beliebige Vokal ⇒ 'आय्'

नै + इका = नायिका; नै + अक = नायक; गै + अक = गायक

3 ओ + jeder beliebige Vokal ⇒ 'अव्'

भो + अन = भवन; विष्णो + इह = विष्णविह; गो + एषणा = गवेषणा

4 औ + jeder beliebige Vokal ⇒ 'आव्'

भौ + उक: = भावुक:; भौ + इका = भाविका; श्रौ + अन = श्रावण

■ **Vyanjana Sandhi (व्यञ्जन सन्धि)**

1 क्, च्, ट्, त्, प् werden zum 3. Buchstaben ihres eigenen Vargas* (d.h. zu ग, ज, ड, द, ब), wenn auf sie entweder ein Vokal oder य, र, ल, व oder der 3. oder 4. Buchstabe eines der fünf Vargas folgt.

* Varga ist eine Reihe (Klasse) von Konsonanten. In jedem Varga sind die 1. und 2. Silbe stimmlos und die 3. und 4. Silbe stimmhaft. Die 5. ist ein Nasal

1. दिक् + गज = दिग्गज;   2. वाक् + जाल = वाग्जाल;
3. दिक् + भ्रम = दिग्भ्रम   4. वाक् + ईश = वागीश
5. अच् + अन्त = अजन्त   6. षट् + दर्शन = षड्दर्शन
7. जगत् + अम्बा = जगदम्बा   8. तत् + रूप = तद्रूप;
9. भविष्यत् + वक्ता = भविष्यद्वक्ता 10. सत् + वाणी = सद्वाणी
11. भगवत् + गीता = भगवद्गीता;   12. सत् + धर्म = सद्धर्म
13. जगत् + आनन्द = जगदानन्द   14. अप् + ज = अब्ज

2 क्, च्, ट्, त्, प् verändern sich zum Nasal ihres eigenen Varga, wenn auf sie न oder म folgt.

1. जगत् + नाथ = जगन्नाथ   2. अप् + मय = अम्मय
3. चित् + मय = चिन्मय   4. वाक् + मय = वाङ्मय
5. षट् + मुख = षण्मुख   6. उत् + नति = उन्नति

3 म, auf das क च त ट प oder andere Buchstaben ihrer Vargas folgen, wird entweder als Anusvāra (Punkt auf dem vohergenden Buchstaben) oder als Nasal der Klasse der folgendem Buchstabens geschrieben.

1. सम् + गम = संगम, सङ्गम   2. किम् + चित् = किंचित्, किञ्चित्
3. सम् + चित = संचित   4. सम् + कल्प = संकल्प, सङ्कल्प
5. सम् + तोष = संतोष, सन्तोष   6. सम् + पूर्ण = संपूर्ण, सम्पूर्ण
7. किम् + तु = किंतु, किन्तु   8. सम् + बन्ध = संबंध, सम्बन्ध

4 म wird immer als Anusvāra geschrieben, wenn von य, र, ल, व, स, श, ह gefolgt.

1. किम् + वा = किंवा   3. सम् + योग = संयोग
2. सम् + हार = संहार   4. सम् + शोधन = संशोधन

5 त्, द् werden zu ज्, ल्, wenn sie von diesen gefolgt werden (d.h. der 1. Buchstabe des zweiten Wortes verdoppelt sich).

उत् + लास = उल्लास   सत् + जन = सज्जन

6 **त्, द् gefolgt von च, छ wird zu च्**

उत् + चारण = उच्चारण   उत् + छेदन = उच्छेदन

7 **त्, द् gefolgt von ह wird zu द्ध/द्ध**

उत् + हरण = उद्धरण

8 **त्, द्, gefolgt von श wird zu च्छ्**

सत् + शास्त्र = सच्छास्त्र;   उद् + श्वास = उच्छ्वास

■ *Visarga* Sandhi (विसर्ग सन्धि)

1 **Ein Visarga, vor dem ein inhärentes अ und auf den der 3., 4. oder 5. Buchstabe des Vargas oder य, र, ल, व folgt, verändert sich zu ओ.**

मनः + नीत = मनोनीत   बालकः ङः लिखति = बालको ङः लिखति

सरः + वर = सरोवर   देवः + गमनम् = देवोगमनम्

2 **Ein Visarga, vor dem jeder andere Vokal (außer अ oder आ) steht, und auf den auch die obengenannten Buchstaben folgen, verändert sich zu र्.**

निः + बल = निर्बल   निः + अर्थक = निरर्थक

दुः + गन्ध = दुर्गन्ध;   दुः + आशा = दुराशा

3 **Ein Visarga, vor dem 'इ' oder 'उ' steht, und auf den क, ख, प, फ folgen, verändert sich zu ष्**

निः + कपट = निष्कपट; बहिः + कृत = बहिष्कृत

दुः + फल = दुष्फल; दुः + कर = दुष्कर

4 **Visarga, gefolgt von 'श' oder 'स' gleicht sich diesen an oder bleibt unverändert.**

निः + शस्त्र = निश्शस्त्र, दुःशासन

दुः + साहस = दुस्साहस, दुःसाहस

5 **Visarga gefolgt von च, छ = श् , ट, ठ = ष् , त, थ = स्**

निः + चय = निश्चय; निः + छल = निश्छल; रामः + टीका = रामष्टीका;

रज्जुः + ठक्कुरः = रज्जुष्ठक्कुर; नमः + ते = नमस्ते देवः + थूत्करोति = देवस्थूत्करोति

★ ★ ★

Glossar: Grammatik Terminologie

Absolutiv	पूर्वकालिक कृदन्त
Adjektiv	विशेषण
Adverb	क्रिया विशेषण
Aktiv	कर्तृ वाच्य
Alphabet	वर्णमाला
aspiriert	महाप्राण
Befürchung	आशंकाबोधक भाषा ढाँचा
Casus, Fall	कारक
- obliquus	विकृतरूप
- rectus	मूलरूप
- vokativ	सम्बोधन
Demonstrativ Pronomen	निश्चयवाचक सर्वनाम
der Satz	वाक्य
Devanāgarī Schrift	देवनागरी लिपि
duratives Perfekt	सातत्यताबोधक पूर्णवर्तमान
duratives Plusquamperfekt	सातत्यताबोधक भूतकाल
duratives Präsens	तात्कालिक अपूर्ण वर्तमानकाल
duratives Futur	सातत्यताबोधक भविष्यतकाल
duratives Imperfekt	सातत्यताबोधक अपूर्णभूतकाल
Erlaubnis	अनुमतिबोधक रचना
Fähigkeitsverben	शक्यताबोधक/सामर्थ्यबोधक क्रिया
feminin	स्त्रीलिंग
Futur	सामान्य भविष्यतकाल
generelles Präsens	सामान्य वर्तमानकाल
Genus	लिंग
gewohnheitsmäßiges Imperfekt	अपूर्ण भूतकाल
gleichzeitige Handlung	तात्कालिक कृदन्त
Imperativ	विधिकाल
Inceptiv	आरम्भबोधक क्रिया
Indefinitpronomen	अनिश्चयवाचक सर्वनाम
Infinitiv	सामान्य क्रिया
Interjektion	विस्मयबोधक अव्यय

Interrogativ	प्रश्नवाचक
Interrogativpronomen	प्रश्नवाचक सर्वनाम
intransitives Verb	अकर्मक क्रिया
kausatives Verb	प्रेरणार्थक क्रियाएँ
Konditionals, Bedingungssätze	संकेतार्थक
Konjunktionen	संमुच्चयबोधक अवयव
Konjunktiv	संभावार्थ
– Futur	संभाव्य भविष्यतकाल
– Präsens	संभाव्य वर्तमान
– Vergangenheit	संभाव्य भूतकाल
Konsonanten	व्यञ्जन
Konsonantengruppe	वर्ग
Kontinuativ	नित्यताबोधक
Lautverbindung	सन्धि
maskuline Genus	पुल्लिंग
Negativ	निषेधार्थक
Nominalverben	नामधातु
Numerus	वचन
Objekt	कर्म
onomatopoeische Wörter	अनुकरणात्मक शब्द
Partikel	अव्यय
Passiv	कर्मवाच्य
Partizip	कृदन्त
Perfekt	पूर्ण वर्तमानकाल
perfektives Futur	पूर्ण भवि यतकाल
perfektives Partizip	भूतकालिक कृदन्त
Personalpronomen	व्यक्तिवाचक सर्वनाम
Plural	बहुवचन
Plusquamperfekt	पूर्ण भूतकाल
Positives /Bejahendes Partikel	स्वीकारार्थक अव्यय
Possessivpronomen	सम्पत्तीवाचक सर्वनाम
Postposition	कारक-चिन्ह
Prädikat	विधेय
Präfix	उपसर्ग

Präteritum	सामान्य भूतकाल
Präsens	वर्तमान
Pronomen	सर्वनाम
Reflexivpronomen	निजवाचक सर्वनाम
Relativpronomen	संबंधवाचक सर्वनाम
Sonanten	अंत:स्थ
stimmhaft	सघोष
stimmlos	अघोष
Subjekt	कर्त्ता
Suffix	प्रत्यय
Syntax	वाक्य रचना
unaspiriert	अल्पप्राण
varga: Konsonantenreihe	वर्ग
Verb	क्रिया
- intransitiv	अकर्मक क्रिया
- neutraler Gebrauch	भावे प्रयोग
- objektiver Gebrauch	कर्मणि प्रयोग
statische Verben	स्थितिद्योतक क्रिया
- subjektiver Gebrauch	कर्तरि-प्रयोग
- transitive	सकर्मक क्रिया
Verb - Zustandsveränderung	परिवर्तनद्योतक क्रिया
Verbstamm	धातु
Vermutung	अनुमानबोधक
– Präsens	संदिग्धवर्तमान
– Vergangenheit	संदिग्धभूतकाल
Vokale	स्वर
- kurz	ह्रस्व स्वर
- lang	दीर्घ स्वर
- zusammengesetzte	संयुक्त स्वर
Zeit, Tempus	काल
zusammengesetzte Wörter	समास
zusammengesetzte Verben	संयुक्त क्रियाएँ
Zwangbezogene Sprachstruktur	अनिवार्यताबोधक

Sachregister Deutsch

Absolutivpartizip 104
Adjektiv
- der Quantität 208
- der unbestimmten Menge 225
- der Qualität 206
- der Verteilung 225
- Grundstufe 211
- Komparativ 212
- Superlativ 214
- + करना / होना 165
- + लगना 166
unveränderliche - 219
Adj. - + वाला 102
veränderliche 217
Adverbien
- die den ganzen Satz bestimmen 230
- des Maßes/Grades 230
Frage- 230
Frequentativ- 229
Kausale - 230
Konjunktions- 230
Lokale- 229
Modale- 229
Temporale- 229
Alphabet 4, 5
als 256
anfangen, etwas zu tun 124
Antonyme 298
Antworten auf Bitten und Befehle 28
auch 264
Aussprache 11
Befürchtung 88
bis 256
Bruchzahlen 223

Casus
- obliqus, rectus, vokativ 182
- Zeichen 182
damit 88
Deklination
- des Substantives 183
- des Adjektives 217
Demonstrativpronomen 193
denn 271
denominative Verben 164
duratives Futur 55
duratives Imperfekt 39
duratives Präsens 37
Echo wörter 260
Einführung 1
entweder... oder... 267
Erlaubnis 127
Fähigkeit 74, 278
Fragepronomen 198
frequentativer Imperativ 28
frequentatives - Futur 55
frequentatives Imperfekt 23
frequentatives - Präsens 19
Futur
- duratives 56
- frequentatives 55
- generelles 53
geplante - 87
- perfektives 57
Genitiv 112
Genus 176
gewohnheitsmäßiges Imperfekt 22
ganz zu schweigen von 274
gleichzeitige Handlungen 106

haben (के पास होना)
für belebte Dinge 36
für unbelebte Dinge 35
Hindi Alphabet
Konsonanten 5
nasalierte Konsonanten 6
Vokale 4
nasalierte Vokale 6
Imperativ
Befehle 28
direkter 25
frequentativer 28
Gebrauch 29
indirekter 26
konjunktiver 26
unregelmäßige Formen 27
verneinter 27
Imperfekt
- von honā (होना) 16
frequentatives - 23
gewohnheitsmäßiges - 22
Imperfektive Partizipialkonstruktionen
als Adj. 95
als Adv. 96
als Substantiv 99
Indefinitpronomen 194
Infinitiv als Imperativ 26
Infinitiv als Substantiv 189
Interjektion 296
Interrogativpronomen 198
intransitive Verben 147
Kardinalzahlen 220
kaum 70
kausative Verben 147
Klangverben 167

Klangwörter 304
Komme was da wolle 276
Konditional 135
Konjunktion (कर) 104-107
können 74, 278
Konsonaten 5
Kontinuativ 108
Lautverbindung 406
Ligāturen 12
maskuline Substantive 177
mathematische Aufgaben 403
mögen 67
müssen 116
Numerale 220
nasalierte Konsonanten 6
nasalierte Vokale 6
nicht einmal... sogar 264
nicht nur ... sondern 289
Obliquus 15, 182
obwohl 286
Ordnungszahlen 222
Passiv 170, 278
Perfekt 46
perfektive Partizipialkonstruktionen
als Adjektiv 95
als Adverb 96
als Substantiv 99
Perfekt 46
Personalpronomen 191
Plusquamperfekt 49
Possessivpronomen 114
Postpositionen 236
Prädikativer Gebrauch des Adjektivs 211
Prädikativer Gebrauch von *vālā* 102
Präfigierung 404

Präsens 18
Präteritum 42-44
Pronomen
Demonstrativ- 193
Indefinit- 194
Interrogativ- 198
Personal- 191
Possessiv- 114
Reflexiv- 203
Relativ- 202
Redewendungen 259
riechen 163
scheinen 163
schmecken 163
Satzzeichen 297
seit langem 274
sobald - 70
sollen 119
sonst 263
Substantiv
Casus 182
Deklination 183
Genus 176
Infinitiv als Substantiv 189
feminine Substantive 179, 181, 186
maskuline Substantive 177, 180, 183
Numerus 183
Suffixe
feminine (स्त्रीलिंग) 181
maskuline (पुलिंग) 180
Synonyme 304
transitive Verben 146
trotz 277
Uhrzeit 106, 253

um 256
um zu 265
ungefähre Anzahl 224
Verteilungszahlen 225
Vervielfältigungszahlen 222
Vermutung 58
verneinte Imperativ 27
Verbalisierung 168
Verben
denominative Verben 164
neutraler Gebrauch 146
objektiver Gebrauch 146
subjektiver Gebrauch 146
intransitive- 146
kausative - 147-158
Klang - 167
Sinnes - 162-164
transitive - 146
zusammengesetzte - 159-162
Verbindung
- von zwei beliebigen Zahlen 225
- von Buchstaben 8
Verwunderung 278
Vokale 4
Vokativ 182
von - bis (से...तक) 257
während - 257
Wahrscheinlichkeit 82
wann sonst 259
was man mag 277
was sonst 259
weder... noch 267
weil... 266
welcher, welche, welches 101

wenn 256
wenn...dann 290
wer sonst 259
werden 284
wie sonst 259
wo sonst 259
wohl kaum 276
wollen 89
Wunsch 139, 292
Zahlen
Bruchzahlen 223
Kardinalzahlen 220
Ordnungszahlen 222
ungefähre Anzahl 224
Vervielfältigungs zahlen 222
Verteilungs zahlen 225
Zeit Ausdrücke 253-258

Zwang
äußerer - 116
innerer - 116
moralischer - 116
zweifellos 268
zusammengesetzte Postpositionen
- mit *ke* (के) 30
- mit *ki* (की) 32
zusammengesetzte Verben
ānā (आना) 285
baithnā (बैठना) 159
dālnā (डालना) 162
denā (देना) 161
dhamknā (धमकना) 161
jānā (जाना) 159
lenā (लेना) 161
nikalnā (निकलना) 160
parnā (पड़ना) 160
uthnā (उठना) 159

Sachregister Hindi

achā lagnā (अच्छा लगना) 68
agar (अगर) 135
agarce (अगरचे) 135
anek (अनेक) 226
anunāsik (अनुनासिक) 6
anuswār (अनुस्वार) 6
anya (अन्य) 227
atiśay (अतिशय) 214
atyant (अत्यन्त) 214
apekśā (kī) अपेक्षा(की) 212
apnā (अपना) 204
apne āp (अपने आप) 203
apne se (अपने से) 204
amuk (अमुक) 226
ādat honā (kī) आदत होना (की) 143
ādi आदि 226
ādī honā (kā ke, kī) आदी होना (का, के, की) 141
ānā आना 285
āp आप 203
āp hī आप ही 203
āpas (आपस) 204
aisā, aise, aisī (ऐसा, ऐसे, ऐसी) 207
aisā na ho ki (ऐसा न हो कि) 88
aise vaise (ऐसे वैसे) 207
bād (ke) बाद (के) 30
bāhar (ke) बाहर (के) 30
bajā, baje (बजा, बजे) 253
bāre meṁ (ke) (के बारे में) 30
balki (बल्कि) 289, 271
bahut kuch (बहुत कुछ) 197
bhāg (भाग) 403
bhalā (भला) 271
bhale hī (भले ही) 269
bhar (भर) 265
Bhaveprayog (भावे प्रयोग) 146
bhī (भी) 264
bhī nahīṁ (भी नहीं) 264
bhulnā (भूलना) 41
binā (के बिना) 30, 269
bolnā (बोलना) 41
cāhanā (चाहना) 89
cāhe jo ho (चाहे जो हो) 276
cāhie (चाहिए) 119
candrabindu (चन्द्रबिन्दु) 6
cukanā (चुकना) 63
dālnā (डालना) 162
dikhāī denā (दिखाई देना) 283
dikhāī parnā (दिखाई पड़ना) 283
denā (देना) 161
dhamakā (धमकना) 161
dhan (धन) 403
gunā (गुना) 222, 403
halanta (हलन्त) 5
ham (हम) 14
hamārā (हमारा) 114
hameṁ (हमें) 15
harā (हरा) 223
ho-na-ho (हो-न, हो) 268
honā (होना) 13, 118, 164, 284
hotā hai (होता है) 284
in (इन) 15
inko (इनको) 15

inheṁ (इन्हें) 15
inhoṁ ne (इन्होंने) 41
is (इस) 15
ise (इसे) isko (इसको) 15
isne (इसने) 41
islie (इसलिए) 266
itnā (इतना) 208, 213
jab (जब) 280
jab tak (जब तक) 280
jahāṁ (जहाँ) 280
jagaha (kī) (की जगह) 30
jitnā .... utnā (जितना .... उतना) 213
jaisā, jaise, jaisī जैसा, जैसे, जैसी 207
jānā (जाना) 159
jānanā (जानना) 285
jāyā (जाया) 24
jin (जिन) 281
jinheṁ (जिन्हें) 15
jinhomne (जिन्होंने) 41
jis (जिस) 281
jisko, jise (जिसको, जिसे) 15
jitnā (जितना) 208, 213
jo (जो) 281
jo koī (जो कोई) 196
jyoṁ hī (ज्यों ही) 72, 273
jyoṁ kā tyoṁ (ज्यों का त्यों) 72, 273
jyoṁ - tyoṁ (ज्यों त्यों) 272
kaba kaba (कब कब) 234
kabakā, - ke, kī (कबका, -के, -की) 246
kabhī kabhī (कभी कभी) 234
kahāṁ X, kahāṁ Y (कहाँ X, कहाँ Y) 233
kahīṁ kahīṁ (कहीं ..., कहीं...) 234

kahīṁ ... na (कहीं ... न) 88
kai (कै) 226
kaisā, kaise, kaisī (कैसा, कैसे, कैसी) 208
kā, ke, kī, (का, के, की) 245
kā ādī honā (का आदी होना) 141
kāhe (काहे) 201
Karmaṇiprayog (कर्मणि प्रयोग) 146
karnā (करना) 164
Kartariprayog (कर्तरि प्रयोग) 146
kāsh (काश) 139
kitnā, kitne, kitnī (कितना, कितने कितनी) 208
kitne ek (कितने एक) 209
kitne hī (कितने ही) 209
kinko (किनको) 199
kinheṁ (किन्हें) 199
kinhomne (किन्होंने) 199
kinhīṁ (किन्ही) 15
kisko (किसको) 15
kise (किसे) 15
ko (को) 236
kuch (कुछ) 196
kuch bhī (कुछ भी) 197
kuch bhī ho (कुछ भी हो) 197
kuch kā kuch (कुछ का कुछ) 197
kuch na kuch (कुछ न कुछ) 197
koī (कोई) 194
koī ek (कोई एक) 195
koī + zahl + ek (कोई + zahl + एक) 195
kaun (कौन) 198
kaun kaun (कौन कौन) 15
kaun jāne (कौन जाने) 199
kaun sā / se sī (कौन सा/से/सी) 199

kyā (क्या) 200
kyā ka kyā (क्या का क्या) 201
kyā se kyā (क्या से क्या) 201
kyoṁ kār (क्यों कर) 234
lagnā (लगना) 162
lānā (लाना) 41
lenā (लेना) 161
macanā (मचना) 165
macāna (मचाना) 165
maiṁ (मैं) 14, 191
māre (ke) (के मारे) 30
mat (मत) 27
meṁ (में) 247
meṁ se (में से) 252
merā (मेरा) 114
na (न) 261
na kewal (न केवल) 289
na ... na (न ... न) 267
nahīṁ to (नहीं तो) 262
nazar ānā (नज़र आना) 283
nāmak (नामक) 211
ne (ने) 41
or (ओर) 33
par (पर) 249
par ka/se (पर का/से) 252
param (परम) 214
paṛnā (पड़ना) 118, 160, 165
pasand ānā (पसन्द आना) 69
pasand karnā (पसन्द करना) 67
pasand honā (पसन्द होना) 68
pānā (पाना) 78
rahtā hai (रहता है) 284

rahnā (रहना) 108, 284
ṛṇā (ऋण) 403
sab (सब) 226
sab meṁ (सबमें) 214
sabse (सबसे) 214
sab se baṛhkar (सबसे बढ़कर) 214
sadriśy (सदृश्य) 211
sakal (सकल) 226
samast (समस्त) 226
saknā (सकना) 74
samān (समान) 211
samās (समास) 405
sambhav (संभव) 82
sandhī (सन्धि) 406
se (से) 241
se adhik (से अधिक) 212
se kam (से कम) 212
se zyādā (से ज़्यादा) 212
se baṛh kar (से बढ़कर) 212
śāyad (शायद) 82
śāyad hī (शायद ही) 276
sā, se, sī (सा, से, सी) 262
so (सो) 203
sunāī denā (सुनाई देना) 283
taisa, taise, taisī (तैसा, तैसे, तैसी) 207
tāki (ताकि) 266
taraf (तरफ) 33
ṭhaharā, ṭhahare, ṭhaharī (ठहरा, ठहरे, ठहरी) 268
ṭho (ठो) 225
to (तो) 272
titnā (तितना) 208
tulanā (kī - meṁ) (की तुलना में) 212

tulya (तुल्य) 211
tum (तुम) 14, 192
tū (तू) 14, 192
vah (वह) 14, 193
vaisa, vaise, vaisī (वैसा, वैसे, वैसी) 207
vālā (वाला)
Adjektiv + (वाला) 102
Adverb oder Ortsname + (वाला) 102
Demonstrativpronomen + (वाला) 101
Fragepron. + (वाला) 101
Substantiv + (वाला) 100

Verbstamm + वाला 100
varṇmālā (वर्णमाला) 4-5
vynjana (व्यञ्जन) 5
yadi (यदि) 290
yadyapi (यद्यपि) 285
yah (यह) 14, 193
ye (ये) 14, 193
yā .. yā (या ... यां) 267
yoṁ hī (यों ही) 275
zarūrat (ki...honā) (की ज़रूरत होना) 123